近代法律史研究　第 ❷ 辑
Modern Chinese Legal History Studies No.2

Jurists in
Modern China

近代法律人的世界

中国社会科学院近代史研究所法律史研究群
华中科技大学近代法研究所
华东政法大学法律文明史研究院　编

执行主编　饶传平

社会科学文献出版社
SOCIAL SCIENCES ACADEMIC PRESS (CHINA)

目 录

· **思想与观念** ·

晚清梁启超宪法思想中的"人民程度"问题 …………… 赖骏楠 / 1
梁启超对卢梭《民约论》的接触、认知及所受影响 ……… 庄泽晞 / 45
李大钊法律思想中的英美影响………………………………… 刘国有 / 69
从"朝阳"到延安:法学家陈瑾昆的人生转折 ………… 韩 伟 / 84
国家主义与团体统制
　　——马寅初工商社团立法思想的演进理路…………… 董志鹏 / 96
从"群众"到"人民":中国共产党宪法观念的
　　变迁(1931—1949) ……………………… 尹辉煌　饶传平 / 112

· **司法群画像** ·

清代州县佐杂官"滥受民词"现象刍议 ………………… 丁天立 / 132
清代刑部制度考订四题
　　——对董康相关述论的辨正 ……………… 李　明　张卓媛 / 146
民国初年司法官群体的分流与重组
　　——兼论辛亥鼎革后的人事嬗变 ………………… 李在全 / 159
李鼎铭与陕甘宁边区政府审判委员会 …………………… 刘全娥 / 185
清代刑部之堂司关系 ……………………………………… 郑小悠 / 204

华政衙门理事官吗记·吡唎喇与葡萄牙法律植入
　　澳门之争（1865—1869）……………………………… 曾金莲 / 221

· 法律人的成长 ·

《法律大辞典》编纂所见 20 世纪 30 年代前期
　　法律界的交往 ………………………………………… 陈　颐 / 260
民国法律学生生活图景
　　——"南京审判"大法官葛召棠在上海
　　法政学院（1929—1932）…………………………… 姜　增 / 278
法科留学生与上海律师制度构建 ………………………… 袁　哲 / 292

·思想与观念·

晚清梁启超宪法思想中的"人民程度"问题

赖骏楠

摘　要　在晚清时期，梁启超在多数时间内对于中国国民是否具备立宪国家国民所应具备的智识和道德能力，都抱有怀疑。在甲午战争之后的变法时期，梁在"公羊三世说"和社会达尔文主义的共同影响下，主张中国宜缓开议院，即提倡先"开民智"，后"伸民权"，最终开设议院和实现"君民共主"之治。在因戊戌政变而亡日之后，梁以明治日本的思想学术为中介，摄取了大量西方法政知识，并一度提倡较为激进的共和主张。与该共和主张相适应，梁在此时期待并勉强相信普通中国国民能够以道德自觉的方式，转化成其所期待的共和国家中的"新民"。然而，光绪二十九年的北美之行，以及梁借此次访问对在美华人的考察，导致其对中国国民养成共和国家所需政治德性的信心发生根本动摇，并进而导致其主张中国在一定历史时期内只能实施开明专制。伴随着对清末立宪运动的积极参与，以及对各种宪政制度的不断熟悉，梁自光绪三十三年开始，一方面积极主张迅速召开国会实现君主立宪；另一方面则对"人民程度"问题，拥有了一种更为现代、复杂和辩证的认识，尤其是对各种宪法制度本身对"人民程度"问题能够在一定程度上予以消解或规避的认识。梁启超对"人民程度"问题的思索历程，体现出儒家传统中高度精英主义的思想倾向，以及该传统之一元论和唯智论思维方式，在遭遇政治现代性时所呈现出的复杂命运。

关键词　梁启超　"人民程度"　立宪　儒家

一　引言

在梁启超政治思想之中，"人民程度"一语首度出现在其于光绪三十二年（1906）上半年所撰《开明专制论》和其他相关文章之中。当时正值梁与革命派之间思想"激战"的高潮。在这场政治论争中，梁启超反对激进革命，反对共和政治，甚至反对立刻实施君主立宪制，并主张在其后一定时期内（一二十年）实施其所称的"开明专制"。而这套政治主张背后的核心理由之一，便是所谓"人民程度未及格"。① 换言之，在当时的梁启超看来，中国普通民众在政治上的智识和道德水平，远未达到立宪政治所需要的程度，因而一旦被赋予政治参与权（尤其是选举权和民选议会对政府的监督权），将极有可能导致政治瘫痪，甚至引起列强干涉，并面临亡国的威胁。尽管革命派对这一论点曾予以激烈驳斥，但梁启超似乎始终坚持自己有关"人民程度不足"的判断。而且，本文也将表明，虽然梁在光绪三十三年（1907）下半年组建政闻社后，曾极力呼吁清廷立即结束所谓"预备"立宪，并要求立刻实施以议会制度为核心内容的君主立宪制，但他对"人民程度"的忧虑，一直渗透在他对各种宪法制度的思考之中。因此，"人民程度"问题，无疑是梁启超宪法思想中一个无法掩盖且必须严肃对待的面向。遗憾的是，在这一方面，相关学界似乎着墨不多。②

本文将对晚清时期梁启超有关"人民程度"问题的言论，展开系统性的检视和反思。本文的考察将表明，对"人民程度"问题的思考和忧虑，一直是其政治思想自形成以来直至辛亥革命爆发之际各个阶段的核心思考之一（尽管未必都以"人民程度"这类字眼呈现）。一方面，在梁启超的各个思想阶段，由于其不断变动的政治体制上的主张、不同种类的政治理论对其思考的影响，以及对中国国民政治能力之实际状况的不同认知，"人民程度"问题也表现为不同的思考方式和呈现形态；另一方面，某些根本性的问题意识却也是贯穿始终的：现代政治，尤其是立宪政治，究竟是否对参与其中的普通国民的智识和道德素养有所要求？如果的确存在这种要求，那么这些要求的具体内容和标准究竟是什么？如果在政治和知识精英看来，

---

① 梁启超：《开明专制论》，《饮冰室合集·文集之十七》，中华书局，2015，第77页。
② 部分作品在讨论清末立宪派与革命派之间思想论争时，曾涉及"人民程度"这一主题，参见高良佐《开国前革命与立宪之论战》五，《建国月刊》第8卷第5期，1933年，第7—12页；亓冰峰：《清末革命与君宪的论争》，台北，中研院近代史研究所，1980，第195—198页；张朋园：《梁启超与清季革命》，吉林出版社集团有限责任公司，2007，第154—161页；苑书义：《中国近代史新编》下册，人民出版社，1988，第252—254页；耿云志：《从革命党与立宪派的论战看双方民主思想的准备》，《近代史研究》2001年第6期。但以上研究对该主题的探讨皆稍嫌简略，且未曾有系统化和理论化的展开。

一国普通国民在此方面的素养被认为是不足的,那么这种不足是否会以直接或间接的方式影响到立宪政治的运行效果,从而导致倡导立宪之改革者的预期落空?而各种宪法制度安排本身,是否有可能实现对"人民程度"问题的消解或规避?所有这些面向,都将被纳入本文对相应材料的考察和梳理之中。在文章结论部分,笔者将简略地指出,"人民程度"问题是一个独特的中国近代思想史问题,在根本意义上,该问题与传统儒家思想中某些根深蒂固的思维方式紧密相连。而梁启超与此问题不断搏斗的思想历程,正折射出儒家传统在遭遇政治现代性时,所可能呈现出的复杂命运。

二 变法时期:"君民共主"与"开启民智"(1896—1899)

自光绪二十二年(1896)创办《时务报》,直至因戊戌政变流亡日本后数个月时间,可以说是梁启超政治思想发展的第一阶段。在该时期,梁的言论顺应了甲午战争后盛行的变法呼声,且在戊戌年间直接服务于光绪帝的各种改革措施。而在东渡之后的最初数月中,梁也不遗余力地主张保皇和恢复政变前各种变法举措。因此,该思想阶段可称为"变法时期"。在这一阶段,支配着梁启超之写作和思考的根本理论,一方面来自其师康有为所持的公羊学三世演化学说,另一方面则是主要由严复所译介的社会达尔文主义。①

在公羊三世说的直接影响下,该时期梁启超将人类政治演进路线划分为三个世代,即表现为"多君为政之世"的据乱世、表现为"一君为政之世"的升平世和表现为"民为政之世"的太平世。而这三个世代中的每一个,又可以在各自内部划分为两个前后相继的阶段。此即所谓"三世六别"。在"一君为政"的升平世中,存在"君主之世"与"君民共主之世"这两个阶段。② 很显然,当时中国是处在从升平世中的"君主之世"演进到"君民共主之世"的阶段之中。而梁在该时期的一系列主张变法的言论,也

---

① 康有为对该时期梁启超思想的影响,自不待言。梁在该时期接触严译《天演论》书稿的情况,参见丁文江、赵丰田编《梁启超年谱长编》,上海人民出版社,1983,第57页;梁启超:《变法通议》,《饮冰室合集·文集之一》,中华书局,2015,第71、75页;梁启超:《说群序》,《饮冰室合集·文集之二》,第3页。此外,严复从达尔文与斯宾塞理论角度阐述中国自强之道的重要作品,即《原强》一文的第一稿,也早在1895年就已发表(参见《原强》,王栻主编《严复集》第1册,中华书局,1986,第5—15页)。
② 梁启超:《论君政民政相嬗之理》,《饮冰室合集·文集之二》,第7页。

正是服务于这个力求实现"君民共主"政治的过渡环节。

这种"君民共主"政治的具体制度设计,则体现在梁启超在光绪二十二年发表的《古议院考》一文中。与晚清时期较为时髦的"西学中源""西法中源"一类学说相似,梁启超试图在文中对西方近代议会制度与中国传统典籍中所记载的表面类似制度和实践进行附会式的理解。① 但对本文而言,更令人感兴趣的,则是《古议院考》所呈现出的梁对"君民共主"政治下议会制度之功能和权限的理解。在梁的眼中,议会是一个统合君权与民权、"通上下之情"的机构。因此,梁所理解的议院,是一种君主用以采集来自社会各方面之信息和意见,并用以议事和咨询的机构,而非拥有真正独立的立法权,更谈不上对行政机构的监督权。此外,梁实际上也没有说明议院中的议员是通过何种方式产生的。②

然而,在梁启超看来,即使是这种仅拥有极有限权力的议院,在当时的中国仍不宜立即开设。在《古议院考》的结尾部分,他写道:"问今日欲强中国,宜莫亟于复议院?曰:未也。凡国必风气已开,文学已盛,民智已成,乃可设议院。今日而开议院,取乱之道也"。③ 因此,在梁启超首度讨论议会制度的作品中,我们就发现了"人民程度"问题的最初形态:议院开设的前提,是一国之"民智"已经发展到较高境界,而当时中国显然未能达到这种要求,如果遽开议院,将可能导致政治上的混乱。

"民智"一词来自严复的著作。在严复的社会有机体思想体系中,社会整体与社会成员之间存在类似于生物体与其各个组成部分——如四肢、器官乃至细胞——之间的有机性紧密联系,因此社会成员个体的能力(或缺陷),能够直接影响社会有机体本身的健康和实力。在《天演论》的多处按语中,严复反复强调,国家实力的强大,与组成国家的各个分子——各社会成员——之"智、德、力"的状况紧密相连。而在这三者之中,"智"的因素最为根本。在某一处按语中,严复指出"民智"水平与善政的根本关

---

① 梁的此种做法受到严复的来信批评,而梁亦在回信中承认问题,参见梁启超《与严幼陵先生书》,《饮冰室合集·文集之一》,第108页。
② 梁启超:《古议院考》,《饮冰室合集·文集之一》,第94—96页。梁对议院的功能和职权的看法,似乎是来自该时期流行于知识精英间的"通说",例见徐建寅《德国议院章程·序》,中华书局,1985,第1—2页;郑观应:《盛世危言·卷一·议院》(六卷本),光绪二十四年上海书局石印本,第15—17页;康有为:《上清帝第四书》,中国史学会主编《戊戌变法》二,上海人民出版社,1957,第176、187页;茅海建:《戊戌变法史事考》,三联书店,2005,第285—292页。
③ 梁启超:《古议院考》,《饮冰室合集·文集之一》,第96页。

联:"盖泰西言治之家,皆谓善治如草木,而民智如土田。民智既开,则下令如流水之源,善政不期举而自举,且一举而莫能废。"① 在发表于光绪二十一年(1895)的《原强》一文中,严复较为系统地阐述了中国的"自强之本",即中国应当全力培养和提升"民智、民力、民德",且在这三者之中"又以民智为最急"。只有在"民智日开,民力日奋,民德日和"之时,中国的经济、军事和政治状况才能得到真正改善,开设议院才可能取得实际效果。②

《古议院考》最后部分有关开设议院有待"民智已成"的言论,无疑是受到严复这些作品的影响。结果,梁启超在变法时代的大部分言论,并非提倡议会制度,而是提倡他所认定的自强与变法之本,即"开启民智"。梁在该时期所创作的最重要作品《变法通议》,便是这种思考逻辑的体现。在这部作品中,梁主张在学校、科举乃至官制等一系列制度上做出变革,在妇女与儿童教育、译介西书等方面也提出一系列主张,而所有这些主张无疑都服务于开启民智之目的。③

然而,尽管梁启超能够较为清楚地把握到,"民智"水平能够影响一国的经济与军事实力(这一点对于大部分人也似乎是比较容易把握的),但在"民智"问题与政治问题(或者说议会和立宪问题)之间精确而具体的关联上,除了《古议院考》中的寥寥数语,"早期"梁启超的思想似乎未能产生足够清楚的阐释(而严复在该时期的作品似乎也未有这方面的清晰阐述)。因此,本文此部分也并不意在为该时期梁启超有关"民智"与政治改良间关系的思考建构出一个圆融而又完整的理论"体系"。然而,对于更为透彻地理解"民智"问题与政治改良问题间的具体性关联而言,梁在该时期乃至该时期之后一段时间内的某些言论,至少为我们提供了某些思考上的线索。

这其中最为关键的线索,就是"民权"概念。根据梁启超的事后回忆,他在光绪二十二年至二十三年(1896~1897年)主笔《时务报》时期,"亦时时发'民权论',但微引其绪,未敢昌言";④ 而在随后担任湖南长沙

---

① 〔英〕赫胥黎:《天演论》,欧阳哲生导读,贵州教育出版社,2005,第59页。
② 《原强》,王栻主编《严复集》第1册,第13—14页。尽管严复声称他的主张来自斯宾塞哲学,但这些主张无疑是对斯宾塞本人高度宿命论的理论体系在主观主义和唯智主义方向上的歪曲。关于这种思想歪曲,参见〔美〕本杰明·史华兹《寻求富强:严复与西方》,叶凤美译,江苏人民出版社,1996,第38—39页。
③ 参见梁启超《变法通议》,《饮冰室合集·文集之一》,第1—83页。
④ 梁启超:《清代学术概论》,《饮冰室合集·专集之三十四》,第62页。

时务学堂主讲席期间，则大倡民权之说。① 然而，梁启超此时对"民权"的理解，或许与 20 世纪中国思想界与政治界的相应理解有所不同。在很大程度上，梁眼中的"民权"，是一种在社会达尔文主义"世界观"下民众所拥有的事实层面上的权力、权势，乃至强权。一种强调所有个体和集体都处于"相争相夺，相搏相噬"状态中的天演论世界图景，必然是"去道德化"的。② 不论梁在当时是否能够理解真正西方意义上的自然权利理论，此时深受"天演"的竞争性思维支配的他，是难以接受一种先验的、天赋的、人人皆有的道德性或法哲学属性的权利观念的。相反，他只能突出"权"的事实属性乃至力量属性。③ 在发表于光绪二十五年（1899）的《论强权》一文中，梁直接宣称："自吾辈人类及一切生物世界乃至无机物世界，皆此强权之所行，故得一言以蔽之：天下无所谓权利，只有权力而已，权力即（权）利也。"④ 人类世界亦然，因此人与人接触时，权力/权利之有无和大小，完全取决于具体接触情境中的强弱对比："强也弱也，是其因也；权力之大小，是其果也。其悬隔愈远者，其权力愈大而猛，此实天演之公理也。"⑤ 甚至连"自由权"也被理解成强权："强权与自由权，其本体必非二物。其名虽相异，要之，其所主者在排除他力之妨碍，以得己之所欲，此则无毫厘之异者也。"⑥ 因此，不存在规范性（normative）或应然性层面上的所谓天赋权利："诸君熟思此义，则知自由云者，平等云者，非如理想家所谓天生人而人人畀以自由平等之权利云也。……世界之中，只有强权，别无他力。"⑦ 在这种思维之下，"民权"既非作为个体的公民所拥有的以生

---

① 参见梁启超《时务学堂札记残卷序》，转引自丁文江、赵丰田编《梁启超年谱长编》，第 84 页；梁启超：《蔡松坡遗事》，转引自丁文江、赵丰田编《梁启超年谱长编》，第 84 页；梁启超：《初归国演说辞·鄙人对于言论界之过去及将来》，《饮冰室合集·文集之二十九》，第 2 页。
② 关于这种"天演"图景，可参见梁启超《变法通议》，《饮冰室合集·文集之一》，第 71、75 页。
③ 佐藤慎一在阐述 19 世纪末以来被输入中国的进化论观念时，也指出严复、梁启超这些进化论者"对'天托之权'的观念是不得不否定的"，从而只承认"强者之权"，参见〔日〕佐藤慎一《一八九〇年代的民权论——以张之洞和何启的论争为中心》，许政雄译，许政雄：《清末民权思想的发展与歧义：以何启、胡礼垣为例》，台北，文史哲出版社，2010，附录三，第 127 页。
④ 梁启超：《自由书·论强权》，《饮冰室合集·专集之二》，第 29 页。
⑤ 梁启超：《自由书·论强权》，《饮冰室合集·专集之二》，第 29 页。
⑥ 梁启超：《自由书·论强权》，《饮冰室合集·专集之二》，第 30—31 页。
⑦ 梁启超：《自由书·论强权》，《饮冰室合集·专集之二》，第 31 页。

命、自由、财产为核心要素的基本权利体系,又非作为一个整体的人民所拥有的主权或"制宪权",毋宁是普通民众在与政治国家的实力博弈中实际占据的权力和权势地位。

只有借助这种"权利观",梁启超在该时期有关"民权"依赖于"民智"的言论,才能得到真正的理解。由于无论是在当下的升平世还是在未来的太平世中,以智力相争而非以体力相争都是重要的竞争类型(只有身处据乱世中的人类才纯粹依赖体力相争),① 所以"民智"的提高,将导致民众在精神和物质力量上的提高,并最终导致民众在权力对峙中获取有利位置,亦即"民权"的实质性发达。因此,梁启超在给时务学堂学生札记所做批语中写道:"凡权利之与智慧,相依者也。有一分之智慧,即有一分之权利;有百分之智慧,即有百分之权利;一毫不容假借者也。"② 同样的,在一篇讨论在湖南省内应如何具体地开启"民智""绅智""官智"的文章中,梁又声称:"权者生于智者也。有一分之智,即有一分之权。有六七分之智,即有六七分之权。有十分之智,即有十分之权。"③

因此,只有"世运"日进、"民智"日开,从而使得之前作为弱者的被统治者的实际力量得到增强,并与统治者的力量形成一种实际的权势均衡,统治者原有的强权才能从"猛大之强权,变为温和之强权",而被治者才可能拥有属于自己的强权,即"民权"。④ 也只有形成这种实际权力上的均衡,"君民共主"之政以及相伴随的具体制度(哪怕只是咨询和议事性质的议院)才能发挥实际的效用。否则,由于民众所拥有的实际权势不足,所以将无法对君主和官吏形成有效制约,此时议院即使向统治者提供有益的信息和建议,也容易被置若罔闻。或许,只有借助这种彻底"天演"式的乃至"权力意志"式的视角,而非一种规范性的宪法学视角,梁启超头脑中"君民共主"政治下"民智"与议会制度间的关联,才能变得清晰和容易理解。

当然,该时期梁启超并没有产生,更没有回答如下为我们所关心的问题:对于行使参政权,比如选举权以及议会的诸种权力而言,是否对

---

① 参见梁启超《变法通议》,《饮冰室合集·文集之一》,第14页。
② 梁启超:《湖南时务学堂札记批(节录)》,陈书良编《梁启超文集》,北京燕山出版社,1997,第497页。
③ 梁启超:《论湖南应办之事》,《饮冰室合集·文集之三》,第41页。
④ 参见梁启超《自由书·论强权》,《饮冰室合集·文集之一》,第30、32页。

行使此类权利的人有着具体的"民智"(或"民德")上的要求?这种要求具体又是什么?在很大程度上,梁之所以未曾回答这些问题,是由于当时他对"君民共主"之治的具体制度形体缺乏清晰的建构。一方面,梁似乎对于议会成员的产生机制——近代以来的选举制度——缺少足够的认识,因而也就未能考虑到选举权行使过程中的可能弊端;另一方面,由于其所设想的议院的职权极为有限,尤其是最终的裁决权仍属于君主,所以此时梁启超也无须考虑议院本身滥用权力这种可能性。总之,由于"君民共主"政治下国民的参政权被控制在极有限的范围内,与"人民程度"有关的某些核心问题也就未能进入梁启超此阶段的思想视野。"早期"梁启超并没有像他后来所做的那样,设想到愚民式大众民主的恐怖混乱场景。

三 流亡日本前期:共和理想与新民公德(1899—1903)

1. "思想为之一变"

光绪二十四年(1898)八月,慈禧太后联合其他保守势力,对锐意维新的光绪帝发动政变,将其软禁于瀛台,并展开对维新志士的全面搜捕,六君子随后绝命于京城刑场。梁启超、康有为二人先后逃亡日本。① 持续百余日的戊戌变法运动,至此以失败告终。

不过,作为流亡地的明治日本,却为梁启超提供了他在中国内地不可能接触到的大量近代学术与思想资源。他开始学习日语文法,于是日语图书令其"思想为之一变"。② 他感到自己发现了一个巨大的知识宝藏,并且迫不及待地想要与其他中国知识分子分享这个宝藏:"哀时客既旅于日本数月,肆日本之文,读日本之书,畴昔所未见之籍,纷触于目,畴昔所未穷之理,腾跃于脑。"③ 他也承认在阅读大量日文书籍后,自己"脑质为之改易,思想言论,与前者若出两人"。④ 他甚至在之前所受学术训练的牵引下,开始做起针对日文书籍的"目录学"工作。⑤ 在这一系列思想言

---

① 康、梁二人逃亡的细节,参见丁文江、赵丰田编《梁启超年谱长编》,第154—172页;康有为:《康南海自编年谱(外二种)》,台北,宏业书局,1976,第67—77页。
② 梁启超:《三十自述》,《饮冰室合集·文集之十一》,第18页。
③ 梁启超:《论学日本文之益》,《饮冰室合集·文集之四》,第80页。
④ 梁启超:《夏威夷游记》,《饮冰室合集·专集之二十二》,第186页。
⑤ 梁启超:《东籍月旦》,《饮冰室合集·文集之四》,第82—102页。

论的变化之中，我们所需要关心的问题，则是梁启超通过明治日本学术这一中介，在法政知识体系以及自身政治主张上面，究竟有着何种变化和更新？

这种更新是全方位的。首先，在梁启超的政体类型学中，"君民共主"模式逐渐淡出视野，取而代之的则是与共和立宪一样实施立宪政治的君主立宪制。他逐渐放弃使用公羊三世说中的政体术语，转而使用君主专制、君主立宪和共和立宪这类概念，以替代原来使用的"君主"、"君民共主"和"民主"这组概念。① "君民共主"的概念被放弃后，其蕴含的伴随着有限政治参与（以及相应的有限权力制衡）的君主政体改良路线，也随之淡出梁的视野，梁转而认识到君主立宪才是君主制政权改良的归宿。而对于立宪政治（不论是君主立宪还是共和立宪），在孟德斯鸠著作的影响下，梁清晰地提出了三权分立理论，即"行政、立法、司法，三权鼎立，不相侵轶，以防政府之专恣，以保人民之自由"。②

其次，梁启超对于近代立宪政治中议会的具体运作和各种职权，也有了实质性认识。他能够大致讨论各国国会上下两院制度的功能，以及两院各自成员的来源。他也罗列了立宪国中国会拥有的各种权力：宪法修正权、普通立法权、预算权、监督政府权等。而在政党制度发达的国家，国会的权力也更大，以至于"往往可以黜陟政府"。③

再次，梁启超也明确认识到，尽管各国国会上院制度各不相同，但下院制度却基本相似，尤其是下院议员"皆由人民之公举，为人民之代表"。④他也初步介绍了各类选举制度，如选区制、对选举权资格的开放与限制规定（有限制选举与无限制选举）、直接选举与间接选举等。⑤

最后，与之前的"天演版"或强权论的权利观不同，梁启超此时抱有一种类似于自然权利理论的权利观念。他有时将"权利"理解成阳明学中

---

① 例见梁启超《各国宪法异同论》，《饮冰室合集·文集之四》，第71页。
② 梁启超：《各国宪法异同论》，《饮冰室合集·文集之四》，第73页。梁对孟德斯鸠学说的介绍，参见梁启超《饮冰室自由书（补）·蒙的士鸠之学说》，夏晓虹辑《〈饮冰室合集〉集外文》下册，北京大学出版社，2005，第1245—1249页；梁启超：《法理学大家孟德斯鸠之学说》，《饮冰室合集·文集之十三》，第18—29页。
③ 参见梁启超《各国宪法异同论》，《饮冰室合集·文集之四》，第74—76页。关于"黜陟政府"之权，此时（1899）的梁启超认为这并非"宪法所定本有之权，不过侵轶他权耳"（第76页）。
④ 梁启超：《各国宪法异同论》，《饮冰室合集·文集之四》，第74—75页。
⑤ 梁启超：《各国宪法异同论》，《饮冰室合集·文集之四》，第75页。

的良知或良能，这说明他对权利的"天赋"性质（及其不可剥夺性）有了足够清楚的认识。① 在另一些场合，他对权利问题有着更为清晰的表述，此时他甚至放弃了意义模糊"民权"二字，并转而使用和阐释"天赋人权"这个新概念：

> 民权二字其义实不赅括，乃中国人对于专制政治一时未确定之名词耳。天赋人权之原字，拉丁文为 Jura innate, Jura connata, 法兰西文为 Droits d'Homme, Droits Humains, 英文为 Right of man, 德文为 Ur-recht, Fundalmentalrecht, Angeborenes Menschenrecht, Menschenrecht。其意谓人人生而固有之自由自治的权利，及平等均一的权利，实天之所以与我，而他人所不可犯不可夺者也。然则其意以为此权者，凡号称人类，莫不有之，无论其为君为民也。②

于是，在"君民共主"的政治目标被立宪政治（不论君主还是共和）目标取代、对议会制度（尤其是其职权和议员产生方式）的认识更加清晰和充分，以及权利观念从强权论向天赋论的转变等思想因素的影响下，梁启超在变法时代所追随的先"开民智"后"倡民权"，最终设立"议院"的政治规划也从而消解。东渡之后的梁启超，不得不开始其有关"人民程度"问题的新思考与新建构。

2. 联邦与共和的中国

为了理解梁启超的这种新思考，我们的讨论需要从他在该时期——流亡日本前期——的实际政治立场开始。上文已经说明梁此时的政治目标是立宪，但他究竟是主张君主立宪还是共和立宪，仍值得探讨。众所周知，该时期梁启超在实际行动层面上，一方面与革命派人士往来密切，甚至磋商过两党合作问题，另一方面却也时而大举"保皇"旗帜，并在1900年策划了"勤王之役"。③ 而在公开言论层面，梁也时而发表各种"破坏主义"

---

① 例见梁启超《新民说》，《饮冰室合集·专集之四》，第32页。梁启超有时也将"自由"解释成阳明学中的良知，参见梁启超《近世第一大哲康德之学说》，《饮冰室合集·文集之十三》，第63—64页。
② 梁启超：《〈新民丛报〉问答》，夏晓虹辑《〈饮冰室合集〉集外文》上册，第82—83页。
③ 参见丁文江、赵丰田编《梁启超年谱长编》，第181、195—255、256—258页；梁启超：《与日本东邦协会书》，夏晓虹辑《〈饮冰室合集〉集外文》上册，第54—55页。

的言论,① 时而大倡"尊皇"与"保皇"的宗旨。② 然而,从《梁启超年谱长编》所保留的当时梁与康有为及其他同门的"内部"书信往来的情况来看,梁在这些书函中几乎是清一色地主张"革命"的论调。③ 甚至在筹备勤王起义的关键时刻(庚子年旧历三月),梁仍然在致康有为的信中"异常大胆"地提到民主政体。由于外界盛传光绪帝病重,极有可能在勤王成功之前驾崩,"然民贼虽讨,而上已不讳,则主此国者谁乎?先生今日深恶痛绝民主政体,然果万一不讳,则所以处此之道,弟子亦欲闻之"。④ 光绪二十八年(1902)秋冬间,康有为曾因梁之革命立场而致书痛骂,梁遂急发一函以示"悔改"。⑤ 然而在事后与同门的通信中,梁却仍然声明:"实则问诸本心,能大改乎?弟实未弃其主义也。"⑥ 因此,可以断定的是,尽管"其保守性与进取性常交战于胸中",⑦ 但此时在梁启超胸中占据上风的,多是其所谓"进取性",即发动革命、建立共和(尤其是后者)的立场和倾向。⑧

因此,发表于光绪二十七年(1901)的《卢梭学案》一文,以及发表于光绪二十八年秋冬时直至二十九年夏之间的政治小说《新中国未来记》,无疑是该时期梁启超最真实政治主张的体现。在前一部介绍卢梭契约论和人民主权学说的作品中,梁毫无保留地将卢梭称赞为"以双手为政治学界开一新天地"的伟人。⑨ 在文章结尾的按语中,梁则对卢梭提倡的联邦民主制大加赞赏,并且认为中国亦能遵循这条路线,即在地方民主自治的基础

---

① 关于这些"破坏主义"言论,参见张朋园《梁启超与清季革命》,吉林出版集团有限责任公司,2007,第68—78页。
② 例见梁启超《戊戌政变记(补)》(横滨清议报社1899年5月版),夏晓虹辑《〈饮冰室合集〉集外文》下册,第1199页;梁启超:《书十二月二十四日伪上谕后》,夏晓虹辑《〈饮冰室合集〉集外文》上册,第67—70页
③ 参见丁文江、赵丰田编《梁启超年谱长编》,第285—287、313、319页。
④ 丁文江、赵丰田编《梁启超年谱长编》,第221页。
⑤ 参见丁文江、赵丰田编《梁启超年谱长编》,第299页。
⑥ 丁文江、赵丰田编:《梁启超年谱长编》,第320页。
⑦ 梁启超:《清代学术概论》,《饮冰室合集·专集之三十四》,第63页。该版本中"保守性"三字被误印为"保持守性"四字,现据朱维铮校订本改正(梁启超:《清代学术概论》,朱维铮导读及校订,上海古籍出版社,1998,第86页)。
⑧ 至于梁启超在此时为何持激进的革命与共和立场这一问题,由于本文核心问题意识的限制,此处暂不讨论。不过,可以简略指出的是,导致梁此种政治倾向的最直接、最现实的原因,是戊戌变法和勤王运动失败后梁对清廷近乎彻底的绝望。另一方面,公羊三世之说可能也是一个因素,即梁可能仍旧认为太平世中的民主或共和政治,必然要优于升平世中的君民共主甚至君主立宪。
⑨ 梁启超:《卢梭学案(Jean Jacques Rousseau)》,《饮冰室合集·文集之六》,第97页。

上，结合成一个大联邦民主国：

> 我中国数千年生息于专制政体之下。虽然，民间自治之风最盛焉。诚能博采文明各国地方之制，省省府府，州州县县，乡乡市市，各为团体，因其地宜以立法律，从其民欲以施政令，则成就一卢梭心目中所想望之国家，其路为最近，而其事为最易。果尔，则吾中国之政体，行将为万国师矣！①

而发表于《新小说》杂志上的《新中国未来记》，则将这种对中国政治美好前景的畅想，展现得淋漓尽致。在《新中国未来记》正式发表之前，梁启超就在其本人主笔的《新民丛报》（第14号，光绪二十八年七月十五日出版）上为这部小说做过广告宣传。在该广告中，我们可以发现，其原始写作计划，几乎与当时革命派的政治主张如出一辙："其结构，先于南方有一省独立，举国豪杰同心协助之，建设共和立宪完全之政府……数年之后，各省皆应之，群起独立，为共和政府者四五。复以诸豪杰之尽瘁，合为一联邦大共和国。东三省亦改为一立宪君主国，未几亦加入联邦。"②而在实际发表的这部小说中，原写作计划中激进革命的立场则有所收敛，但经由各省自治（广东率先自治）随后合并成大共和国，并最终实现第一任大统领正式就任的联邦共和思路，没有发生本质改变。与原写作计划不同之处，则是中国在走向联邦共和的道路上并未发生革命，而是民意的呼吁导致"天子动容"，于是皇帝先是授予地方以合法自治权，最后则是主动终结帝制，并担任第一任总统（其姓氏亦由爱新觉罗改为汉人之罗姓）。③

3. "维新吾民"

也正是对共和政治的追求和思考，让梁启超开始对"人民程度"问题有了更为清醒和迫切的意识，从而也对此产生了相对更为完整的理论建构。这种清醒意识，来源于梁启超对于共和政治乃是人民实施自我统治的认识。由于人人都有权利参与政治，而且都有义务参与政治，所以共和政治运行

---

① 梁启超：《卢梭学案（Jean Jacques Rousseau）》，《饮冰室合集·文集之六》，第110页。
② 梁启超：《（中国唯一之文学报）新小说》，夏晓虹辑《〈饮冰室合集〉集外文》上册，第124页。
③ 梁启超：《新中国未来记》，《饮冰室合集·专集之八十六》，第5、8—9页。

效果之好坏，便在很大程度上取决于每个国民本身在行使政治权利（和义务）之过程中的表现，而这种表现必然与其自身的智识或道德能力紧密相连。而孟德斯鸠关于不同政体所需要的不同原则（孟氏"原则"被梁启超称为"元气"）的说法，也无疑强化了梁的这个判断。在《法理学大家孟德斯鸠之学说》一文中，梁启超认为，孟德斯鸠作品中的"特精者"，即是其有关"三种政体之元气"的议论。在这三种政体中，"专制国尚力，立君国尚名，共和国尚德"。其所谓"德"，是指"爱国家、尚平等之公德"。相较于另两种政体，共和国之所以尤为倚赖"德"这种"元气"，则是因为"彼立君之国，以君主之威，助以法律之力，足以统摄群下而有余；专制之国，倚刑戮之权，更可以威胁臣庶而无不足；若共和国则不然，人人据自由权，非有公德以自戒饬，而国将无以立也"。① 于是，在孟德斯鸠学说的支持下，梁启超相信，共和政治对于参与其中的国民的各种素养要求，尤其是对其德性上的要求，在所有政体之中是最高的。

  无疑，相比于变法时期梁启超借"开民智"来实现"君民共主"政治的规划，在梁此时对于"人民程度"的要求中，出现了一个更为重要的新因素，即"民德"。如上文所述，"早期"梁启超抱持一种彻底"去道德化"的社会达尔文主义世界图景，因此，"德"的因素在这种全面"物竞"的世界中并不占有重要地位。然而，东渡之后的梁启超，已经开始逐渐抛弃这种较为粗糙的以"天演"和"物竞"的视角来分析一切政治与社会现象的思维方式。② 尽管对于国与国关系仍旧维持一种彻底冷酷的达尔文主义看法，③ 但梁对于一国国内政治的思考，正如上文所显示的，已经带有更多规范性、宪法性和秩序性的色彩。当然，这种思考与梁试图强化一国内部的团结与整合，从而以更强力的姿态外竞于世界舞台的考虑有关。而在国内政治中单纯强调"智"以及由"智"所引发的"争"的因素，无疑不

---

① 梁启超：《法理学大家孟德斯鸠之学说》，《饮冰室合集·文集之十三》，第23页。梁对孟德斯鸠这方面学说的转述，大体上是准确的。孟氏原著中的讨论，可参见〔法〕孟德斯鸠《论法的精神》上册，张雁深译，商务印书馆，1961，第19—28页。
② 这方面的思想变化，也体现在他此时对加藤弘之有关"利己心"之表述的重视上（加藤氏认为人的"利己心"中实际上包含着部分"利他心"），参见梁启超《自由书·加藤博士天则百话》，《饮冰室合集·专集之二》，第95—98页；梁启超：《十种德性相反相成义》，《饮冰室合集·文集之五》，第49页；梁启超：《乐利主义泰斗边沁之学说》，《饮冰室合集·文集之十三》，第37—39页。
③ 例见梁启超《论近世国民竞争之大势及中国前途》，《饮冰室合集·文集之四》，第56—61页。

足以实现这种整合一国国民的目的。实际上，对于此时的梁启超而言，无论是在君主立宪国还是在共和立宪国中，"德"这一因素对于塑造国民而言都是不可或缺的。两种政体在这方面的差别，在于缺少人民之外的君主统治者和威慑力，纯粹依赖人民自我统治的共和立宪国，对于"民德"，亦即有助于将一国宪法秩序内化于人心的诸种道德要素，提出了最高要求。

伴随着这种意识，梁启超开始了对于一个联邦的、共和的、强大的新中国所需的新国民的想象。而将这些想象呈现得最为清楚的，则是梁启超在其创刊于光绪二十八年元旦的《新民丛报》上的大量言论，尤其是陆续发表的《新民说》系列论说文。让我们首先考察《新民丛报》第一号所刊载的该报章程本身。这份章程所宣称的该报宗旨的第一条，即是"本报取《大学》'新民'之义，以为欲维新吾国，当先维新吾民。中国所以不振，由于国民公德缺乏，智慧不开。故本报专对此病而药治之，务采合中西道德，以为德育之方针；广罗政学理论，以为智育之本原"。① 非常明显的是，《新民丛报》与《新民说》的核心宗旨，正是结合中西道德学术以及政法知识，对国民实施"德育"与"智育"，并最终实现"维新吾民"之目的。而最终塑造成型的"新民"，将完美地契合共和政治的种种要求。

《新民说》是这种"维新吾民"思路的完整展开。在梁启超看来，中国人独不缺少的是"人人独善其身"的私德，但在"人人相善其群"的公德方面，却乏善可陈。② 然而，在20世纪初这一列国相竞的年代，唯有提倡和实践能够"利群""合群"的公德，才可能确保中国的稳固与强大。因此，梁在《新民说》中所重点展开论述的，正是他所期待的一个现代中国之国民所必须具备的诸种公德。由于他认定未来中国的共和政治将对国民德性提出极高要求，所以他此时所搭建的公德体系也就极为庞大，且标准极高。就种类而言，公德包括了国家思想、进取冒险、权利思想、自由、自治、进步、自尊、合群、生利（即经济能力）、毅力、义务思想、尚武等。③ 就"新民"实践这些公德所需要达到的程度而言，梁在《新民说》中列出的公德楷模，经常是马丁·路德、克伦威尔、华盛顿、吉田松阴、

---

① 梁启超：《〈新民丛报〉章程》（原题《本报告白》），夏晓虹辑《〈饮冰室合集〉集外文》上册，第75页。
② 梁启超：《新民说》，《饮冰室合集·专集之四》，第12—16页。
③ 参见梁启超《新民说》，《饮冰室合集·专集之四》，第六节至第十七节。

马志尼等各国历史上的英雄或伟人。① 一个更有意思的例子是,尽管已经初步了解到了西方近代的自然权利理论,但他在《新民说》中仍"情不自禁"地将公德体系中的"权利",转化为一种类似于士大夫气节的精神性、尊严性事务,而非与近代欧洲中产阶级的生活和经济方式息息相关的(偏物质性的)诸种权利:"昔蔺相如叱秦王曰:'臣头与璧俱碎。以赵之大,何区区一璧是爱!使其爱璧,则碎之胡为者?乃知璧可毁、身可杀、敌可犯、国可危,而其不可屈者,别有在焉。'噫!此所谓权利者也!"②

《新民说》中公德体系无疑会令人产生若干疑问。首先,从一种真正"现代"的观点看来,梁启超对"新民"所需具备的各种公德的建构,无疑在内容上是过于繁复的,在标准上则是过高的,现代人接触到梁启超的"新民"形象时,甚至有可能会感觉自己是在与超人接触。其次,梁启超未能澄清这一系列所谓的公德与共和政治之间的具体关联,亦即未能说明每一种公德具体对应于共和立宪制度中的哪一个具体环节,并对后者有何种具体的影响。再次,梁启超在以何种方式来塑造"新民"、培养公德这个问题上,并没有给出太多回答。在《新民说》中,他似乎相信国民能够在道德实践上实现"自新":"新民者云,非新者一人,而新之者又一人也,则在吾民之各自新而已。"③ 然而这种大规模的道德自觉在现代政治中是否可能,无疑值得怀疑。最后,最为严重和直接的质疑则是:这种人人在公德上修炼圆满的"新民"国家,究竟是否可能实现(尤其是对20世纪初的中国而言)?

四 流亡日本中期:"人民程度未及格"与"开明专制"(1903—1907)

1. "桃源"之行与共和梦之破灭

"新民"学说隐含着一个思考上的出发点,即当下中国国民的政治德性是不充足的。正是由于这种不足,才需要对国民进行"维新",以使其适应现代政治,尤其是适应共和立宪政治的需要。因此,梁启超除了在《新民说》中建构出他理想中的未来"新民"形象,也在另一些作品中描绘出当时中国人在他眼中所呈现的遗憾形象。同样发表于"新民说"时代的《敬告我国国民》

---

① 参见梁启超《新民说》,《饮冰室合集·专集之四》,第41、61页。
② 参见梁启超《新民说》,《饮冰室合集·专集之四》,第33页。
③ 参见梁启超《新民说》,《饮冰室合集·专集之四》,第3页。

（光绪二十九年正月十四日）和《论中国国民之品格》（光绪二十九年二月十四日）这两篇文章，就表明梁此时对于中国"人民程度"的现状，有着足够清醒的认识。在前一篇文章中，梁以民间所办教育事业的现状为例，明确指出中国国民在自治能力上的严重缺乏。① 在后一篇文章中，梁则对中国国民品格之缺点展开了系统梳理，这些缺点被他归纳为"爱国心之薄弱""独立性之柔脆""公共心之缺失""自治力之欠阙"。② 不过，总体而言，即使在"新民说"时期的最后数月中，梁通过公开言论所展现出的心态仍是乐观的，亦即他仍旧期待中国全体国民能够以"自新"的方式，养成其理想中的公德或品格："人人有高尚之德操，合之即国民完粹之品格，有四万万之伟大民族，又乌见今日之轻侮我者，不反而尊敬我，畏摄我耶？"③

然而，这种"国民性批判"话语却具有思想上的双重效果。第一种效果是在认识到国民素质低下这一事实后，努力思考改造国民、提升其各种素养的可能性，并探索具体的改造和提升之道，《新民说》正是这种逻辑的全面展开。第二种效果则是，一旦认为国民素质在相当时期内难以得到质的提高，亦即"新民"在可以预见的未来是难以造就的，那么国民素质低下这个出发点却也可以服务于另一种逻辑：在相当长的历史时期内拒绝承认国民参与政治的权利，也就是悬置任何形式的立宪，转而继续维持威权统治。而激发出这第二种思想效果的关键契机，就是梁启超光绪二十九年的北美之行。这次经历直接导致梁启超思想历程中"新民说"时代的终结，宣告了其"开明专制"思想阶段的开始。

在筹办《新小说》报之时，除了创作《新中国未来记》，梁启超还曾计划为该报撰写一部名为《新桃源》的小说。其故事梗概是距离梁启超所处时代两百年前（约1700年），中国一"大族民"，由于"不堪虐政"，举族逃离中国本土，航海抵达某荒岛，在与世隔绝状态下繁衍生息，并建立起"一如欧美第一等文明国"的共和自治政体，"且有其善而无其弊"。至20世纪初，该族始与中国本土交通，"卒助内地志士奏维新之伟业，将其法制一切移植于父母之邦"。④ 尽管梁由于种种事务上的繁忙而未曾写出这部小

---

① 参见梁启超《敬告我国国民》，《饮冰室合集·文集之十四》，第25页。
② 参见梁启超《论中国国民之品格》，《饮冰室合集·文集之十四》，第2—5页。
③ 梁启超：《论中国国民之品格》，《饮冰室合集·文集之十四》，第5页。
④ 梁启超：《〈中国唯一之文学报〉新小说》，夏晓虹辑《〈饮冰室合集〉集外文》上册，第124页。

说，但这个写作计划本身，却一方面反映出梁对于久经专制的中国本土国民能否自行建立共和政体这一问题有所怀疑，另一方面反映出梁对于由海外华人建立的某个共和与自治的"世外桃源"的半幻想半现实的期待。

之所以说这种期待具有"半现实"的成分，是因为梁启超隐隐约约相信，在现实世界中存在着这么一个华人的共和"桃源"。这个现实中的"新桃源"，就在美国。梁所期待的，是在这个"全地球创行共和政体之第一先进国"中，① 身处其中的华人能够沾染上共和习性，并建立起完善的自治制度。如果在美华人表现出了梁所期待的"新民"之诸种公德，如果在美华人能够实施良好的自治制度，那么对于梁在整个中国实现共和制度的规划而言，或许还有一线希望。

最终，光绪二十九年正月，在美洲保皇会的邀请下，梁启超怀抱着考察华人在美国的生活和政治状况的目的，② 开始了长达九个月的北美之行。他先后造访温哥华、纽约、波士顿、华盛顿、费城、巴尔的摩、圣路易斯、芝加哥、旧金山、洛杉矶等地。由于旧金山当时拥有全美数量最多的华人（约两万七八千人），所以梁启超在旧历八月抵达该市后，便以此地华人为代表，"研究华人的性质，在世界上占何等位置"。③ 其研究的结果，发表在《新大陆游记》一书之中。

众所周知，这次政治考察的直接后果，是梁启超通过对在美华人之状况的观察，对于一般中国人是否能具有适应共和政治需要的政治能力，产生了根本性质疑。他发现，即使是在美国这样的共和国，华人的种种习性仍与共和政治格格不入。通过对各种华人团体之运行状况和相互关系的观察，梁痛苦地承认：华人只有"族民资格"，而无"市民资格"；只有"村落思想"，而无"国家思想"；只能"受专制"，而不能"享自由"；华人尚且"无高尚之目的"。④ 这种毫无自治能力与政治德性的群体，在共和政治的"放纵"下，引发了社会秩序的极度紊乱："吾观全地球之社会，未有凌乱于旧金山之

---

① 梁启超：《汗漫录》（一名《半九十录》），康有为等：《欧洲十一国游记二种·新大陆游记及其他·癸卯旅行记·归潜记》，钟叔河、杨坚校点，岳麓书社，1985，第588页。
② 当然，此行最为直接的目的，则是统一和壮大保皇派在北美各地的势力，其次才是政治考察。而政治考察亦包含两个层面，"一以调查我黄族在海外者之状况，二以考察新大陆之政俗"（梁启超：《海外殖民调查报告书》，夏晓虹辑《〈饮冰室合集〉集外文》下册，第142页）。
③ 丁文江、赵丰田编《梁启超年谱长编》，第329页。
④ 梁启超：《新大陆游记及其他》，康有为等：《欧洲十一国游记二种·新大陆游记及其他·癸卯旅行记·归潜记》，第555—556、559页。

华人者。"① 最终，梁所获得的结论只能是："以若此之国民"，议会制度、选举制度皆不可行，"故吾今若采多数政体，是无以异于自杀其国也。自由云，立宪云，共和云，如冬之葛，如夏之裘，美非不美，其如于我不适何"。②

正是在《新大陆游记》之中，梁启超思想中的"国民性"问题转向了不同于其之前立场的另一个方向：由于"新民"不可能实现，于是共和立宪也就不可能实现，中国在相当长的时间内只能实施君主威权统治。在分析和总结完在美华人的种种政治缺陷后，梁明确声明："今日中国国民，只可以受专制，不可以享自由。"③ 他甚至开始为中国出现开明君主或贤臣祈祷："吾祝吾祷，吾讴吾思，吾惟祝祷讴思我国得如管子、商君、来喀瓦士、克林威尔其人者生于今日，雷厉风行，以铁以火，陶冶锻炼吾国民二十年三十年乃至五十年，夫然后与之读卢梭之书，夫然后与之谈华盛顿之事。"④

而标志着此刻梁启超"言论大变"的最关键的理论性文章，则是他结束游美之行返归日本后，发表于《新民丛报》38、39合号（报上所标出版日为光绪二十九年八月十四日，但实际出版日应在光绪二十九年十二月初四日与三十年正月初五日之间⑤）上的《政治学大家伯伦知理之学说》一文。《新大陆游记》中对华人政治能力的考察结果，出现在了这篇文章中："深察祖国之大患，莫痛乎有部民资格，而无国民资格。"⑥ 要实行共和政体，国民必须具备足够的（部分内容在我们看来是标准极高的）"共和诸德"："故行此政体而能食其利者，必其人民于共和诸德，具足圆满，不惜牺牲其力、其财，以应国家之用，且已借普及之学制，常受完备之教育，苟如是，其庶几矣。"⑦ 然

---

① 梁启超：《新大陆游记及其他》，康有为等：《欧洲十一国游记二种·新大陆游记及其他·癸卯旅行记·归潜记》，第 556—557 页。
② 梁启超：《新大陆游记及其他》，康有为等：《欧洲十一国游记二种·新大陆游记及其他·癸卯旅行记·归潜记》，第 558—559 页。
③ 梁启超：《新大陆游记及其他》，康有为等：《欧洲十一国游记二种·新大陆游记及其他·癸卯旅行记·归潜记》，第 559 页。
④ 梁启超：《新大陆游记及其他》，康有为等：《欧洲十一国游记二种·新大陆游记及其他·癸卯旅行记·归潜记》，第 559 页。
⑤ 此处参考的是森时彦利用日本《东邦协会会报》确认《新民丛报》实际出版日期的成果，见《附录二：〈东邦协会会报〉受赠书目中所见〈清议报〉〈知新报〉〈新民丛报〉一览表》，〔日〕狭间直树编《梁启超·明治日本·西方》，社会科学文献出版社，2001，第 474 页。
⑥ 中国之新民：《政治学大家伯伦知理之学说》，《新民丛报》第 38、39 号合本（光绪二十九年八月十四日），第 22 页。
⑦ 中国之新民：《政治学大家伯伦知理之学说》，《新民丛报》第 38、39 号合本（光绪二十九年八月十四日），第 35 页。

而中国国民的特征却与这些"共和诸德"无缘:"共和国民应有之资格,我同胞虽一不具,且历史上遗传性习,适与彼成反比例,此吾党所不能为讳者也。"① 如果放任这群毫无"公民德性"的社会成员去组建所谓的共和国家,则要么将导致"所谓暴民政治者,而国或已亡",② 要么将导致政治秩序崩溃之后出现强人独裁政治,即所谓"民主专制政体"。③

于是,《伯伦知理之学说》一文的结论,也必然是告别共和。曾一度"醉共和、梦共和、歌舞共和、尸祝共和"的梁启超,如今发现自己不得不与民权和共和挥手告别。他使用着最具有宣泄性的语言,写下对共和政治告别宣言:"吾与君别!吾涕滂沱!……呜呼!共和共和,吾爱汝也,然不如其爱祖国。"④ 然而,在告别共和后,梁甚至连君主立宪也放弃了,他声称自己在此时最向往的,是俄罗斯式的开明专制:"问者曰:然则子主张君主立宪矣?答曰:不然。吾之思想退步,不可思议。吾亦不自知其何以锐退如此其疾也。吾自美国来,而梦俄罗斯者也。"⑤

2. 开明专制与预备立宪

有两个背景因素促使梁启超在光绪三十二年上半年将其开明专制论予以更系统化的澄清。第一个因素是于光绪三十一年至三十三年间在革命派所办《民报》与梁启超所主笔之《新民丛报》间发生的言论激战。由于革命派人士如汪兆铭、胡汉民等自《民报》于光绪三十一年冬创刊之际,即以梁启超和《新民丛报》为主要攻击对象,梁不得不展开反击。在这场思

---

① 中国之新民:《政治学大家伯伦知理之学说》,《新民丛报》第38、39号合本(光绪二十九年八月十四日),第47页。

② 中国之新民:《政治学大家伯伦知理之学说》,《新民丛报》第38、39号合本(光绪二十九年八月十四日),第35页。

③ 中国之新民:《政治学大家伯伦知理之学说》,《新民丛报》第38、39号合本(光绪二十九年八月十四日),第43页。

④ 中国之新民:《政治学大家伯伦知理之学说》,《新民丛报》第38、39号合本(光绪二十九年八月十四日),第47—48页,第49页。

⑤ 中国之新民:《政治学大家伯伦知理之学说》,《新民丛报》第38、39号合本(光绪二十九年八月十四日),第49页。在1905年俄国革命爆发之前,梁启超对俄国政治的认识,大体上是较为稳定和有效的开明专制的面貌。例如,在发表于光绪二十七年(1901)的《中国积弱溯源论》一文的结尾部分,梁如此描绘俄国政治:"今夫专制之国钤辖其民,以自保私产,古今恒情,吾姑无责焉。虽然,保之则亦有道矣。如彼俄罗斯者,现世最专制之国也,而其任百官也,则必尽其才,尊其权,政府之方针有定向,施政之条理有定程。盖虽不知有民,而犹知有国焉。其君其臣,一心一德,以务国事,此其所以强也。"(梁启超:《中国积弱溯源论》,《饮冰室合集·文集之五》,第41页)对俄国政治的这种认识,可能是受到了戊戌变法时期康有为部分作品的影响。

想论战中，双方就革命是否会招致列强干涉和瓜分、种族革命是否需要与政治革命并举、社会革命与土地革命是否为中国所必需、中国能否实行共和政治等重大议题，展开了针锋相对的辩论。① 正是这次思想论辩的背景，促使梁对自己在该时期所持的政治立场和理论依据予以全面展开。

  另一个更为微妙的因素，则是此时清廷也半主动半被动地走上了考察和仿行宪政的道路，而且清廷随后的相关决策与梁启超的直接作用密不可分。光绪三十一年（1905）六月，清廷下诏令载泽等大臣分赴东西洋各国考察政治。② 出洋考察政治一事一度受到革命党人炸弹袭击的阻挠，但五大臣最终在该年年末得以成行。③ 多年来令史学界颇感扑朔迷离的"梁启超替五大臣做枪手"一案，正是发生在这次考察各国政治的过程中。如今，夏晓虹依据北京大学图书馆馆藏资料中新发现的一批梁启超手稿，已经能够极为清楚地证明：在光绪三十二年闰四五月（1906年六七月）间，梁启超替考察政治大臣戴鸿慈与端方代拟了《请定国是以安大计折》《请改定官制以为立宪预备折》《请定外交政策密折》《请设财政调查局折》《请设立中央女学院折》五篇奏稿，从而以此种方式首度直接参与到清末预备立宪运动之中。④ 而且，在随后数月中，宣布进入预备立宪的清廷实际上（至少在表面上）采纳了梁在这些奏稿中提出的若干建议，尤其是有关官制改革的建议。⑤ 鉴于这种形势，梁启超一度对清廷重燃希望。在清廷下诏宣布预备立宪的当日（七月十三日）晚间，梁在一封致蒋智由的信中写道："今夕见号外，知立宪明诏已颁，从此政治革命问题，可告一段落。此后所当研究者，即在此过渡时代之条理何如。"⑥ 由此可以推断的是，梁在此时的政治主张，倾向于由清政府进行一段时间的开明专制，以便在这段时期内完成预备立宪的诸项工作（包括提高"人民程度"），然后正式实施包括议会制度在内的君主立宪制。

---

① 参见亓冰峰《清末革命与君宪的论争》，第145—234页。
② 参见《派载泽等分赴东西洋考察政治谕》，故宫博物院明清档案部编《清末筹备立宪档案史料》上册，中华书局，1979，第1页。
③ 参见《出使各国考察政治大臣载泽等奏出京乘坐火车遇炸情形摺》，故宫博物院明清档案部编《清末筹备立宪档案史料》上册，第2—3页；《出使各国考察政治大臣戴鸿慈等奏出使各国考察政治放洋日期摺》，故宫博物院明清档案部编《清末筹备立宪档案史料》1979，第4—5页。
④ 夏晓虹：《梁启超：在政治与学术之间》，东方出版社，2014，第28页。
⑤ 参见夏晓虹《梁启超：在政治与学术之间》，第33页。
⑥ 丁文江、赵丰田编《梁启超年谱长编》，第365页。

发表于《新民丛报》第 73、74、75、77 号（光绪三十二年一月至三月，实际出版时间大致在正月二十七日至四月二十七日间①）的《开明专制论》，以及发表于该报第 79 号（三十二年四月一日，实际出版时间应在四月二十七日与闰四月二十九日间②）的《答某报第四号对于〈新民丛报〉之驳论》（以下简称《答某报》）这两篇文章，包含此时梁启超有关开明专制和"人民程度"问题最成熟的讨论，因此值得本文重点考察。在《开明专制论》一文中，梁启超首先进行的是较为繁复的概念界定："发表其权力于形式以束缚一部分之自由，谓之制。据此定义，更进而研究其所发表之形式，则良焉者谓之开明制，不良焉者谓之野蛮制。由专断而以不良的形式发表其权力，谓之野蛮专制。由专断而以良的形式发表其权力，谓之开明专制。"③而专制之良与不良的标准，则在于"以自然人的一己之利益为标准，则其制必不良；以法人的国家之利益为标准，则其制必良"。④因此，在梁启超的设想中，开明专制是一种由君主制统治者主导的、以促进包括人民在内的国家之整体利益为宗旨的改良主义的威权政治形式。而且，这种开明专制的最终目标，仍旧是立宪政治："故开明专制者，实立宪之过渡也，立宪之预备也。"⑤

不过，《开明专制论》的阐述重点，则是一方面驳斥革命派关于中国可以立刻实施共和立宪的主张，另一方面反对在中国立刻实施君主立宪制。就第一个方面而言，梁主张中国"万不能行共和立宪制"的核心理由，正是中国国民不具备"共和国民之资格"。通过对美国、法国、瑞士三国宪法制度的（或许并不成功的）分析，梁启超主张，"共和立宪国终必归于议院政治"，即政治的主导权属于议会，而三权中的其余二权——尤其是行政权——终必服从于议会权力。因此，他此时所推导出的"共和国民之资格"的核心标准，正是"有可以行议院政治之能力"。⑥ 不幸的是，在梁的眼中，中国国民恰恰是无法满足议院政治之要求的。梁启超认为，议院政治的第

---

① 此处参考的是森时彦利用日本《东邦协会会报》确认《新民丛报》实际出版日期的成果，见《附录二：〈东邦协会会报〉受赠书目中所见〈清议报〉〈知新报〉〈新民丛报〉一览表》，〔日〕狭间直树编《梁启超·明治日本·西方》，第 475 页。
② 此处参考的是森时彦利用日本《东邦协会会报》确认《新民丛报》实际出版日期的成果，见《附录二：〈东邦协会会报〉受赠书目中所见〈清议报〉〈知新报〉〈新民丛报〉一览表》，〔日〕狭间直树编《梁启超·明治日本·西方》，第 475 页。
③ 梁启超：《开明专制论》，《饮冰室合集·文集之十七》，第 21 页。
④ 梁启超：《开明专制论》，《饮冰室合集·文集之十七》，第 22 页。
⑤ 梁启超：《开明专制论》，《饮冰室合集·文集之十七》，第 39 页。
⑥ 梁启超：《开明专制论》，《饮冰室合集·文集之十七》，第 64 页。

一个要件，是"议院大多数人，有批判政治得失之常识"。然而，如果在当时的中国立刻开设议会，那么议会成员将是"非顽固之老辈，则一知半解之新进也"，其结果自然是"苟老辈者多数焉，则复八股之议案，可以通过也；苟新进多数焉，则尽坑满州人之议案，可以通过也。而政府若否认其议案，则顷刻不能安其位，而彼之首领且将代之而实行之也"。① 议院政治的第二个要件，是"发达完备之政党"，尤其是成熟且稳定的两党交替执政制度（很显然该标准又是设定得过高了）。② 很显然，梁启超对于当时中国人的结社和"合群"能力极度悲观："今之中国无三人以上之团体，无能支一年之党派。"一旦中国开设议会，将远远背离两党制的要求："议院而有五百人也，吾敢信其党数必过百，而最大党所占无过二三十，而一党得一人者乃最多也。"③ 因此，一旦中国实行共和立宪，后果将不堪设想："苟其采法国制，则浃旬之间，内阁可以更迭十次；苟其采美国制，则将今日出一政策焉，命大统领执行，明日出一正反对之政策焉，又命大统领执行，否则相持而一事不能办、一律不能颁也。"④ 于是，梁"毅然"断定："故今日中国国民，非有可以为共和国民之资格者也，今日中国政治，非可采用共和立宪制者也。"⑤

与此相似，在讨论中国当时尚不能实施君主立宪制时，梁启超给出的第一个理由是"人民程度未及格"（第二个理由则是"施政机关未整备"）。梁启超承认，君主立宪制中议院的地位与功能与共和立宪制中的议院不同：后者由于人民主权的要求，其地位不得不高于行政权，因而"不能不立于指挥主动之地位"，而前者一般而言只是"立于监督补助之地位"。因此，君主立宪制所需要的"国民程度"，要比共和立宪所需要的程度低。⑥ 然而，梁启超认为，中国国民连这种较低的程度也未能达到。梁启超首先讨论的是议员的程度问题。他向读者描绘了"品格卑""见识陋"的中国议员所可能带来的议会政治诸种弊端。（1）滥用对政府的质问权，或完全放弃行使

---

① 梁启超：《开明专制论》，《饮冰室合集·文集之十七》，第 65 页。
② 关于各种政党制度与民主政体稳定之间的复杂关系，参见 Juan J. Linz, *The Breakdown of Democratic Regimes: Crisis, Breakdown, & Reequilibration*, Baltimore and London: The Johns Hopkins University Press, 1978, pp. 24–27.
③ 梁启超：《开明专制论》，《饮冰室合集·文集之十七》，第 67 页。
④ 梁启超：《开明专制论》，《饮冰室合集·文集之十七》，第 67 页。
⑤ 梁启超：《开明专制论》，《饮冰室合集·文集之十七》，第 67 页。
⑥ 梁启超：《开明专制论》，《饮冰室合集·文集之十七》，第 77—78 页。

质问权:"若无鉴别政治得失之识力,所质者皆薄物细故,或于其极正当之行动而故为责备,而其有干法越权及其他失政,或反熟视无睹,不予纠正,则政府视议会易与,谓其言一无价值,生轻蔑心,而议会之神圣损矣。"(2)滥用对政府成员的弹劾权:"若弹劾之无价值,与前所举质问同,则元首厌之,政府侮之矣。不宁惟是,弹劾无效,则议院势不得不被解散,屡滥用弹劾,则重解散以解散,而议院将虽有若无……夫学识幼稚之民,往往沐猴而冠,沾沾自喜,有权而滥用焉,其常态矣。"(3)滥用或放弃立法权,这又可细分为"三种'怪象'":"(甲)政府所提出者,盲从焉,不能赞一词;(乙)政府所提出,或有极良之法案,不能知其精神所在,漫为反对;(丙)自提出或偏畸、或危险、或无谓、或不可行之法案,而自议决之。"(4)滥用预算审核与批准权:"而程度幼稚之民,动偏于一端,而在中国义务思想未发达之人民,尤汲汲以轻负担为务……如此则恐预算不成立之现象,年年续见。"(5)在议场内因政见不合而爆发肢体冲突:"然在程度幼稚之民,往往因辩论而生意见,因意见而生仇雠,故中国向来议事之场,动则挥拳拔刀,数见不鲜矣。"① 梁启超认为,所有这些他预测中的现象,都大为违背立宪精神。因此,对于开设议院这一问题而言,"故与其太速而资格缺,毋宁稍迟而资格完也"。②

随后梁启也超表达了对"选举议员之人民"的担忧。这些担忧包括:"程度幼稚之国民"可能大量放弃行使选举权,因为他们"往往视此权若弁髦";选举过程中易出现贿赂和胁迫;竞选过程中易发生暴力冲突;在所选出的议员究竟是代表人民总体之意见,还是代表选民个人或选区选民的意见这个问题上,"程度幼稚之国民"的理解会与立宪精神发生冲突(梁认为议员应代表人民总体之意见)。③ 因此,对于选民素质问题,梁启超也认为:"苟非养之有素,则利恒不足以偿其害,有断然矣。"④

在《答某报》一文中,梁启超更为明确地主张,支撑着共和立宪下的

---

① 参见梁启超《开明专制论》,《饮冰室合集·文集之十七》,第78—80页。
② 参见梁启超《开明专制论》,《饮冰室合集·文集之十七》,第80页。
③ 梁启超:《开明专制论》,《饮冰室合集·文集之十七》,第80页。梁启超关于议员应对人民整体负责,而非对其所得以选出的那部分选民负责的观点,是一种建立在人民主权和公意不可分割之观点基础上的典型的欧陆政治观念,但在议会制度的诞生地即英国,这种观点并不占主流,参见〔法〕皮埃尔·罗桑瓦龙《公民的加冕礼:法国普选史》,吕一民译,上海人民出版社,2005,第131、370页。
④ 梁启超:《开明专制论》,《饮冰室合集·文集之十七》,第81页。

议院政治的,是一种由"自治秩序而富于公益心"构成的"共和之真精神"。① 只有一国国民中人人都具备这种自治心和公益心,才有可能在缺乏一个外在权力之威慑的情况下,形成立宪政治所依赖的基本秩序。革命派(以及流亡日本前期的梁本人)所提倡的自由与平等,固然也是共和政治的真谛,但如果没有与自治心和公益心相结合,那么这种自由平等,"是未形成国家以前原始社会之心理,而决不可谓为今世共和国民之心理也"。如果只是单纯提倡自由与平等,那么自治、公益和秩序,"则非惟不见进行而已,且视前此更有退步焉"。而这种为共和国家所必需的"重秩序尊公益之心理","非养之以岁月而万难成就"。②

梁启超进一步从人民主权的高度,认定共和国的最高权力机关在国民本身。因此,"国民全体之程度能否当于最高机关而完其责任,是即此种国家成立维持之第一大问题也"。在梁启超看来,只有是"因习惯而得共和政体者",其"国民程度"才可能"发达圆满,有自治秩序而富于公益",于是其作为最高机关的国民,"先无内讧鱼烂之忧,然后可以语于对外行动"。而对于长期屈服于专制统治之下,从而未能获得实践自治之机会的国民而言,如果以发动革命的方式来获得共和,"则国民前此未尝当于一机关之任,虽使之组织一补助机关犹虑不胜,一旦而跃立于最高机关之地位,安见其可?机关自身之要素,先自不具,他更何论矣!"③ 而中国所面临的,正是这后一种窘境:"而吾中国今日之人民,据之以构成机关,吾认其责任心公益心未能圆满者也。……而吾中国今日之人民,据之以构成机关,吾认其政治智识太过幼稚者也。"④

无论是在《开明专制论》中还是在《答某报》中,由于共和立宪和君主立宪这两个选项都因为"人民程度"问题而被排除,因此梁启超认定当时中国只能选择开明专制:"然则为今日计,舍开明专制外,更有何途之从?"⑤ 至于中国通过开明专制这个过渡阶段所能够实现的政治形态,梁显

---

① 梁启超:《答某报第四号对于〈新民丛报〉之驳论》,《饮冰室合集·文集之十八》,第78页。
② 梁启超:《答某报第四号对于〈新民丛报〉之驳论》,《饮冰室合集·文集之十八》,第78页。
③ 梁启超:《答某报第四号对于〈新民丛报〉之驳论》,《饮冰室合集·文集之十八》,第84—85页。
④ 梁启超:《答某报第四号对于〈新民丛报〉之驳论》,《饮冰室合集·文集之十八》,第88页。
⑤ 梁启超:《答某报第四号对于〈新民丛报〉之驳论》,《饮冰室合集·文集之十八》,第88页。

然更为倾向于君主立宪。而为着实现立宪政体，中国必须经历至少一代人左右的开明专制阶段。如上文所述，梁在《新大陆游记》中，声称这个期限将长达"二十年三十年乃至五十年"。在《开明专制论》中，梁认为最快亦需要"十年乃至十五年"。① 在《答某报》中，梁认定君主立宪制只能实现于"十年乃至二十年以后"。②

然而，梁启超开明专制思想体系的最大问题在于，尽管他声称"故开明专制者，实立宪之过渡也，立宪之预备也"，但他始终未曾在理论层面上彻底澄清应当通过何种具体方式来实现这种过渡和预备。虽然说在现代国家建设，尤其是梁在《开明专制论》中所罗列的各种施政机关的准备上，开明专制确实可能做出些许贡献，而一个拥有完善和合理的官僚制度、财政制度、军事制度的现代国家，无疑是立宪政体的重要基石。然而，与本文论旨高度相关的是，梁始终未能清楚地指出，在国民政治参与度极为有限的开明专制之下，应当如何"培养"和"训练"与未来立宪政治相匹配的"人民程度"？在《答某报》一文中，他似乎祭出教育这个解决方案，但实际上这并不是该文的论述重点。③ 可见梁本人对于这个问题的解决，似乎没有确切的把握。

通过将梁启超《开明专制论》的原本写作规划，与之后真正发表的该文各章内容做一对比，也可以明显地观察到梁的类似思想困境。在《开明专制论》第一部分首次发表于《新民丛报》时，作者在文章第一页提供了计划中的该文完整目录，该目录的最后三章标题分别是："第八章　论开明专制者所当有事……第九章　论开明专制者之人物……第十章　论开明专制之精神。"④ 但在随后各期的《新民丛报》中，梁启超实际上并没有写出原定的这最后三章。相反，在真正发表的《开明专制论》全文中，梁在最后部分实际上是使用排谬法来证明"论开明专制适用于今日之中国"，即通过证明当时中国既不能适用共和立宪，又不能适用君主立宪，来得出中国只能适用开明专制的结论。因此，梁实际上回避了对中国开明专制的正面

---

① 梁启超：《开明专制论》，《饮冰室合集·文集之十七》，第82页。
② 梁启超：《答某报第四号对于〈新民丛报〉之驳论》，《饮冰室合集·文集之十八》，第88页。
③ 梁启超：《答某报第四号对于〈新民丛报〉之驳论》，《饮冰室合集·文集之十八》，第94页。梁实际上是在驳斥革命派有关革命之后可通过速成教育培养共和国民资格的观点，梁认为，只有经过较长时段的开明专制，才能实现革命派的教育目的。
④ 梁启超：《开明专制论》，《新民丛报》第73号（光绪三十二年一月一日），第1页。

论述。可以推断，整个清朝统治阶级的现实状况，给梁的开明专制规划蒙上了难以消除的阴影。在清政府内部，究竟是哪个具体人物或集团，能够承担起包含现代国家建设和现代国民智识与道德培养等重任在内的开明专制使命？这个问题或许深深困扰着梁启超（即使是在他对清廷态度最为乐观的时刻）。无论光绪帝本人是否确如梁启超早先所描绘的那般"英明仁厚"或"数千年之所未有"，① 他在未来数年内仍旧处于无权状态，却是个无法回避的尴尬事实。而光绪帝无法握有实权，也就意味着康梁无法摆脱政治犯身份，从而无法辅佐皇帝实施又一次"百日维新"。慈禧太后则是梁所代表的保皇会的公开政敌，因此也不可能成为梁心目中的开明专制者候选人。在王大臣、军机大臣、各部堂官等人物中，似乎也不存在如梁所期待的那种"20世纪的管仲与商鞅"。

五 流亡日本后期：现代政论家的思考（1907—1911）

1. 梁启超与国会运动

光绪三十二年（1906）七月十三日，清廷颁布预备立宪之诏。② 此后，梁启超逐渐从与革命派的论争中抽身，并将更多精力投入实际政治活动。是年冬间，梁启超与杨度两方面势力开始磋商合作组建政党事宜，相关的商议和筹划一直持续至第二年春夏间。但由于在内部人事安排和政党组织形式等方面存在明显分歧，合作一事以失败告终。先是杨度从日本回到中国内地，单独组织宪政公会。而梁启超则与蒋智由、徐佛苏等人，于光绪三十三年九月在日本东京和中国沿海一带组建政闻社。十月，作为政闻社机关报的《政论》正式问世。③

尽管与杨度商议合作组党却最终告吹，对梁启超而言是一次不甚愉快的经历，但需要指出的是，正是在该时期与杨度的接触过程，使得梁对中国是否需要立刻实施宪政，尤其对是否需要立刻开设国会这个问题的思考，发生了明显的转变。如上文所述，按照梁原本的规划，由于中国"人

---

① 梁启超：《与日本东邦协会书》，夏晓虹辑《〈饮冰室合集〉集外文》上册，第54页；梁启超：《戊戌政变记（补）》（横滨清议报社1899年5月版），夏晓虹辑《〈饮冰室合集〉集外文》下册，第1199页。

② 参见《宣示预备立宪先厘定官制谕》，故宫博物院明清档案部编《清末筹备立宪档案史料》上册，第43—44页。

③ 参见丁文江、赵丰田编《梁启超年谱长编》，第357、369、390页。

民程度"尚未达到立宪政治,尤其是议会政治所需要的水平,梁并不主张立刻实施诸多宪政制度,尤其是议会制度。与此形成鲜明对比的是,杨度则在光绪三十二年年底于东京创办《中国新报》,并在该报上大力鼓吹速设国会。例如,在该报第一号登载的《〈中国新报〉叙》中,杨度便开宗明义地主张速开国会,建立责任政府。针对当时革命、立宪两派争论不已的"人民程度"问题,杨度提供了两种不同解答:第一种是在严复译著《社会通诠》一书的影响下,认为中国(尤其是其中的汉族)"国民程度"已经进展至较高水平,因为"其自封建制度破坏后,由宗法社会进入于军国社会中,固已两千余年,惟尚不能如各国之有完全军国制度耳";第二种则是主张宪政实践本身能够促进"国民程度":"然吾人以为进行一步,即程度高一步,鼓其进行,即所以养其程度,若不进行,而待程度之足,虽再历万年,犹将不足也。"① 梁启超则在《新民丛报》上对《中国新报》第一号的内容予以热情回应,并照录该报《叙》之全文。此时他一方面对杨要求立宪的主张予以肯定,另一方面却尚未明确自己对速开国会一事的态度。② 杨度随后在《中国新报》第四号发表《致〈新民丛报〉记者》一文,并在该文中以更加旗帜鲜明的姿态,主张速开国会。而之所以有此主张,则是因为相较于地方自治、司法独立、改革官制等事业,要求设立国会在立宪运动诸事项中,最具重要性和可操作性,所以最易在国民心理层面上收到效果:"故必于一切宪政之中,择其至重且大者,以专注之力而主张之,一事既成,再谋其次,始能有实际之能力。……此其理虽复杂,然其事甚简单,一入人耳,尽可了然,以此唤起国民之政治思想,责望政府要求权利之心,必为较速。"③ 值得补充的是,才华横溢的杨度的这几篇文章,都是以极为流畅明快的语言写就的,因此这些文字即使不能在"道理"上"说服"梁启超,也很有可能在"气势"上"压服"后者。

真正有可能打动梁启超的,则是杨度于光绪三十三年(1907)二三月

---

① 杨度:《〈中国新报〉叙》,张枬、王忍之编《辛亥革命前十年间时论选集》第2卷下册,三联书店,1977,第870、872页。
② 参见梁启超《新出现之两杂志》,夏晓虹辑《〈饮冰室合集〉集外文》上册,第472—479页。
③ 杨度:《致〈新民丛报〉记者》,张枬、王忍之编《辛亥革命前十年间时论选集》第2卷下册,第877页。

间写给梁的一封信。① 在这封信中，杨度就筹划中的联合政党的成立日期和组织结构等问题，表达了自己的看法。与本文主题相关的，是杨度就与组党一事相关的政见宣传、群众动员等技巧方面对梁启超的"肺腑之言"。杨度在陈述促开国会所能带来的益处时，实际上都是从这种政党政治之实际操作的角度来展开的。为了吸引公众的注意力，必须提出简单直接的口号，而"开国会"三字正符合此种要求："夫政党之事万端，其中条理非可尽人而喻，必有一简单之事物以号召之，使人一听而知，则其心反易于摇动而可与言结党共谋。以弟思之，所谓简单之事物，莫开国会若也。"所以，一旦梁启超能够配合杨度，动用其所拥有的报界资源，日日鼓吹开国会事，那么"人人心目中有此一物，而后吾人起而乘之，即以先谋开国会为结党之第一要事，斯其党势必能大张"。② 对于普通公众而言，复杂的法政理论始终是难以理解的，但口号式语言却最容易在群众心理上生根："一切法理论、政治论之复杂，终非人所能尽知，必其操术简单，而后人人能喻，此'排满革命'四字，所以应于社会程度，而几成无理由之宗教也。"③ 因此，为了与革命派"排满革命"的口号对抗，从而吸引更多受众，舍"开国会"三字外几乎别无他途：

> 吾辈若欲胜之，则宜放下一切，而专标一义，不仅使脑筋简单者易知易从，并将使脑筋复杂者去其游思，而专心于此事。我辈主张国会之理由，但有一语曰：国民举代表人以议国事，则政府必负责任而已……以此为宗教，与敌党竞争势力，彼虽欲攻我，亦但能曰办不到，而不能曰不应办也。④

杨度此信显然收到成效。尽管组党合作事最终以失败告终，但梁启超在回信中明确肯定了杨度强调开国会的建议："至专提倡开国会，以简单直

---

① 《复梁启超函》，刘晴波主编《杨度集》，湖南人民出版社，1986，第404—411页。从信件内容上看，此信的写成时间，应早于该年旧历三月梁启超给杨度的回信（梁的回信全文，参见丁文江、赵丰田《梁启超年谱长编》，第392—395页）。另，杨度此信中提到写信时《中国新报》第三号已出版（第404页），所以信件写作时间应当在该报第三号出版日（二月初七日）之后。

② 《复梁启超函》，刘晴波主编《杨度集》，第404页。
③ 《复梁启超函》，刘晴波主编《杨度集》，第405页。
④ 《复梁启超函》，刘晴波主编《杨度集》，第405页。

捷之主义，求约束国民心理于一途，以收一针见血之效，诚为良策。弟当遵此行之，并在《时报》上有所鼓吹。"① 因此，下文将介绍的梁启超于光绪三十三年下半年政闻社成立时对速开国会的提倡，无疑有着杨度的重大影响。

不过，梁启超在是否即开国会一事上判断的变化，也与其本人对清廷宣布预备立宪一年以来的政治和改革形势的观察密切相关。尽管清廷宣布将从官制改革入手展开预备立宪工作，但一年来这方面的改革状况无疑是令人失望的。梁启超对此描述道："号称预备立宪改革官制，一若发愤以刷新前此之腐败。夷考其实，无一如其所言，而徒为权位之争夺，势力之倾轧，借权限之说以为挤排异己之具，借新缺之立以为位置私人之途。"② 而清政府的腐败情形，也显得几乎无可救药。在《现政府与革命党》一文中，梁甚至将当时的清政府称为"制造革命党之一大工场"，而"制造革命党原料之主品"，正是政治上的腐败。③ 当他回顾自宣布预备立宪一年多以来政界中的各种"波澜"时，他只能发现各种倾轧和排挤，而一年来所谓的党争，实际上只见旧的"私党"，而不见立宪国所需的真正"公党"。④ 此外，尽管康梁及其党人一度对清廷预备立宪政策表现出积极的配合姿态，但清政府本身却仍在积极查缉党人，并严厉禁止署有康梁等人姓名的出版物在内地流通。⑤

面对如此腐败且不思进取的现政府，梁启超的开明专制企图受到了致命打击。他意识到，这样一个政治制度层面上不受有效监督和制约，且本身又有着难以克服的腐败恶习的政府，是难以完成他所设定的开明专制和预备立宪的使命的。相反，这样的政府只会将中国带入更危险的境地。他

---

① 丁文江、赵丰田编《梁启超年谱长编》，第395页。
② 梁启超：《现政府与革命党》，《饮冰室合集·文集之十九》，第47页。梁启超甚至通过与戴鸿慈等人的书信往来，直接得知官制改革时不同机构之间的（甚至是违反立宪国权力划分原则的）权限争夺纠纷，参见丁文江、赵丰田编《梁启超年谱长编》，第379—380页。关于戴鸿慈与梁启超此次通信中提到的"部院之争"（法部与大理院之间权限纠纷一事），参见张从容《部院之争：晚清司法改革的交叉路口》，北京大学出版社，2007；郑定、杨昂：《还原沈家本——略论沈家本与晚清司法场域之变迁（1901—1911）》，《政法论坛》2004年第1期，第31—32页。
③ 梁启超：《现政府与革命党》，《饮冰室合集·文集之十九》，第45—46页。
④ 参见梁启超《一年来政界之波澜》，夏晓虹辑《〈饮冰室合集〉集外文》上册，第513—514页。
⑤ 参见丁文江、赵丰田编《梁启超年谱长编》，第388页。

进一步意识到，如果不改革现有的政府体制，如果不存在一个在政治上负责任的政府，亦即"代君主负责任之内阁"，那么包括宪政建设在内所有善政，都将无法得到切实的制度性保障。① 而与这种责任内阁对峙，并使之真正承担政治责任的，正是主要由民选议员构成的国会——只有民选而非任命才能保证国会不沦为君权或行政权的一部分——这个关键机构。

因此，在以上两个因素的共同作用下，梁启超明确放弃了之前的开明专制设想，并转而积极主张实行君主立宪政体中的最核心制度，亦即国会制度，该宗旨也成为成立于光绪三十三年九月的政闻社所持宗旨中的第一条。② 自此以后直到辛亥革命爆发，梁启超都在不遗余力地以各种形式敦促清政府立即无条件地开设国会、建设责任政府。他甚至设想过将预备立宪时期身为"议院基础"的资政院直接改造成真正意义上之国会的可能性。③ 政闻社于光绪三十四年将本部由东京迁往上海后，请愿速开国会成为该社的运动重心。当政闻社由于自身在速开国会上的积极主张而遭到清政府查禁之后，梁仍旧坚持一面以言论之力量，一面以委托其他立宪派人士在国内积极活动的方式，对之后历次请愿国会运动予以实质性支持。④ 而在他几乎所有对要求速开国会之理由的论述中，通过设立国会而形成对责任政府的监督，并迫使后者实施良政治，都是最为重要的理由之一。他此时所期待的，是议会能够妥当地使用协赞预算权、质问权、事后承诺权、上奏弹劾权等手段，实现对行政权的有效监督。⑤ 他甚至愿意描绘他想象中的中国未来国会的运作场景：

> 以今日卖官鬻爵，公然列肆，持筹而算，驵侩围隶，弹指卿相者，一经国会之质问，政府能辨答乎？冗署冗缺冗差冗员，政府所以位置私人而招徕善价者，将其经费提出于国会，能见承诺乎？日构虚辞，捏报成绩，经国会委员会分科调查，其能隐蔽乎？国家岁计，入不敷出者逾万万，而岁出之属于靡费者，殆三分之二，此种预算案，其足

---

① 参见梁启超《所谓袁张内阁》，夏晓虹辑《〈饮冰室合集〉集外文》上册，第516页。
② 参见梁启超《政闻社宣言书》，《饮冰室合集·文集之二十》，第25页。
③ 参见梁启超《政闻社总务员马良等上资政院总裁论资政院组织权限说帖》，夏晓虹辑《〈饮冰室合集〉集外文》上册，第537—544页；丁文江、赵丰田编《梁启超年谱长编》，第428页。
④ 参见丁文江、赵丰田编《梁启超年谱长编》，第453、468—474、499、501、511—512页。
⑤ 参见梁启超《论政府阻挠国会之非》，《饮冰室合集·文集之二十五（上）》，第111页。

以出丑于国会议场乎？凡编预算案，必期于收支适合，国会若质问政府，以何术弥此巨亏，能置答乎？其他若外交政策之方针、军事政策之方针、教育政策之方针、交通政策之方针、产业政策之方针、理藩政策之方针，无论为大纲、为细目，国会任举一焉以质问各部大臣，其能以片语见答乎？民间种种颠连疾苦，上请愿书以求国家救济者，国会受理之以移于政府，政府能展一筹乎？①

因此，我们可以认为，清末政治现实中的种种因素或困境，迫使梁启超不得不去思考制度上的应对之道。而他的思考成果，正是以民选国会来监督他眼中作为"恶政府"之典型的清政府。很显然，在清末新政的最后数年，梁对"人民程度不足"的忧虑，已经被对于政府的腐败和无能并可能导致亡国的担忧所彻底压倒。正是这种现实所带来的强烈压迫感，导致梁启超不得不去诉诸他原本认为不宜立刻实施的议会政治。那么，随之而来的问题是：这一立场转变，是否意味着梁此时已经放弃了他之前对"人民程度"问题的判断，遽而主张此时中国的"人民程度"已经达到了理想的立宪政治的要求？实际上，梁对这一问题的新思考，并没有彻底转向原来思考的对立面，而是呈现出更为复杂的面貌。而正是这种思考上的复杂性，折射出一种能够包容旧有问题意识的、中国式的"现代"精神。

2. 现代世界中的"人与政治"

行文至此，我们可以初步得出的一个看法是，"人与政治"之间的关系，能够成为考察梁启超广义的政治思想的一个核心线索。这其中的"人"表示主观性、思想性与文化性的因素，而"政治"则表示客观性、制度性与结构性的因素。本文此部分之前的内容都表明，在光绪三十三年秋季之前的梁启超政治思想中，就"人与政治"之间的关系而言，决定性的因素都是前者。在大部分的时候，梁本能性的思维方法是：如果政治不良，那么是因为参与政治的"人"的问题；如果要改良政治，那么就必须首先从对"人"的改造开始，比如提高其智识和道德水平，乃至灌输法政理论与国家思想；如果参与政治之"人"能够得到真正的改造，那么他们所从事的政治活动也能够得到近乎是直接和自动的改善。尽管梁并没有对自己这

---

① 参见梁启超《论政府阻挠国会之非》，《饮冰室合集·文集之二十五》（上），第112页。

种思维方式及其背后的理论依据予以系统性的澄清（或许他下意识地认为这种想法由于太过"天经地义"，从而也就无需澄清），但几乎可以确定的是，在这种思维方式的背后，无疑隐含着深厚的儒家思想背景。

然而，从光绪二十九年开始，至少有两个背景性因素逐渐开始腐蚀梁启超头脑中的这种根深蒂固的思维结构。第一个因素是上文已经介绍过的梁启超访美一事。众所周知，在正式游美之前，梁对美国共和政治评价极高。而此行赴美考察，无疑使梁获得了实地观察美国种种美好"政俗"的机会。① 梁似乎认为，美国政治的根基即在于盎格鲁-撒克逊人种自我塑造"新民"上的成就，亦即正是由于美国有着大批他期待中的完美国民，美国共和政治才能以良好方式运转起来。遗憾的是，在《新大陆游记》中，我们几乎没能发现梁启超对美国人之"公民德性"真正具体描述。相反，梁所见到的，似乎尽是资本主义经济下的尔虞我诈与人心叵测、政党制度中的分赃与贪腐现象，乃至政治人物的平庸和无能。他几乎没有给出任何有关"条顿民族"（尤其是盎格鲁-撒克逊人）之"高贵特质"的例子。他也没有去描绘美国的政治人物是何其高尚。相反，他揭露了各种触目惊心的贪渎情节。② 此外，被梁启超视为"最不可解"的一个问题，则是在他眼中美国历任总统"多庸材"，"而非常之人物居此位者甚希焉"。③ 结果，梁不得不意识到的一个问题是：即使是在美国这个共和国中，包括普通民众、官员乃至政治家在内的所有人，仍远不是他原本所期待的那个完美的、近乎超人状态的"新民"形象。

问题在于，尽管普通美国民众不见得充满公德心，尽管美国政客中不乏贪墨之徒，尽管美国总统多为平庸之才，这却并不妨碍美国才是一个强大且持续发展的共和国。如果谜底已经不能再从"人"的角度去寻找，那么不妨从"政治"领域本身出发去思考。至少在思考身为"庸才"的美国总统何以能够操纵起共和政治的问题上，梁启超意识到，美国政治所赖以维系的根本，并不在于"非常之才"，而在于其宪法制度。后者的持续运转，就已经能保证政治的相对平稳运行："美国之国势及其宪法所规定，非

---

① 梁启超：《海外殖民调查报告书》，夏晓虹辑《〈饮冰室合集〉集外文》下册，第142页。
② 参见梁启超《新大陆游记及其他》，康有为等：《欧洲十一国游记二种·新大陆游记及其他·癸卯旅行记·归潜记》，第579、581页。
③ 梁启超：《新大陆游记及其他》，康有为等：《欧洲十一国游记二种·新大陆游记及其他·癸卯旅行记·归潜记》，第490页。

必须非常之才，始足以当此任也……故大统领之在平时，不过一奉行成法之长吏而已……故勤慎敏直之人，即可当此职而有余；而远虑博识、雄才大略，非所必需也。"① 这种依赖制度而不依赖"人"来实施的政治治理，无疑对梁启超而言是一种崭新体验。

影响梁启超有关"人与政治"问题之思考变迁的第二个因素，是他深深卷入其中的清末立宪运动。不论是否已经做好充分的思想准备，面对直接袭来的立宪浪潮，梁都不得不予以应对，并且不得不展开对中国未来所可能适用的各种宪政制度的思考和讨论。从光绪三十二年发表《开明专制论》起，梁以令人难以置信的充沛精力，投入清末预备立宪运动中有关中国宪政之路的论争之中。在六年的时间里，他前前后后讨论过如下众多与君主立宪和国家建设息息相关的话题：公债政策、货币政策、地方财政问题、地方税与国税关系问题、国民筹还外债问题、节省政府开支问题、召开国会期限问题、责任政府问题、国体与政体理论、中央与地方官制问题、国会组织形态问题、选举权是否应有限制问题、选举方法问题、国会职权问题、国务大臣在君主谕令上署名问题、资政院性质和表现问题、君主朱谕与立宪政体是否冲突问题……②通过这一系列讨论，梁启超自身的角色，完成了从儒家士大夫向现代政论家的转变。

尽管梁启超要迟至民国时期才将自己在中国政治中的角色明确界定为"政论家"，③ 但一种政论家的精神，无疑已经在清末预备立宪时期梁的各种言论中得以清晰展开。所谓政论家的精神，就是在不动摇国体（君主或共和）的前提下，去寻求政体（专制或立宪）中各种具体制度的变革，以使一国宪政制度能够适应该国的经济、社会和文化的现实状况，并使各种宪政制度安排能够收到所预期的政治效果。用梁自己的话来说，就是：

> 以吾平昔之所信，总以为国体与政体绝不相蒙，而政象之能否止于至善，其枢机则恒在政体而不在国体。无论在何种国体之下，皆可以从事于政体之选择。国体为简单的具象，政体则谓复杂的抽象，故国体只有两极端，凡国必丽于其一，政体其参伍错综，千差万别，各

---

① 梁启超：《新大陆游记及其他》，康有为等：《欧洲十一国游记二种·新大陆游记及其他·癸卯旅行记·归潜记》，第491页。
② 参见梁启超《饮冰室合集·文集目录》，第33—57页。
③ 例见梁启超《异哉所谓国体问题者》，《饮冰室合集·专集之三十三》，第86页。

国虽相仿，而终不能尽从同也。而形式标毫厘之异，即精神生千里之殊，善谋国者，外揆时势，内审国情，而求建设一与己国现时最适之政体。①

在一定程度上，这种政论家的精神，正类似于一种"宪法工程学"（constitutional engineering）的眼光。这种"宪法工程学"主张，宪法与政治制度是独立的变量，是可以通过政治家和宪法学家的人为设计来起到制度本身的独立作用（从而在一定程度上与所谓"经济基础"或"民族精神"分离开来）。而不同的宪法与政治制度安排，则会导致不同的政治结果。因此，"宪法工程学"认为，只要各种宪法制度安排得当，并适合一国的实际状况，那么宪法制度本身就能够起到一方面保障国民的政治参与权利，一方面巩固立宪政体和提升政府能力的双重作用。② 而政论家的职责，正在于从"宪法工程学"出发，设计和改善适合一国民情的各种具体宪法制度，而不是凡事归咎于所谓"民智未开"或"人民程度不足"，并借此直接否决国民的参政权利。至此，在"人与政治"这个问题上，梁启超的认识逐渐转向一种更现代、复杂、辩证且就事论事式的认识。

让我们首先考察梁启超此时对现代政治中的"人"这个因素的思考。需要强调的是，尽管梁启超在该时期主张立即结束专制，并强烈要求立刻召开全国性民选国会，但这并不意味着梁在"人民程度"的判断上瞬间转向了原有判断的反面。实际上，梁对于当时中国"人民程度"的看法，基本上延续了之前开明专制论时代的观点，即中国国民距离典型的立宪政体所需要的智识和道德水平，仍然有较大距离。在一系列的公开言论中，他始终担心，人民政治意识和参政意识不足会导致政党与国会制度形同虚设；或者民选议员由于缺少政治上的能力，将无法提供系统性的政策与法案，或滥用质问权与弹劾权，而这也将使国会无法发挥应有的政治效果。③ 甚至在武昌起义已经爆发、中国即将迎来它的首个共和国家之际，梁仍然表示

---

① 梁启超：《宪法之三大精神》，《饮冰室合集·文集之二十九》，第 94 页。
② 参见包刚升《民主转型中的宪法工程学：一个理论框架》，《开放时代》2014 年第 5 期；包刚升《民主崩溃的政治学》，商务印书馆，2015，第 117—139 页。
③ 参见梁启超《政治与人民》，《饮冰室合集·文集之二十》，第 18 页；梁启超：《论政府阻挠国会之非》，《饮冰室合集·文集之二十五》（上），第 125 页；梁启超：《论读十月初三日上谕感言》，《饮冰室合集·文集之二十五》（上），第 150—151 页；梁启超：《将来百论》，《饮冰室合集·文集之二十五》（上），第 200 页。

在"人民程度"这个问题上,他不能"面谀国民"。①

然而,在这个问题上,一种新的认识也逐渐浮出水面。尽管全国范围内大多数国民的"程度"在梁的眼中是不足的,但梁此时也逐渐摆脱了原有的一种"泛政治化"的思维,并逐渐清楚地意识到,即使是在人人都有参政权的现代政治中,也没有必要令所有国民都转变成他所期待的那种充满"新民"公德的"政治人"。在立宪政治运行的大部分时候,直接决定或影响着政治之运转的,只是这多数人群中的少数精英阶层。正如几乎与梁启超生活于同一时代的意大利政治学家莫斯卡所言,即使是在已经实现普选的立宪国家中,政治的本质,即一种有组织的少数人统治无组织的多少人的形式,依旧没有发生改变。② 这种有组织的少数,实际上正是处于权力金字塔顶端之极少数人与处于塔基的大多数人之间的"中间阶层",而"一个政治有机体的类型及其运作效率往往取决于中间阶层是如何构成和发挥其影响力的"。③ 在现代社会,这种"中间阶层"即是中产阶级。而在已经实现普选的国家,政治权力实际上并未真正滑入普罗大众之手,而是被牢牢掌握在中产阶级手中:"这些阶级总是操纵政党和选举委员会,无论是出版界的编辑,还是官僚机构成员或军队指挥官,其中绝大多数正是来自中产阶级。"④ 类似的,梁在此时也明确提出"中流社会"(虽然不一定意味着现代中产阶级)这个概念,并认为只有这个社会群体才是国民运动与立宪政治的中坚力量。⑤ 因此,与在"新民说"时代动辄号召"四万万同胞"群起而献身中国政治的做法不同,梁在此时重点关注的问题,正是如何对这一"中流社会"输进普通智识、普通道德,以及普通法政知识。如果这一部分社会中坚力量能够产生政治上的自觉,并具有立宪国民所需要的智识与道德水平,那么中国政治便能得到显著的改良:"但使一国中有普通智识居普通地位之中流社会,能以改良一国政治为己任,则居乎其上者,尸居余气,无相与交绥之价值,居乎其下者,本无一定之成见,有人焉为之

---

① 梁启超:《新中国建设问题》,《饮冰室合集·文集之二十七》,第40页。
② 〔意〕莫斯卡:《政治科学要义》,任军锋等译,上海人民出版社,2005,第212页。
③ 〔意〕莫斯卡:《政治科学要义》,第367页。
④ 〔意〕莫斯卡:《政治科学要义》,第411页。
⑤ 参见梁启超《政治上之监督机关(十月十一日在东京锦辉馆所开政闻社大会席上演)》,夏晓虹辑《〈饮冰室合集〉集外文》上册,第526页;梁启超:《说常识》,《饮冰室合集·文集之二十三》,第3、5页;梁启超:《国风报叙例》,《饮冰室合集·文集之二十五》(上),第19页。

先，且所导之路，于彼有百利而无一害，故相率景从已耳。"①

对于"人与政治"这两个维度的中的另一维，即"政治"事务，由于对美国政治的实地观察和对各种宪政制度和理论的反复接触，梁启超也逐渐摆脱了那种"政治"单纯地由"人"来决定的单一化思路。相反，作为一名政论家而非文化批评家，他开始更多地思考政治领域内各种制度本身的作用和意义，并寻求以一种"制度主义"的方式来消解或规避"人民程度"问题。

从这种更为重视制度建设的角度出发，梁启超对"人民程度"问题的第一个直接回应是，政治制度本身对于"国民性"具有明显的反作用力。一方面，梁启超不再像之前那样，主张是由于旧有之道德、文化和政治习性上的缺陷，才导致中国数千年的君主专制统治。相反，他此时将这重因果关系予以直接倒转，从而声称中国国民政治能力低下的事实是专制之果，而非其因："若夫专制政体，行之既久，致其固有之能力，蛰伏而不得伸，且潜销暗融而不逮其旧，此固事之无可为讳者。然此则其果也，而非其因也。"② 这无疑是对之前那种"（先定的）文化决定政治"思维方式的摆脱。另一方面，梁进一步明确地指出，立宪政治中的一系列制度及其实践，都能起到促进"人民程度"、培养国民政治能力的作用。首先，在梁启超看来，国会制度以及相应的选举制度能够激发国民的政治兴趣与爱国心，长期的选举实践也无疑能够提升国民的政治判断力。③ 其次，与国会制度关系紧密的政党制度和政治团体，也能够促进国民的政治兴趣、政治判断力和政治行动力。④ 最后，立宪政治中的地方自治制度，对于培养国民的政治能力而言，尤为关键："使人民在小团体中，为政治之练习，能唤起其对于政治之兴味，而养成其行于政治上之良习惯。此其利益之及于国家者，盖益深且大。"⑤

然而，这种看法面临的问题在于，仅仅依靠宪法制度的实践，是否就足

---

① 梁启超：《政治上之监督机关（十月十一日在东京锦辉馆所开政闻社大会席上演）》，夏晓虹辑《〈饮冰室合集〉集外文》上册，第526页。
② 梁启超：《中国前途之希望与国民责任》，《饮冰室合集·文集之二十六》，第24页。
③ 参见梁启超《政闻社总务员马良等上资政院总裁论资政院组织权限说帖》，夏晓虹辑《〈饮冰室合集〉集外文》上册，第534—535页；梁启超：《中国国会制度私议》，《饮冰室合集·文集之二十四》，第57页；梁启超：《评资政院》，《饮冰室合集·文集之二十五》（上），第166页。
④ 参见梁启超《政闻社宣言书》，《饮冰室合集·文集之二十》，第23—24页。
⑤ 梁启超：《政闻社宣言书》，《饮冰室合集·文集之二十》，第26页。

以消纳"人民程度"问题？以更为具体的方式提问则是：各种宪政制度的教育和训练功能，是否就能够导致国民政治能力在较短时间内获得质的提升？是否有可能在宪政运转的最初时刻，便由于国民政治能力不足，导致宪政机器一经开动便走向瘫痪？此外，是否会由于国民政治能力在短期内无法经由宪政实践得到实质提升，宪政在勉强运行一段时间以后又不可避免地走向停摆？梁启超的头脑中，也无疑时常闪现这些问题。因此，作为政论家的梁启超，在从制度层面出发对"人民程度"问题的回应中，尚有另一种途径：在认识到"人民程度不足"的事实在一定历史时期内无法得到实质性化解后，梁并没有直接选择否定国民参政权，而是转向在具体的宪法制度安排上，尽可能规避中国"国民程度"不足所隐含的潜在弊端。

首先，梁启超已经能够初步认识到，作为间接民主制度的代议制，本身就是对选民的"非理性"意志的过滤。与《开明专制论》所描绘的一群要么顽固不化、要么极端激进的议员，在议场内无理取闹甚至导致国会瘫痪的闹剧场面不同，梁此时相信民选议员本身的智识和道德水平，必然比普通国民高："今世之国会，则采代议制度而已，人民各举其贤智于我者以为议员，被选人之程度，恒加选举人一等，此各国之通例也。"① 伴随这种认识，梁对自己之前所设想的那些议场内混乱场景的担忧，必然得到了较大程度的缓解。而由这种"程度"较高之议员在国会中提出的政策或法案，以及这些议员对监督权的行使，无疑也不再如之前所设想的那般无系统、无条理或无意义。

其次，梁启超进一步从不同政治机构的法定权力配置层面，来思考对政治上可能不成熟之议会的诸种不合理举动的宪法制约。梁启超发现，在君主立宪制国家，虽然君主在常态政治下的权力被其他权力机构"架空"，但在正式身份上高居于三权之上的君权，却仍可能在"宪法危机"时刻进行介入。因此，议院本身在运行中出现严重问题时，君主可以使用议会解散权和法案否决权予以干涉："又况各国通例，君主有解散议院之权，有不裁可法律之权。然则苟遇有不应议决而议决之法律，可行其不裁可权以防止之；遇有应议决而不议决之法律，可行其解散权以救正之。"②

最后，由于议会政治必然意味着必须由众多国民以投票方式选举出议

---

① 梁启超：《论政府阻挠国会之非》，《饮冰室合集·文集之二十五》（上），第127页。
② 梁启超：《政闻社总务员马良等上资政院总裁论资政院组织权限说帖》，夏晓虹辑《〈饮冰室合集〉集外文》上册，第539页，另见第541—542页。

员，而中国多数国民在其眼中仍是"程度不足"，所以梁启超在制度层面应对"人民程度"问题的最关键方式，正是选举制度的设计。在这方面，值得注意的是，梁并没有以大幅度限制选举权范围的方式，简单地否定多数国民的参政权。在立宪浪潮的影响下，梁认为，"人民之有参政权，其当然之权利也"，所以直接剥夺部分国民参政权的做法，无疑不具有法理上的正当性。① 而且，在事实论的层面上，要在众多国民中精确鉴别出何者具有政治能力，何者又不具有政治能力，从而决定将选举权赋予哪些国民，无疑也是不现实的："除非得一人焉具有佛世尊耶稣基督之神慧，皆随时一望而知国中人之孰有政治能力，而孰为无之者，恚然划一界线以识别之，无铢黍之忒，乃因其识别，而定选举权之予夺焉，斯可矣。"② 因此，梁明确反对以拥有一定数量财产为标准赋予选举权的做法。③ 如何在承认和保障多数国民参与政治之权利以及确保立宪政治之稳定和政府能力之充足这两个维度之间寻求一种均衡这个问题上，梁启超的解答是间接选举制，即通过第一级选民在各自选区内选出选举人，随后由被选出的选举人再行投票以选出议员的制度。在梁看来，间接选举制下"第二级选举人"在政治上的判断力，"必较原选举人为优，而所举易于得人"。④ 由于中国不能直接实行"制限选举"（即直接剥夺部分国民选举权的做法），所以面对"当此教育未普及之时，选举人之智识能力，诚不免有缺乏之感"这个事实，⑤ 只有采用间接选举制，才能够弥补这方面的不足，并造就能够承担立宪政治使命的合格议员："既先由人民选出选举人，彼选举人，必其学识能秀于其县或其乡者也。再以此学识较秀之人选出议员，则其所选之员之程度，必不至太劣下明矣。"⑥

---

① 梁启超：《中国国会制度私议》，《饮冰室合集·文集之二十四》，第53页。然而，对于梁究竟在多大程度上相信人民主权学说这个问题，却仍有商榷的余地。至少在这个时期，梁对于国会制度和普通国民选举权的提倡，基本上并非出于对抽象的"人民主权"或"民主"价值的尊重，而是从其国家主义的立场出发得出的结论，亦即只有一个其权力来源和形成机制不是发自君权且独立于君权的机构，才有可能对君权下的行政权——被当时的梁视作"恶政府"的清政府——实施有效监督，从而迫使行政权去实行梁心目中的强国善政（如完善的官僚、财政、经济和军事制度），进而使中国能在当时残酷的国际斗争中生存下来。
② 梁启超：《中国国会制度私议》，《饮冰室合集·文集之二十四》，第55页。
③ 参见梁启超《中国国会制度私议》，《饮冰室合集·文集之二十四》，第51—58页。但是梁同意以是否识字为标准确定选举权资格（参见第59—60页）。
④ 梁启超：《中国国会制度私议》，《饮冰室合集·文集之二十四》，第74页。
⑤ 梁启超：《中国国会制度私议》，《饮冰室合集·文集之二十四》，第75页。
⑥ 梁启超：《政闻社总务员马良等上资政院总裁论资政院组织权限说帖》，夏晓虹辑《〈饮冰室合集〉集外文》上册，第533页。

六 结论

从根本意义上说，每一种政治哲学都隐含着与其相对应的一种"人"之形象，现代政治哲学也不例外。① 对于现代自由主义而言，与强调"国家"与"社会"分离、并在"国家"内实施严格的权力分立和正当程序的市民法治国家相"匹配"的，是一种以合理性的（rational）思维方法和道德体系实施自律的"原子化"个体。这种个体认可私有财产的重要性，并努力确保自己各种基本权利不受政治权力的干涉和剥夺。② 对于现代共和主义思潮而言，政治中的"公民"必须具有足够的"德性"（virtue），而公民德性意味着对公共善与公共事务的积极奉献，也意味着愿意在一个由平等主体构成的政治世界中，搁置个人在物质上的私利与偏见，并参与进平等和公开的政治辩论与商谈之中。而这种对于公共性的担当，来自一种超越具体个人利益的道德感，乃至审美上的渴望。③

然而，在这几组"人"之形象与各种现代宪政制度的具体关联这一问题上，侧重于抽象地褒扬人民主权（从而将"人民程度已经满足"视作不证自明的前提），而且本能性地以教义学规范分析作为主要范式的现代宪法学本身，并没有为我们提供确切的答案。实际上，一种"宪法人类学"④ 理论——这种理论必须能够解答本文引言中所提出的那几个问题——的缺失，不仅使得笔者在反思和评价梁启超对"人民程度"问题的言论时明显感觉

---

① 参见〔德〕卡尔·施米特《政治的概念》，刘宗坤等译，上海人民出版社，2004，第138—148页。
② 参见〔英〕艾伦·麦克法兰《英国个人主义的起源》，管可秾译，商务印书馆，2008，第11页；〔法〕皮埃尔·罗桑瓦龙：《公民的加冕礼：法国普选史》，第82—83页；〔美〕约翰·罗尔斯：《政治自由主义》（增订版），万俊人译，译林出版社，2011，第17、30—31、46页。对这种自由主义个人形象的批判，参见迈克尔·J. 桑德尔《自由主义与正义的局限》，万俊人等译，译林出版社，2001，第19—80页。
③ 参见〔美〕汉娜·阿伦特《人的境况》，王寅丽译，上海人民出版社，2009，第14—59页；J. A. Pocock, "Virtues, Rights, and Manners: A Model for Historians of Political Thought," *Political Theory* 9 (Aug., 1981): 358；〔意〕诺伯托·博比奥、莫里奇奥·维罗里：《共和的理念》，杨立峰译，应奇校，吉林出版集团有限责任公司，2009，第9—10页。
④ 此处是在一种更为"传统"的意义上使用"人类学"（Anthoropologie）一词的，这种用法主要出现在19、20世纪的德语学术圈中，例见〔德〕恩斯特·卡西尔《人论》，甘阳译，上海译文出版社，1985，第1—30页；〔德〕卡尔·施米特：《政治的概念》，第138—148页；〔德〕马丁·海德格尔：《林中路》，孙周兴译，上海译文出版社，2014，第87、105页；Eric Voegelin, *The New Science of Politics: An Introduction* (Chicago and London: The University of Chicago Press, 1952), pp. 59–75。

到理论上的困难，甚至使得梁本人在百余年前与政治对手就"人民程度"问题展开论争时，也颇感理论资源上的捉襟见肘。一个极为关键的文本事实是，尽管梁启超在与革命派争论各类政治问题时，都动辄对当时各种欧美法政理论予以旁征博引，但唯独在"人民程度"问题上，或者说在为近代宪政所需的国民智识与道德素养的具体内容这个问题上，始终未能找到充分的西学资源，以建构一个系统而又清晰"公民德性"体系。这甚至导致梁在其不同作品中，会依据作品具体主旨的不同，列举出各不相同的、他想象中的西方各国国民与宪政相关各种智识、道德或政治能力。

这一切都暗示，梁启超宪法思想中的"人民程度"问题，具有浓烈的原创和"本土"特色。实际上，在整个19世纪的西方（尤其是英国）宪政史中，如果政治与经济上的精英阶层试图对大众民主的趋势予以遏制，他们并不需要将民众的智识与道德水平与选举权资格直接绑定，也不会提出"民智未开"或"人民程度不足"这类公然否定人民主权和平等原则的理由。对于他们而言，对广大无产阶级的选举权予以限制，存在更为精巧的意识形态的辩护术。T. H. 马歇尔的一篇著名论文曾对这一辩护机制进行过简洁而清晰的描述：尽管公民权主体仍限于拥有足够财产的社会群体，但由于理论上每个人都有希望在一个形式上开放和平等的资本主义市场竞争中取胜并获得收入，所以这种公民权制度对他而言也显得是开放而非封闭的。[①] 另外，这套限制选举权机制的另一种说辞是，拥有足够财产且缴纳较多税款的社会阶层，对国家和社会的贡献必定更大，因而理应在政治上享有更多权利。[②] 但需要注意的是，无论是这两套相互交叉的辩护机制中的哪一套，都未曾直接质疑任何一个国民行使公民权的实际能力。[③] 梁启超并没

---

① 参见 T. H. Marshall, *Citizenship and Social Class and Other Essays* (Cambridge: Cambridge University Press, 1950), pp. 19–20。
② 参见〔德〕米歇尔·施托莱斯《德国公法史：国家法学说和行政学（1800—1914）》，雷勇译，法律出版社，2007，第113页。
③ 当然，19世纪之前的西方政治思想则未必如此"忌讳"。根据麦克弗森对17世纪"占有性个人主义"思想的研究，同世纪的洛克及同时代的主流观念，都倾向于认为，占据社会中大多数人口的劳动阶级由于始终在温饱线上挣扎，所以不具备更为高级的"理性"生活——受到自然法或理性法引导的生活——的能力，从而也就不具备"理性"政治行动的能力。有鉴于此，洛克在其作品中否认了劳动阶级的公民权资格（参见 C. B. Macpherson, *The Political Theory of Possessive Individualism: Hobbes to Locke* [Oxford: Oxford University Press, 1962], pp. 231–38)。然而，在遭遇18世纪以来更为激进的欧陆版人民主权学说的冲击后，这种认为中下层民众缺少足够财产从而亦缺少足够"理性"的思想倾向，是否仍能在18、19世纪充分维护其理论正当性，有待进一步考察。

有选择这种思路。尽管熟悉西方"生计学"的梁对资本主义经济与财产制度绝非陌生，但他依旧不接受以财产为标准来划定选举权人群的做法。相反，他宁可直接质疑大部分国民在政治上的判断与行动能力，并在此基础上展开其对于各种政治制度的设计，不论其设计成果是不承认多数国民政治参与权的开明专制，还是建立在间接选举制之上的君主立宪制。

因此，"人民程度"问题作为一个思想史问题，其发生学机理只能存在于中国传统思想之中，尤其是在儒家思想之中。在古希腊罗马时代之后的西方主流观念体系中，无论是认定人人皆带有原罪且在上帝面前一律卑微的基督教思想，还是倾向于从"自然状态"出发观察"自然人"或强调人的理性禀赋之平等性的自由主义思想，承认人类内部在"本性"（nature）上存在差异，从而具有一种天然的不平等性，都是极为困难的。然而，与西方这种过渡抽象化或"普世化"的思维方法不同，作为一种前现代的、世俗的思想体系，儒家眼中的"人"毋宁更多带有现实性、差异性，乃至等级性的色彩。将不同人群在智识和道德能力上予以分等，这几乎是儒学的一个固定本能，而这其中一个颇为重要的划分，便存在于作为文化和政治精英的"士"与作为多数被统治者的"民"之间。一个无法掩盖也无法美化的事实正是，在儒家经典中出现的"民"，基本上是以无智无识无德的群氓形象出现的。在《左传·昭公六年》对子产铸刑书一事的记载中，颇有早期儒家风范的叔向便对制定和公开成文法律表示过强烈担忧。在叔向看来，对于充满"争心"的民，必须综合使用礼乐刑政等多种手段来实施治理，由此才可能实现安抚"民"的目的。而一旦制定和公布成文法，并将其作为唯一的治理手段，那么"民"将不再怀有对统治者的顺从和敬畏，并将导致"诉讼爆炸"的恐怖场景，最终导致国家的败亡："民知争端矣，将弃礼而征于书。锥刀之末，将尽争之。乱狱滋丰，贿赂并行，终子之世，郑其败乎！"这种作为被治者的"民"的负面形象，更是在《礼记·坊记》中得以集中呈现：尽管已经有包括孔子在内的众多圣人对教化大众孜孜以求，但"民"仍旧几乎体现了天下所有"恶德"，如"薄于孝""忘其亲""争利而忘义，以亡其身""弑其父""贰其君""以色厚于德""淫佚而乱于族"等。这种对未受教育、生活贫困的普通民众在智力和道德上深刻的不信任，无疑也是梁启超所认同的。他毫无顾忌地写下"全国中大多数之愚民"这样的话语。[①] 在反对革命论时，他有时也

---

① 梁启超：《说常识》，《饮冰室合集·文集之二十三》，第 5 页。

直接诉诸"民"的不可靠性:"民皆茸茸,伏莽遍地,一方有事,家揭竿而户号窃,莫能统一,徒鱼肉吾民。"① 结果,以如是之"民"是否可能实现立宪"伟业"这一问题,无疑会在梁的头脑中时常下意识地呈现。

而且,同样是在儒家政治思想中,"人"的因素是决定性的。林毓生早已指出,在传统儒家思想中,存在一种根深蒂固的一元论与唯智论的(monistic and intellectualistic) 思维方式。在这种思维方式的影响之下,包括政治事务在内的整个文化被视为一个整体,而这个整体的终极驱动力,则是人的内在道德和智识状况。② 于是,20 世纪初中国知识分子在应对中国政治所面临的危机时,这种一元论与唯智论的思维方式,便被激化成一种"文化—智识进路"(the cultural - intellectualistic approach):文化变革是包括政治变革在内的其他所有必需的变革的前提,而"文化变革———一种象征、价值和信念系统的转变———最适合以改变人之观念的方式来实现,这些观念涉及人对于宇宙和人类现实的总体观念,以及他与这种现实的关系,亦即改变其世界观"。③ 因此,作为一名"四五岁就王父及母膝下授四子书、《诗经》",④ 18 岁(虚岁)时便师从康有为学习陆王心学、《朱子语类》,⑤ 而且以毕生精力提倡阳明学中"知行合一""致良知诸"说的士大夫的杰出代表梁启超,⑥ 为了与他所认定的旧的恶政治告别,并实现其所期待的现代立宪政治,本能性地寻求种种对中国国民之文化与思想状况的改造之道,而"人民程度"问题无疑诞生于这种语境之中。另外,儒家政治思想中强烈的德治主义倾向———不仅认定政治中"人"的因素至关重要,而且进一步认定"人"的道德水平是最为决定性的因素⑦———也迫使梁启超在这种"为政以德"思维的驱动下,在改造中国国民文化状况的事业中,侧重于对

---

① 梁启超:《戊戌政变记(补)》(横滨清议报社 1899 年 5 月版),夏晓虹辑《〈饮冰室合集〉集外文》下册,第 1199 页。
② 参见 Lin Yü - Sheng, *The Crisis of Chinese Consciousness: Radical Antitraditionalism in the May Fourth Era* (Madison, Wisconsin: The University of Wisconsin Press, 1979), pp. 38 - 55。
③ Lin Yü - Sheng, *The Crisis of Chinese Consciousness: Radical Antitraditionalism in the May Fourth Era*, pp. 26 - 27。
④ 梁启超:《三十自述》,《饮冰室合集·文集之十一》,第 15 页。
⑤ 参见梁启超《三十自述》,《饮冰室合集·文集之十一》,第 16—17 页。
⑥ 例见梁启超《王阳明知行合一之教》,《饮冰室合集·文集之四十三》,第 23—25 页。
⑦ 关于德治主义,参见徐复观《儒家政治思想的构造及其转进》,王曰美主编《儒家政治思想研究》,中华书局,2003,第 183—184 页;瞿同祖:《中国法律与中国社会》,商务印书馆,2010,第 327—338 页。

其道德状况的改善，而非侧重于纯粹智力和知识水平的提高。他在《新民说》一书中对公德体系的建构，他在批评中国"人民程度"不足时所使用的包括"自治心""公益心"等内容在内的所谓"共和诸德"的标准，都是这种重德不重智之传统思维的体现。

也正是在以上两种儒家思想因素——对普通民众智识与道德能力的不信任以及对政治中"人"（尤其是其道德层面）之因素的强调——的共同作用下，作为中国近代思想史上一个独特问题的"人民程度"问题，得以在梁启超不同时期的言论中以完整形态出现。作为中国第一代启蒙思想家中的核心人物，梁启超试图接受所有个人都享有平等公民权的现代立宪政治。然而，他在此时所遭遇的巨大的思想与情感障碍是：如果在一瞬间将如此之多的道德水准无法确定的社会底层民众带入现代政治的舞台，是否会导致"民主崩溃"？两千余年前叔向所发出的那句"郑其败乎"的感叹，或许时常回响在拥有士大夫和现代知识精英之双重身份的梁启超的耳际。为着解决这个问题，他首先是直接从"文化—智识进路"出发。凭借曾经受过的儒家修养之学的训练和处于半消化状态中的西方伦理学知识片段，他在《新民说》一书中建构出一个并不完善的公德体系，并试图通过媒体鼓吹的方式，向中国国民灌输这一整套新道德。然而，一旦他发现这种"维新吾民"的方式在短期内——在他想象中的中国被列强瓜分灭亡之前——几乎不可能收获实效，他便仍然从儒家思想本身含有的"文化决定论"的角度出发，断定以当时的"人民程度"，中国只能实行开明专制。

然而，本文的考察也表明，随着梁启超对现代立宪政治了解的渐趋深入，尤其是他对各种宪法制度的原理和实际功效的就事论事式的考察，一种更为现代的政论家精神也逐渐呈现在晚清最后数年梁启超的言论之中。他首先认识到，现代政治并不需要政治体中所有人都转变成他原本所期待的那种理想的"新民"，支撑起立宪政治的关键社会力量，是被他称为"中流社会"的社会中上阶层，因此他对普通民众不具备足够政治德性的担忧，也就得到了一定程度的缓解。更为关键的是，渐趋成熟的政论家精神使梁启超能够意识到，宪法制度安排本身能够在很大程度上解决或规避"人民程度"问题。一方面，宪政实践本身便能够起到政治教育和训练国民政治能力的作用；另一方面，即使"人民程度"在较长时期内仍然是一个问题，但巧妙的宪法制度设计本身，却能在很大程度上消解或规避由于"人民程度"不足所可能带来的诸种弊端。尽管从宪法理论和实践的角度来看，梁借助间接选举制应对"人民程度"不足这一事实,其实际收效可能仍待商榷,但这一主张本身,却足以表明梁在借制度设计化解"人民程度"问题上探索的真诚。至此,我们可以得出的结论是,清末新政最后阶段的梁启超政治思想,已经基本实现了从旧有的文化决定论的儒家思维方式向多元、分化、辩证,并能与传统问题意识兼容的现代性精神的转换。或许,我们需要感谢梁启超本人那种"不惜以今日之我,难昔日之我"的勇气。因为正是他在理智和情感上的这种双重坦诚,使得我们在今日仍旧可以透过他这些不深邃但伟大之作品的字里行间,细细品味一个个有关"儒教中国及其现代命运"的故事。

(作者单位:上海交通大学凯原法学院)

梁启超对卢梭《民约论》的接触、认知及所受影响[*]

庄泽晞

摘 要 作为清末新学界之翘楚，梁启超对诸多西洋政理的传入皆有亲历，见证了其从无到有的过程。梁的译述活动，对国人影响颇深，而其知识摄取，某种意义上也体现着当时思想界对西学的容受。梁氏东渡日本后，对卢梭学说有不少讨论，因广泛接触各类政学书籍，于《民约论》之价值、缺陷亦多有了解。本文试从梁启超的知识经验入手，重建其接触、认知卢梭学说之相关史实，借此中心人物的涉猎，考察时人所译西方、日本法政著述，梳理其中关于"民约论"的评述，以对清末学界相应的认知有更深入、周全的了解。

关键词 梁启超 卢梭 《民约论》 东学

自戊戌政变后东渡流亡，借助明治日本的知识氛围，梁启超广泛接触各类新说，由其译述、撰写的文章，也通过各类报刊散播国内，国内人士得以对西洋学理略有所知，多受惠于梁氏等人的译介活动。正如论者所言，梁启超"为二十世纪初论及卢梭最多和最有影响的思想家"，[①] 在为《清议报》与《新民丛报》撰写的30多篇相关文章中，梁启超对卢梭的提及便有200次之多。[②] 梁启超的思想历为学界所关注，其与卢梭之纠葛

---

[*] 本文曾由赖骏楠老师点评，提出宝贵意见，在此谨致谢忱！
[①] 王晓苓：《卢梭"普遍意志"概念在中国的引介及其历史作用》，思想史编委会编著《思想史·专号：卢梭与早期中国共和》，台北，联经出版公司，2014，第25页。
[②] 王晓苓：《民国时期关于卢梭的论争》，乐黛云、钱林森等主编《跨文化对话》第31辑，三联书店，2013，第298页。

也屡被论及。① 先行研究虽已不同程度地揭示了相关情况，然在史实方面，仍有不少遗缺。近代国人所译卢梭《社会契约论》，以 1900 年杨廷栋的《民约论》与 1918 年马君武的《足本卢骚民约论》较为知名，此外还有 1935 年徐百齐、丘瑾璋的《社约论》与 1944 年卫惠林的《民约论》数种。梁氏在近代史上声名显赫，其对卢梭著作的译介却鲜为人知。《新民丛报》曾载"上海广智书局已译书目"的广告，即登有"饮冰室主人"所译卢梭《民约论》，并谓：

> 民约论之名久轰于我学界，然其书至今未出现，读者憾焉。《译书汇编》旧有译本，尚未及半，而其中讹谬殊多，往往失著者之本意。今饮冰室主人悉心校译，并多加注解及案语，卷首复著卢梭详传及学案凡数千言，详述其哲学学说教育学说，卷末复取近儒驳正卢说者条列之以资考证。诚译界中不可多得之本也，现已成书，不日付印。②

对《民约论》全书重做校译，并详加注解与按语，体现的是梁氏治学的专注，更反映其对卢梭学说之重视。梁对旧译"讹谬殊多，往往失著者之本意"的批评，也与马君武后来的判断甚为一致。③《饮冰室合集》的"残稿存目"中记有"译卢梭民约论　四十六页"，或即其底稿。④ 该书最终是否出版，笔者未曾得见，相关研究论述亦阙论于此。⑤

---

① 相关研究在论述《民约论》的在华传播时，多以梁启超为重心。论文有林启彦《卢梭〈民约论〉的传来及其对清末政治思想的影响》，氏著《近代中国启蒙思想研究》，百花洲文艺出版社，2008；〔法〕玛丽安·巴斯蒂：《辛亥革命前卢梭对中国政治思想的影响》，刘宗绪主编《法国大革命二百周年纪念论文集》，三联书店，1990；〔日〕川尻文彦：《清末中国接受〈社会契约论〉之诸相》，崔博光主编《东北亚近代文化交流关系研究》，山东大学出版社，2008。专著则可参见张灏《梁启超与中国思想的过渡（1890—1907）》，崔志海、葛夫平译，新星出版社，2006，第 169 页；郑匡民：《梁启超启蒙思想的东学背景》，上海书店出版社，2003，第 254—255 页。
② 《新民丛报》第 19 号，光绪二十八年十月初一日，中华书局影印版，2008，总第 2513 页。
③ 马君武后曾提到："卢骚《民约论》共四卷。一八九八年上海同文书局刻日本中江笃介汉译第一卷，名《民约通义》。一九〇二年杨廷栋据日文成四卷。日译已多错误，杨译更讹谬不能读。"见马君武《〈民约论〉译序》（1916 年 12 月 31 日），莫世祥编《马君武集》，华中师范大学出版社，1991，第 300 页。
④ 梁启超：《饮冰室合集》第 6 册，中华书局影印本，1989，"残稿存目"，第 3 页。
⑤ 唯见狭间直树先生曾提及这条史料，然而也未展开论述。见〔日〕狭间直树《"东洋卢梭"中江兆民在近代东亚文明史上的地位》，袁广泉译，沙培德、张哲嘉主编《近代中国新知识的建构》，台北，中研院中国文哲研究所，2013，第 67 页。

基于上述情形，本文试对前后史料试加以钩稽，围绕梁氏本人的知识摄取，重新探究其与卢梭之间的思想关联。鉴于梁在清末新学界的地位，由此中心人物的相关经验，时人相应的认知程度，即可见一斑。

一　东渡前的接触

梁启超最受瞩目的学术经历，是在其旅日时期。然早在戊戌之前，康、梁诸人便对"东学"有所接触，卢梭学说进入其视野，亦始于此时。康有为在"自编年谱"中，于光绪二十二年（1896）条下记述道："自丙戌年编《日本变政记》，披罗事迹，至今十年。至是年所得日本书甚多，乃令长女同薇译之，稿乃具。又撰《日本书目志》。"① 1897 年，大同译书局在上海创设，梁启超即"托其友韩云台往日本调查采访应译之书，并请深通汉文之日人襄助译事"。② 虽有学者指出，《日本书目志》并非康氏据所购求的日籍编成，而是出自 1893 年日本的一份书肆联合目录（即《东京书籍出版营业者组合员书籍总目录》），③ 但不可否认的是，正是通过对东学书籍的涉猎，康、梁的眼界得以开拓。《日本书目志》卷五"政治门"，便录有原田潜的日译本《民约论覆义》。④

宫崎滔天（1871－1922）在其书信中，曾提及康有为及其门人对《民约论》等译著的接触，谓："康（有为）蛰居于广东万木草堂的家塾教育子弟时，他宛然有如一个小卢梭。他作为理想向弟子们鼓吹的是美国、法国的自由共和政体。他尊重并向弟子们推荐阅读的是中江笃介（兆民）的汉译《民约论》以及《法国独立史》乃至《万国公法》。他视为理想的人物是美国的华盛顿，有时以有见识之吉田松阴自居。他为了鼓舞弟子们的志气，甚至时常将《日本之变法由游侠浮浪之义愤考》作为教材放在案头。总之，当时的康有为实不愧为支那革命界之革命王之人物。"⑤ 这一说法难

---

① 康有为：《我史》，中国人民大学出版社，2011，第 66 页。
② 丁文江、赵丰田编《梁启超年谱长编》，上海人民出版社，2009，第 47 页。
③ 沈国威：《康有为及其〈日本书目志〉》，《或问》2003 年第 5 期；王宝平：《康有为〈日本书目志〉资料来源考》，《文献》2013 年第 5 期。
④ 《日本书目志》（1898 年春），姜义华、张荣华编校《康有为全集》第 3 集，中国人民大学出版社，2007，第 332 页。
⑤ 《东京来信》（1899 年 2 月 18 日），《宫崎滔天全集》第 5 卷，平凡社，1976，转引自郭连友《吉田松阴与近代中国》，中国社会科学出版社，2007，第 175—176 页。

以考实，而由相关史料看来，梁启超对卢梭思想的接触，可追溯到时务报馆时期。创办于1896年的《时务报》，为当时新派人士的舆论阵地，梁氏在该报发表《变法通议》等文，也奠定其在言论界的地位。时务报馆聘有译员，广泛采编各国报章，在主笔《时务报》时期，梁即对"世界知识"有所涉猎。① 其中与《民约论》有关的，是同人所译的《政治泛论》一书，译稿当时并未刊出，唯《新民丛报》后来登载的新书广告，补述了这段旧事——1903年上海广智书局出版麦鼎华翻译的《政治泛论》，《新民丛报》刊登两则广告加以介绍，一则提到："原著者为美国普连士顿大学政治学教授文学博士域鲁威尔逊，美国新派学者中之泰斗也。"② 另一则指出："此书当十年前，上海时务报馆已译成过半，后以事中辍，而其译稿亦复散佚。更阅七八年，尚未得输入我祖国，实遗憾之极也。而至今日本出版之政治书，汗牛充栋，究无能出其右者（就适用于中国学界论）。近两年来，译事盛行，而以本书篇帙之太浩繁也，莫肯从事，蒙滋憾焉。今见此书之出版，不禁为我学界前途酌酒相庆也。"③ 据其所言，时务报馆的译稿既已散佚，然此书"译成过半"，报馆同人得以阅览，当为事实。威尔逊（Thomas Woodrow Wilson，1856-1924）在书中对契约学说多有言及，通过该书的译稿，梁启超在当时已能接触到卢梭的相关观点，并了解到政治学者对他的不同评述。

麦鼎华所译《政治泛论》，其底本为高田早苗的日文译本。1895年，时任东京专门学校教员的高田早苗将威尔逊著作译出，名为《政治泛论》。④ 威尔逊强调"实事求是，信而有征"的历史本位方法论，⑤ 反对以先入为主的观念来衡量古昔。基于此点，该著开篇论述"政治之起原"时，即列举

---

① 参考潘光哲《开创"世界知识"的公共空间：〈时务报〉译稿研究》，《史林》2006年第5期；沈国威：《古城贞吉与〈时务报〉的"东文报译"》，《近代中日词汇交流研究——汉字新词的创制、容受与共享》，中华书局，2010，第363—402页。
② 《绍介新书》，《新民丛报》第36号，光绪二十九年六月二十九日，总第5231页。
③ 《绍介新书》，《新民丛报》第40、41号合本，光绪二十九年九月十四日，总第5835页。
④ 〔日〕内田满：《面向美国政治学的志向性——早稻田政治学的形成过程》，唐亦农译，上海三联书店，2001，第10、14—16页。据高田氏在序中所称，原著为ゼ、ステート。ヒストリカル、エンド、プラクチカル、ポリチックス，即 The State: Elements of Historical and Practical Politics 一书（见ウッドロオ・ウィルソン《政治汎论》，高田早苗译，东京专门学校出版部，1895，"序"，第1页）。相关论述可参考孙宏云《威尔逊的政治学著作〈国家〉在近代东亚的翻译》，《史林》2016年第2期。
⑤ 〔美〕威尔逊：《政治泛论》上卷，麦鼎华译，广智书局，1903，第1页。

了霍布斯、洛克等各家之"原人社会契约之说",并对之提出辩驳:

> 欲知上古社会之状态,则契约说亦不得不谓为谬误。上古社会,各人之地位实与生俱来,不可变易,即至今日政治幼稚、未解变通之国,亦不乏此例。此等习惯,无以名之,名之为分限法。其法,僧之子当为僧,工之子当为工,奴之子当为奴,虽有才能卓绝者,断不能超出所生之地位,随所欲为。若欲舍其本来之阶级,而自越分限,则平生之名誉及法律之保护,殆皆失坠。不观幼稚之社会乎,其子虽天才宏富,父虽庸碌无能,于法律上万不能擅违父命,而独行其志,并不能背生平于家族上所遵守之常例及其义务,而擅亲他族。是各人一生之运命,已定于生前,父祖之血肉,即为此人之运命。故斯时社会中苟有一人,越本来之分限者,非独犯社会之义务,且破宗教之义务,而受神人之谴罚。则原人社会非成于契约,而成于分限,固甚明矣。
>
> ……
>
> 民约论之所短,一言以蔽之,曰:"斯说也毫不有历史之根据。"夫太古社会,以分限为基础,何得有个人之势力,既无个人之势力,何由互结契约。彼以契约为社会结合之始,其谬固无待言。且民约论又谓,众人非有尊敬法律之心,以保守契约,则不能成立。不知尊重法律之心,始于近世,政治初起时,必无今日之所谓法律思想,固可决也。上古之所以约束人心者,唯彼此本为亲族,彼此同其祖宗一事,祗知社会全体,不知有个人,个人者即埋没于社会之范围。故苟无所谓亲族之关系,即无协同,又无义务。上古人类之得以结成大群,创立国家者,实非出于调和人权之结果,乃联合血族之结果。即其所以能结合之故,亦由天性习惯,以尊重统治权,亦非由了解道理,而尊重法律也。①

虽然威尔逊在正文中未正面提及卢梭,实则卢梭学说亦在其所针对的行列。麦鼎华译本省略了原著所列之参考书目,高田早苗则完整地译出了此项。关于契约说,威尔逊列有ホツブス(霍布斯)、ジョン·ロック

---

① 〔美〕威尔逊:《政治泛论》上卷,第3—6页。

（洛克）与ジャン・ジャック・ルウソオ（卢梭）的著作，高田早苗将卢梭所著之书名译为《社会契约论》，① 已与现行译法一致。威尔逊认为政治起源于家族，说道："就历史上观之，今日之所谓国者，不外一家之扩张。故曰国者大书家族二字者也。"② 而国家由家族扩大之说，恰是《民约论》所反对的。③ 梁启超对契约论的接触，最先乃通过不同意见者的论述，在其对卢梭学说的认知中，这种错位也贯穿始终。

从甲午到戊戌年间，通过当时国内各类西书译本，梁启超对于天赋人权、自由平等诸义，已有相应认识。④ 而其实质性地接触到卢梭著作，则要到1898年春。是时大同译书局将中江兆民的《民约译解》改名为《民约通义》，与《日本书目志》等书同时发行。⑤《民约译解》以汉文译注，其单行本发行于1882年，仅译出原著四卷中的第一卷。⑥《民约通义》传达了卢梭思想的诸多旨趣，如提到邦国"本于民之相共为约也"，"自由权，天之所以与我，俾得自立也"。⑦ 另如书中所述，卢梭否定强权政治，认为："力不可以为权，屈不可以为义，而帝云王云，其权苟不合于道，无须听从也。"强调合法权力"非相共为约，复无别法可求"，而"相共为约"的前提，则是"人咸相等，无有贵贱"。⑧ 又指出在民约既成之后，皆当以"众意"为依归，"公意之所在，君之所存也"，"若有人不肯循法令，众公出

---

① ウッドロオ・ウィルソン：《政治汎论》，第26页。
② 〔美〕威尔逊：《政治泛论》上卷，第2页。
③ 相关论述，可参浦薛凤《西洋近代政治思潮》，北京大学出版社，2007，第161页。卢梭在《社会契约论》第一卷第二章的开头写道："一切社会之中最古老的而又唯一自然的社会，就是家庭。然而孩子也只有在需要父亲养育的时候，才依附于父亲。这种需要一旦停止，自然的联系也就解体。孩子解除了他们对于父亲应有的服从，父亲解除了他们对于孩子应有的照顾以后，双方就都同等地恢复了独立状态。如果他们继续结合在一起，那就不再是自然的，而是志愿的了；这时，家庭本身就只能靠约定来维系。因而城邦的社会纽带就确实既不可能、也不应该是由家庭的纽带扩大而形成的，也不是根据同样的模式。"（〔法〕卢梭：《社会契约论》，何兆武译，商务印书馆，2012，第5页）
④ 具体论述，可参拙文《〈仁学〉政论及其思想来源：民约东来之前的"卢梭式"论说》，《政治思想史》2016年第4期。
⑤《大同译书局新出时务各书》，《申报》1898年7月4日，第4页；《大同译书局书目》，《申报》1989年8月19日，第4页。
⑥ 〔法〕戎雅屈・娄骚：《民约译解》，中江兆民译，佛学塾出版局，1882。相关分析，可参考彭姗姗《半部〈社会契约论〉：中江兆民对卢梭的翻译与阐释》，刘东主编《中国学术》总第28辑，商务印书馆，2011。
⑦《民约通义》，大同译书局，1898，第1—3页。
⑧《民约通义》，第7页。

力，必使循而后止"。① 《民约通义》出版后不久，戊戌政变发生，康、梁等人皆被通缉，大同译书局亦受牵连，② 其《民约通义》在当时的流传情况难以判断，③ 但当时正对新学孜孜以求的梁启超，对该书理应不会毫无所知。

梁启超在《饮冰室自由书》中又曾转录深山虎太郎的《草茅危言》，并提到："曩读《亚东时报》，有题《草茅危言》者，日本深山虎太郎君所撰，为篇凡三，曰民权，曰共治，曰君权，皆源本泰西硕儒政体之论，切中中国时病。"④ 深山虎太郎本名山根立庵（虎之助），于1898年来华，任《亚东时报》主笔，⑤ 与大同译书局诸人亦有交往。⑥ 《草茅危言》登载于《亚东时报》第三期，其"民权"篇即论述了天赋人权、权力出自于民的政理，称：

> 民受生于天，天赋之以能力，使之博硕丰大，以遂厥生，于是有民权焉。民权者，君不能夺之臣，父不能夺之子，兄不能夺之弟，夫不能夺之妇，是犹水之于鱼，养气之于鸟兽，土壤之于草木。故其在一人，保斯权而不失，是为全天；其在国家，重斯权而不侵，是为顺天。勿能保，于天则为弃；疾视而侵之，于天则为背。全顺者受其福，而背弃者集其殃。何者，民与权俱起，其源在乎政府以前，彼宪法云、律令云，特所以维持之，使无失坠，非有宪法律令，而后有民权也，故国人皆曰政府可设，而后政府设；国人皆曰政府可废，而后政府废；国人皆曰宪法律令可行，而后宪法律令行；国人皆曰宪法律令可革，而后宪法律令革。国家大事措施得失，阖四境之民平议而行其权，盛矣。唯人心之不同，利害交错，莫能画一，且各有生产作业，不能亲政，为古今通患，于是立资（贤）者，以为之王，以为之辅相，借之以柄，以齐整天下，

---

① 《民约通义》，第15—17页。
② 《犯党脱逃》，《申报》1898年9月26日，第3页。
③ 有论者指出，《民约通义》在当时国内流传多广，究竟为多少读者所读，"在今天仍是有待解答的问题"，因当时报刊舆论"对它们的引用、提及，即足以证明其确实出版过的证据亦不可得"。参见〔日〕岛田虔次《中江兆民著译作在中国的传播》，贺跃夫译，《中山大学学报论丛》1992年第5期，第177—178页。
④ 任公：《饮冰室自由书·草茅危言》，《清议报》第27册，光绪二十五年八月十一日，总第1736页。
⑤ 参见〔日〕川尻文彦《"民主"与democracy——中日之间的"概念"关联与中国近代思想》，孙江主编《新史学》第2卷，中华书局，2008，第90页。
⑥ 《深山虎太郎致康有为》（1899年1月31日），张荣华编校《康有为往来书信集》，中国人民大学出版社，2012，第558页。

故君相之权，固假之万民，非自有其权也。柳宗元曰，吏于上者，民之役而非以役民而已。西人之谚曰，官吏者天下之公仆也。若以民之役役民，以奴仆鞭棰其主人，则不伦孰大于是。①

其中所表述的理念，皆有着西洋民主学说的思想渊源，《亚东时报》编者在文末的附识中即谓该文"民权一章，似专祖述泰西民约论"。随着东学知识的传入，"民约"一词也渐出现于国内报刊，并进入汉语词汇之中。上文所举的诸种文献，或不足证明梁氏当时受到"民约论"的影响，但就增进对其知识经验的相关了解而言，则不无裨益。梁启超对卢梭学说更为集中的论述，仍要待到其旅居日本之时。

二 东学背景下的卢梭学说

在中国传播的卢梭学说，明治日本是其主要的知识来源。首届驻日使节何如璋、黄遵宪诸人，即已通过日本学者及其相关著述，接触到卢梭的民权思想。② 梁启超曾论述"东学"之于近代中国的意义，谓："日本庆应至明治初元，仅数年间，而泰西新学，披靡全国。……戊戌、庚子以还，日本江户，为懋迁新思想之一孔道，逾海负笈，月以百计，学生阗黉塾，译本如鲫鱼，言论惊老宿，声势憾政府，自今以往，思想界之革命，沛乎莫之能御也。"③ 梁氏流亡日本后，也参与此潮流之中。旅日生涯带给梁启超的最大变化，即为知识视野的扩充，如梁氏所言："日本自维新三十年来，广求智识于寰宇，其所译所著有用之书，不下数千种，而详于政治学、资生学、智学、群学等，皆开民智、强国基之急务也。"他自称"既旅日本数月，肆日本之文，读日本之书，畴昔所未见之籍，纷触于目，畴昔所未穷之理，腾跃于脑，如幽室见日，枯腹得酒，沾沾自喜"。④ 梁启超曾对国

---

① 〔日〕深山虎太郎：《草茅危言》，《亚东时报》第3号，明治三十一年八月二十五日，第5、7页。
② 具体论述，可参考拙文《中国人初识卢梭学说时的历史情境：晚清首届驻日使臣与自由民权运动》，《暨南史学》第12辑，广西师范大学出版社，2016。
③ 中国之新民：《论中国学术思想变迁之大势》，《新民丛报》第58号，光绪三十年十一月一日，总第8017页。
④ 哀时客：《论学日本文之益》，《清议报》第10册，光绪二十五年二月二十一日，总第579页。

内译界深表不满，对明治新学则颇景仰，提到："今日本书会，凡西人致用之籍，靡不有译本，故其变法，灼见本原，一发即中，遂成雄国。"① 如今亲临其地，两相对比，其振奋之感可想而知。

言及抵日后的相关活动，梁氏自称"其经手所办之事，曰《清议报》，曰高等学校"。② 所谓"高等学校"，即创于"己亥七月"（1899年）的东京大同高等学校。③ 就宗旨而言，该校实际为湖南时务学堂的延续，唯在新学资源方面，条件远为优越。④ 梁启超撰有《日本横滨中国大同学校缘起》，谓"斯学之设，非徒教旅日后来之秀，亦以备西学东道之供"，认为明治日本国势渐强，"皆在遍译西书，广厉学官之故"，应为中国所取法。⑤ 借着日本的开国风气，学校诸生得以广泛接触新学，梁氏勉励其"集寰宇之智识，拯宗国之危岾"；⑥ 校长犬养毅亦嘱咐诸生："务须进而求通欧人各种学问。"⑦ 因其办学成效显著，各地多效仿增设。在梁启超等人的倡导下，神户、东京也开办了大同高等学校。⑧ 东京大同高等学校的《公启》指出："日本为东洋先进之国，泰西之新思想新智识，普遍旁塞于国中。学日本之学，虽未敢谓能尽泰西之学，而取之以强我中国，则有余裕。"⑨ 从该校所拟刊行的讲义录中，亦可见其知识视野之开拓，以及新学氛围之浓重，讲义录包括世界文明史、人群发达史、政治学、泰西学案、论理、日本语言文字、日本各学校讲义，以及中外哲学、中外近事及诸生札记。⑩ 康有为也向诸弟子提到"卓如创翻译学堂于日东京"，并称："日本自维新以来，东

---

① 梁启超：《论学校七·译书（变法通议三之七）》，《时务报》第27册，光绪二十三年四月廿一日，中华书局影印本，1991，总第1800—1801页。
② 任公：《汗漫录》，《清议报》第35册，光绪二十六年正月十一日，总第2259页。
③ 梁启超：《三十自述》，《饮冰室合集·文集之十一》，中华书局，2015，第18页。
④ 相关研究可参考彭泽周《梁启超与东京大同高等学校》，大陆杂志社编辑委员会编《近代史外国史研究论集》，台北，大陆杂志社，1975；袁咏红：《梁启超与东京大同高等学校》，《广东社会科学》2007年第5期。
⑤ 梁启超：《日本横滨中国大同学校缘起》，《时务报》第47册，光绪二十三年十一月十一日，总第3187—3188页。
⑥ 任公：《大同志学会序》，《清议报》第13册，光绪二十五年三月二十一日，总第786页。
⑦ 《大同学夏季进级记》，《清议报》第23册，光绪二十五年七月初一日，总第1467页。
⑧ 《神户清人将开大同学校》（译自西历6月3日《每日新报》），《清议报》第19册，光绪二十五年五月二十一日，总第1213页；《东京大同高等学校章程》，《清议报》第25册，光绪二十五年七月二十一日，总第1603页。
⑨ 《东京高等大同学校公启》，《清议报》第23册，光绪二十五年七月初一日，总第1469页。
⑩ 《拟东京大同高等学校讲义录叙例》，《清议报》第34册，光绪二十六年正月一日，总第2187—2188页。

西新学，皆有译本，读之极易。学堂又有东西文教习，听人审择，其京师学生十万，又可与其人士相上下议论。睹其国俗，可望开人瞽议，发扬朝气。"①

卢梭学说在旅日学人之间引起反响，即发生在上述知识脉络中。冯自由《革命逸史》对此多有提及，如称："己亥（一八九九年）秋，梁启超得侨商郑席儒等资助，组织高等大同学校于东京，从游者俱湘、粤籍学生。……校中功课，除日、英二国文字外，专讲授欧、美各国革命历史及希腊先哲与法儒卢骚、孟德诗鸠，英儒达尔文、斯宾塞等学说。"② 又谓："（民前十三年）时梁启超方与孙总理磋商联合组织新党问题，议推总理为会长，而启超副之，日常来往东京横滨间，高谈民族主义。……故高等大同学校充满革命空气。所取教材有卢骚《民约论》、《法国大革命史》、《摩西出埃及记》、《华盛顿传》、《英国革命史》诸书。"③ 诸人经由东学书籍接触到自由民权学说，思想不免有所受动，当时驻日公使蔡钧曾致函北京外务部，请阻止各省派遣留学生于日本，谓留日学生"借合群之义，而自由之说日横；醉民主之风，而革命之议愈肆"。④

而梁启超获知卢梭学说的途径，除冯自由提到的书籍以外，也另有其迹可循。梁在《清议报》上最先言及卢梭的文章，是《饮冰室自由书》中的《文野三界之别》，其中提到："善治国者必先进化其民，非有蒙的斯鸠（法国人，著《万法精理》一书，言君主、民主、君民共主三种政体之得失）、卢梭（法国人，著《民约论》，言国家乃由民间契约而成者），则法国不能成革命之功，非有亚端斯密之徒（英国人，为资生学之鼻祖），即英国不能行平税之政。"⑤ 这一简略介绍，实为其撰述泰西近哲思想的嚆矢。梁启超随后又撰有《蒙的斯鸠之学说》，其中关于孟德斯鸠的介绍，即出自中江兆民的《理学沿革史》。⑥ 后来收入《近世欧洲四大

---

① 《康有为致及门诸子》（1899年7月后），张荣华编校《康有为往来书信集》，第832页。
② 冯自由：《郑贯公事略》，《革命逸史》（上），新星出版社，2011，第70页。
③ 冯自由：《记东京大同学校及余更名自由经过》，《革命逸史》（中），第705页。
④ 《行人失辞》，《新民丛报》第5号，光绪二十八年三月一日，总第616—617页。
⑤ 任公：《饮冰室自由书·文野三界之别》，《清议报》第27册，光绪二十五年八月十一日，总第1732页。
⑥ 《蒙的斯鸠之学说》与后来《新民丛报》所刊登的《法理学大家孟德斯鸠之学说》内容一致，唯较简略。参见任公《饮冰室自由书·蒙的斯鸠之学说》，《清议报》第32册，光绪二十五年十一月十一日，总第2067页；中国之新民：《法理学大家孟德斯鸠之学说》，《新民丛报》第4、5号，光绪二十八年二月十五日、光绪二十八年三月一日。

家政治学说》一书时，梁氏便坦言："斯编全从法人阿勿雷脱所著《理学沿革史》中摘译。译者不通法文，所据者又日本名士中江笃介译本也"。① 梁氏在《新民丛报》上对西洋学说的译介，也对此书多有参考。② 《理学沿革史》当时的关注者不仅仅只有梁启超，留日学生早有留意，1900 年底，该著即见录于《译书汇编》的"已译待刊各书目录"。③ 东京《国民报》曾译介此书，谓其"搜罗甚富，其中自古代东西诸名家，以及近时欧洲各说，靡不毕录，并参以议论，而于哲学之关乎政治者，尤注意于自由平等诸权理"。④

《清议报》从第 96 册起，至其终刊，依次登载梁启超所撰之《霍布士学案》《斯片挪莎学案》《卢梭学案》，反映了梁氏此阶段对"民约说"的留心。《霍布士学案》介绍霍布斯（Thomas Hobbes，1588－1679）的政治见解，谓"其功利主义，开辨端、斯宾塞等之先河；其民约新说，为洛克、卢梭之嚆矢"，阐明"因众人所欲以立邦国"之理。⑤ 《斯片挪莎学案》则可视为《霍布士学案》的延伸，介绍斯宾诺莎（Baruch Spinoza，1632－1677）之政学。⑥ 三篇文章中，最为研究界所瞩目的是《卢梭学案》，关于其文本渊源，学者的讨论已趋成熟。巴斯蒂将中江兆民的译文与原著互作比对，指出："日译本完全忠实于法文原著，因此梁译也未走样，连章节次序、行文、卢梭原著引文都一律依照原来格式。"⑦ 王晓苓则对梁启超译文中的删节之处做了具体的指明。⑧ 川尻文彦亦提到，《卢梭学案》篇前的传

---

① 饮冰室主人辑译《近世欧洲四大家政治学说》，广智书局，1902 年，"例言"，第 1 页。"阿勿雷脱"即法国学者阿尔弗雷德·福耶（Alfred Fouilée），《理学沿革史》译自其 1875 年出版的《哲学史》（*Histoire de la philosophie*）。参见〔法〕玛丽安·巴斯蒂《辛亥革命前卢梭对中国政治思想的影响》，刘宗绪主编《法国大革命二百周年纪念论文集》，第 58 页。
② 在介绍康德学说时，梁启超提到："兹篇据日人中江笃介所译法国阿勿雷脱之《理学沿革史》为蓝本，复参考英人、东人所著书十余种汇译而成。"（中国之新民：《近世第一大哲康德之学说》，《新民丛报》第 25 号，明治三十六年二月十一日，总第 3525 页）
③ 《译书汇编》第 1 期，明治三十三年十二月六日，台湾学生书局影印本，1966，第 103 页。
④ 〔法〕阿勿雷脱：《欧洲近代哲学卷之一》，《国民报》第 1 期，明治三十四年五月十日，《辛亥革命时期期刊汇编》编纂委员会编《辛亥革命时期期刊汇编》第 1 册，首都师范大学出版社影印本，2011，第 61 页。
⑤ 《霍布士学案》，《清议报》第 96 册，光绪二十七年九月廿一日，总第 5970、5974 页。
⑥ 《斯片挪莎学案》，《清议报》第 97 册，光绪二十七年十月初一日，总第 6030—6031 页。
⑦ 〔法〕玛丽安·巴斯蒂：《辛亥革命前卢梭对中国政治思想的影响》，刘宗绪主编《法国大革命二百周年纪念论文集》，第 58—59 页。
⑧ 具体论述参见王晓苓《卢梭"普遍意志"概念在中国的引介及其历史作用》，《思想史·专号：卢梭与早期中国共和》，第 26—28 页。

文系出自杉山藤次郎《泰西政治学者列传》中的《芦骚传》。① 《卢梭学案》介绍了卢梭关于民约、公意、主权在民的观点，在辛亥革命之前，这一直是国人了解卢梭思想的主要资源之一。② 此文随后通过多种途径广为流传——同样的内容，先是以《民约论钜子卢梭之学说》为题刊于《新民丛报》，③ 广智书局刊印《近世欧洲四大家政治学说》一书时，又将之收录其中。④ 此外，由留日学生编撰的《泰西学案》，⑤ 不仅其体例明显仿自《清议报》之"政治学案"，书中对卢梭政治思想的介绍，亦直接袭自梁氏之文；至1915年上海进步书局出版《新编泰西学案》，涉及卢梭的章节仍被沿用如故，唯将原按语标明为"梁启超曰"。⑥ 卢梭学说在近代中国传播日广，梁氏的译述文字从中起了重要的作用。

如论者所提到的，福耶在原著中的论述"是从他个人温和共和派的立场出发的"，⑦ 梁启超在对卢梭学说的介绍中，也对其"革命"色彩有所回避，⑧ 反倒是对"邦联制"的构想表现出更多兴趣。⑨ 梁氏甚关注卢梭所言："欲行真民主之政，非众小邦相联结不可。……众小邦相联为一，则其势力外足以御暴侮，内足以护国人之自由，故联邦民主之制，复乎尚矣。"

---

① 〔日〕川尻文彦：《清末中国接受〈社会契约论〉之诸相》，《东北亚近代文化交流关系研究》，第91页。然而此说并不准确，在梁启超之前，1900年底杨廷栋在《译书汇编》中连载的《民约论》译文，其篇前即有《卢骚小传》，这才是梁氏所撰《卢梭传》的直接出处。而杨氏所据之底本，也并非出自杉山藤次郎的《泰西政治学者列传》，而是出自原田潜《民约论覆义》篇前所附传记，虽然二者内容一致，但原田潜已将杉山藤次郎的《芦骚传》改译为汉文。关于和汉文《卢梭传》各文本间的关系，笔者将另文讨论，兹不赘述。
② 王晓苓：《卢梭"普遍意志"概念在中国的引介及其历史作用》，《思想史·专号：卢梭与早期中国共和》，第27页。
③ 中国之新民：《民约论钜子卢梭之学说》，《新民丛报》第11号，光绪二十八年六月一日；中国之新民：《民约论钜子卢梭之学说》，《新民丛报》第12号，光绪二十八年六月十五日。
④ 饮冰室主人辑译《近世欧洲四大家政治学说》，广智书局，1902年。
⑤ 王阑、周流编《泰西学案》，明权社，1903。
⑥ 孙鑫源编《新编泰西学案》，进步书局，1915，第36—37、43、49—50页。
⑦ 〔法〕玛丽安·巴斯蒂：《辛亥革命前卢梭对中国政治思想的影响》，刘宗绪主编《法国大革命二百周年纪念论文集》，第60页。
⑧ 最明显的例证，即"卢梭传"各底本皆提及卢梭学说与革命的关联，如原田潜《屡骚略传》称："后年革命之举，实基于屡骚自由论者居多矣。"（〔法〕戎雅屈娄骚：《民约论覆义》，原田潜译述，东京春阳堂，1882，第10页）杨廷栋"卢骚小传"也谓："异日革命之功，实以卢骚之自由论为之发轫也。"（《译书汇编》第1期，1900年12月6日，第85页）而梁启超在《卢梭学案》的篇前传文乃袭自前两文本，却独将此句删去。
⑨ 具体论述，可参考张继才《中国近代的联邦主义研究》，中国社会科学出版社，2012，第35—36页。

并在按语中结合本国现实做了讨论，称："卢氏此论，可谓精义入神，盛水不漏。今虽未有行之者，然将来必遍于大地，无可疑也。我中国数千年生息于专制政体之下，虽然，民间自治之风最盛焉。诚能博采文明各国地方之制，省省府府，州州县县，乡乡市市，各为团体，因其地宜以立法律，从其民欲以施政令，则成就一卢梭心目中所想望之国家，其路为最近，而其事为最易焉。果尔，则吾中国之政体，行将为万国师矣。过屠门而大嚼，虽不得肉，姑且快意。姑妄言之，愿天下读者勿姑妄听之也。"① 卢梭在其著作中曾指出："一个体制最良好的国家所能具有的幅员也有一个界限，为的是使它既不太大以致不能很好地加以治理，也不太小以致不能维持自己。"其致力于解决的，即为调和这种矛盾，以结合彼此优势，造就更为完美的政制。② 与时人多借卢梭以言革命不同，梁启超在《卢梭学案》里所表达的，更多是对理想政制的心向往之，并探寻其付诸实践的可能。

三 对《民约论》之学理认识

在日期间梁启超接受了不同学说的洗礼，对于各家之言亦能有所判断，曾谓："处今日万芽齐茁之世界，其各种新思想，殽列而不一家。则又当校本国之历史，察国民之原质，审今后之时势，而知以何种思想为最有利而无病，而后以全力鼓吹之，是之谓正。"③ 唯对梁氏而言，卢梭学说并非孤立的存在，而是有其相应的学理脉络，对它的不同评述，也广泛见载于各类政学书籍。如其所言："政治学诸书，每首卷十叶以内，必征引卢氏之说。"④ 梁译《民约论》"卷末复取近儒驳正卢说者条列之以资考证"，⑤ 反映了其对卢梭学说力求中正平实的认识。其中"近儒驳正卢说者"所指者何，固因原书散佚而无从得知，然通过《清议报》的相关线索，亦可窥其崖略。

梁启超对《民约论》的认知，乃发生于如下情境：就政学的发展而言，"民约论"已不复当年之势。自18世纪下半叶起，"个人主义渐得势力，所

---

① 《卢梭学案》，《清议报》第100册，光绪二十七年十一月十一日，总第6224页。
② 参见〔法〕卢梭《社会契约论》，第59、123—124页。
③ 《本馆第一百册祝辞并论报馆之责任及本馆之经历》，《清议报》第100册，光绪二十七年十一月十一日，总第6194—6195页。
④ 《问答》，《新民丛报》第25号，明治三十六年二月十一日，总第3620页。
⑤ 《新民丛报》第19号，光绪二十八年十月初一日，总第2513页。

谓民约说人权论等，渐风靡一世，务以排除政府之干涉，放任人民之自由"，① 这种情形在19世纪中期开始消沉，至梁氏所处时代，"政府万能之语，遂遍于大地……而人权民约之旧论，几于萧条门巷无人问矣"。② 梁注意到："自法国大革命以后，自然法学派之民约说大失价值，其反动力遂产出。"③ 在政治小说《新中国未来记》中，他也借主人公黄毅伯之口，谓卢梭、边沁、穆勒等人的学说"在现世的欧洲已算是过去陈言了"，天赋人权论近来在欧美已成"退院僧"。④

在当时日本的思想界，自由民权也已退潮。明治年间的自由民权运动中，日本"全国议论汹涌，卢梭民约等类之书，几于家弦户诵"。⑤ 而至1905年，高田早苗在会晤中国访员时则谓："日本往时初留学于西洋之学生中，亦往往有骇世之论以窘当局者，奉卢骚《民约论》为唯一之金科玉律，以革命为政治上之理想。此等亦皆未蕴于学，知其一不知其二之误故。至今日，几绝迹于日本。"⑥ 这反映了其后来的转变。随着民权运动落幕，相关的学说也逐渐过气。时人更注意到，在当时的现实政治环境中，"日本执政颇不乐闻民权之言，达官著论至有譬卢骚之书如洪水猛兽者"。⑦ 杨廷栋所作的《初刻民约论记》言及《民约论》译本时称："日本明治初年，亦尝译行公世，第行之不广，迄今索其古本，亦仅焉而已。"⑧ 梁启超亦提到："卢、孟、斯诸君书，日本虽多译本，然率皆明治初年出版，今觅购颇不易。"⑨ 卢梭、孟德斯鸠、斯宾塞诸家的著作，在日本已不再风行。

---

① 中国之新民：《生计学学说沿革小史》，《新民丛报》第17号，光绪二十八年九月一日，总第2233页。
② 任公：《国家思想变迁异同论》，《清议报》第95册，光绪二十七年九月十一日，第5909—5910页。
③ 〔日〕小野塚：《国家原论》，饮冰译述，《新民丛报》第74号，光绪三十二年一月十五日，总第10070页。
④ 梁启超：《新中国未来记》，广西师范大学出版社，2008，第47—48页。
⑤ 《问答》，《新民丛报》第20号，光绪二十八年十月十五日，总第2717页。
⑥ 〔日〕高田早苗：《支那人教育论》，巽来治郎编《早稻田大学政法理财科讲义》第1编，东京，早稻田大学出版部，1906，第3—4页，转引自林启彦《清末留日学界的民权思想》，《近代中国启蒙思想研究》，第102—103页。
⑦ 沈兆祎：《新学书目提要》，熊月之主编《晚清新学书目提要》，上海书店出版社，2007，第445页。
⑧ 《路索民约论》，杨廷栋译，开明书店，1902，"序"，第1页。
⑨ 《问答·附答不倚庵主》，《新民丛报》第21号，光绪二十八年十一月一日，总第2913页。

学理方面，卢梭亦备受抨击。民约论在 17、18 世纪曾产生过巨大影响，然也历有争议。论者指出："早在他（指卢梭）之前，社会契约论就已经成为批评的靶子；而此后，对它的批评越来越多，从表面上看，这些批评在某种程度上俨然已经扼杀了这一理论。"① 学者亦多提到，自法国大革命后，针对民约学说的论调愈加兴起，"民约巧论，经康德及历史派、神权派、君产派等之攻击，在当时政论界中，已无立足地矣"；② "洎后其学说之势力渐衰，而维持其说者，殊寥寥无几耳"。③ 梁启超在致康有为的信中即称："日本书中无一不谈法国革命而色变者，其政治书中无不痛诋路梭者。"④ 梁氏所接触的东学书籍，既有对卢梭思想的祖述，也包括不少与之相反的学说，就整体氛围而言，则后者更占主导。⑤ 在同样的知识环境里，梁启超对《民约论》之评判自然不乏学术理性。

梁启超赴日后多留心政治之学，曾开政治学会于横滨大同高等学校，认为："以中国虽经政变，而新法他日在所必行，暇时将其后来当行之问题，合各同志，悉心研究，权其先后缓急之宜，熟其利害得失之故，既已了然明白，一旦维新复政，然后措置裕如，有条不紊。"⑥《清议报》也辟有"政治学谭"专栏，广泛译介伯伦知理、加藤弘之、有贺长雄、那特碏等政治学者的著述，梁启超对《民约论》的相关认识，正是在此多元维度之中

---

① 〔英〕迈克尔·莱斯诺夫：《社会契约论》，刘训练等译，江苏人民出版社，2005，第 117 页。
② 《主权论》，《张奚若文集》，清华大学出版社，1989，第 84 页。浦薛凤曾分析称，卢梭为契约说之集大成者，同时亦为其"末日之钟声"，并提到："正统的契约观念历经休谟（Hume）、柏克、边沁（Bentham）、哈勒（von Haller）、利柏（Lieber）、武尔息（Woolsey）、缅因（Maine）、朴洛克（Pollock）等评论炮火之迫击，已足谓为溃散消亡。"（浦薛凤：《卢梭之政治思想》，《清华学报》第 6 卷第 3 期，1931 年，第 115 页。
③ 胡恭先：《民约说及其批评》，《社会科学论丛》第 1 卷第 5 期，1929 年，第 54 页。
④ 《梁启超复康有为》（1900 年 4 月 29 日），张荣华编校《康有为往来书信集》，第 588 页。
⑤ 在明治日本有"东洋卢梭"之称的中江兆民，学者亦曾指出其另一面："从来，兆民都被当成卢梭的介绍者、祖述者而被大肆宣扬，而其作为卢梭批判者的另一侧面却经常被忽略。"中江兆民所译的《理学沿革史》中即有不少篇幅言及巴鲁尼、基佐、塞拉等西方学者对卢梭的辩驳，故论者断言：在中江兆民的翻译世界中，对卢梭的批判所占的比例绝不是小数（郑匡民：《梁启超启蒙思想的东学背景》，第 142 页）。中江兆民在《民约译解》中特别指出："（卢梭）其人天姿刚烈，加以负才矜豪，不喜循人轨辙，是以论事，或不能无矫激之病，学士辈往往有所指摘焉。"（〔法〕戎雅·屈娄骚：《民约译解卷之一》，中江笃介译解，佛学塾出版局，1882，"译者绪言"，第 1 页）
⑥ 《记政治学会开会事》，《清议报》第 27 册，光绪二十五年八月十一日，总第 1762—1763 页。

形成的。论者曾谓："近代西方思想界对卢骚主义的批判非常盛行，然而在中国思想界，批评卢骚主义却只是一个边缘性的议题。"① 然就梁启超的知识经验而言，这种对照性则未必强烈。"政治学谭"栏目最先译载的是德国学者伯伦知理（Bluntchli Johann Caspar, 1808 – 1881）的《国家论》，《清议报》对卢梭的最早提及，亦出自该书。② 学者指出，《清议报》译载的《国家论》，所据为平田东助日译本《国家论》，并参考吾妻兵治的汉译本，③ 译者从中亦有所加工，诸译作中卢梭译名各不相同，《清议报》本为"路骚"，吾妻兵治译本为"路索"，平田东助译本为"耳苏"。《清议报》登出《国家论》第一卷，以及卷三、卷四之一部，而缺卷二。有论者对此解释称："伯伦知理《国家论》的第二卷，正是批判卢梭不知国民与社会的区别，视社会为国家的部分，在这卷中，伯伦知理将造成法国动荡不定、酿出法国大革命的惨祸的责任归结于卢梭的民约论。这种学说，对当时正热衷卢梭理论的梁启超来说，无疑是不感兴趣的。"认为这是梁氏未刊登《国家论》第二卷的主要原因。④ 但必须指出的是，即便在《清议报》所登出的这部分内容中，仍多可见伯伦知理对卢梭的批评。

伯伦知理在对国家起源的论述中便否定了"契约立国论"，指出："自第十七八世纪之交，至本世纪之初，有一说最为世人所称赞。其说曰，国家成于民人之随意作为，而民人加入盟约，故国家即盟约之结果耳。此说始于湖北士、不分德义夫二人，其后路骚著《社会盟约论》，颇行于世，至晚近国宪改良之时，天下多称赞之，盖当时之士，欲资此论以除旧法设新法也。今日主张此论者不少，而德国之国家学者流，独视此为

---

① 黄克武：《自由的所以然：严复对约翰弥尔自由思想的认识与批判》，上海书店出版社，2000，第22页。墨子刻（Thomas Metzger）亦曾提到："近代中国与近代欧美民主思想的一个最大不同点在于两者怎么处理卢梭传统与约翰弥尔传统上的分歧。欧美批评卢梭的风气很强，而中国的主流思想却十分肯定卢梭的思想。我个人觉得这是中国民主化屡遭挫折的一个缘故。"（《墨子刻序》，朱浤源：《同盟会的革命理论："民报"个案研究》，台北，中研院近代史研究所，2011，第2页）
② 《国家论》中提到"方今列国开明之运，实始于第十八世纪"，谓："当时著名之学者，意大利则有维哥及喜郎热利，法国则有孟的斯鸠、路骚及诗韦，德国则有弗利德律克二世及看度匈蒲杜，北美则有哈弥敦。"（〔德〕伯伦知理：《国家论卷一》，《清议报》第15册，光绪二十五年四月十一日，总第945页）
③ 关于该译著的讨论，可参考〔法〕巴斯蒂《中国近代国家观念溯源：关于伯伦知理〈国家论〉的翻译》，《近代史研究》1997年第4期；承红磊：《〈清议报〉所载〈国家论〉来源考》，《史林》2015年第3期。
④ 郑匡民：《梁启超启蒙思想的东学背景》，第253—254页。

邪说妄论，排斥不道焉。"并分条反驳卢梭的"民人社会民约之说"，谓之"不啻不合真理，又有不合人生实态者，其不足取弗论耳"。① 他评述卢梭之"主权论"称：

  时路骚氏著主权新论，天下之人，久思覆历史上国家，而兴道理上国家，故舆论靡然向之。路骚曰，主权不在于主治者，而在于公民社会，夫各人有自由并同等之权理者，欲建国家以谋安康，乃相结约以兴社会，由是共同之意志及权力生矣。共同之意志及权力生，而后主权及国家立矣。故公民之全体，即在主权者，各公民不得不隶之。要言之，共同之意思，国家全体皆服之，是主权之所存也，主权不可让予人，不可割予人，纵令国会求之，亦不可交付。又主权常表示社会之威力与权理，而社会常得使用此主权，是故以此主权变更现在宪法，釐革从前权理，亦无不可。由此观之，路骚氏之论无他，排专制君主之主权，代之以专制国民之主权耳。……呜呼，路骚之论，误谬亦甚矣。而其浸染世人之脑筋不浅，欲匡正之岂易哉。尔来积无数经验，发无数辨论，终于学理上觉破此迷梦，以讲究此至重至要而危险可惧之主权，果为何物。②

伯伦知理的见解对梁启超影响颇深，《新民丛报》后刊载梁氏所作之《政治学大家伯伦知理之学说》即提到："十八世纪以来，卢骚氏主张民约之说，以社会之理说政治，举世风靡，欧洲百余年之风潮亦因之而起。其说矫枉过正，偏论社会，以之破中世之积论，伸民权之风气则可，以之为国家学至一无二之定理，则有不免失其真者。自伯氏出，主张国家主权之说，破民约之论，百年来最有力之学说，遂为之一变。"③ 欲借伯伦知理对卢梭的批评，来匡正当时国内的思想舆论。经由梁启超的宣传，伯伦知理学说也得到清末新学人士的普遍关注。沈兆祎注意到《国家学》"于卢骚契券之说颇肆讥弹"。④ 顾燮光亦谓："旧说以国家即君长之谓，固为巨谬，而法国革命盛唱国家即社会之说，亦不免流弊，德国政学家力矫其失，而

---

① 《国家论卷一》，《清议报》第18册，光绪二十五年五月十一日，总第1157—1159页。
② 《国家论卷之四》，《清议报》第28册，光绪二十五年八月二十一日，总第1833—1834页。
③ 力人：《政治学大家伯伦知理之学说》，《新民丛报》第32号，总第4614页。
④ 沈兆祎：《新学书目提要》，熊月之主编《晚清新学书目提要》，第440页。

伯氏之书集其成。"① 孙宝瑄在日记中也提到："始惟知君权之专制，及读《国家学》，乃知复有民权之专制。何谓民权专制？即乱民之横暴，荡坏宪法，恣行无忌惮也。"② 贵州学政朱福铣更曾上奏"请定全国学生为国家学派"，以应对当时学堂诸生的"平等自由""革命排满"之说，认为"游学诸生嚣竞之风"与"各省学堂冲突之事"，皆与卢梭学说的煽惑有关，提议"令全国学生一律为国家学派，并由各省疆臣选派学生数名前赴德国游学，学成归国，即以所习学说传播全省。宗旨既归画一，即学派不至纷歧"。③至民国时期，仍有学者提到："人民主权说，原起于霍布士、卢骚、边沁、孟德斯鸠等，为十七八世纪间流行之旧说。当日居于暴虐王政之下，持此以反对专制政府，其言最直捷易晓。故革新之业，未尝不与有大勋劳。然其立言，全倾理想方面，而绝不顾历史实际，反动思潮之结果，而非得中之论也。故十九世纪初，伯伦知理国家主权说出，遂一扫而空之。"④

"政治学谭"刊登的另一篇文章，是梁启超所译之《各国宪法异同论》。篇中虽未明示出处，但实际上是出自日本加藤弘之的演讲文字《各国宪法的异同》，章节、行文皆无二致。⑤ 梁启超在对宪政知识的考求中，注意到了加藤弘之的著述。⑥《饮冰室自由书》曾引述加藤氏的强权论，称："加藤先生者，日本大儒，与福泽谕吉先生齐名，盖德国学之导师，进化论之泰斗也。"并指出："强权云者，强者之权利之义也，英语云 The right of the strongest，此语未经出现于东方，加藤氏译为今名。"⑦ 认为此说"加藤氏言

---

① 徐维则辑，顾燮光补辑《增版东西学书录》，王韬、顾燮光等编《近代译书目》，北京图书馆出版社，2003，第71页。
② 孙宝瑄：《忘山庐日记》上册，上海古籍出版社，1983，第360页。
③ 《贵州学政朱奏为请定全国学生为国家学派以正歧趋而免流弊折》，《申报》1906年11月7日，第16版。
④ 春风：《王君宠惠〈宪法刍议〉批评》（1913年），来新夏等整理《近代中国宪政历程：史料荟萃》，中国政法大学出版社，2004，第310—311页。
⑤ 《各国宪法异同论》，新会梁任译，《清议报》第12册，光绪二十五年三月十一日，总第739—744页；《清议报》第13册，光绪二十五年三月二十一日，总第807—812页；加藤照麿等编《加藤弘之讲论集》第4册，敬业社，1899，第1—20页。
⑥ 加藤弘之的思想与活动，可参考〔日〕田畑忍《加藤弘之》，吉川弘文馆，1959；李永炽：《加藤弘之的早期思想与日本的近代化（1836—1882）》，《日本的近代化与知识分子》，水牛出版社，1970；郑匡民：《加藤弘之〈强者の権利の竞争〉对梁启超的影响》，《梁启超启蒙思想的东学背景》，上海书店出版社，2009；许晓光：《日本近代早期"天赋人权"问题的论争》，《思想转型与社会近代化——日本近代早期非传统政治思想研究》，高等教育出版社，2011。
⑦ 任公：《饮冰室自由书·论强权》，《清议报》第31册，光绪二十五年九月二十一日，总第1993页。

之最详"。① 加藤弘之"据达文之自然淘汰说而解诸理",② 其作《强者の权利の竞争》即意在反驳卢梭的天赋人权论。后杨荫杭译出此书,以《物竞论》之名连载于《译书汇编》。③《物竞论》杂引西学各家,阐述优胜劣败之理,以否定自然权利论,提到:"有黑勒尔者,谓国家之起原,决非出于民约,不过出于优者强者征服其劣弱者而已。"其主要针对者,即为"法国学者路索"。④

《清议报》所登"广智书局已译待印书目"中,加藤弘之的《人权新说》即在其列,译者为罗伯雅,⑤ 后来开明书店又推出陈尚素的译本。在《人权新说》中,加藤氏自言:"余昔赤心醉于天赋人权主义,曩著《真政大意》、《国体新论》等,大主张此主义,近信进化主义以来,颇疑天赋人权之非。"并胪列西洋各家学说,对之做系统的辩驳,⑥ 指出天赋人权主义"虽一时得猛烈之势力,几欲席卷全欧,至于今日,波及东方,势更张大",然"全为学者之妄想",无法得到古今事迹的印证,而卢梭更为"从古未曾有之妄想者"。谓在权利竞争的"定理"面前,天赋人权论"犹海上之蜃气楼,使人咸悦其奇,既至风流云散之时,终无术可以维持之也"。⑦《清议报》译载的《人群进化论》,也出自"加藤先生演说之文"。⑧ 1900 年底,译书汇编社的《已译待刊各书目录》中即录有《加藤讲演集》,⑨ 系从日文四册本《加藤弘之讲论集》中选译而来,1902 年又有作新译书局的版本。时人注意到,《加藤弘之讲演集》"所言天则权利道德法律关系,类能据理而言,无嚣张之习",其

---

① 中国之新民:《乐利主义泰斗边沁之学说》,《新民丛报》第 15 号,光绪二十八年八月一日,总第 1942 页。
② 〔日〕大隈重信等:《日本开国五十年史》下册,上海社会科学院出版社影印本,2007,第 780 页。
③ 《物竞论》连载于《译书汇编》第 4—8 期,同年由作新译书局出版单行本。
④ 〔日〕加藤弘之:《物竞论》,杨荫杭译,作新译书局,1901,第 5—7、15 页。
⑤ 《广智书局已译待印书目》,《清议报》第 100 册,光绪二十七年十一月十一日,总第 6185 页。
⑥ 〔日〕加藤弘之:《人权新说》,陈尚素译,开明书店,1903,第 31—34 页。
⑦ 《人权新说》,第 5—7、15—16、30 页。《人权新说》的日文原版卷首即印有加藤弘之手书"优胜劣败是天理矣",并有讽刺版画,将"天赋人权"四字投映于海市蜃楼图画之中。见〔日〕吉野作造编《明治文化全集·自由民权篇》第 5 卷,东京,日本评论社,1929,第 355 页。
⑧ 《人群进化论》,《清议报》第 37 册,光绪二十六年二月一日,总第 2400 页。
⑨ 《译书汇编》第 1 期,1900 年 12 月 6 日,第 103 页。

内容则"斥法人路索之民约主义之误"。① 加藤弘之对民约论的批评，梁启超在当时应已获悉，并认为强权论"与人权自由之说若相悖，而实相成"。② 在《国家思想变迁异同论》一文中，梁氏折中评述了"民约论"与"进化论"，称：

> 于现今学界，有割据称雄之二大学派，凡百理论皆由兹出焉，而国家思想其一端也。一曰平权派，卢梭之徒为民约论者代表之；二曰强权派，斯宾塞之徒为进化论者代表之。平权派之言曰：人权者，出于天授者也，故人人皆有自主之权，人人皆平等。国家者，由人民之合意结契约而成立者也，故人民当有无限之权，而政府不可不顺从民意。是即民族主义之原动力也，其为效也，能增个人强立之气，以助人群之进步。及其弊也，陷于无政府党，以坏国家之秩序。强权派之言曰：天下无天授之权利，惟有强者之权利而已，故众生有天然之不平等，自主之权，当以血汗而获得之。国家者，由竞争淘汰不得已而合群以对外敌者也，故政府当有无限之权，而人民不可不服从其义务。是即新帝国主义之原动力也，其为效也，能确立法治（以法治国，谓之法治）之主格，以保团体之利益。及其弊也，陷于侵略主义，蹂躏世界之和平。③

在梁氏看来，两派学说各有其灼见与缺失。加藤弘之所宣扬的理念，与《民约论》中所言"强力不得为权利，从顺不得为义务"，"天下权利，非由强力，而由于契约"，④ 无疑针锋相对。《清议报》所译介的其他政学书籍，也多有对卢梭学说的商榷意见。如论者所注意到的，"近世持进化论者"多"痛排卢氏之说"，⑤《清议报》译载有贺长雄的《社会进化论》，亦属此一阵营。译者署名"璱斋主人"，由随后的出版信息来看，当为麦鼎华

---

① 顾燮光：《译书经眼录》，王韬、顾燮光等编《近代译书目》，第600页。
② 任公：《饮冰室自由书·论强权》，《清议报》第31册，光绪二十五年九月二十一日，总第1993页。
③ 任公：《国家思想变迁异同论》，《清议报》第95册，光绪二十七年九月十一日，总第5906页。
④ 〔法〕卢骚：《民约论》，杨廷栋译，《译书汇编》第1期，1900年12月6日，第93页。
⑤ 申叔：《无政府主义之平等观》，原载《天义报》第4卷，1907年7月25日，转引自葛懋春等编《无政府主义思想资料选》上册，北京大学出版社，1984，第73页。

所译,① 书名曾改为《人群进化论》。② 有贺长雄引据斯宾塞的进化论,对卢梭的契约学说提出批驳,称:"世之不解社会学者,谓有国土与人民,即成社会。或卢梭派之政治家,论社会起于原始之契约。此等皆谬说,不足致信。夫太古之原人,焉为有为此繁琐契约之事哉,是皆不能深求其原因结果之所致者欤。"③

德国政治学者拉坚的著作《政治学》,其部分内容也在《清议报》上登载,由"玉瑟斋主"重译。④ "拉坚"即 Karl Rathgen（1856—1921,当时又译"那特硁"),广智书局后又出版冯自由的全译本。时人注意到,"德国学者对于卢（梭）、陆（克）诸氏之政见,靡不起而拒之",并特举伯伦知理与那特硁二人,谓:"二氏之理论,有一特别的同点焉,即反对民约之说是也。"⑤ 那特硁对卢梭多有尖锐批评,评述"契约说"称:"凡理论虽众,至于感动人心,未有如是说之易也；邪说虽多,至于荼毒国家,亦未有如是说之甚也。"并指出:"国家契约说者,霍布士倡之于前,陆克和之于后,虽久行于英国,然学者徒以为谈助耳。及卢骚出,遂为群体之原动力,如纵火森林,适得疾风,既燃法国人群,遂及欧洲大陆。"认为:"此理论之结果,不与群体以分寸之安宁,不加国家以毫发之巩固,反使人群基础以是倾颓,政治组织因之泯灭,创亘古未闻之大革命,腥风膻雨听遍欧洲,其祸之酷,可胜言哉！"又从"历史"与"论理"两方面指出其问题所在,强调契约说在历史上未有成例,且其对平等的假定亦不合逻辑,断言其"实破坏国家之理想而蹂躏国法之基础者也,称之曰政理论,不若曰无政论较为妥帖"。⑥

当时翻译出版的日本学者市岛谦吉的《政治原论》与小野梓的《国宪泛论》等著作中,⑦ 对卢梭学说亦多有批评,《政治原论》中"论政治之起

---

① 《广智书局已译待印书目》,《清议报》第100册,光绪二十七年十一月十一日,总第6185页,其书目信息谓:"《社会进化论》,日本有贺长雄著,麦鼎华译。"
② 《新民丛报》第27号,总第4007页。
③ 《社会进化论卷一》,《清议报》第61册,光绪二十六年九月一日,总第3911页。
④ 德国人拉坚讲述,中国玉瑟斋主重译《政治学（上卷·国家编）》,《清议报》第66册,光绪二十六年十月廿一日。
⑤ 高亚宾:《伯伦知理氏国家学与那特硁氏国家学（一名政治学）之比较》,《光绪丁未政艺丛书》,沈云龙主编《近代中国史料丛刊续编》第28辑,台北,文海出版社,1976,总第1396—1397页。
⑥ 〔德〕那特硁:《政治学上卷》,冯自由译,广智书局,1902,第101—106页。
⑦ 《上海广智书局出版图书广告》,《新民丛报》第7号,光绪二十八年四月一日,总第788—789页。

原一节,痛诋卢骚国家由人民契约而成之说,一则曰荒诞无稽,再则曰浮夸诞妄";《国宪泛论》则"驳卢骚之言谓立法之官非全能之官,盖恐其说一行则合众之政体将邻于专制,故为峻辞以拒之"。① 高田早苗所著《国家学原理》,亦"以神学契约为失当"。② 正如上述,《民约论》与各家学说缠绕不清,故讨论梁启超的相关认知,亦需要在相应的参照系中把握其位置。正是这些截然不同的观点,使梁启超对《民约论》的认识和思考更趋丰富与全面,而这些与"民约论"异质的学说,在当时国内引起了怎样的反响,对卢梭思想的接受又将造成何种制约,则是另可探究的话题。

余 论

卢梭学说的传入,不单是其自身内容的简单传递,更与当时的知识环境紧密相关,思想人物的主体性,从中也多有体现。以梁启超而言,其固接触过诸多"反卢梭学说",但就其思想特性而言,仍不宜过分强调学说之间的对立。如论者所指出的,梁氏"将日本人所译西籍糅合在自己的文章中而不分派别、不分本末地输入国内",其《论政府与人民之权限》一文"关于国家主权归属问题,梁启超依据的伯伦知理的国家有机体论;在政府起源问题上,他依据的是卢梭民约论;在政府成立的目的上,他明显受到加藤弘之的影响。并且我们在其文章中也能看到福泽谕吉的文明三段论的影子。而在这篇文章的最主要部分,梁启超正是以中村正直译的《自由之

---

① 沈兆祎:《新学书目提要》,熊月之主编《晚清新学书目提要》,第444、409页。市岛谦吉在《政治原论》中谓契约说"只借理想,不求实事之议论,虽如何高妙,皆不足信"。参见〔日〕市岛谦吉《政治原论》,顺德麦曼荪译,广智书局,1902,第25—30页。小野梓在《国宪泛论》中亦对卢梭的主权论有所指正。参见〔日〕小野梓《国宪泛论》,陈鹏译,丁相顺勘校,中国政法大学出版社,2009,第17—20页。市岛谦吉与小野梓等政治学者,均为大隈重信门生,属改进党一派,与板垣退助之自由党互为政敌。自由党主张"卢骚式的天赋人权",改进党则提倡"合法进步主义",崇尚英式宪政,其指导方针较为稳健温和,并"时常嘲笑自由党之浮躁急激"。大隈重信曾授意小野梓执笔《告改进党同志书》,其中有言:"政治的改良前进,乃是我党一致的期望,也是我生平的志向。……可是,一经察出理之极致,即希径行而致之,这乃是卢骚之余流,它的极端,就将终于紊乱社会秩序,妨碍政治之改进。……因此,若有汲取卢骚之余流……希以躁急激昂而作过激之变革者,我就要却之而不欲给与进路。"参见任钧《大隈重信》,开明书店,1937,第51—55页。

② 顾燮光:《译书经眼录》,王韬、顾燮光等编《近代译书目》,第457页。

理》为蓝本写成的"。① 对梁氏而言，上述学理的相互关系或许并非"互斥"，而是"叠加"，无论是国家学、强权说还是民约论，无不"为我所用"，并不专一。又如学者所言，梁启超"对卢梭的批判是在承认卢梭的历史意义的基础上进行的"，② 1900年梁氏出访夏威夷时便有诗云："孕育今世纪，论功谁萧何？华、拿总余子，卢、孟实先河。"③ 这种论调在其经办的刊物上不胜枚举。对卢梭所受之非议，梁氏也多有回护，认为其学说固然多受攻诋，但仍有着真理的内核，谓："卢梭民约之说，非指建邦之实迹而言，特以为其理不可不如是云尔。而后世学者排挤之论，往往不察作者本旨所在，辄谓遍考历史，曾无一国以契约而成者，因以攻民约论之失当，抑何轻率之甚耶！"④ 并强调卢梭关于自由平等的论述"可谓铁案不移"。⑤

梁启超所作政论亦多受《民约论》影响，如称："政府之所以成立，其原理何在乎？曰：在民约。……故欲求政府所当尽之义务，与其所应得之权利，皆不可不以此原理为断。"⑥ 对卢梭所指出的一点，即"苟以一人或数人所决定者，无论其人属于何等人，而决不足以成法律，又虽经国民全员之议决，苟其事仅关于一人或数人之利害而不及于众者，亦决不足以成法律"，梁氏即表示："此论可谓一针见血，简而严，精而透矣。"⑦ 后在《新民说》中，梁氏亦借"契约说"论法律思想，称："凡一群之立也，少至二三人，多至千百兆，莫不赖有法律以维持之。其法律或起于命令，或生于契约。以学理言，则由契约出者谓之正谓之善，由命令出者谓之不正谓之不善。"⑧ 在其看来，无论是政府之组织，还是法律之订立，"民约"原则皆应得以体现。梁在称引《民约论》时，对其缺失则了解甚详；当对卢梭有所驳正时，也未因此而全盘否定其理念价值。政学史家评价"社会契约之学说"时称："一种学

---

① 郑匡民：《梁启超启蒙思想的东学背景》，第120—121页。
② 〔日〕狭间直树：《〈新民说〉略论》，〔日〕狭间直树编《梁启超·明治日本·西方——日本京都大学人文科学研究所共同研究报告》，社会科学文献出版社，2012，第78页。
③ 任公：《汗漫录·壮别二十六首》，《清议报》第36册，光绪二十六年正月廿一日，总第2326页。
④ 《卢梭学案》，《清议报》第98册，光绪二十七年十月十一日，总第6084—6085页。
⑤ 《卢梭学案》，《清议报》第99册，光绪二十七年十月廿一日，总第6138页。
⑥ 中国之新民：《论政府与人民之权限》，《新民丛报》第3号，光绪二十八年二月一日，总第305—306页。
⑦ 《卢梭学案》，《清议报》第100册，光绪二十七年十一月十一日，总第6217页。
⑧ 中国之新民：《新民说·论合群》，《新民丛报》第16号，光绪二十八年八月十五日，总第2074页。

说就历史论，则为不健全，在逻辑上，则错谬矛盾，竟能为一六八八年之英国革命，与法国大革命以及美国革命之根据，并能为近代民主政治与公民自由之一种哲学的基础，此种事实谓非政治思想史中之一大谜不可得矣。"[1] 此种悖论，在梁启超身上也有着生动的反映。而因卢梭学说自身的复杂内涵，对当时的新学人士而言，在其"吸引力"与"拒斥力"的双重影响下，难免也造成某种认知、接受上的困惑和紧张。

（作者单位：中山大学历史学系）

---

[1] 〔美〕吉达尔：《政治思想史》，戴克光译，独立出版社，1944，第219页。

李大钊法律思想中的英美影响

刘国有

摘　要　作为北京大学教授、中国共产党主要创始人之一、中共北方党组织最高领导人，李大钊曾接受系统的西方政治与法律教育，英美法律思想是其政治和法律活动的重要背景。他对约翰·密尔的自由主义情有独钟，对英美国家的分权制衡、妥协式制宪、人身保护令和渐进式社会改革立法充分肯定，甚至说"英国国民若能在风平浪静的中间，完成了这一大使命，世界上有政治天才的国民，真算英人为第一了"。他是清末国会请愿运动的积极分子，民国后多次参与制宪论战，亲自起草宪法、地方自治和人权保护条款，还指挥中共党、团和工会组织发起了劳工保护、女权立法和废止治安警察条例等恶法的大规模法治改革运动，是中国社会主义法治思想的重要奠基者。

关键词　李大钊　约翰·密尔　调和论　立法运动

作为中共主要创始人之一和北方党团组织最高领导人，李大钊曾对宪法和法律的诸多方面进行深入研究，发起多次立法活动。本文仅以其公开发表的著作和言论为例，挖掘、分析这些活动中的英美影响，以揭示李大钊及中共早期政治和法律活动的英美渊源。

一　李大钊法学著作中随处可见的英美因子

李大钊最早集中发表法学论著，是在1913年《言治》时期，这是他在立宪派汤化龙、孙洪伊赞助下创办的政论月刊。李大钊是二主编之一，在此刊上发了十多篇宪法论文，其资料大多来自英美法律思想。1913年4月，李大钊在《弹劾用语之解纷》中分析南京《临时约法》，说明宋教仁案不适用弹劾时，即以英国法律史为主，引用了大量西方案例和学说，如威廉三世、安妮女王和乔治一世时的政治纠纷,以及安森(1843—1914,英国)、克尔阔卜、伯伦知理(1808—1881,德国)、毕孝父、柯克等法学家的相关论述。结论是弹劾问题存在混淆,学者应十分审慎,"用语之不慎,不独研析斯者滋其惑误,而政局不时之动摇、法权应及之逃避,亦缘兹而起"。①

1913年9月1日《言治》第四期上发表的《一院制与二院制》是批驳二院制、主张一院制的,文章引用英美两国经验,认为二院制不足效法,一院的内阁制(多党)既可防止专制又可提高效率,值得采纳。同年10月1日的《法律颁行程序与元首》比较了国家元首颁布与批准法律的三种不同制度,说元首的裁可(sanction)、批行与不裁可权均来自西方,裁可适用于二元君主制,乃"积极与生命于议会所可决之法案之不可缺之作用"。"元首于议会不同意之法案,虽不能裁可之使成为法律,而于议会同意之法案,非必裁可之使成为法律,且得裁可之使不成为法律。盖使之成为法律与否,纯为元首之自由。"否决权(veto)来自英法美,训为"我阻","凡议会议决之法律案,咨请元首公布,元首不置允诺,得于公布期内,声明理由,咨回议会,请其复议,是即不裁可权也"。英、法、美三国元首享有此权(英国多年未行使),但各有严格的程序规定。美国总统对于国会通过的法案有发回权,若发回后由一院原样通过,则发回权失效,因此该否决权不是绝对的,而是暂时的、相对的。李大钊对此异常欣赏,认为它既保证了行政部参与立法,又能防止议会的躁妄,"斯制之精神,一以为行政部保其宪法上之权力,俾其意思得表示于法律;一以防有时遭政治的激昂易为躁妄恶劣之立法,而以救其弊,实宪法上最完善之规定也"。②

李大钊认为,中国人只有深入钻研英美法律知识,才能把握现代法律的真谛。1913年10月,他在为夏勤《自然律与衡平律》所作的《识》中说,中国法律近代化以日为师,引进了日本法律体系,其实日本的法律移自西方,如果不能准确把握英美法律概念,中国自己的法学体系就很难发展起来:"吾国治法学者,类皆传译东籍。抑知东人之说,亦由西方稗贩而来者。辗转之间,讹谬数见,求能读暂而通者,凤毛麟角矣。继兹而犹不克自辟学域,尚断断以和化为荣,或虽守西籍而不克致用,汉土固有之学,非将终无以自显,不亦羞神州之士而为学术痛耶!"这个缺憾,读者不应忽

---

① 《李大钊全集》第1卷,人民出版社,2006,第7页。
② 《李大钊全集》第1卷,第66页。

视,"夏子之心苦矣,读者其勿忽诸"。①

英国是立宪始祖,"各国采立宪政体者多宗之"。李大钊对此十分看重。1916年12月,他在《宪法与思想自由》中说:"自有英之《大宪章》法之《人权宣言》为近世人类自由之保证书,各国宪法莫不宗为泰斗,如身体自由、财产自由……诸荦荦大端,皆以明文规定于其中。"② 他说:"议院制的内阁,英伦曾行之矣,其所以沟通行政、立法两机关者,颇为学者所嘉许。""英伦下院握立法之全权,其政府又为议院制的内阁,不惟行之无弊,且其政治之良善,世无与比伦者,其故可深长思也。"③ 英国法制的和平与渐进改革,实在是政治发展的最优选择。"英兰绝美之政治,未尝极杀人流血之惨。迄今三岛宏规,苟为立宪国家,孰不宗为模式。即以英法相较,英无法之惨剧,而获得之政治,什倍于法。"④ "英伦宪法之美,世称为最。"⑤

美国费城制宪时鲍德荫、哈弥敦等人的妥协折冲、巧思独运是李大钊调和式制宪思想的重要来源。1916年10月,他在《制定宪法之注意》中说:"政识深沉如鲍德荫(Bowdoin)、哈弥敦(Hamilton)者,乃各运其缜密之思,以发见其困难之根底……鲍、哈二氏乃前后各出其深沉之政略,蕲于巧避革命之祸,而暗收改造之功。"在费城制宪会议上,"凡于革命血潮中涌出之名流杰士,网罗殆尽,雍雍济济,会于一堂,而北美合众国长治久安之宪法,遂以改造于若辈之手,至今论政者传为佳话"。⑥ 因此,制宪时必须广泛吸收社会各种思想,反复协商讨论。1914年11月,他在发表于《中华》第一卷第十一号的《政治对抗力之养成》中说:"宪法……量之扩于势者,则非辩士之口、学者之说所能济事,必其制宪之势力,歧为别派,并峙相抗,以实贯之,而其势力自身,亦各知尊奉政理,容纳含蓄,不敢妄冀专断。盖衡平之宪法,成于对抗之势力。自两力相抗以维于衡平而外,决不生宪法为物,有之则一势力之宣言,强指为宪法者耳。"《制定宪法之注意》则说:"制宪之事,有不可失之律二焉:一即调和,一即抵抗是也。夫调和与抵抗,其用相反,其质则同。宪法实质之备此二用者,惟

---

① 《李大钊全集》第1卷,第87页。
② 《李大钊全集》第1卷,第228页。
③ 《李大钊全集》第1卷,第51页。
④ 《李大钊全集》第1卷,第103页。
⑤ 《李大钊全集》第1卷,第148页。
⑥ 《李大钊全集》第1卷,第207页。

在平衡。……征之各国通例，制宪之际，必将各方之意思情感，一一调剂之，融合之，俾各得相当之分以去。而各种势力，悉均知遵奉政理，而能自纳于轨物之中，则法外之势力，悉包含于宪法，而无所于不平。"①

李大钊的柔性宪法思想也来自英国等西方国家。他认为宪法的渊源包括条约、惯例、单行法等各种形式，"各国宪法，莫不有其渊源，而宪法渊源之种类，不外条约、习惯、公约而已。英国宪法之渊源，习惯而外，如《苏格兰合并法》、《爱尔兰合并法》、《印度政治改良法》、《皇位继承法》皆是也"。②"制宪者须知今日制宪虽采成文主义，而不可尽背不文主义之精神也。……愚谓不文主义之特长，乃在性柔而量宏。此种特长，虽在今日成文主义时代，亦为制宪者不可蔑弃之精神。英吉利者，以不成文主义著称，而为立宪国之鼻祖也。……制宪而采成文主义者，每易趋于繁文详项，反以塞其量是使之狭……条文愈繁，法量愈狭，将欲繁其条项以求详，必为琐屑事项所拘蔽，反不能虚其量以多所容受。愚以为与其于条项求备，毋宁于涵量求宏，较可以历久而免纷更之累也。"③

李大钊还引用英国法学家戴雪译自法国宪法学家布托米的《英法美比较宪法论》中柔性宪法更具生命力的观点，说明编纂详尽的宪法典有时会带来灾难，"使英人不避编纂宪法之劳，而以成文典章齐一之，吾恐朝成典而苏爱离矣"。"可知英宪之不成文，乃欲虚其量以范治苏爱二州，免分崩离析之祸耳。"④他还抨击罗伯斯庇尔领导的山岳党人违反宪法，假借共和残杀异己，"法人之揭三色旗谋建共和也，固以民众幸福为职志。而政力相轧，一波未平，一波又起，遂至山岳之党，无袴之氓，横握政权，残杀异己，不遗噍类，卒演成千古寒心之恐怖时代。而罗卜士比尔等借口共和，厉行专制，设革命审院，诛非革命党员，王侯士女，中流士绅，惨被刑僇。创掩击（集众人于一处，发炮击之，谓之 Husillades）、溺舟（载众人于一舟溺之，谓之 Noyades）之极刑，用机螺金（刑具也，英、德诸国，素用以杀人，一七九一年医者机螺金改良之，劝立法会议采用，故有是名）之毒器，民众惊怖，亡窜流离，间阎无鸡犬之声，妇孺罹虫沙之劫"。⑤

---

① 《李大钊全集》第 1 卷，第 207 页。
② 《李大钊全集》第 1 卷，第 223 页。
③ 《李大钊全集》第 1 卷，第 208—209 页。
④ 《李大钊全集》第 1 卷，第 96 页。
⑤ 《李大钊全集》第 1 卷，第 102 页。

推进立宪、保障自由因此成为李大钊长期的重要思想。1914年11月，他在《中华》发表的《政治对抗力之养成》中说："民之所以求获良政治者，亦曰欲享治平之幸福耳。顾此治平之幸福，究何所凭依？乃在确有实力足以保障此治平幸福之宪法。"① 1916年9月，他在宪法会议开幕祝词中说："宪法者，国命之所由托。宪法会议者，宪法之所由生也。有神圣之宪法会议，始有善良之宪法。有善良之宪法，始有强固之国家。""宪法为物，其良也，故足以福民；其恶也，亦足以祸国。"②

李大钊还主张引进英美法系中的一些行之有效的具体制度。1920年8月1日，李大钊与胡适、蒋梦麟等在《晨报》上发表《争自由的宣言》，提出废止严重侵犯民权的法律，引入英国式的人身保护法，"行政官厅和军警各署对于人民，往往不经法庭审判，擅自拘留，或擅自惩罚，把身体自由权剥夺净尽。应即实行《人身保护法》，保障人民身体的自由"。③ 还说按此制，"如果受违法的拘留时，不但本人可以请求，便是亲友或相熟悉的人也都可以去领。……拘留人的人接到这状，便要立刻将被拘留的人交出。……被拘留人一经出庭令状发出，无论生死都要交到法庭去依法审判。……法院既受人请求，应该立刻发出出庭状，不然便要重罚；受出庭状而不将被拘留的人交出，也要重罚。故这种法律，是救济违法拘人的最周密的方法"。④

二 李大钊英美法律思想的来源

李大钊在津求学的北洋法政学堂设有比较宪法课程，这应是他英美法律思想的最早渊源。该校同学郁嶷在《弹劾用语之解纷》一文的按语中说："盖在行总统制之国如美利坚者，其行政部政治上对于国会不负何等责任，国会亦无得而动摇之，是行政部之流于专横也为势甚易，故法律上特设弹劾制度以为裁抑之道。即国会除依宪法上弹劾制度推倒行政部之外，别无他途以动行政部之微末也。"至于议会制国家，只要议会通过不信任投票，推倒政府并不难，"若夫不课行政部以法律上之责任，而施行弹劾制度，但

---

① 《李大钊全集》第1卷，第95页。
② 《李大钊全集》第1卷，第201页。
③ 《李大钊全集》第5卷，第355页。
④ 《李大钊全集》第5卷，第355页。

以政治上之手段，实制其死命而有余"。① 英国哲学家约翰·密尔（今译约翰·穆勒）的影响则是李大钊调和式制宪思想的哲学基础。在北洋法政学堂，严复翻译的约翰·密尔《论自由》占有重要地位。李大钊在该堂第一学年末国文科考试的最后一道题就是《论自由·引论》中一段话的结尾："问民政组合有时公群泰半之豪暴无异专制之一人，然乎否乎？"②

这段话的原文是这样的：

> 尔乃悟向所亟称自治之制，与所谓以国民权力治国民者，其词义与事实不相应也。虽有民主，而操权力之国民，与权力所加之国民，实非同物。其所谓自治者，非曰以己治己也，乃各以一人，受治于余人。所谓民之好恶，非通国之好恶也，乃其中最多数者之好恶，且所谓最多数者，亦不必其最多数，或实寡而受之以为多，由是民与民之间，方相用其劫制。及此，然后知限制治权之说，其不可不谨于此群者，无异于他群。民以一身受治于群，凡权之所集，即不可以无限，无问其权之出于一人，抑出于其民之泰半也。不然，则泰半之豪暴，且无异于专制之一人。③

这段话的意思是说，在民主制下，多数的权力也应受到限制，否则，他们滥用职权的可能性与专制没有区别。这段话在1918年7月《言治》第3册上发表的《强力与自由政治》中首次得到引用，以证明多数决定论的基础并非多数人形成的强力，而是少数人自动的悦服。这是因为，民主的本质就是多数容忍少数，少数服从多数，多数不过是检验讨论结果的标准。在此，他从"虽有君主，而操权之国民与权力所加之国民实非同物。其所谓自治者，非曰以己治己也，乃各以一人而受治于余人。所谓民之好恶，非通国之好恶也，乃其中最多数之好恶"开始，一直引用到"且无异于专制之一人"。④

李大钊认为，专制的多数实际比君主专制更可怕，因为多数人的专制隐藏在民主的形式中，是看不见的专制，他说自己可以背一段密尔的名言：

---

① 《李大钊全集》第1卷，第8页。
② 《法政学堂考题》，《大公报》（天津）1908年7月5日，第1张第4版。
③ 〔英〕约翰·穆勒：《论自由》，严复译，北京理工大学出版社，2009，第3页。
④ 《李大钊全集》第2卷，第205页。

"倘谓多数之强力,行于无形,即其长于专制之所,则请为更诵穆勒之言矣。"然后他大段引用了严译《群己权界论》里的原话:

> 夫泰半之豪暴,其为可异者,以群之既合,则固有劫持号召之实权,如君上之诏令然。假所诏令者,弃是而从非,抑侵其所不当问者,此其为暴于群常较专制之武断为尤酷。何则?专制之武断,其过恶显然可指,独泰半之豪暴,行于无形,所被者周,无所逃虐,而其入于吾之视听言动者最深,其势非束缚心灵使终为流俗之奴隶不止。①

密尔的其他论述也曾被李大钊多次引用。1916年5月15日,他在《民彝与政治》中引用了密尔英文原著《论代议制政府》第二章"善政之标准"(The Criterion of a Good Form of Government)中的话来证明良政最根本的基础是群众的知识与道德。他说,"论善治标准最精者,莫如弥勒",然后开始引用密尔的原话:

> 夫以善治初哉首基之要素,即为其群各个小己之智德。斯凡一政治所具之长,即在增进人民之智德。而关于政制首当悬为问题者,遂在其涵育其群小己可嘉之资能至于何度。是等资能,曰德与智。从边沁氏较详之析类,智德而外,更益以活动之能焉。治之优于此者,其他凡百措施,类能悉臻于善。盖其蕴蓄之善,得以如量以彰于政治之用者,全赖其民之是等资能矣。

又曰:

> 凡求善治,必取素存于其群善良资能之几分而组织之,俾以执司公务。代议政治者,即致其群一般聪明正直之平准,先觉之殊能于政治相接,视其他组织之方式,较有径切关系并生宏大势力之方也。即于何政制之下,此类势力,皆为其善之存于而政者之渊源,恶之免于而政者之防遏焉。惟一国政制组织是等善良资能之分量愈扩者,其组织之法乃愈善,其政治乃愈良。②

---

① 《李大钊全集》第2卷,第205页。
② 《李大钊全集》第1卷,第150页。

紧接着，李大钊论证说，代议政治要想获得成功，须有自己坚实的民意基础，那就是充分的自由，这样才能在社会与个人之间树立明确的界限，以便互不侵越。"必于其群之精神植一坚固不拔之基，俾群己其权界，确有绝明之域限，不容或紊，测性瀹知。习为常轨，初无俟法制之力以守其藩也。厥基为何？简而举之，自由是已。"然后，李大钊又引用严译《群己权界论》第四十六、四十七中密尔的话作为根据："意念自由之重，不必于思想大家乃为不可缺之心德也，其事实生民之秉彝，天既予人人以心矣，虽在常伦，而欲尽其心量者，尤非自由不可。"民众的自由，若想得到充分发挥，社会制度和礼俗除了发挥包容、引导的功能外，还应提供一定的渠道和方法，以便公众充分发挥自身的才能、禀赋，充分自由地判断、衡量。"其群之善良得否尽量以著于政治，则又视乎其制度礼俗于涵育牖导而外，是否许人以径由秉彝之诚，圆通无碍，而为象决于事理得失利害之权衡也。"①

在同一篇文中，李大钊还第三次引用密尔的话论证自由的可贵，这是严译《群己权界论》第20—21页的原话。

  昔者穆勒氏之论自由曰："凡在思想自由之域，以众同而禁一异者，无所往而合于公理。其权力之所出，无论其为国会，其为政府，用之如是，皆为悖逆。不独专制政府其行此为非，即民主共和行此亦无有是。依于公信而禁独伸之议者，其为恶浮与违众议而禁公是之言。就使过去来三世之人所言皆同，而一人独持其异，前之诸同不得夺其一异而使同，犹后之一异不得强其诸同以从异也。盖义理言论，不同器物，器物有主人所独宝，而于余人不珍，故夺其所有，谓之私损。而所损者之家寡，犹有别也。义理言论，乃大不然。有或标其一说，而操柄者禁不使宣，将其害周遍于人类。近之其所被者在同世，远之其所被者在后人。与之同者，固所害也。与之异者，被害犹深。其所言为是，则禁止者使天下后世无由得非以明世。盖事理之际，是惟得非，而后其为是愈显，其义乃愈不刊，此其为用正相等耳。是二义者，必分立审辨而后明。言论之出也，当议禁绝之时，从无能决其必非者，就令能决其必非矣，而禁绝之者，仍无功而有过。"此透宗之旨意。余

---

① 《李大钊全集》第1卷，第150页。

之谫陋，初事论事，何以加兹？故微引其言，以证社会言论，对于异说加以距辟……其害滋甚。①

1917年2月22日，李大钊在《议会之言论》中除继续引用密尔上述言论外，还引用了密尔《代议政治》中的相关言论，以批判当时制宪会议讨论省制和孔子入宪等问题时，议员互相谩骂几至动武的非理性情形：

> 方议此时，余尝往议会旁听，辄闻有极鄙野之语（如胡说八道等是），出诸圣神代议士之口，已觉极为骇怪。日前因院制问题，又几重演用武之宿剧。以穆勒氏之说证之，此种现象，实背乎自由之原理，戾乎立宪之精神。②

1917年4月1日，在《新青年》第3卷第2号《青年与老人》一文中，李大钊又引用了密尔的话，以论证兼顾进步与秩序两方面的必要性：

> 吾尝论之，群演之道，乃在一方固其秩序，一方促其进步。无秩序则进步难期，无进步则秩序莫保。阐论斯旨最精者莫如弥尔，其言曰："凡于政治或社会之所企，无独关于秩序者，亦无独关于进步者，欲兴其一，二者当必共起也。……进步之所需，与秩序之所需，其质相同，惟用于进步者视用于秩序者为量较多耳。安巩也，秩序也，盖同质而异量者也。……一群之中，老人与青年之调和，有其自然之域界。老人以名望地位之既获，举动每小心翼翼，敬慎将事；青年以欲获此名望与地位，则易涉于过激。政府有司调和于老人青年之间，苟得其宜，不妄以人为之力于天然适当之调和有所损益，则缓激适中，刚柔得体，政治上调和之志的达矣。"③

同样的话，在1918年7月1日《言治》第3册《调和之法则》中再次出现，说明密尔对李大钊思想的持续影响。密尔对女权和社会主义的呼吁也对李大钊有所启发。1867年，密尔参加竞选，要求明确妇女选举权。

---

① 《李大钊全集》第1卷，第160页。
② 《李大钊全集》第1卷，第298页。
③ 《李大钊全集》第2卷，第32页。

1869年，密尔提出劳工合伙制可以通向社会主义，"随着人类的继续进步而最后占优势的联合方式却是……由劳工们以平等为根据，集体占有工作所需的资本，在他们自己推选出来和自己可以加以更换的管理员之下工作的联合组织"。① 1870年，密尔创立了土地所有权改革协会，吸收自由党人和劳工领袖参与，主张"土地的不劳而获的增益和产品，完全归它的真正创造者所有"，"国家有权管理土地，正如其有权管理铁路一样"。② 1923—1924学年第一学期，李大钊在北京大学开设的《社会主义与社会运动》对英国思想家亚当·斯密、边沁、约翰·密尔以及社会主义者威廉·葛德文、欧文、莫里斯等做了广泛介绍，认为约翰·密尔"虽属于正统学派之一人，但亦为打破个人主义之信用最有力者三人中之一。三人即 J. S. Mill、Carlyle、Ruskin。……Carlyle 于二十四岁，即努力于劳动问题，以改良劳动界之生活及其经济上之境况。……C 氏与 Mill 于一八三一年至伦敦时相识，遂成密友"。③

　　劳工运动的成绩让李大钊对英国的法制改革寄予厚望。1825年的一项法律规定，应争议各造的请求，治安法官可以拟定包括劳资双方的混合陪审员名单，以便两造选择仲裁员。从1851年起，仲裁条款已经成为陶工和雇主年度服务协议的必备内容。1860年，诺丁汉设立了由21人组成、双方各设秘书一人的丝织手套业仲裁调解委员会，该仲裁机制有效运行了20年。1906年1月，英国工党的前身"劳工代表委员会"在大选中获得29个议席，李大钊说该党"采议会政策，取立法手段，达若辈之目的。彼等所认为目标的社会主义可说是集产主义，与费边社主张大体相同"，"以为劳动者多得议席，即可解决一切问题"，"劳动组合，化为社会主义者，此党尽力独多，于是劳动党出独立代表之机会渐熟"。④ 1919年2月，李大钊在《战后之世界潮流——有血的社会革命与无血的社会革命》一文中说："像英国那样素以'无血革命'自夸的国民，又想拿出他们宪政的天才来顺应这种转变，求得一个无血的社会革命，就是他们说的那由上起的革命。……英国近来设了一个'改造部'……专去调查怎么可以成就这无血的革命。这改造部大臣任命的委员长调查的结果，曾印成小册子公之当世……

---

① 〔德〕马克斯·比尔：《英国社会主义史》，何新舜译，商务印书馆，1959，第169页。
② 〔德〕马克斯·比尔：《英国社会主义史》，第212页。
③ 《李大钊全集》第4卷，第231页。
④ 《李大钊全集》第4卷，第247页。

对于改善劳工生活的方法特为注意，仿佛是温情主义的工党首领撰的一样。听说雷德乔治等要把这个方法加入政纲……这就叫'沉默的革命'，'调和的革命'。英国国民若能在风平浪静的中间，完成了这一大使命，世界上有政治天才的国民，真算英人为第一了。"① 在1919年2月的《劳动教育问题》一文中，李大钊说英国对战后工人的教育已有了具体计划，"劳工聚集的地方，必须有适当的图书馆、书报社，专供人休息时间的阅览。英国这次社会改革的方案中，也有改革村落生活的一条，打算各村均设一所大会堂，多设书报社，这真是应时的设施了"。② 在1919年2月15日的《战后之妇人问题》一文中，李大钊说："开战后英国所设的儿童保护所约有二百处，收容的儿童约六万人，这种机关，战后必愈见发达……这也是社会进化的一个新现象。"③

马克思和恩格斯也都认为英国可以通过法制改革实现社会革命。1847年11月，马克思在伦敦参加1830年波兰起义纪念会时发表讲演说："只有比利时的民主主义者和英国的宪章派才是真正的民主主义者，他们一旦使'宪章'的六大要点变成法案，便会为世界打开一条通往自由的大路。英国的工人们，如果你们能实现这个伟大的目标，人民会欢呼你们是全人类的救星的。"1886年，恩格斯又说："英国是唯一可以完全通过和平的和合法的手段来实现不可避免的社会革命的国家。"④ 这自然强化了李大钊的法律改革思想："现代劳工阶级的联合运动，屡见成功，居然能够屈服经济行程的趋势。这种劳工结合，首推英国的工联（Trade Union）为最有效果，他们所争在于劳银。当时经济现象的趋势是导工人于益困益卑的趋势。而工联的活动竟能反害为利……战事既息，他们又重张旗鼓。……将来的效果必可更大。这自觉的团体活动，还没有取得法律的性质，已经证明他可以改变经济现象的趋势，假如把这种活动的效力，用普通法律，或用那可以塞住经济现象全进路的财产法，保障起来，巩固起来，延长他那效力的期间，他那改变经济现象趋势的效力，不且更大么？……这样看来，经济现象和法律现象，都是社会的原动力，他们可以互相影响，都与我们所求的

---

① 《李大钊全集》第2卷，第290页。
② 《李大钊全集》第2卷，第292页。
③ 《李大钊全集》第2卷，第297页。
④ 《马克思恩格斯全集》第23卷，人民出版社，1972，第37页，转引自克拉潘《现代英国经济史》中卷，姚曾廙译，商务印书馆，1986，第607页。

那正当决定的情状有密切的关系。"① "我们可以拿团体行动、法律、财产法三个连续的法则,补足阶级竞争的法则,不能拿他们推翻马氏唯物史观的全体。"②

李大钊对欧文推动的法制改革也十分欣赏,说:"他一生的企图,虽经过很多的失败,但是也有很大的成功。他是幼稚院制度创立者,他是创立工场法的第一人,也是扶助协力团体的第一人,有许多现代社会党运动学理和情状,他都曾有先见之明。"他的儿子"颇能继乃父之后,在此土大张乃父的学说,他曾一时在美国政治上占优越的地位,两次被选为国会议员,于自由学校底制度和妇权运动,都有真大的尽力"。③

章士钊等人对李大钊的法律思想也有影响。民国初年,李大钊在北洋法政学堂求学时,就是章士钊主编的政论刊物《独立周报》天津地区发行人。1913年3月,他在《弹劾用语之解纷》中说:"弹劾一语宜专用于法律问题,则吾与秋桐君有同情焉。"④ 1914年8月,他就《物价与货币购买力》一文写信给章士钊说:"仆向者喜读《独立周报》,因于足下及率群先生,敬慕之情,兼乎师友。去岁南中再乱……不得诸先生教导之者亦复数月;中情郁抑,莫可申诉。"⑤ 1918年,李大钊捐赠给北京大学图书馆全套的两年《独立周报》32本,其中许多文章画有着重号、水波纹线,并有中英文眉批。当时他视章士钊为先生,视章主编的《甲寅》为"质疑匡谬之所"⑥。1916年,他说自己为了写作《省制与宪法》,查阅了全套的《独立周报》《中华》《民国》等刊物,"入民国以来,联邦论与统一论时呈对峙之观。……尽取《独立周报》、《中华》、《民国》、《甲寅》、《新中华》诸杂志而检读之,此种趋势了若指掌"。⑦ 1920年8月,他与胡适发表《争自由的宣言》,呼吁引入人身保护法,说章士钊将人身保护令译为"出庭状"。⑧ 1922年4月的《我们的政治主张》则是胡适起草的,《胡适日记》说"半夜脱稿时,打电话与守常商议,定明日在蔡先生家会议,邀几个'好人'加入",这说明胡

---

① 《李大钊全集》第3卷,第33页。
② 《李大钊全集》第3卷,第34页。
③ 《李大钊全集》第3卷,第251页。
④ 《李大钊全集》第1卷,第4—5页。
⑤ 《李大钊全集》第1卷,第93页。
⑥ 《李大钊全集》第1卷,第93页。
⑦ 《李大钊全集》第1卷,第220页。
⑧ 《李大钊全集》第5卷,第355页。

适乃首倡者。①

三 英美法律思想与李大钊的法律活动

通过调和式制宪和法制改革推动社会进步的英美式法律思想不仅是李大钊民主和宪政思想的最早来源，也是其政治和法律活动的指导思想之一。早在天津求学期间，他就是国会请愿运动和直隶议会改革的积极分子，并以《言治》期刊为基地，发表了大量论文，参与制宪讨论。1916年国会重新召集、准备制宪期间，他又起草了省制宪法条款，参与了内务部地方自治立法活动。他起草的"宪法省制"一章共11条，包括省自治原则、省区划、省自治事项、省之间的权限争议及其解决，省议会、参事会、警备队的设立及其权限等。1916年12月，他又在《宪法与思想自由》中拟定了新宪法的教学自由条款，即"各种之科学技艺，各家之性理思想，均得于国立、私立学塾教授之"。② 高一涵说："北洋政府内政部长孙洪伊在那时可算是一位急进的民主派，他认识守常。一九一七年，孙找人起草地方自治法规，把守常和我找去，我们负责起草工作，经过三个月，草成。我们主张分权，旧派则站在集权方面，这个草案终于被北洋政府否决。"③

此时，他在主持《晨钟报》，参加《甲寅》编辑，刊发大量时论的同时，还参与创办了《宪法公言》，撰写了不少重要的宪政论文，力图删去宪法草案中的孔教条款，以保障思想自由。1916年10月10日，他在《宪法公言》创刊号《国庆纪念》中说："吾侪不敏，乃亦不敢不勉尽绵薄，以《宪法公言》之创刊贡之当世，而以今日之国庆纪念，为吾宪法史上创一新纪元也。"10月20日的《制定宪法之注意》说："天佑中国，枭强自陨，议坛诸公，得以卷土重来，制定宪法，此实国民之幸运，亦吾国之转机也。凡夫与兹邦有休戚之关系者，义当布其一得之诚，以贡议坛之参考，俾兹群伦托命之宪典，获备调剂平衡之能，并收审慎周详之效。"④

建党以后，李大钊先后指导发起了女权运动同盟会、中国人权保障大

---

① 北京大学图书馆、北京李大钊研究会编《李大钊史事综录》，北京大学出版社，1998，第620页。
② 《李大钊全集》第1卷，第233页。
③ 张静如等编《李大钊生平史料编年》，上海人民出版社，1984，第31页。
④ 《李大钊全集》第1卷，第206页。

同盟、宪法学会等一系列社团和社会活动，以推动法律改革，保护女权和劳工权利，制定民主化的宪法。1922年5月1日，他在《晨报》副刊"五一纪念号"上发表了《五一纪念日于现在中国劳动界的意义》，呼吁改善工人生活，实行八小时工作制；取消督军制及巡阅使制，实行裁兵；开国民大会，容纳各阶级代表，制定国宪。① 1922年5月12日，他与胡适、蔡元培等联合发表《我们的政治主张》，要求组织宪政的政府，实行有计划的政治；增进国民福利，容纳个人自由；主张南北协商召集有代表性的国会，尽快编定宪法，裁减官吏和兵员；废止复选制，实行直接选举制，财务公开。1922年8月13日，李大钊参加女权运动同盟会茶话会并发表讲演，要求废除治安警察条例，在选举法中列入女子，在劳工保护法内加入保护女工的规定。8月24日，民权运动大同盟在北京湖南会馆举行成立大会，出席会议者四百余人，李大钊等当选执行委员。同盟成立后，首先与中国劳动组合书记部联合发起劳动立法和取消治安警察条例的运动。当时当局密探呈报："今日民权大同盟中人，尚不满意酌量修改治安警察条例，拟日内召集大会进行，以达全部废止，并由李大钊起草全文，再请愿于参众两院，今正联络研究系及民党议员代为主持。"② 1922年秋，李大钊宣布开设"社会立法"课程，说明他搜集了相关资料，并有所研究。③

1922年12月17日在中国大学的讲演中，李大钊认为，中国妇女和劳工团体应该"第一步先运动参政权，参政权得到后，即可在议会上列席，得以建议和监视。一方面组织强有力的政团，解决一切社会上不平等的问题"。"我想现在要改革社会的问题"，第一是"先争得宪法上的平等权，如女子参政、劳工立法等，然后拿争到的政权去解决各种的问题"。④ 李大钊领导中共北方党组织进行的一系列活动，都反映了这一指导思想。

四　余论

李大钊酷爱自由，曾为政治自由的真谛与人反复辩难，却很少谈论专

---

① 《李大钊全集》第4卷，第73页。
② 《近代史资料》1957年第5期，转引自朱文通《李大钊年谱长编》，中国社会科学出版社，2009，第379页。
③ 估计已经开设，但中途因故耽搁，见《北京大学日刊》1922年10月31日，李权兴等主编《李大钊研究辞典》，红旗出版社，第872页。
④ 《李大钊全集》第4卷，河北教育出版社，1999，第139页。

政，也从未厘清这一重要概念，认为"中国革命运动离无产阶级专政还远得很"。① 他最早谈到专政的必要，是在1921年12月的《由平民政治到工人政治》一文中："俄国……为什么须以此种阶级专政为一过渡期呢？因为俄国许多资产阶级，尚是死灰复燃似的，为保护这新理想、新制度起见，不能不对反动派加以提防。"② 1923年9月的《社会主义与社会运动》说："社会主义者要求政府有一种权力，使之伸张，以保障每人享受极大量的平等、自由。""过渡时代的社会主义，确是束缚个人主义的自由，因少数资本主义者之自由当然受束缚，不过对于大多数人的自由确是增加。故社会主义是保护自由、增加自由者，使农工等人均多得自由。"③ 随着阶级制度被消灭，平民政治的统治色彩会逐渐减弱，"随着无产者专政状态的经过，随着阶级制度的消灭，Ergatocracy 的内容将发生一大变化。他的统治的意义，将渐就消泯，以事务的管理代替了人身的统治……这才是真正的工人政治"。④

（作者单位：天津公安警官职业学院法律系）

---

① 张国焘：《我的回忆》，转引自北京大学图书馆、北京李大钊研究会编《李大钊史事综录》，第532页。
② 《李大钊全集》第4卷，第4页。
③ 《李大钊全集》第4卷，第196页。
④ 《李大钊全集》第4卷，第87页。

从"朝阳"到延安：法学家陈瑾昆的人生转折

韩 伟

摘 要 陈瑾昆是民国时期知名的法学家，在民法、刑法、诉讼法等领域均颇有研究，并长期担任朝阳大学等校法学教职。抗战结束后，因不满国民党之专制政策，携家前往延安，加入了中国共产党，参与了诸多重要的立法、司法工作，实现了晚年人生的转折。陈瑾昆等"旧法学家"的人生际遇，也预示新中国法治的雏形。

关键词 朝阳大学 陈瑾昆 陕甘宁边区 华北人民法院

在战事正酣的1947年，毛泽东在一年时间里连发三信给一位"务虚"的人，他在1月的信中写道："从新的观点出发研究法律，甚为必要。新民主主义的法律，一方面，与社会主义的法律相区别，另一方面，又与欧美日本一切资本主义的法律相区别，请本此旨加以研究。"在7月的信中说："立法工作是一新部门，得兄主持，日起有功，是大好事。"在11月的信中又写道："惟我们宁可从长打算，估计到一切可能的困难，以自力更生精神，准备付以较长时间，似属有益。兄及诸同志对于宪草惨淡经营，不胜佩慰。"[①] 其中肯定、赞许之意，溢于言表。这位战争中的务虚者究竟是何许人，能得到忙于指挥战事的毛泽东数次关切？他不是别人，就是时在中央法律研究委员会任职的法学家陈瑾昆。这位曾经在朝阳大学教授法学的民国著名法学家，为何在花甲之年辗转去往延安，经历了怎样的心路历程，又怎样踏上了为新中国立法的征程。要解释这一系列问题，就不能不走近这位法学家，回顾其堪称传奇的人生。

---

① 中共中央文献研究室编《毛泽东年谱》（下），中央文献出版社，2013，第205、252页。

从"朝阳"到延安：法学家陈瑾昆的人生转折

一 从推事到朝阳大学的法学教授

陈瑾昆，湖南常德人，1887年出生于一个富裕的农家，6岁起在私塾读书。1903年考入县高等小学堂，学业甚优。1908年，他不顾父母的反对，前往省城长沙，向都督府申请官费留学，不久即远赴日本留学，先在东京一所中学学习，后毕业于日本帝国大学法律科。陈瑾昆于1917年回国，此时已经是民国，因其法学专长，随即任奉天高等审判厅推事，不久担任高等审判厅厅长。一年后，再度被公派前往日本考察司法。1918年，北京修订法律馆成立，陈瑾昆被聘任为纂修，兼任北京大学、朝阳大学教授，并在北京法政专门学校任课。1919年，他出任北京大理院推事，兼任司法讲习所讲师，后又担任北京政府司法部参事。几年后，他再出任大理院庭长、司法考试委员以及司法储材馆教员。1928年起，陈瑾昆放弃了官职，专任北平大学、北京大学法学教授，兼职从事律师业务。

陈瑾昆自日本学成归国后，虽然在行政、司法诸部门都有任职，但其投入最多也最为看重者，仍为大学教职，他为民国法学界所知，也因为其在朝阳大学等法学名校任职，并撰写有多部法学专著（见附表1）。就其著述看，陈瑾昆在法学领域涉猎颇广，从民法、刑法到诉讼法，他都有所阐发。从陈瑾昆的日本留学经历，可知其法学知识渊源应该是日本与德国法学，这从其著作对德国法律概念与日本法学名家学说的大量援用中亦可窥见一二。

在民法领域，陈瑾昆对民法总则、民法债权均有所研究。在《民法通义总则》中，陈瑾昆详细地考述了民法的语源、意义及其基本概念，指出民法源于古罗马之市民法，"当时所谓市民法者，不仅为私法，并含有公法，亦不仅为实体法，并含有程序法。其语义乃系与万民法对待相称"。民法的意义，则是"规定实体上权利义务之私法"。①该书系基于德日民法典之研究，故在"凡例"中即说明："本书系就民法为系统研究编章，虽按学理，次序仍依法典，惟条文略有颠倒。"对民法之债权，陈瑾昆亦有专著研究，"债权为请求权，且为相对权"，"债权系对于他人之行为之权利，且其义务人只为特定人"。②这些研究，都反映出他对大陆法系民法理论的娴熟。

对刑事法领域，陈瑾昆也有所涉猎。1934年出版的《刑法总则讲义》，

---

① 陈瑾昆：《民法通义总则》，朝阳大学出版部，1930，第1—2页。
② 陈瑾昆：《民法通义债编总论》，北平朝阳学院，1933，第11页。

系陈瑾昆在其大理院刑庭任职经历及在北京大学刑法学课程的讲稿基础上皮集而成，该书的主要立法背景是1928年《中华民国刑法》，其自序言："现时坊间刑法书籍虽已不少类，皆浮泛无当。余前在北京大理院任刑庭庭长时，即深慨一般法官与律师对于刑法理论多未能正当运用，颇有意出一可供参考之书。"该书指出刑法与社会之关系，谓人类社会必然存在各种各样的规范，"最初规范自为义务，违反之时，必有责任及制裁以随之，刑法规定责任与制裁之法律，故刑法又足成为法律中之法律，于社会规范中，乃为最发达而最重要者"。① 作为一名法学教育者与研究者，陈瑾昆对刑事法的研究不只停留在译介西方法阶段，还进行了初步的比较和反思，提出了自己的看法。陈瑾昆所处时代，正是西方古典学派与近代学派相互争论、难辨高下的时期，陈瑾昆没有囿于一端，而是对新旧两派进行了客观的分析，指出他们各自的偏重，特别是在刑法中，强调要同时注意一般科学方法应有之分析研究与实证讨论，以期创建"最为精当最为实用之法理"。陈瑾昆在引进西方先进刑法制度时，又十分注意关照中国国情，他虽然留学日本，但并不主张在学习西方法律时一味追随最新之法律潮流，而是坚持要以适应社会为基础，保留本民族的良好传统。② 正是这些认识使陈瑾昆的刑事法研究始终能兼顾世界最新法律理论与中国社会实际，更好地推进了中国刑法的近代化。

基于其大理院等司法任职的经历，陈瑾昆对诉讼法之理论与实务也颇有兴趣。对于刑事诉讼法之意义，他认为可从三方面理解：一是指刑事之诉，"谓诉权之活动，即本于诉权以求国家刑罚权之实行"；二是指刑事诉讼关系，即"诉讼主体在刑事诉讼法上之权利义务关系"；三是指刑事诉讼程序，"谓以实行刑罚权为目的之诉讼行为总体"。③ 在对刑事诉讼诸种主义的介绍中，也可以看到他追求现代法治的努力，在法治精神下，需要确保审判公平，巩固被告人的合法地位，故告劾主义优于纠问主义，"放在欧洲中世纪刑法严酷时代，固曾采用纠问主义。而自法国革命以后，则已渐次废止。近代文明国家，除少数例外，固均采用告劾主义矣"。陈瑾昆与李良合著有《刑事诉讼实务》，其中详细介绍传票、拘票、审判笔录、检验书、

---

① 陈瑾昆：《刑法总则讲义》，北平好望书店，1934，第2页。
② 姜晓敏、刘洋：《陈瑾昆的刑事法律思想》，《董必武法学思想研究文集》第9辑，2009。
③ 陈瑾昆：《刑事诉讼法通义》，北平朝阳学院，1930，第2页。该书2007年由法律出版社重印出版，点校人为郭烁。

审判书、抗告书等刑事诉讼法律文书的格式、写法,并附有必要说明。该书一方面作为大学法律系的必备教材,另一方面实际上也为检察官、法官以及司法警察等提供了规范的法律文书参照。

从陈瑾昆的早期学术经历看,他主要接受的是以德国、日本为代表的大陆法系学术传统,对德、日法学理论有着相当深入的了解。因为他的勤奋好学,其学术涉及法学的领域非常广博,在民法、刑法、诉讼法等诸方面都有探索与研究。作为留学归国的法学家,陈瑾昆又不拘泥于"西学",对中国社会及其固有法律文化有着某种自觉,主动学习西方先进法律制度,更注意结合中国社会、文化等,体现出法制建设思想的理性与务实。

二 辗转赴延安参加中国共产党

抗战前,陈瑾昆就以一系列法学著作奠定了其学术地位,并且在国民政府多个重要的司法部门任职,可谓功成名就。战后短短的两年时间,他何以决定离开生活多年的北平,去往陌生的延安,其中还有个曲折的过程。事实上,无论是担任法学教授,还是做律师,收入都很高,并且受人尊敬,他曾记述离开北平时的个人境况:

> 余个人境况,至近亲友均能知之:在日本投降时,原已决意在平市朝阳门外(住家车距较近)购地筑圃,栽花种菜,娱乐晚年。即在目前生活奇昂之时,以我小康,亦尚可自给(恰在国民党统治区,年来出卖房地取票价金余额一千万元),律师本与教授均为自由职业,且为高尚职业。

但是在国民党统治区,律师并不高尚,"故余早在国民党宣布'停止沦陷区律师执行职务期间'以前,即宣言不作律师。教授则因国民党化太甚,亦欲在其统治区内力图摆脱。且早将各大学主任与名誉教授均辞去"。[①] 对国民党政府法治的不良观感,一直延续到陈瑾昆到延安后在与谢觉哉的谈话中,他说:"司法界要消毒,贪污舞弊的太多了。"[②] 这些言语,已经反映出他对国民政府的一些不满。

---

① 陈瑾昆:《余为何参加中共工作》,东北书店,1946,第2页。
② 谢觉哉:《谢觉哉日记》,人民出版社,1984,第1093页。

更深层次的原因是陈瑾昆对抗战后国民党施行的政策并不满意。在他看来，国民党已经"决心维持专政与独裁，反对和平与民主"，这违背了国民党"三民主义"的固有主张，更与其作为法学家的理想信念发生抵牾。"依孙中山先生所定建国纲领，训政原只限于'最短时期'，应立即进行自治，进入宪政。国民党训政十九年，仍欲维持专政与独裁。所谓训政约法，依'法律时效'，本已不能有效。"① 显然，战后以国民党为首的政府继续奉行"训政"的原则，迟迟不愿兑现宪政的承诺，这让信奉民主法治的陈瑾昆更加失望。

而对中共之政策、法治，陈瑾昆颇多赞赏之词：中共标明"新民主主义"与"新资本主义"，并要求各党派无党派一切知识阶级团结合作，标明"三三制"，即政治上实行宪政，经济上仍奖励资本。只对于旧宪政、旧资本国家之流弊，则加以防止。且严行普选，用人唯才。为征集党外贤达参加，只许本党在"各阶层"估三分之一，其余三分之二则用党外人士。② 在解放区，确定自治，施行民主，并公布代替"训政约法"之"政协决议"。在与延安《解放日报》记者谈话时，陈瑾昆谈及对解放区司法的观感："尤其司法工作，较之蒋管区大不相同。因为人们生活改善财产争执同犯罪者比较少，所以民事诉讼也比较少。而最优的一点是注意调解，一般的争执，由乡村干部解决了结，不致成为司法问题。司法工作注重教育，同时不耽误老百姓生产，这点尤为可取。"③ 无论是在国家体制的"宪制"层面，还是在关乎社会日常的司法层面，中共的种种宣示与举措，都赢得了陈瑾昆的赞誉。

当然，仅仅思想观念上的认同，并不足以促使一位年逾六十的老人做出如此重大抉择，真正让其人生转变的，是抗战胜利后不久发生的北平"中山公园事件"。经此事件，陈瑾昆真正对国民政府失去信心，这也成为他奔赴延安参加中共的直接动因。1946年4月21日，由文化教育团体组成的北平市国大代表选举协进会，以及北京进步学生在中山堂组织了反内战、要和平的集会，邀请几位有声望的教授演说，不料遭到当局干扰破坏。作为受邀讲演者的陈瑾昆教授，上台力陈内战的危害性，博得听众的热烈掌声，在场的国民党特务为了阻止讲演，就采取吹口哨、抛瓦砾、扔砖头等

---

① 陈瑾昆：《余为何参加中共工作》，第7页。
② 陈瑾昆：《余为何参加中共工作》，第8页。
③ 陈瑾昆：《余为何参加中共工作》，第21页。

破坏行动，一块砖石击中了陈瑾昆的前额，他的眼镜被打碎了，鲜血顺着脸颊留下来。听闻陈瑾昆教授受伤，北平爱好和平的市民和学生更加激愤。对于陈瑾昆而言，这一幕也成为挥之不去的"阴霾"，正如他所言，"我是一个无党无派的人，并且是自守个人岗位的，对于中共，我以前并不了解，从那时起，就想到要研究中共是否能救中国"。① 这一转变的重要时刻，正是"中山公园事件"。此间，陈瑾昆在致石志泉等三友人的公开信中陈述心迹：抗战得侥幸胜利，原本"应从头猛醒，在日本投降后，极力向'复员'与'复兴'两个方向作去。乃继续其'独裁专政'之迷梦！自来政治家最低条件，必须心地光明，胸怀阔大，度量宽宏，而蒋公适得其反，心地奸险，性情刚愎，度量狭小，以致忠言不能入耳，正士不能近身"。② 作为公开信的这些记述，虽不无某种宣示的意味，但亦深刻地反映出陈瑾昆对以蒋介石为首的国民政府的失望之意。

除了在北平的种种遭遇，陈瑾昆人生转变的完成，还有共产党人的积极努力。抗战后的北平虽然仍处在国民政府的管辖之下，但中共地下党的活动却十分频繁，晋察冀边区、中共驻北平军调处的共产党人一直在关注陈瑾昆。"中山公园事件"后，中共地下党很快了解到陈瑾昆的处境和想法，便向中共驻北平军调处的叶剑英做了汇报。叶剑英亲自上门，与陈瑾昆长谈时局，向他介绍八路军、新四军的抗日战绩，介绍延安励精图治的崭新气象，介绍共产党人的政治主张和救国方案。在那段日子里，陈瑾昆专门买了一台德国收音机，一到半夜便收听延安电台的广播。共产党人的真诚、坦率以及政治主张的科学性，深深打动了陈瑾昆。③ 这一经历使陈瑾昆对共产党有了初步的认识。

在共产党人的安排下，陈瑾昆有机会赴延安参观考察。1946年6月10日，陈瑾昆与符定一等人第一次乘飞机至延安，"看到延安这里的乡村，觉得工作人员、工作效率、人民生活、军队、文化、党务、经济等方面同蒋管区比较是有天壤之别"。或许因为同是湖南人，陈瑾昆自始便得到毛泽东的关照，时任边区参议会副议长的谢觉哉专程前往接待陈瑾昆的延安交际处探望，"晚毛主席为符、陈洗尘"。④ 6月19日，陈瑾昆、符定

---

① 陈瑾昆：《余为何参加中共工作》，第19页。
② 陈瑾昆：《余为何参加中共工作》，第24页。
③ 彭正湘、余昭绪：《陈瑾昆：单骑赴延安》，《湖南党史月刊》1991年第10期。
④ 谢觉哉：《谢觉哉日记》，第931页。

一等赴王家坪会见中共领导人，在场的谢觉哉记载了陈瑾昆的谈话：要使国内国际更多的人了解中共，使第三次革命成功，不要再来一个"革命尚未成功"。19世纪50年代以前，中国流行的是无党论、个人本位；50年代以后，是有党论、社会本位。但党有政党非政党之分，非政党为一党专政，如苏联、法西斯、纳粹，以及现在的国民党。① 这时的陈瑾昆，仍然是站在旁观者的角度给中共提出建议的，但其对中共的好感已经得到表达。

种种因素，促使陈瑾昆决定离开北平，奔赴延安参加中共工作。1946年8月，利用北平地下党送来的一张通行证，陈瑾昆踏上了前往解放区的行程，其间充满了曲折危险。刚到车站，陈瑾昆便碰到一个特务，特务警觉地问："陈先生，你到哪里去？"陈瑾昆急中生智，答道："我要到天津去一趟。"护送的同志见状，决定马上改变计划，先送陈瑾昆去天津。北平的特务发觉陈瑾昆脱离他们的监视后，急忙派人四处搜捕。这时，地下党从天津派出车子，使陈瑾昆终于脱离魔窟。车子很快到达解放区。在张家口，陈瑾昆受到了贺龙司令员的热烈欢迎。② 最初赴延安，陈瑾昆似乎提议帮助中共开办"法律大学"，但此议因战事紧张未能实现，1946年9月20日，毛泽东在给晋察冀中央局的致电中特意提及此事，并要求晋察冀中央局向他解释，"因战争紧张，在他访延安时毛主席答应同他合办法律大学暂时不能开办"。22日，毛泽东再致电陈瑾昆："今日阅悉尊著《余为何参加中共工作》，义正词严，足以壮斗士之志，夺奸邪之魂，拟付《解放日报》发表，并广播全国。蒋军正大举进攻张垣，拟请先生来延安共策工作之进行。"③ 这一回信，更增强了陈瑾昆奔赴延安的信心。

也正是在毛泽东等共产党人的诚挚邀请下，陈瑾昆终于在9月19日离开张家口，经过晋陕之蔚县、灵丘、神池、绥德等地，最终抵达延安，时间应在1946年10月前后。听闻陈瑾昆抵达延安，毛泽东十分高兴，特邀他及夫人到家里做客，席间还风趣地说："一砖头把你打到延安来了，还有国民党特务为你送行，真得感谢他们啊！"陈瑾昆回答道："是您和共产党救了我们全家，我这条命已经不属于我自己了。"12月，经边区政府主席林伯

---

① 谢觉哉：《谢觉哉日记》，第933页。
② 彭正湘、余昭绪：《陈瑾昆：单骑赴延安》，《湖南党史月刊》1991年第10期。
③ 中共中央文献研究室编《毛泽东年谱》（下），第136页。

渠介绍，中共中央直接批准接受陈瑾昆为中国共产党党员。① 自此，陈瑾昆实现了花甲之年的人生转折，开启了他"红色法学家"的全新生活。

三 来到延安后的主要法律工作

到达延安后，作为法学家的陈瑾昆很快就投入边区的法治建设中。他先后参与起草了《陕甘宁边区宪法草案》、"后甘泉时期宪法草案"、《民法》、《民事诉讼法》等法律文件，还为中共领导人尤其是从事法律工作的领导人讲授法律课程。后他又担任华北人民法院院长、最高人民法院副院长等职务。

1946年，西北局领导下的陕甘宁边区正在着手起草《陕甘宁边区宪法草案》。这一草案的背景是，抗战胜利后，鉴于各方意见纷争，国民党、共产党以及各民主党派在重庆召开了政治协商会议，会议就宪法与民主问题达成初步意见，确立了"省得制宪"的原则："中央与地方权限应采取均权主义原则；省为自治单位，省长民选，省得自制宪法。"② 陈瑾昆到延安前，《陕甘宁边区宪法草案》已经拟定，10月6日，谢觉哉邀请张曙时、李木庵、王子宜等重审宪草。10月11日，宪草经过六次修改，最终被送往西北局。之后，谢觉哉等对宪草又进行了讨论，直到11月11日，谢觉哉在日记中才提及陈瑾昆，"陈对边宪提了不少意见"。③ 这说明陈瑾昆对宪草的参与较晚，起到的作用也有限。

陈瑾昆参与了中共在陕甘宁边区之外的多项立法工作。1947年，中央法律委员会准备起草全国性宪法草案，陈瑾昆作为主要成员参与，他与毛泽东有关立法的几次通信，也正是发生在这一时期。然而，因其固有的法学思想体系，他的意见也常常不能得到赞同，"今日讨论第三章，发言者都

---

① 彭正湘、余昭绪：《陈瑾昆：单骑赴延安》，《湖南党史月刊》1991年第10期。陈瑾昆的入党时间，有人认为是10月，见范烨《"红色法学家"——陈瑾昆为新中国法制建设的贡献》，《兰台世界》2014年第19期。从陈瑾昆9月下旬离开张家口奔赴延安的行程看，10月即入党似乎有些仓促，更多的论著似乎还认为是12月，介绍人为毛泽东与刘少奇，参见《二十世纪湖南人物》，收入湖南图书馆"人物库"，http://www.library.hn.cn/hxrw/xdrw/sbjld/cjk.htm，最后访问日期：2016年2月9日。
② 杨永华：《陕甘宁边区法制史稿·宪法、政权组织法篇》，陕西人民出版社，1992，第139页。
③ 谢觉哉：《谢觉哉日记》，第1026页。

对陈瑾老提案不同意"。① 这种情况到了 1948 年日益明显,12 月 14 日,中央法律委员会甚至专门召开会议,在内部对其"旧法思想"进行了批判,"总结争论问题。主要对陈老的旧法观的争辩。现陈老已口头放弃其主张,拟写个东西说明新的法律观及应起草些什么法律"。② 谢觉哉的这则日记很不寻常,因为谢老为人宽厚,在日记中偶有记录个人性问题,也是就事论事,没有点名。这次不但指明争论的问题,还直接点名,这表明这一问题不单是个人的性格品质,还是不同的思想见解、观点与认识。这次会议仅有的两个议题之一就是对法律争论进行总结,即表明法律争论不是偶然的,而是在会议之前就已经存在,解决这一问题非常重要。③ 由此事也可知,虽然陈瑾昆的法学素养受到赞誉,但因其固有的思想认识,或谓"立场偏向",其在之后多部法律草案的制定中影响有限。

随中央法律委员会到华北后,陈瑾昆又奉命起草《民法典》。1948 年 5 月,负责领导华北工作的刘少奇找到谢觉哉、陈瑾昆谈话,向他们布置立法任务:"华北大部分已没有敌人,可以着手建立正规法治。……刑法和民法先就旧的改一下施行,边做边改,有总比无好。现急需稳定秩序,财产有保障,使人民乐于建设。"④ 随后,主要是陈瑾昆负责民法典的起草,他甚至还附带草拟了民事诉讼法,谢觉哉在同年 7 月 21 日记载:"瑾昆《民诉法》又脱稿,《民法》前已脱稿。"⑤ 这部解放战争时期珍贵的民法典草稿,现在已经难觅其踪,但由陈瑾昆的学业经历不难推测,它是依据"六法全书"之民法,并参照德国民法典的体例拟定的。若前述刘少奇所称"旧的改一下"是指"六法全书",则陈瑾昆负责起草的民法典尚问题不大;而如果刘少奇所指为根据地民事法律,则新民法大大偏离了主旨。随着战事的发展,中共对"六法全书"的态度也逐渐明晰,这更显示出陈瑾昆所拟民法的问题。事实上,在变动时代草拟民法典,本身是一项艰难的任务,陈瑾昆虽然是著名的法学家,但他所熟悉的是德日民法典,精通的是"六法全书"体系,对根据地、解放区的新民主主义法制还缺乏深刻的理解,⑥ 特别是对后者偏重保护贫农等"无

---

① 谢觉哉:《谢觉哉日记》,第 1096 页。
② 谢觉哉:《谢觉哉日记》,第 1271 页。
③ 王平原:《董必武等领导的华北根据地〈民法典〉起草情况初探》,《董必武法学思想研究文集》第 10 辑,2010。
④ 《刘少奇年谱》下卷,中央文献出版社,1996,第 148 页。
⑤ 谢觉哉:《谢觉哉日记》,第 1233 页。
⑥ 易清:《论根据地政权后期起草民法典的尝试》,《云南大学学报》(法学版)2011 年第 2 期。

产者"的立场缺少认识，这直接导致了这一新民法典的被弃用。

在抵达延安再转至华北途中，作为知名法学家，陈瑾昆仍然延续了他法学教育者的身份，为中共从事法律工作的领导人讲授法律课程。1947年5月，谢觉哉记述道："陈老讲民事诉讼法，切实可听。"① 华北人民政府成立后，陈瑾昆还担任了华北人民法院院长一职。新中国成立后，他先后任中央人民政府法制委员会副主任委员，最高人民法院副院长，政协第一、二、三届全国委员会委员，最高人民法院顾问等职。② 这期间，他还参与制定了《中国土地法大纲》《中华人民共和国婚姻法》《中国人民政治协商会议共同纲领》《中华人民共和国宪法》等重要法律。

四 "红色"法学家的人生际遇与新中国法律雏形

在民国一批法学家中，陈瑾昆算是极为特殊的一位，不仅是因为他在战乱的环境下坚守法律教育岗位九年，是近代中国民法、刑法和诉讼法三个学科的奠基人之一，更因为他在大转折时代放弃北平的生活，率领全家八口人毅然奔赴延安，参加中国共产党，这在国民党政府统治下一般法学家是做不到的，因为延安的条件毕竟要比北平艰苦得多，这也成为其最为独特的"贡献"。③ 然而，检视其法制建设"贡献"的实际，又不免令人慨叹。

作为有着深厚法学素养的知名法学家，本来可以发挥很大的作用，但从延安到华北参与法制建设的经历，特别是1948年中央法律委员会对所谓"旧法思想"的集中批评中，已经约略可知他的尴尬地位。1949年后的陈瑾昆，似乎可以在法制建设中发挥更大的作用，但现实的际遇却不免令人唏嘘。1954年宪法的制定，陈瑾昆虽然有参与，但发挥的作用有限，甚至周鲠生、钱端升这样的宪法学专家，也只是作为顾问参与，由毛泽东参加的"宪法起草小组"起草的草案基本上是田家英和胡乔木的手笔，"田还为此读了很多法学书籍"。④ 作为法学家的陈瑾昆此时的处境更为微妙。

---

① 谢觉哉：《谢觉哉日记》，第1094页。
② 华北人民法院：《共和国最高法院的前身》，《人民法院报》2011年6月27日，第4版。
③ 何勤华：《中国近代知识分子与中国近代法的命运》，《江海学刊》2008年第1期。
④ 参见逄先知《毛泽东和他的秘书田家英》，中央文献出版社，1989，第20—22页，转引自张鸣《1954年宪法是怎么来的》，《炎黄春秋》2014年第10期。

1959年5月，陈瑾昆在北京不幸病逝，最高人民法院院长谢觉哉为他撰写挽联："单骑突包围，解放旗开，公来独早；兆民齐跃进，共和国建，灵其永安。"作为个人，从其本来应在法制建设中发挥更大贡献的角度来看，他的离世确实令人惋惜；而从时代的角度看，从之后包括"旧法学家"在内一批知识分子的人生境遇来看，他的离世又或许是某种"幸运"。

由法学家陈瑾昆晚年的人生际遇，也可以约略看出法治在新中国初期的命运。在"不断革命"思想的引领下，包含自由精神，旨在控权、实现秩序的现代法治无由实现，而最能领会、运用现代法治精神的一批法学家，亦几乎无用武之地，甚至还遭到不断批判。法学家们在政治舞台上的消退，也直接导致法治中国的实现仍然要经历很长一段路途。

附表1　陈瑾昆主要法学著述

著作题名	著者	出版信息
民法通义债编	陈瑾昆	北平朝阳学院，1930
民法通义债编总论	陈瑾昆	北平朝阳学院，1933
民法通义总则	陈瑾昆	朝阳大学出版部，1930
民法通义债编各论	陈瑾昆	北平朝阳学院，1931
刑法总则讲义	陈瑾昆	北平好望书店，1934
刑事诉讼法通义	陈瑾昆	北平朝阳学院，1930
刑事诉讼实务	陈瑾昆、李良	北平朝阳学院，1930
公证法及实务学	〔日〕岩田一郎讲述，陈瑾昆译	不详
民事审判实务学	陈瑾昆译	不详

附表2　陈瑾昆主要学术文章

题目	期刊	发表时间及卷期数	备注
说中国现时的婚姻	妇女杂志	1924年第4期	出版地上海
说中国现时的婚姻	国立北平大学社会科学季刊	1926年第2期	
法窗随笔	法律评论	1924年第47期	出版地北京
判例商榷	法律评论	1923年第24期	
刑事诉讼法修正案总评	国立北平大学社会科学季刊	1936年第6卷第1期	
论民事诉讼条例所谓诉讼标的	法律评论	1923年第27、28期	

续表

题目	期刊	发表时间及卷期数	备注
就改进司法计画略陈鄙见	法律评论	1925年第82/83期	
提议废止拘押民事被告人暂行规则	法律评论	1923年第11期	
陈瑾昆氏谈民法与刑诉法	浙江杭鄞金永衢绍律师公会报告录	1933年第159期	转录《法律评论》第490期
致友人书	人民日报	1946年12月8日	出版地河北
致北大和朝阳同学书	人民日报	1946年12月12日	
敬告民主同盟诸君	华商报	1947年第704期	出版地香港
致南京驻英大使郑天锡书	华商报	1948年第726期	

（作者单位：陕西省社会科学院）

国家主义与团体统制

——马寅初工商社团立法思想的演进理路

董志鹏

摘 要 马寅初学成归国后,面对中国的政治混乱和经济贫弱,倾向于李斯特国家主义思想,期待出现强力政权以推动中国经济建设。南京国民政府成立初期,马寅初在立法院负责经济立法工作,主持了《商会法》《工商同业公会法》《工会法》等一系列工商社团立法,试图通过立法树立政府在工商界中的权威,实践其发展经济、富国强民的理念。20世纪30年代,中国内忧外患加重,马寅初力主通过团体统制挽救经济困境,并促成工商社团统制的法律化,主导了《工商同业公会法》的修正和分拆。随着国民党统治的恶化,他的美好愿望不免落空,但他为中国的经济发展和法制进步付出了不懈的努力。

关键词 马寅初 工商社团 国家主义

近代中国的知识阶层有着中西文化交流碰撞的特殊背景,在中国社会的近代化进程中产生了重要作用,马寅初是其中经济法制领域的代表人物之一。学界对马寅初的研究较多关注其"新人口论"及其在民国时期的经济财政思想,而关于他对经济法制贡献的研究则并不多见,马寅初曾长期担任南京国民政府立法委员并参与多项重要立法,学界较少注意他关于工商社团立法的理论主张。[①] 本文主要根据马寅初本人的相关著述及《立法院公报》《申报》等资料,试对马寅初工商社团立法的理念及实践做一探讨,

---

① 以笔者所见,周石峰、易继苍《马寅初"统制经济"学说及其历史语境》[《福建论坛》(人文社会科学版)2004年第3期]一文系统探讨了马寅初的统制经济理论,蔡志新《马寅初财政、金融改革建言的逻辑依据和理路》(《民国档案》2011年第2期)一文和孙大权《马寅初在民国时期的主要经济思想》[《浙江树人大学学报》(人文社会科学版)2012年第2期]一文对马寅初的经济思想做了比较综合的论述,孟昭庚《马寅初是怎样从国民党

以管窥中国近代知识阶层对经济法制建设所做的贡献。

一 清末民初工商社团法制概况

工商社团是工商界基本秩序的载体。中国传统王朝体制下，工商业者居于四民中的"末业"，国家少有以立法来加以保护和规范。"当法律不能完全保护时代，都会中之商人必有一种社团的自治制度发生，为各国所同有之现象"，[①]在法制缺失的环境下，中国工商业者以同业或同乡关系作为联结纽带，组织了公所、公会等多种形式的团体，通过行业自治谋求生存发展。

近代国门洞开后，工商业逐渐得到官方重视，政府为了广辟财源，开始对工商社团加强国家干预。清末颁行的《奏定商会简明章程》标志着近代工商社团法制的诞生，民初颁行的《商会法》和《工商同业公会规则》则进一步将商会和同业组织都纳入国家法制管辖范围。除了商界团体，随着近代工人群体的发展壮大，工会立法的必要性也日渐凸显，民初政府先后拟定了数部工会法草案，但其对工会的政策一直比较矛盾，加之政局不稳，工会法始终没有正式颁行。[②]

清末民初的工商社团法制初步确定了国家政权与民间工商社团之间的权力边界。政府承认商会在工商界居于主导地位，商会代替政府行使部分工商行政的管理职能，对同业公会的设立和运营都有一定的干预权。在这种管理模式下，同业公会与商会有紧密的业务关联，构成了事实上的从属关系，但并未得到法律的明文承认。而对于工会，由于其成员是处于社会底层的工人，在利害关系上往往与工商业主居多的商会和同业公会截然相反，商会多对其采取限制打压政策。总体而言，由于清末民初的立法者缺乏对民间工商秩序和现代经济运作的了解，其所颁行的工商社团法规难以树

的立法委员走到共产党阵营中的》（《文史月刊》2011年第12期）一文和吴敏超《马寅初被捕前后：一个经济学家的政治选择》（《近代史研究》2014年第5期）一文主要探讨了马寅初政治立场的转变。此外，孙岩《从习惯重述到法律规范：民国同业公会法的历史变迁》等文对马寅初参与相关立法略有提及，在此不一一列举。

① 《述中国工商社团制度并评其优劣》，《中华全国商会联合会会报》第3号，1917年，第1页。
② 参见邱少晖《论北洋政府的工会立法》，《云南社会主义学院学报》2014年第3期。

立国家的法制权威，而是偏向于对工商界既有秩序的维持，政府对工商社团的干预力度较弱，工商社团的组织体系比较随意和混乱。

国民革命时期，国共合作发起了广泛的民众运动，动员各种职业、各个阶层的民众组成团体，参与"革命的破坏"，工商界也被卷入其中。北伐一路所向，各地工会运动风起云涌，而商界也出现了国民党指导下的"革命组织"——商民协会，其矛头直指原有的商会，在多地发生了商民协会与商会的冲突。① 南京国民政府成立初期，工商界正处于混乱之中，大大小小的工会不时组织罢工，而商界各种名目的社团并立，在结社自由的旗号下，彼此互不统属，也没有统一的指挥，会员之间经常发生冲突："商会与商民协会同时并立，同业公会与分会亦同时并立，且有区会、商人总会、店员总会、摊贩总会等等杂厕其间，所属会员，各为拥护其团体起见，挑拨构煽，攻击陷害之弊窦，势必如猬毛而起，其纠缠纷扰坏乱之险象，必无法遏止。"② 工商社团间的各种纷争给工商业发展造成极大阻扰，亟待通过法制加以整理规范。

1928年6月，国民党颁布了《人民团体组织方案》，将商会、工会等归入"人民团体"中的职业团体一类，并明确提出"本党对于依法组织之人民团体，应尽力扶植，加以指导"，③ 从而将工商社团的立法提上议事日程。国民党推进工商社团立法，既是为了恢复工商业正常秩序，也含有以"党治"的理念加强对民间社会控制的意图，希望将各类工商社团都纳入为国民党服务的民众体系中，立法则是实现其控制和干预的重要手段。而马寅初等一批有着高等教育背景的立法委员，秉持法治精神，希望通过立法实现国家的富强和统治的规范，并在技术层面追求立法的精致和体系的完善，在工商社团法制建设中体现了专家的独立性。

二 国家主义主导下的工商社团立法

马寅初于1882年出生于浙江省嵊县，先后求学于天津北洋大学、美国

---

① 参见朱英《商民运动研究（1924—1930）》，北京大学出版社，2011。
② 《新商会法与工商同业公会法》，《马寅初全集》第6卷，浙江人民出版社，1999，第365页。
③ 荣孟源编《中国国民党历次代表大会及中央全会资料》上册，光明日报出版社，1985，第763页。

耶鲁大学和哥伦比亚大学，"初入耶鲁大学，毕业得文学士，继入哥伦比亚研究政治经济，复得文学硕士哲学博士学位，更入纽约大学商科两年于会计统计等学作高深研究"。① 学成归国后，他曾短暂在北洋政府就职，不久即感到与官场习气不合，经蔡元培推荐转投北京大学任经济门教授，并深得蔡元培赏识，先后担任经济门研究所主任、教授评议会评议员、教务长等职务。马寅初任教期间一边教书育人，为中国培养经济学人才；一边通过演讲和著书立说宣传经济学理论知识，探讨中国的经济问题。其学识很快得到各界认可，成为中国经济学界公认的一流专家。

国民革命兴起后，马寅初以经济学者的职业理性密切关注着时局变化，期待胜利者会对中国的经济问题给予重视，"将来哪一派可以成功，是很难说的。不过我们总希望他们成功之后，能够产生一种好的经济政策"。② 1927年6月，形势已渐明朗，马寅初应蔡元培等老友之邀，怀着对"产生好的经济政策"的期待离开北京大学南下浙江，加入国民党政权，③ 并于1928年11月入选南京国民政府立法院第一届立法委员，④ 自此开始了连续4届、长达近20年的立法生涯。

加入国民政府初期，马寅初的经济思想中有着比较明显的国家主义倾向。他认为，古典自由经济理论难以解决中国的实际问题，虽然自由贸易说被奉为当时西方经济学的经典理论，在中国经济学界"尤足动人听闻"，⑤ 但考之现状，中国经济已经濒临崩溃，"自民国成立以来，中国之国际贸易，无一年不为入超，已如前述。其所恃弥补者，厥为借债，故今日苟复若是，则势必有无力偿还而沦于破产之时"。⑥ 在这种情况下，实行自由贸易政策，无异于经济自杀。

相较之下，德国李斯特历史学派的国家主义显然更符合马寅初对新政权经济政策的预期。李斯特认为，自由贸易理论并不具备普遍适用性，而仅仅适合先进的工业国，落后国家只有采取贸易保护主义，提高本国的生

---

① 《时人汇志》，《国闻周报》第4卷第36期，1927年9月18日。关于马寅初在美国所获博士学位，有哲学、经济学、社会学等多种说法，但其专长为经济学应无异议。
② 《新经济政策下之金融问题》，《马寅初全集》第4卷，第56页。
③ 参见《蒋梦麟致胡适》，中国社会科学院近代史研究所中华民国史研究室编《胡适来往书信选》（上），社会科学文献出版社，2013，第313页。
④ 《命令》，《申报》1928年11月8日，第4版。
⑤ 《如何提倡中国工商业》，《马寅初全集》第2卷，第471页。
⑥ 《中国国际贸易之真相》，《马寅初全集》第2卷，第45页。

产力，才能实现本国经济增长。"如果任何一个国家，不幸在工业上、商业上还远远落后于别国，那么它即使具有发展这些事业的精神与物质手段，也必须首先加强它自己的力量，然后才能使它具备条件与比较先进各国进行自由竞争。"①

李斯特的理论对近代德国的迅速崛起产生了重要作用，马寅初则将此理论联系到中国实际中，认为"在昔德国情形，与中国相仿"，德国正是由于采纳了李斯特对内推行自由贸易、对外实行保护政策的主张，才能够"顿然富强"，贫弱之中的中国显然可以学习德国的经验，"吾国可效法之处甚多"。②

要实现有效的贸易保护，促进国内经济发展，政府必须具有统一的权威，李斯特的理论体系即以国家地位作为其基础。③ 马寅初也认为，李斯特学说之所以能让德国迅速富强，很重要的一点就在于强力政权的存在，有"俾斯麦为相，行其学说"。④

南京国民政府在成立之初曾有一番"其兴也勃"的气象，此时的马寅初也颇有一展身手的抱负，希望能够借立法院这一舞台实践其发展经济、富国强民的理念。作为国内经济学界的代表人物，他在立法院先后担任经济、财政委员会的委员长和商法起草委员会的负责人，主持和参与了多项重要经济立法，包括《商会法》《工商同业公会法》《工会法》等工商社团立法，使原本零乱的工商社团法规初步形成了具有内在联系的体系框架。

1929年1月，按照立法程序，国民政府工商部拟定了《商会法》《工商同业公会条例》两部法律草案送交立法院。马寅初是立法院经济法、商法委员会的负责人，主持了对两部草案的审查并做出多处重要修正，⑤ 1929年八九月间相继颁行的《商会法》《工商同业公会法》即以马寅初提交的修正案为蓝本。1933年，马寅初还写了一篇专文《新〈商会法〉与〈工商同业公会法〉》，就两部法律的特点、意义等问题进行了详细探讨，以其经济学

---

① 〔德〕李斯特：《政治经济学的国民体系》，陈万煦译，商务印书馆，1983，"著者自序节录"，第5页。
② 《中国经济之分裂》，《马寅初全集》第2卷，第508页。
③ 〔德〕李斯特：《政治经济学的国民体系》，第7页。
④ 《中国经济之分裂》，《马寅初全集》第2卷，第508页。
⑤ 两部法案的草案与修正案内容可参见马寅初等《商会法草案工商同业公会法草案审查报告》，《立法院公报》第8期，1929年，第67—86页。

家兼立法委员的身份对这两部法律做出了具有权威性的诠释。①

通过对比两部法律的原案与修正案,结合马寅初所做的诠释,可以发现《商会法》与《工商同业公会法》的立法思想中体现了明显的国家主义构思,否定了北京政府时期政府下放权力、以商会作为工商秩序主导的格局,试图将权力收归政府,树立国家在工商界秩序中的主导地位与权威。

马寅初的修正案在诸多方面都加强了政府对社团的直接干预权。如关于商会职员的解任,原案规定由商会会员大会自主决议解任,修正案则加入"由工商部或地方最高行政官署令其退职",②政府可以直接取代会员大会,决定商会职员退职;又如关于商会解散后的清算,原案规定重大清算事项应由商会会员大会议决后执行,"不能议决时清算人得自行决定之",修正案则在对清算人的决定权的规定中加入行政干预,"非经地方最高行政官署核准不生效力"。③关于传统的公所、会馆等同业组织的地位,原案延续了民初《工商同业公会规则》允许新旧形态并存的思路,提出对已有的同业组织"均得照旧办理",承认既有事实,修正案则明确要求,对于法令公布之前已有的同业组织,不论其名称为行会、公所、会馆或其他,"应于本法施行后一年内依照本法改组",④仅承认经过政府核准设立的同业公会具有合法性,否认传统同业组织的既有事实具有合法性,从而将新旧组织统一纳入政府管辖之下。

马寅初的修正案降低了商会的法定规格,削弱了商会的权限和组织。在商会设立核准权限方面,自清末颁布《奏定商会简明章程》以来,省一级商会的设立一直都由中央政府的实业主管部门加以核准,体现了商会较高的地位。原案对商会的设立核准沿用传统,规定由"地方主管长官转呈省或特别市政府转报工商部核准",修正案则将核准权下移到地方,改为"呈请特别市政府或呈由地方主管官署转呈省政府核准设立,并转报工商部备案",⑤商会设立由中央核准的传统至此被打破。在商会联合会组织方面,

---

① 该文原载于《经济学季刊》第 4 卷第 1 期,1933 年,现收录于《马寅初全集》第 6 卷。
② 马寅初等:《商会法草案工商同业公会法草案审查报告》,《立法院公报》第 8 期,1929 年,第 76 页。
③ 马寅初等:《商会法草案工商同业公会法草案审查报告》,《立法院公报》第 8 期,1929 年,第 79—80 页。
④ 马寅初等:《商会法草案工商同业公会法草案审查报告》,《立法院公报》第 8 期,1929 年,第 86 页。
⑤ 马寅初等:《商会法草案工商同业公会法草案审查报告》,《立法院公报》第 8 期,1929 年,第 70—71 页。

民初普遍存在各省乃至全国的商会联合会,对国家政权架构隐有分庭抗礼之意,原案对商会联合会的设立的规定为并不需要官方核准,修正案则要求设立全省商会联合会需要省政府核准,设立全国联合会需要工商部核准;① 原案给予了商会联合会较高权限,"应援助及监督所属各会职务之执行",修正案则将此删除,否认商会联合会对其他商会的监督权,以限制商会的纵向组织力。②

以修正案为基础的新法规是对民初时期主要依赖商会和国民革命时期完全否定商会两个极端的折中,既承认商会的合法性,又削弱商会在工商界中的地位,以确立国家法制的权威。新法规既然明确了商会、同业公会的合法地位,那也就昭示了作为商会对立方的商民协会的最终命运,"商民协会之组织与新法规之原则,大相径庭,殊不适于现今商运之方针,有取消之必要"。③ 1930年2月,国民党中央执行委员会第70次常务会议通过决议,限期撤销全国各地商民协会,④ 在帮助国民党完成"革命的破坏"使命后,商民协会最终被国民党抛弃。

新《商会法》和《工商同业公会法》明确了商人团体的基本法律法规,而对于工商界中的另一职业团体——工会,马寅初则持较为中庸的调和观点,主张劳资双方合作,既认同工人有组织工会的合法权利,又不赞成工人通过激烈罢工来主张权利,并强调应通过政府立法"注意劳资两方之利益,万勿仅顾一方之要求,漠视他方之权利也"。⑤

马寅初认为,中国固然也有资本家压迫工人的现象,但这并非根本问题所在,"中国的经济问题就是资本不足的问题"。如美国这种比较发达的国家中提出"劳动神圣,资本万恶"的口号,是因为其分配极不均匀,社会财富被资本家大量占有,因此才有"资本万恶"的议论;而中国国情不同,国家尚处于极度贫穷中,社会财富极度不足,"中国现在生产的阶级还没有达到,讲什么分配呢!说什么'资本万恶'呢!"因此,马寅初鲜明提

---

① 马寅初等:《商会法草案工商同业公会法草案审查报告》,《立法院公报》第8期,1929年,第79—80页。
② 马寅初等:《商会法草案工商同业公会法草案审查报告》,《立法院公报》第8期,1929年,第80页。
③ 《新商会法与工商同业公会法》,《马寅初全集》第6卷,第360—361页。
④ 《撤销商民协会办法》,中国第二历史档案馆编《中国国民党中央执行委员会常务委员会会议录》第11册,广西师范大学出版社,2000年,第11页。
⑤ 《中国国货事业发展之障碍及其救济之方法》,《良友》第31期,1928年,第32页。

出"劳动果是神圣，资本也是神圣"。①

既然劳动和资本均为神圣，马寅初主张调和劳资双方，目标一致对外，"工人之生活固当改善，吾人当竭力援助工团合法之行动；而资本家之种种为难情形，亦当注意及之。吾国实业之所发不振，因受外国之经济侵略，劳资两者均受其累俾，理应先使劳资两者结合，共抗外侮"。②他肯定工人有设立工会的合法权利，"工人实在有组织一工会的必要。国家既然没有制定法律，保护劳工，取缔资本家的非法行为，工人为保障自由和幸福起见，实在可以设立工会"。③但这是以"国家既然没有制定法律"为前提的，如果国家有了明确的工会法制，工会的行动则应该限定在国家法律范围之内，"不宜有越轨之举动"。④对于国家制定劳工法律的原则，马寅初提出要统筹兼顾，"今日劳资之问题，不宜专以劳工为目标。而解决之道，应通盘筹划，使劳、资两方之痛苦，均得同时解除之"。⑤如此通过法律协调双方利益，其主旨依然是服务于国家的经济建设，"劳资两方又均得法律保障，则经济建设必有长足之进步"。⑥

马寅初关于工会的见解与国民党的执政思想相合。国民党在借助工人运动推进国民革命并夺取政权后，开始对工会采取约束和限制的政策。1928年10月，国民党中央执行委员会发布禁止工人罢工的告诫书，要求工人必须将国家利益置于首位，"中国工人欲为自己争地位，若从自己地位设想，必愈争愈坏，必须从全体国民之地位设想，为国家争地位，始能愈争愈高"。国民党还对工会立法做出承诺："本党今后，必须提挈全国人民，运用强国之政权，制定良善之法律……政府必须使之有负荷建设之能力；法令规章必须使之能保障国民生活之稳固与安宁，绝不使任何部分人民遭受遗亡或偏视。"⑦马寅初对工会法的立场主要是从经济角度出发，而国民党则更偏向于国家政治层面，但至少在协调劳资矛盾、立法规范工会方面，作为知识阶层代表的马寅初与执政党的态度是比较一致的。

---

① 《中国的经济问题——评"资本万恶，劳动神圣"说》，《马寅初全集》第1卷，第502页。
② 《中国今日之劳资问题》，《马寅初全集》第4卷，第37页。
③ 《中国今日之劳资问题》，《马寅初全集》第4卷，第42页。
④ 《中国国货事业发展之障碍及其救济之方法》，《良友》第31期，1928年，第32页。
⑤ 《中国今日之劳资问题》，《马寅初全集》第4卷，第37页。
⑥ 《市指委会昨日招待报法两界》，《申报》1928年5月27日，第13版。
⑦ 《国民党中央委员会禁止工人罢工的"告诫书"》，中国第二历史档案馆编《中华民国史档案资料汇编》第5辑第1编"政治"（3），江苏古籍出版社，1994，第170—177页。

为了实现"良善之法律",早日将工会纳入国家法制体系,立法院成立不久便专门组成了劳工法起草委员会,负责工会法的制定工作,而马寅初则作为经济法专家全程参与立法过程。经过多次开会讨论和反复修改,1929年9月11日,马寅初会同劳工法起草委员会提交了《工会法原则》并讨论通过,① 10月21日,国民政府正式颁布了以《工会法原则》为蓝本的《工会法》。

《工会法》从设立批准、组织人数等各方面对工会提出了严格限制,并规定国家行政、交通、军事、国营产业、教育事业、公用事业等机关的工作人员"不得援用本法组织工会",对罢工的目的、程序方面也有种种要求,"工会不得要求超过标准工资之加薪而宣言罢工",宣言罢工必须"经过会员大会以无记名投票,得全体会员三分之二以上之同意"。② 在限制工会组织罢工的同时,《工会法》又规定了工会有缔结团体契约、办理职业介绍等事务和调解纠纷等多达13项职责,将工会的重心由争取和保障职工权益转向分担政府管理职能、执行政府指定事务。依据《工会法》设立的工会,不再是国民革命时期组织工人反对帝国主义和资本家的斗争利器,而成为新国家政权管理工人的执行机构。

1929年《商会法》《工商同业公会法》《工会法》等法规颁行后,商人团体组织关系得以明确,工人团体则纳入《工会法》调整范围,各种工商社团初步纳入政府的法制框架,对稳定工商界秩序起到了一定作用。

三 团体统制与同业公会法的分拆

20世纪30年代,世界经济、政治情势发生了重大变化,中国在国内经济有所发展的同时,政局依然不稳,且日益受到来自日本的严重威胁。面对内忧外患,马寅初的经济思想逐渐发展成为统制理论,并形成了系统的团体统制主张。

"统制经济,亦称计划经济,源于苏俄之五年计划,成绩卓著。"③ 统制经济思想在20世纪三四十年代风行一时,而马寅初的思想由李斯特国家主义进一步转向统制理论主要是受到以下几个方面的影响。

---

① 《立法院第四十七次会议》,《申报》1929年9月11日,第10版。
② 参见《工会法》,《立法院公报》第11期,1929年,第188—200页。
③ 《统制经济问题》,《马寅初全集》第6卷,第459页。

1. 世界经济危机的破坏

1929 年爆发的世界经济大危机是人类历史上前所未有的，对各主要资本主义国家的经济生产造成了巨大破坏，并深刻影响了其后数十年的世界政治局势。马寅初认为，这场危机的根源在于资本主义国家"有经济而无统制"，由于自由竞争思想下国家并不干预经济运行，供求平衡难以实现，"在一定价格之下，非生产不足以应需求，即陷于过剩"，危机的爆发就是生产过剩累积的结果，而挽救的方法"非赖计划之助不可"。①

2. 意埃战争的触动

1935 年 10 月 3 日，意大利发动了对埃塞俄比亚的侵略战争，并于 1936 年 5 月获得了战争胜利。在马寅初看来，意大利完全是非正义的一方，但意大利国土狭小，资源贫乏，却能取得战争胜利，关键原因就在于"一面严密组织团体，一面增加效能。故知有组织之贫困国家，亦可得最后之胜利也"。中国的资源丰富程度远胜意大利，如果中国也能实行统制经济，通过严密组织则必能成为富强之国，"其功效必在意大利之上"。②

3. 日本的直接威胁

进入 20 世纪 30 年代，日本对中国的侵略得寸进尺，对中国国家安全的威胁与日俱增。抗日战争全面爆发前，中国已经在日本的蚕食下先后失去了东北、华北的大片土地和资源，国家的经济状况持续恶化，而日本则利用侵占的领土向中国内地大肆走私，对中国国家财政和民族工商业都造成严重损害。③ 马寅初积极寻求对策，试图通过经济统制有效地对抗日货走私，挽救国家危亡。

基于各种内外情势，马寅初指出，"中国欲以自由竞争政策发展其实业，势已不能。然则中国经济之出路，只有统制经济之一途，显然可见"。④

马寅初是 30 年代统制思潮中的重要一员，另外，陈长蘅等经济学者也主张统制经济。但与陈长蘅等主张由国家作为统制主体不同，马寅初主张以工商社团作为统制主体，他认为国民政府"实力微弱"，难以满足成为统制主体的条件。"国民政府成立之后，虽力事改革，百废俱兴，而积重难

---

① 《统制经济问题》，《马寅初全集》第 6 卷，第 459—460 页。
② 《防止走私最好的方法》，《马寅初全集》第 9 卷，第 188 页。
③ 关于日本走私问题，可参见郑成林《抗战前商会对日本在华北走私的反应与对策》，《华中师范大学学报》(人文社会科学版) 2005 年第 5 期。
④ 《统制经济问题》，《马寅初全集》第 6 卷，第 462 页。

返,所谓整顿,未能尽如所愿",①要在中国推行统制经济,应以团体为核心,通过工商社团构建国家的统制主体,"故吾人今日所应建立之经济学说,应以团体的利益为前提,使团体之各部分,皆有其应负之责任,各部之间,更应有有机的联系,而后方能成整个之经济团体"。②

在团体统制思想的基础上,马寅初力主将商会和工商同业公会都纳入统制体系中,以同业公会作为统制的基本单位,以对抗走私,发展生产,解决中国的经济困境。1934年,马寅初发表了《中国抵抗洋货倾销方策之我见》一文,系统地提出了利用同业公会的统制主张。③他认为,中国之内外情势使经济统制成为必然,但国家政权羸弱,缺少足够的干预力量来实行有效统制,而且国家直接干预对外贸易很可能造成外交纠纷,解决之道是依赖民间工商社团来代行经济统制,"以中央政府为背景,利用各省之商会及同业公会,使能统制各省之工商业",这样既可抵抗倾销,又可回避政府直接出面干预而可能引发的外交纠纷。"如是中央政府如欲各省对洋货与仇货加以拒绝或限制,只须授意各地商会或一省商会联合会主席,即可实行矣。不必使用公文,致留政府指示之痕迹,对外表示商人之自动,与政府无干,外人亦无可责难。"

马寅初设计的统制方案要求由同业公会直接代办外贸,并且需要有详尽的统计和计划,"凡有同业欲办洋货者,皆须由同业公会代办,各同业每月须买若干,能销若干,存货若干,皆须向公会报告,公会转报商会"。通过同业公会和商会网络的层层控制,商会可以掌握各行业的产销情况,从而能够有效应对洋货的影响,"视国货供给之多寡,以定酌办洋货之数量,如此国货有畅销之机会,而洋货不至泛滥市场矣。尤其仇货,欲完全拒绝,亦不难办到"。而且,同业公会除了控制洋货数量外,还可以在政府的指导下调整洋货的价格,这样一方面可以抵制洋货以发展民族产业,另一方面也可以适度引进洋货以改良国货生产,起到双向调节的作用。"假定国货生产品能逐渐改良,价格公道,对洋货加价,可以稍高,以限制洋货之销路。倘生产者安于所习,故步自封,或企业图垄断之时,则少加洋货之售价,使国货商受竞争之刺激,垄断局面不易造成。"

---

① 《中国经济改造》,《马寅初全集》第8卷,第6页。
② 《个人主义与全体主义》,《马寅初全集》第7卷,第337页。
③ 该文原载《银行周报》第18卷第37期,1934年,现收录于《马寅初全集》第7卷。以下关于同业公会统制理论的引用,如无特别注明均出自该文。

马寅初对通过同业公会抵制洋货的效果寄予了很高期望,认为可以兼顾各方面的利益:洋货加价所得利益可供各省改良工商业,"吾意各省商会一定赞成,因有相当收入,何乐不为";同业公会通过统制调剂同业间的商品供求,也与各商店、行号的经济利益直接相关,"当为各同业所欢迎";政府则"无须准备大量之资本以经营之,外交上更可免去种种纠纷",通过现有的工商社团实现统制,"在政府可不费吹灰之力,而抵制洋货之效,则较任何其他组织为强,政府大可利用也"。

马寅初的统制构想对同业公会的管理和运行机制提出了较高要求,需要同业公会形成严密的商业网络体系,能够详细掌握国货生产、销售及进口贸易、走私等各方面情况,而政府需要通过立法紧密配合,"如同业公会会计制度之划一,购买洋货合同之检查,公会代办按户推销之办法,同业在公会中权利与义务之对待,皆须由政府分别拟订具体规章,实行之责皆由同业公会任之"。

在工商团体统制构想的基础上,马寅初参考工商界的反馈意见,提出了对《工商同业公会法》的修正意见,并主导了该法的修正和分拆。

《工商同业公会法》的修正首先要解决是否应强制同业者入会的问题,如果对工商业者是否加入同业公会任其自由,则同业公会的统制显然无法实现。在1929年《工商同业公会法》制定过程中,国民党中央政治会议曾认为,依据结社自由的法理,同业公会不能强制从业者入会,"商业的法人,虽合原则的条件,其愿组织同业公会与否完全属于自由,不能加以强迫"。[①] 以此为原则,《工商同业公会法》第七条规定"同业之公司行号,均得为同业公会之会员",此处"得"为"可以"之意,即同业公司行号有加入公会的权利,换言之,也可以放弃权利,一概任其自由。

同业公会作为工商界的基层组织,要为政府办理捐税摊派、工商调查等各类事务,因此有不少工商业者不愿入会,以逃避负担,而入会自由使这种逃避有了充分依据,于是造成"加入公会者,既纳会费,又负公债及募捐等义务,并受公会章程之拘束。未入公会者,既无上述负担,又无章程拘束,有利固可同享,遇义务尽可规避"。[②] 对此,上海市商会等社团在30年代初多次提出强制入会问题,呈请政府修订同业公会法,规定各业同

---

① 《关于商会法四问题之解释报告书》,《申报》1929年6月7日,第9版。
② 《新〈商会法〉与〈工商同业公会法〉》,《马寅初全集》第6卷,第368页。

业厂号均应加入同业公会,以使"组织基础统一巩固"。①

马寅初支持上海市商会的主张,公开呼吁实现法定强制入会。他指出,"人民集团系养成训政之基础,故无论农、工、商、学均应依据法令,参加组织",结社自由虽被视为公理,但一国的立法必须参照本国的历史环境,不能对国外法律原则盲目照搬,"立法政策,应与其环境相适应。吾国素以散漫无组织见讥于世界,欲赴国难而挽积习,必自坚强组织始。欲坚强组织,必自力量集中始"。就同业公会而言,提倡入会的绝对自由非但无益,反而有害,"各公会于现行组织之下,而欲求会务之进展,力量之集中,譬诸缘木求鱼,断难幸致",强制入会势在必行,"同业公会欲求健全,非同业厂号一律加入公会不可"。②

马寅初进一步从法理上对强制入会与结社自由的关系做了解释,为强制入会提供理论支持。他认为,根据《商会法》规定,同业公司行号已满七家时必须组织同业公会加入商会,"不得以商店资格加入商会",该条实际上就采取了强制组织主义,已经突破了结社自由的基本原则。如果一方面在同业公会与商会的组织上加以强制,另一方面又在同业公会与会员的组织上不予强制,两者显属矛盾,"按诸强制组织之立法主旨,殊属未能一贯"。为此,对强制入会的修正是保证立法政策一致性的必要举措,"正所以为调和立法主旨,免致前后矛盾地步"。③

1932年9月15日,马寅初代表商法委员会提出《工商同业公会法》修正案,将"均得为同业公会之会员"修正为"均应为同业公会之会员",④经立法院第200次会议通过,同业公会强制入会原则得到法律确认。

然而,该条文的修正缺乏法律救济,并没有规定对不依法加入者有何惩处,"对同业之抗不入会者仍无强制之办法,故言其功效,仍等于零"。不但同业公会对非会员拒不入会无计可施,连原有的会员也因权利义务不均、负担过重而纷纷退出,以上海实力较强的棉布业同业公会为例,其会员在全盛时期曾多达340家,而至1935年仅剩163家,其中虽然有战事影响等因素,但同行不愿入会受限才是"会员减少之主因"。⑤

---

① 《市商会昨开代表大会》,《申报》1932年6月19日,第17版。
② 《新〈商会法〉与〈工商同业公会法〉》,《马寅初全集》第6卷,第367—370页。
③ 《新〈商会法〉与〈工商同业公会法〉》,《马寅初全集》第6卷,第369页。
④ 《修正工商周业公会法第七条条文审查报告》,《立法院公报》第42期,1932年,第28页。
⑤ 《工商同业公会法有彻底修改必要》,《首都国货导报》第11期,1935年,第15页。

面对此种不利局面，马寅初多次借谈话、演讲之机呼吁通过立法加强对工商社团的统制，"对现行同业公会法及商会法亟应修改，务须加强公会商会权力"。为实现有力的工商社团统制，同业公会法规的主旨应予调整，"原来同业公会法规定系采放任主义，现应改为干涉主义"。①

马寅初的主张得到了工商界的热烈响应，6月20日，上海市商会召开第七届会员代表大会，国药业、米号业等多个同业公会提出议案，响应马寅初的主张，要求修正同业公会法，赋予团体统制权，以保证对同业的强制入会，"近经济学家马寅初先生……对此问题已有针针见血之演讲，博得广大之同情。时机迫切，当尽力促其实现"。②

1937年5月，马寅初又专门写了一篇文章《何以要修正工商同业公会法》，为法律的修正造势。文中指明了修正的三处要点：一是由于原来的强制入会规定缺乏法律救济，"同业公会之组织依然松懈"，修正法规必须对违反者予以惩处；二是由于"工商两业利害每不能一致"，例如，对提高关税问题，国内工业家与外贸商人往往意见相反，"今强将二者组织一个公会，同床异梦"，修正法规定将二者分拆，各自组织工业和商业同业公会；三是在国际经济竞争日益激烈之时，应特别加强对出口业的统制，"国际贸易须具国际之特殊智识，非普通商人所克胜任"，因此修正法规"又须组织出口业同业公会"。如此便将原有的工商同业公会分拆为三个组织，"同业公会法亦分别拟订为三种法律"。马寅初认为，经过如此修正之后，一方面完善强制入会的救济措施，另一方面对不同类型的工商业者进行区分，"经如此改组，同业必须加入公会，公会内利害又甚一致，组织自然健全矣"。③

马寅初竭力推进同业公会法的修正完善，然而日本侵略者并没有留给国民政府太多时间来从容立法。1937年7月，日本悍然发动了全面侵华战争，长期的经济侵略至此完全转变为赤裸裸的军事侵略，战争爆发4个月后，姗姗来迟的商业、工业、输出业三部同业公会法草案才在11月17日的立法院会议上得以通过，并于1938年1月13日公布。④

三部同业公会法贯彻了"干涉主义"的立法思路，规定设立公会的行

---

① 《马寅初讲防止走私办法》，《申报》1936年6月5日，第5版。
② 《上海市商会第七届会员代表大会特刊》，《商业月报》第16卷第6号，1936年，第16页。
③ 《何以要修正工商同业公会法》，《国货月刊》第3卷第11期，1937年，第8—12页。
④ 《商业工业输出业各同业公会法及修正商会法业经命令分别公布由》，《立法院公报》第96期，1938年，第5页。

业由政府指定,公会有对会员生产、销售各环节的统制权力,对于同业拒不入会、不交会费、违反公会章程及决议的,经会员大会表决后,可以处以罚金、停业。① 这些工商界期待已久的重要条文还在草案阶段就曾得到高度评价,认为可以起到"纳工商各业于发展之正轨"② 的作用,可惜最终颁行太晚,战火很快就使工商社团失去了在"正轨"上发展的空间。

战后,国民党政府的"统制"走向极端,"官僚资本抬头,霸占一切,害国害民,难以言说",③ 这是倡导统制经济的马寅初始料不及而又痛心疾首的。在政府无所不包的"统制"下,虽然三部同业公会法依然生效,但马寅初对工商团体的统制构思已经失去了意义。

四 结语

中国近代知识阶层中,很多人都有留学经历,其在国外所接受的知识理论回国后面临如何"接地气"的问题。马寅初深受西方经济学思想影响,但反感空洞的理论,而是对中国现实有着深切的关怀,认为"吾人研究经济,不仅知其原理而已也,尤当注意于本国事实之研究。若仅解数条经济原理,对于本国情状,全不明悉,则诚无裨于实际"。④ 正是基于对中国历史和现状的深刻认识,马寅初指出,国人的凝聚力太弱,"如散沙一般,知有个人而不知有团体",而且在英美的个人自由观传入后更加恶化,"人人倡言自由而团结观念益薄。外侮一至,便如秋风之扫落叶,莫之能御矣"。要解决中国面临的种种问题,必须突出团体的利益,对绝对的个人自由主义予以一定的限制,"以个人迁就团体,不以团体迁就个人,然后经济社会可以和谐进展"。⑤

马寅初的思想随着形势发展而变化,但从他关于工商社团的言论主张和立法实践来看,他在20世纪20年代对李斯特国家主义的提倡与30年代对统制经济的主张是一脉相承的,始终将中国工商业问题放在国际竞争的角度上考虑。马寅初早期的主张建立在强势国家的基础之上,而国民党政府一直未

---

① 参见《法规》,《立法院公报》第96期,1938年,第90—126页。
② 《工商同业公会法修正草案优点》,《申报》1937年1月29日,第14版。
③ 《论官僚资本》,《马寅初全集》第12卷,第289页。
④ 《中国劳资问题》,《马寅初全集》第2卷,第513页。
⑤ 《个人主义与全体主义》,《马寅初全集》第7卷,第337页。

能达到他的预期,30年代中国经济形势日益严峻,马寅初的关注重心开始由国家政权转向民间社会,希望通过国家立法发展壮大民间工商社团的力量,进而由社团来完成国家所不能完成的任务。其一贯的核心主张都是希望中国形成强有力的组织,以解决内外困境,孜孜所求者,不外乎"求我国富强立于各国同等之地位",① 让中国也能实现"社会最大之幸福"。②

马寅初为中国经济近代化殚精竭虑,然而中国政治中的"恶"却始终是经济发展的阻碍,"经济势力与政治势力相冲突时,在幼稚之社会如中国者,前者必被后者所屈服",③ 在国家政治昏乱不堪的情况下,马寅初富国强民的美好愿望不免落空。尽管如此,回顾这段历史,后人仍能真切感受到近代知识阶层为中国经济法制的进步所付出的不懈努力。

(作者单位:贵阳中医学院人文与管理学院)

---

① 《中国经济之分裂》,《马寅初全集》第2卷,第508页。
② 《中国劳资问题》,《马寅初全集》第2卷,第515页。
③ 《我国经济界之三滥》,《马寅初全集》第2卷,第174页。

从"群众"到"人民":中国共产党宪法观念的变迁(1931—1949)*

尹辉煌 饶传平

摘 要 第一次国共合作失败后,中共逐渐放弃对左派国民党的希望,开始独立建立苏维埃政权。城市工人暴动的道路屡屡受挫,争取群众支持成为共产党内的共识。《中华苏维埃共和国宪法大纲》在内容上吸纳了这种共识,通过对群众的动员和规训走出了政治整合的第一步;同时以"大纲"的形式表明本身是暂时的和进行时的,这也恰恰反映新民主主义是过渡性的形式。之后,中共通过统一战线完成了在理念和制度两方面从"群众"到"人民"的过渡,在更大程度上实现了对政治力量的吸纳,凝聚了强大的政治共识作为建国的基础。

关键词 《中华苏维埃共和国宪法大纲》 群众 人民 政治整合

> 革命当然有破坏,然而更需要建设,破坏是痛快的,建设却是麻烦的事情。
>
> ——鲁迅:《对于左翼作家联盟的意见》①

一 革命与建国

1931 年 11 月 7 日,中华工农兵苏维埃第一次全国代表大会正式召开(以下简称"一苏大会")。当天上午在叶坪红军阅兵广场举行了隆重的阅兵仪式,下午举行了一苏大会的开幕式,大会主席台前放置着一块牌匾,书

---

* 本文得到中央高校基本科研业务费资助。
① 《对于左翼作家联盟的意见》,《鲁迅全集》第 4 卷,人民文学出版社,1981 年,第 233 页。

从"群众"到"人民":中国共产党宪法观念的变迁(1931—1949)

曰:"工农堡垒 民主专政。"11月11日,毛泽东、任弼时等人根据大会主席团的决定开始制定《中华苏维埃共和国宪法大纲》(以下简称《宪法大纲》),至11月18日,大会已经讨论并正式通过劳动法、土地法和《宪法大纲》等文件。① 11月20日,一苏大会正式闭幕,中华苏维埃共和国正式诞生。但值得说明的是,当时在瑞金建立的是"临时中央政府",《宪法大纲》序言明确指出,只有"在全中国建立苏维埃共和国的统治之后",《宪法大纲》才能具体化为完整的宪法。

在马列主义语境中,暴力革命是实现国家和社会融合的第一步。社会由不同阶级组成,而国家是阶级矛盾不可调和的产物,只有通过暴力革命实行无产阶级专政,才能以社会的名义占有生产资料,由此国家成为社会的真正代表,从而变得多余而"自行消亡"。在理想状态下,中国共产党领导下的建国并不是革命的结束,而是民主主义革命的结束和社会主义革命的开始,而中华苏维埃共和国的建立环境更加残酷。

一般意义上的建国是指战争和革命的结束、秩序构建的开始,而当时中国共产党还承受着国民党"抗共卫国戡乱"的巨大压力。一苏大会宣告苏维埃政权是一个共和国政权,但是其力量在当时的中国远不能和国民党相比。1927年国共两党分道扬镳,革命史正式进入第一次国共内战阶段。从1930年12月到1931年9月,国民党军先后三次"围剿"中央苏区,致使一苏大会一再延期。大会前,毛泽东等人在闽西长汀布置了假会场,大会开幕当天,尚有敌机偷袭瑞金、长汀两地,投弹百余枚。② 毛泽东在一苏大会闭幕词中强调,"战争是我们生活的中心",工农劳苦群众要懂得"战争是我们得到解放的唯一有效的手段"。③

外部环境如此险恶,虽然中共在共产国际的指示下确定了建立苏维埃全国政权的总方针,但是中共内部在具体建国策略的选择上却还有不同意见。1930年前后,一苏大会的准备工作当然是中共工作的重点;但是同年5月起,"立三路线"逐渐成形并得到践行,全国总行动委员会成立,城市暴动工人屡战屡败,革命事业遭遇重大挫折。而后,为彻底纠正"立三路线"

---

① 参见《中华苏维埃代表大会给中共中央电》,中央档案馆编《中共中央文件选集》第7册,中共中央党校出版社,1991,第771页。
② 《苏区中央局十一月删电——苏维埃大会情形、党的工作、军事工作》(1931年11月15日),转引自余伯流、何友良《中国苏区史》下册,江西人民出版社,2011,第444页。
③ 《中国工农兵苏维埃第一次全国代表大会日刊》第15期,1931年11月21日。

党内又有持续的动荡,表现在党的领导层发生尖锐危机。① 中华苏维埃共和国建立后仅一个月,周恩来到达中央苏区,任弼时、王稼祥便在党代表大会上批评他们在宪法起草委员会的工作伙伴毛泽东,致使其被排挤出权力中心,仅仅负责政府工作。② "立三路线"虽然已经被完全否定,随后王明等"国际派"却一跃成为中共领导核心,并延续了"左"倾错误。国民党调集重兵继续"围剿",中华苏维埃共和国沦为"马背上的共和国",在漫长的长征路上颠沛流离。

在当时的知识分子看来,虽然国民党不让人满意,但仍然是国内势力最强的政治力量,最有可能完成统一全国、抵御外辱的使命。以傅斯年为例,中华苏维埃共和国建立次年,他发表文章称:"中国政治若离了国民党便没有了政府。"③ 针对共产党,他断言道:"共产党自身的力量也正有限……只是情感的发泄,并无建国的能力……共产党一朝攫得政权虽有可能,但共产党之建国是办不到的。"并将国共两党做了一个简单的比较,认为以孙中山之伟大人格,国民党尚且不能吸纳一批施政建国的人才,对中共"一队缺知识少训练的人们"来说,更是付之阙如。④

傅斯年虽然言带讥讽之意,却道出中国近代史的一个重要命题。清帝国退出历史舞台之后原来的政治基础化为齑粉,建立一个崭新的共和国的前提是必须能够从平民到精英最大限度地凝聚政治共识,整合政治力量。宪法作为一个政权合法性和正当性的表征,必须能够对此问题做出回应,然而近代中国模仿西方进行宪制建设屡屡失败,很大程度上就是因为没有完成这个政治吸纳/整合的任务。⑤ 傅斯年的断言并没有成真,1949 年 9 月,中国人民政治协商会议第一届全体会议在北京召开,宣告中华人民共和国成立,通过了《中国人民政治协商会议共同纲领》(以下简称《共同纲领》),其序言道:"中国人民民主专政是……人民民主统一战线的政权,而以工农联盟为基础,以工人阶级为领导。"并称"以新民主主义即人民民主

---

① 参见中共中央党史研究室第一研究部译《联共(布)、共产国际与中国苏维埃运动(1927—1931)》第 9 卷,中央文献出版社,2002,第 17—18 页,具体参见该书第 348、353、358 号文件。
② 陈永发:《中国共产革命七十年》上卷,台北,联经出版公司,1998,第 273 页。
③ 傅斯年:《中国现在要有政府》,《独立评论》第 5 号,1932 年 6 月 19 日,第 7 页。
④ 参见傅斯年《"九一八"一年了》,《独立评论》第 18 号,1932 年 9 月 18 日,第 2—3 页。
⑤ 参见章永乐《近代中国宪政建设中的政治吸纳/整合缺位——以 1914 年北洋政府宪制改革为中心》,《北大法律评论》2012 年第 1 期。

主义为中华人民共和国建国的政治基础"。

中国近代的历史任务是通过革命建设一个崭新的共和国,中共通过新民主主义革命完成了这个任务。张君劢曾有感于清末到民国的革命运动,认为革命和建国的心理背景截然不同,革命是靠武力、战争和奋不顾身的精神来破坏,建国则意味着以冷静的头脑,有思想、有经验地去建设和平与法治。① 孙中山也曾面临着同样的困境,一方面他也认为国家是武力和霸道的产物;另一方面,他无法回避从革命的混乱如何转到建国的法律秩序的构建问题。② 然而,在中共的语境下下,新民主主义本身就是过渡的和进行时的形式,③ 从1931年开始中共领导制定的宪法性文本都不过是"在阶级斗争过程中随着阶级矛盾的成熟而成长起来的"。④

但是,从另一个方面来说,这恰恰说明了中共领导制定的宪法性文本正好是窥见当时社会变迁及中共领导的革命策略的一扇窗口。"对社会变迁而言,法既是反应器,又是启动器",⑤ 涂尔干通过不同时期的法律考察了社会分工的不同形式,本文借鉴此方法,叙述不同时期的社会现实及共产党应对的纲领,并分析相应时期的宪法性文本,试图探明共产党在不同时期对宪法的理解。施米特认为,宪法是统一体不断形成和不断被创造的力量或动态生成原则,⑥ 法律不只是制度,也是"时代话语"。通过分析中共不同时期的宪法文件对社会现实的回应和反作用,我们或许能够窥知中共打造政治共识、整合政治力量的历史过程,了解"人民民主主义"何以成为新中国的政治基础。

二 苏维埃政权:从口号到纲领

1927年4月12日,蒋介石发动政变,大肆屠杀共产党员、国民党左派和革命群众,亲共的武汉国民党中央宣布开除蒋介石党籍,当月18日,蒋

---

① 参见张君劢《中华民国民主宪法十讲》,商务印书馆,2014,第1页。
② 这其中存在极大的张力,参见任剑涛《为建国立规——孙中山的建国理论与当代中国政治发展》,《武汉大学学报》(哲学社会科学版)2011年第5期。
③ 参见《新民主主义论》,《毛泽东选集》第2卷,人民出版社,1991,第662—711页。
④ 《列宁全集》第35卷,人民出版社,1990,第302页。
⑤ W. Friedman, *Law in a Changing Society* (New York: Columbia University Press, 1972), p.11.
⑥ 〔德〕卡尔·施米特:《宪法学说》,刘锋译,上海人民出版社,2005,第4—9页。

介石在南京成立国民政府，与武汉国民政府分庭抗礼。

中共二大时便已经提出要建立"工农苏维埃共和国"，但是民主革命的任务定性和第一次国共合作的情势决定了这并不是当时的行动纲领。1927年初，国民党右派气势日盛，国共合作岌岌可危，四一二政变后斯大林仍然坚持"提出成立新的政权机关意味着反对革命的国民党"。① 随后斯大林与托洛茨基进行激烈的争论，最终斯大林在共产国际国际执委会第八次会议中成为胜利者，议决国民党仍然是革命运动的旗帜和国内政治的重要因子，中共的任务是推动群众运动，改造国民党为真正的群众组织。决议称：

> 不实现此项任务，不扩大群众运动，没有农民革命，不坚决改善工人阶级地位，不变国民党成为劳动群众的真正的伟大的组织，不继续加强职工会，扩大共产党，不造成武汉政府与群众间之最密切的联络，则胜利的完成革命是不可得的。②

这种思潮一直延续到8月，八七会议看轻苏维埃口号，同月的中央决议也认为是否立即建立苏维埃应当取决于与国民党左派的合作是否成功。③ 到了9月，共产国际认识到，寄希望于国民党左派的问题在于，其假设了革命斗争的高涨能够吸引小资产阶级参与到工农的群众运动中来，其结果是"必须和可能保持国民党以前的作用"。④ 中共中央也认为，国民党成为屠杀、反革命和白色恐怖的象征，复兴左派成为空想。⑤ 1928年2月，共产国际执委会第九次大会确定"中国整个群众革命运动已经向新的苏维埃阶段过渡"，四个月后中共六大确定"建立工农兵代表会议（苏维埃）政府"是十大政纲之一。另一方面，南昌起义之后中共开始独立领导军队，但是仍

---

① 中共中央党史研究室第一研究部编《共产国际、联共（布）与中国革命文献资料选辑（1926—1927）》上卷，北京图书馆出版社，1998，第82页。
② 《共产国际第八次执行委员会全体会议关于中国问题决议案》，孙武霞、许俊基编《共产国际与中国革命资料选辑（1925—1927）》，人民出版社，1985，第429页。
③ 参见于化民《苏维埃革命：从宣传口号到行动纲领——以中共早期武装暴动和政权建设为中心的解析》，《近代史研究》2016年第1期。
④ 《沃林给共产国际执行委员会的书面报告》，《联共（布）、共产国际与中国苏维埃运动》第7卷，第73页。
⑤ 《关于"左派国民党"及苏维埃口号问题决议案》，中共中央文献研究室、中央档案馆编《建党以来重要文献选编（1921—1949）》第4册，中央文献出版社，2011，第507页。

从"群众"到"人民":中国共产党宪法观念的变迁(1931—1949)

然采用国民党左派的旗号。8月,毛泽东在给中共中央的信中提出"我们应立即坚决竖起红旗",随后江西修水升起了工农革命军的旗帜——这是共产党的旗帜,也是苏维埃的旗帜。①

于是独立建立苏维埃政权的努力正式开始。但是在一开始,建立苏维埃政权就走向了两条道路。第一条是复制苏联经验,在大城市组织暴动;第二条是扎根农村,以土地革命和游击战为主要手段扩大群众基础。实际上,共产国际在"输出革命"的想法的驱动下,一直对中共的农村道路保有怀疑,并一直着力让工人党员占据中共主要领导位置,在实践中,城市暴动的结局被认为是工农革命运动"第一个浪潮"的衰退和失败,共产国际不得不建议中共暂时退却和在"争取群众"口号下恢复和集聚力量。② 一方面,土地革命的开展如火如荼,"遍长江及珠江流域各省",③ 旗帜正向"黄河流域"和"滇桂之交"飞扬,④ 地方政权的建设积累了一定的经验;另一方面,各地不一的法令和组织需要一个合法中枢的统领,于是建立苏维埃中央政府被提上日程,《宪法大纲》的起草理所当然地成为重要任务。

1929年,共产国际致信中共中央,要求建立"工农独裁","创造苏维埃区域"和使诸省工农红军的行动相互配合。1930年1月20日,中共中央决定召开苏维埃区域代表大会(以下简称"苏代会")。周恩来承认,"农民游击战和土地革命是今日中国革命的主要特征"。⑤ 但是这并没有终结建立苏维埃政权的道路之争,1930年上半年,国民党逐渐陷入中原大战的泥潭,革命发展形势大好,李立三逐渐掌握中共领导权力,尤其是在周恩来5月前往莫斯科报告工作后,李立三以"城市暴动"带动革命高潮的思想已经成型,而且实际掌握着苏代会的话语权。于是整个大会实际上成为推广左倾的"立三路线"的平台,为后来苏区革命遭遇严重挫折

---

① 参见余伯流《共产国际与中国苏维埃运动的"移植"及演进》,《江西社会科学》2010年第7期。
② 中共中央党史研究室第一研究部译《联共(布)、共产国际与中国苏维埃运动(1927—1931)》第10卷,第13页。关于共产国际想法的具体转变,可参见杨奎松《马克思主义中国化的历史进程》,河南人民出版社,1994,第235—237页。
③ 《中央通告第六十八号——关于召集全国苏维埃区域代表大会》(1930年2月4日),中央档案馆编《中共中央文件选集》第6册,第17页。
④ 参见典琦《全国苏维埃区域与红军扩大的总形势》,中国人民解放军政治学院党史教研室编《中共党史参考资料》第6册,1985,第98页。
⑤ 周恩来:《写在中华苏维埃第一次代表大会召开之前》,《党的文献》1993年第4期。

埋下伏笔。苏代会之前,中央曾指名让毛泽东参加会议,① 毛泽东出于对"立三路线"的怀疑,因此托故未参加。② 但是此次大会的主席团做出正式决议:召开一苏大会,成立中华苏维埃共和国临时中央政府。同时决定,邀请诸单位参加中华苏维埃第一次代表大会中央准备委员会(以下简称"苏准会")。

虽然李立三"会师武汉,饮马长江"的美好预想被共产国际打断,但是他"城市建国"的想法并未消失,共产国际有些领导人仍然认为在苏维埃政权没有扩展到大工业中心城市时,建国"为时尚早",但是斯大林在1930年6月19日给中共中央的电文否认了这样的看法,认为重点是要保证党在苏区中央政府中的影响。③ 10月,朱德、毛泽东领导的红一方面军攻占吉安,建立江西省苏维埃政府。

9月12日,"苏准会"全体会议召开,《中华苏维埃共和国国家根本法(宪法)大纲草案》(由中共中央提出,以下简称《根本法草案》)及相关法令得到通过。根据实际情况,苏准会初定1930年11月7日在上海举行一苏大会。但是由于反"围剿"等客观环境,一苏大会的举行多次被延迟。共产国际领导人对此多有不满,多次督促。④ 同年6月,苏维埃中央军委为了第三次反"围剿"而发布通令,决定一苏大会在11月7日举行。⑤ 反"围剿"结束后,经过共产国际审议,一苏大会如期举行,苏维埃共和国中央政府正式诞生。

综上所述,苏维埃政权这颗种子自中共建立初期就已经落地,但是基于国共合作的现实而深藏地底,直到与国民党左派的合作失败后才破土而出。在创立政权实践中,城市工人暴动使中共革命遭到打击;而结合中国本土经验的土地革命道路却越走越宽。这两种方向的实践和共产国际的指示,在艰难的战争环境中深化了中共对工农群众与革命基础的理解。进一步整合苏维埃区域以建立苏维埃全国政权,为中共这股政治力量的存在提

---

① 马齐彬、黄少群、刘文军:《中央革命根据地史》,人民出版社,1986,第316页。
② 参见凌步机、舒龙《血铸赤国——中华苏维埃共和国纪事》,江苏人民出版社,1998,第18—19页。
③ 余伯流、何友良:《中国苏区史》下册,第419—420页。
④ 典型如《公函国际执行委员会东方书记处给共产国际执行委员会政治书记处政治委员会的书面报告》,《共产国际、联共(布)与中国革命档案资料丛书》第10卷,第112—113页。
⑤ 余伯流、凌步机:《中央苏区史》,江西人民出版社,2011,第340、346页。

供了合法性依据，作为根本法的宪法的起草，则凝聚了"依靠工农群众"这种政治共识。

三 工农堡垒：《宪法大纲》对群众的动员与规训

苏代会正式决定建立中华苏维埃共和国临时中央政府，但是并未提出任何关于宪法的决议或建议。一是由于苏代会的定性，更多是对各革命根据地的整合，"没有建立政权意思"；① 二是因为当时主导会议的李立三沉溺于城市暴动的构想之中，并无意于"在山头建立中央政府"。②

苏准会作为一苏大会的准备会，其通过的《根本法草案》理应是《宪法大纲》的重要渊源。此稿主要由林育南起草，征求了周恩来、恽代英、任弼时等同志的意见。③ 值得注意的是，当时瞿秋白在会上强调，此定稿之所以不叫宪法，就是要与资产阶级国家的宪法相区别，以表现苏维埃政权是工农劳动群众的政权。④

其后林育南遇害，在一苏大会的准备过程中，共产国际远东局起草了土地法、劳动法、经济政策等文件，10月中旬前陆续到达苏区，但是远东局并未起草《宪法大纲》，直到在苏区中央局的催促下才电传了"宪法原则要点"（以下简称"第七号电"）。⑤ 1930年10月，深谙苏联法制的梁柏台受命辗转来到瑞金，主要负责根据中央来电起草《宪法大纲》，几乎与此同时，他也起草了《中华苏维埃共和国宪法草案》（以下简称《宪法草案》）。两者同时送交一苏大会讨论，最终通过了《宪法大纲》。⑥

---

① 周恩来：《关于传达国际决议的报告》，中央档案馆编《中共中央文件选集》第6册，第370页。
② 陈绍禹：《为中共更加布尔塞维克化而斗争》，中央档案馆编《中共中央文件选集》第6册，第605页。
③ 参见秋禾编《我的父亲林育南烈士的故事》，湖北人民出版社，1958，第20页；胡毓秀：《在苏维埃准备委员会工作期间》，原件存中共一大上海纪念馆，转引自王乐平《中华全国苏维埃代表大会中央准备委员会的工作和历史贡献》，《党的文献》2010年第1期。
④ 参见王定南《回忆我参加中华苏维埃第一次代表大会准备会议》，《文史研究》1991年第1期。《红旗日报》9月19日刊发的《论召集全国苏维埃大会的运动》一文也称之为"根本法"而非"宪法"。
⑤ 《中央给苏区中央局第七号电——关于宪法原则要点》，中央档案馆编《中共中央文件选集》第7册，第492页。
⑥ 参见陈刚《人民司法开拓者——梁柏台传》，中共党史出版社，2012，第166页。

《宪法大纲》有两段前言和17条正文。主要内容有10个部分，如表1所示。

表1 《宪法大纲》内容

部分	关键点	主要内容	对应《宪法大纲》条目
一	前言	《宪法大纲》是一苏大会在全国的基本任务，只有建立独立的苏维埃共和国的统治后，完整的苏维埃宪法才会存在，因此号召工农群众为此奋斗	前言
二	宪法任务	扫清封建残余，打倒帝国主义，保证工农民主专政的政权达到全国胜利	第1条
三	国体	工人和农民的民主专政国家	第2条
四	政体	工农兵代表大会制度	第3条、第4条
五	社会政策	改善工人阶级生活状态，制定劳动法；改善农民生活，颁布土地法；限制资本主义的发展，征收统一的累进税。妇女解放	第5条、第6条、第7条、第11条
六	民众义务	普遍的兵役义务	第9条
七	公民权利	平等权、选举权、言论、集会、出版、结社的自由和从事劳动、服兵役、婚姻自由、免费受教育、信仰和宗教自由等权利	第10条、第12条
八	宗教政策	信教自由，政教分离	第13条
九	民族自决原则	少数民族可以加入或脱离中国苏维埃联邦，或建立自己的自治区域	第14条
十	外交政策	中华民族完全自由独立，不承认帝国主义在华特权与不平等条约，在苏维埃区域劳动的外国人享有法律规定的权利；与苏联结盟，联合世界被压迫民族	第15条、第16条、第17条

在渊源上，《宪法大纲》的直接来源是"第七号电"，但是在内容的丰富上主要参考了《根本法草案》。主要起草人梁柏台通晓苏俄法制，1924年《苏联宪法》对他的启示作用自不待言。另除毛泽东外，起草委员会成员包括7名根据地代表，因此根据地的实践经验会对《宪法大纲》造成影响，而梁柏台同时起草的《宪法草案》则是其他法规所声明依据的"宪法"。但

从"群众"到"人民":中国共产党宪法观念的变迁(1931—1949)

是基于残酷的斗争环境并未得到一苏大会通过。① 在内容上,《宪法大纲》以工农民主专政为中心设计了基本的政治制度(工农兵代表大会制度)和社会政策(改善工农的生活状况),也并不讳言其现实指向就是动员工农群众投入到革命事业中来。

笔者对《宪法大纲》全文做了一个简单的词汇统计,除了关于妇女地位(第11条)、民族自决(第14条)、外国人待遇(第16条)、外交政策(第17条)外,"群众""工农""工人""农民""民众"这样的词语遍布每一条;"人民"仅仅出现在"人民委员会"中;而"公民"仅仅出现在选举(第4条)和宗教政策(第13条)中。这基本可以说明《宪法大纲》针对的主体是工农群众,和中共中央当时颁发的其他文件一样,主要作用是社会动员。

前文已经说明,中共在探索苏维埃道路之时,虽然两条道路纷争不断各有实践,但是最后中共党内逐步破除了对农民道路的不信任;② 发动工农群众,积蓄革命力量成为共识。"工农民主专政"的国家性质,既是这种党内共识的确认,又是赋予工农群众革命主体地位的正式公告。

虽然中国共产党将自身定义为先锋队,但是工人农民并不是一开始就注定是中共语境下"群众",这就决定了动员是第一步,因此在《宪法大纲》中会有对工农的号召(前言)和改善生活状况的允诺(第5条、第6条和第7条)。但是,仅有动员是不足以将工农变成革命的支撑力量的,因为每个人都有起码的考虑(比如生命安全),尤其是阶级斗争的这种思路在广大的农村根据地中并不完全洽合于传统的乡村的宗族人情社会,因此群众工作的第二步是教化和规训。

《宪法大纲》一是规定了工农在政治生活中的锻炼实践(第4条);二是规定"宣告拥护和参加革命的阶级战争为一切劳苦民众的责任,特制定普遍的兵役义务"(第9条);三是规定工农劳动民众受教育的权利,并强

---

① 关于一苏大会为何通过《宪法大纲》而非《中华苏维埃共和国宪法》,学界尚无定论,目前可供参考的文献主要有《中央给苏区中央局第七号电——关于宪法原则要点》,中央档案馆编《中共中央文件选集》第7册,第492页;陈刚:《人民司法开拓者——梁柏台传》,第166页;黄允升:《试论一苏大会制定宪法大纲》,《党的文献》2002年第3期;谢一彪:《〈中华苏维埃共和国宪法〉的再探讨》,《南昌大学学报》(人文社会科学版)2013年第3期;蓝全普:《七十年法律要览》,法律出版社,1997,第35页。笔者综合分析得出文中答案,详见尹辉煌《中华苏维埃共和国宪法大纲渊源考》,未刊稿。
② 苏维埃临时中央政府设在瑞金,毛泽东被共产国际选定为政府主席是为明证。

调积极引导青年劳动群众参加政治和文化的革命生活。对身处战争年代的中共来说，第二点尤其重要，因此"义务"一词仅在《宪法大纲》第9条中出现过一次。但这背后，是中共所建立的广大而又多层次的群众武装的表征。中华人民共和国成立后宁冈县统计发现，该县人口不过五万余人，其中直接参加武装的就超过一万人。① 配合巧妙的信息传递方式、教育普及工作及社会救济政策，中共通过苏维埃革命在结构松散的农村建立的严密的组织动员体系。②

《宪法大纲》对妇女的规定单列一条其实并不奇怪，共产主义理论是用于解放人的，而作为社会弱势群体的妇女则理所当然地成为马克思关注的对象。另外，基于"妇女能顶半边天"的认识，中共一直强调"农妇工作同样被视为重要，同样要发动她们为斗争中主要的群众"。③ 关于这一点，毛泽东后来在延安为《中国妇女》创刊所拟的题词中有生动的描述："男女并驾，如日东方，以此克敌，何敌不倾。"

在宣传和组织下，工农民众被引导进入政治生活和革命斗争的实践中来，在这个过程中不断地凝结力量，逐渐成为符合中共标准的群众，他们又在一致的政治革命实践中践行"工农民主专政"，同时也展现了"工农民主专政"。在中共的构想中，如《宪法大纲》前言中所称，《宪法大纲》是"暂时的"和"进行时的"，这个过程也许不仅是苏维埃全国政权真正建成的过程，也是群众被动员和规训的动态过程。

在战火纷飞的岁月，《宪法大纲》不仅是"政治的晚礼服"，更是革命的号角；不仅是中共领导人民立宪的一次重要尝试，也是调动民众积极性的民主革命纲领的具体化。④ 它凝聚了中共建立苏维埃政权道路选择的共识，也是中共阶级划分方法论的体现。《宪法大纲》将对群众的动员和

---

① 参见王旭宽《政治动员与政治参与：以井冈山斗争时期为例》，中央编译出版社，2012，第219页。

② 介绍尤详者，见黄道炫《张力与限界：中央苏区的革命（1933—1934）》，社会科学文献出版社，2011，第159—163页。当然，这背后涉及多种因素，如中国农村的政治真空、社会矛盾、民间宗教信仰等，本文难以展开，何友良和王才友撰文对苏区史研究的回顾中做过一个简要的文献概述，参见何友良《苏区史研究的视野扩展、方法运用与未来发展》，《党史研究与教学》2010年第4期；王才友《50年来的江西苏区史研究》，《近代史研究》2010年第6期。

③ 《中央通告第六十八号——关于召集全国苏维埃区域代表大会》，中央档案馆编《中共中央文件选集》第6册，第20页。

④ 张希坡、韩延龙主编《中国革命法制史》，中国社会科学出版社，2007，第34—35页。

规训视为重要任务,并为随后的"人民共和国"的建设埋下伏笔。宪法的拉丁词源说明了其原始含义就是诸多要素的整合,①《宪法大纲》体现了中共将最大多数的工农整合为政治力量的努力,这在近代立宪史上是难能可贵的;遗憾的是,当时的立法者还笼罩在对国民党左派的失望的阴影之下,从而在《宪法大纲》中规定"限制资本主义的发展"(第7条),工农群众被设置成唯一的政治主体,对其他社会阶层的统一战线思想并未得到体现。九一八事变后民族危机的加深,为中共提供了更大程度上的政治整合的机会。

四 统一战线:通向人民共和国

在中国立宪史上,1931年的重要性为学界所忽略。作为中共领导立宪建制的起点,《宪法大纲》的重要性自不待言;同年5月,中共领导人原抱有希望的国民会议于南京举行,《中华民国训政时期约法》(以下简称《训政时期约法》)正式通过,并于6月1日公布施行。该法以孙中山先生的遗嘱为渊源,② 主张由国民党领导国民政府,促进地方自治,开化国民,为宪政做好铺垫。《训政时期约法》前言的前两句为:

> 国民政府本革命之三民主义五权宪法以建设中华民国。既由军政时期入于训政时期,允宜公布约法,共同遵守,以期促成宪政,授政于民选之政府。

由此看来,国共两党在两方面达成共识,一是都将革命写进序言,作为政权正当性的支撑;二是建立强有力的集权机制,执政党在政治运行中起到核心的作用。两党的实践都在回应近代中国的一个中心议题——如何建立一个崭新的共和国。③ 九一八事变后民族危机持续发酵,因此两党的政

---

① 参见章永乐《近代中国宪政建设中的政治吸纳/整合缺位——以1914年北洋政府宪制改革为中心》,《北大法律评论》2012年第1期。
② 胡汉民主张,遵循孙中山的遗教,《建国方略》、《建国大纲》、《三民主义》及《第一次全国代表大会宣言》足可作为约法,此说得到中国国民党第三次全国代表大会正式确认。但是汪精卫制定《太原约法》后,南京国民政府为争夺法统,正式另立约法。介绍尤详者参见高鹏翱《〈中华民国训政时期约法〉制定过程浅析》,硕士学位论文,吉林大学,2009。
③ 参见罗荣渠《现代化新论:世界与中国的现代化进程》,商务印书馆,2009,第499页。

治考量不得不转向民族主义上来；团结一致抵抗外辱，并以此为契机建立一个民族国家成为当时的社会共识。①

外患弥彰，中华苏维埃共和国政权的谋划与建立在当时被认为是进一步加重国内分裂情形的不义之举。九一八事变后，中共立刻发表宣言，将日本斥为帝国主义强盗，一致反对日本强暴占领东三省，但是仍然在强调国民党军阀是"帝国主义保镖"，并号召拥护工农苏维埃，打倒国民党。②但是1933年华北沦入日军之手后，中共开始表达和全国抗日军队订立停战协定以期共同抗日的意愿。由于第五次反"围剿"失败，中共长征辗转到达陕北，根据地建设和土地革命遭受重大打击，发动群众革命作为中共政权合法性和正当性的依据遇到重大挑战。另一方面，世界反法西斯统一战线正在形成，1935年夏，共产国际召开第七次代表大会，会议强调要建立广泛的反帝民族统一战线。不久，中共驻共产国际代表团拟写了《为抗日救国告全体同胞书》(《八一宣言》)，态度正式明显转变，认为国民党应否存废的问题，"日寇绝无置喙的余地"，并正式提出组织统一的国防政府的主张。③年末，中共中央召开了瓦窑堡会议，通过决议，着力反对了党内的关门主义倾向，决定运用广泛的统一战线策略，将苏维埃工农共和国转变为苏维埃人民共和国，以表明自身代表中华民族的根本利益。④自此，人民代替工农被确认为中共政权的政治基础。

对此，毛泽东曾在报告中做过说明，工农本身就占有全民族人口的百分之八九十，之所以扩充为"人民共和国"，就是因为小资产阶级和民族资产阶级有可能参加抗日斗争，因此成为统一战线的对象。但是，毛泽东仍然强调，人民共和国不代表敌对阶级的利益。⑤针对于此，中共展开了

---

① 1930年代，知识分子有一场关于现代化的大讨论，涉及的层面非常多，在政治上虽然不同学者对民主还是专制有不同的看法，但是各方都在寻找解决国难的途径，民族主义成为共识，参见王术静《20世纪30年代中国现代化问题论争研究》，博士学位论文，复旦大学，2012。

② 《中国共产党为日本帝国主义强暴占领东三省事件宣言》(1931年9月20日)、《中国共产党中央委员会为目前时局告同志书》(1931年12月11日)，中央档案馆编《中共中央文件选集》第7册，第399页。

③ 《为抗日救国告全体同胞书》，中央统战部、中央档案馆编《中共中央抗日民族统一战线文件选编》(中)，档案出版社，1985，第16—17页。

④ 《中共中央关于目前政治形势与党的任务决议（瓦窑堡会议）》(1935年12月25日)，中央档案馆编《中共中央文件选集》第10册，第610页。

⑤ 《论反对日本帝国主义的策略》(1935年12月27日)，《毛泽东选集》第1卷，人民出版社，1991，第158页。

从"群众"到"人民":中国共产党宪法观念的变迁(1931—1949)

"统一战线"的攻势,一方面利用白区的地下组织,制造"立即抗日"的舆论压力;另一方面积极改善中共和东北军及其他国民党军阀的关系,积极开展"交朋友"的工作。① 相比于蒋介石"攘外必须安内"的政策,中共的统一战线政策"更符合中国城市人口的心态",因此在各个社会集团和有影响的国民党派别中都很有说服力。②

次年9月,中共中央做出决议,将"人民共和国"发展为"民主共和国",强调"这是团结一切抗日力量来保障中国领土完整和预防中国人民遭受亡国灭种的惨祸的最好方法",并认为相较于国民党在中国主要地区的一党专政,"民主共和国"是更进步的政治制度,更能保障抗日战争的普遍发动和彻底胜利。③ 一方面,这仍然是对国民党现有体制的反对;另一方面,这也可以被理解为中共放弃独立的苏维埃共和国政权的政治条件。1937年2月,林伯渠开始负责筹建陕甘宁边区政府;9月,中华民国陕甘宁边区政府正式成立,中华苏维埃共和国成为历史名词。

统一战线使国共两党各自让步,共享民族主义话语。对共产党来说,其对中华民国的承认致使其必须时时提防国民党推行"溶共"政策;在"民主抗日"的大潮之下,国民党则承受着从"训政"走向"宪政"的巨大社会压力。从1932年开始,国民党决定召开国民大会开启宪政,1936年公布了《五五宪草》,但国民大会数次延期,民众对此不满,1938年,国民党成立国民参政会,并许诺于1940年召开国民大会步入宪政。就此掀起了一个民主宪政运动的高潮。

一直以来,在"宪政"话语上,国民党相对于共产党拥有绝对优势,既承继了孙中山留下的"法统"遗产,又有对当时中国更大的掌控力,而且有一大批负笈欧美的法政精英可供驱遣。由此,国民党可以较为轻松地应对中共对民主宪政的吁求。④ 针对于此,中共有清醒的认识,1939年

---

① 参见陈永发《中国共产革命七十年》下卷,第312页。
② 〔美〕费正清、费维恺:《剑桥中华民国史》下卷,中国社会科学出版社,1994,第607页,转引自张宪文、张玉法主编《中华民国专题史》第7卷,南京大学出版社,2015,第359页。
③ 《中央关于抗日救亡运动的新形式与民主共和国的决议》(1936年9月17日),中央档案馆编《中共中央文件选集》第11册,第88页。
④ 参见黄汝娟《马克思主义中国化视域中的新民主主义宪政理论》,《云南行政学院学报》2012年第5期。

中共中央发出指示，要求积极主动地参加和领导宪政运动。① 同年 11 月，宪政促进会发起筹备，毛泽东系统地提出了"新民主主义宪政"的观念，提出"宪政就是民主政治"，新民主主义宪政就是"革命阶级联合起来对汉奸反动派的专政"，即"抗日民族统一战线的宪政"，并进一步提出"民主的才是合法的"，对国民党一党专政的实质大加挞伐。② 由此可以看出，中共试图以民主的实质正当性来消解国民党法统的形式合法性，这在很大程度上利用了"宪政民主"的时代思潮，体现了中共领导的政治话语和舆论宣传的技巧，也从侧面说明了中共宪政话语很大程度上的实用主义倾向。③

在这种思想的指导之下，中共中央政治局于 1941 年 5 月 1 日批准通过《陕甘宁边区施政纲领》，该文本由两年前通过的《陕甘宁边区抗战时期施政纲领》修改而来，是抗日民主政权建设的集中体现，赢得了全国人民的衷心拥护和普遍同情。相反，国民党对轰轰烈烈的民主宪政运动并无好感，并多次打压，1940 年，国民党再次宣布国民大会不能按时召开，《五五宪草》仍然只能停留在草案阶段，第一次民主宪政运动随之偃旗息鼓，但是中共在此时期与国民党的对比中更多地获得了知识分子和下层民众的好感。

抗战结束后国内进入短暂的和平时期，国共两党若径操干戈，定会失去民众支持；为国内外形势所逼，政治斗争代替武装斗争成为战后初期中国政治舞台的焦点，双方围绕宪制建设更是进行了你来我往的交锋。在这种情形下，中间党派有了一定的活动空间，国共两党都想争得其支持。

针对于此，中共与国民党就联合政府的组建小心周旋，尤其就"五五宪草"的修改稿在政治协商会议上进行了艰辛的斗争，最终宪草协议虽然通过，但是反对派极为不满，实际上预示了政协决议实行过程中国民党出尔反尔的必然。④ 另一方面，中共积极进行爱国民主统一战线的建设，并于 1946 年 4 月出台《陕甘宁边区宪法原则》，试图以此将解放区建成全国的民主模范区，在宪政民主方面最大限度地争取支持。有鉴于此，中间势力中

---

① 《中共中央对于推进宪政运动的第二次指示》（1939 年 12 月 1 日），中央档案馆编《中共中央文件选集》第 12 册，第 200 页。
② 《毛泽东选集》第 2 卷，第 732—733 页。
③ 参见林来梵、褚宸舸《中国式"宪政"的概念发展史》，《政法论坛》2009 年第 3 期。
④ 参见汪朝光主编《中华民国史》第 3 编第 5 卷，中华书局，2000，第 142—157 页。

从"群众"到"人民":中国共产党宪法观念的变迁(1931—1949)

最强调中间立场的民盟,在政治上逐渐靠近中共。1947年,张澜在民盟的一届二中全会的报告中总结道,中共确实已经有了同国民党合作的诚意,政协失败是因为国民政府单方面撕毁政协决议,为国家人民福利计,走向中国的真民主意味着放弃中立。①

到1949年初,国民党在大陆败局已定,共产党联合民主党派组成中国人民政治协商会议,起草《共同纲领》,确定建立人民民主专政的新中国。至此,中共以宪政民主为口号,除了占全国百分之八九十的工农群众外,以抗日民族统一战线和人民民主统一战线最大程度上吸纳整合了更加广大的政治力量。苏维埃共和国为崭新的人民共和国所取代,这也是马克思主义中国化的一个重要体现。②

五 根本法的回应:从群众到人民

在中共的语境下,"一切革命的根本问题是国家政权问题",③ 而国家政权有两个身体——国体和政体。国体是"社会各阶级在国家中的地位",政体是政权组织形式。这两者都涉及一个问题:一个政权的政治主体为何者?前文已述,1937年后,苏维埃政权不复存在,中共所拥有的是具有极高独立性的中华民国的地方政府,因此不便以"国体""政体""宪法"等范畴来分析其法律文件。但是,从《宪法大纲》到《共同纲领》间的若干法律文件,仍然具有根本法的性质,笔者试图以此来分析其政治运作组织形式及其主体的变更;另外,若干根本法文本的前言(序言)都是在论证中共政治力量存在的正当性来源,因此笔者将此作为比较的另一个维度。

为求典型,笔者以《宪法大纲》(一苏大会)、《宪法大纲》(二苏大会)、《陕甘宁边区抗战时期施政纲领》、《陕甘宁边区施政纲领》、《陕甘宁边区宪法原则》、《共同纲领》为对象,列表分析中共根本法文件的变更,如表2所示。

---

① 《中国民主同盟一届二中全会政治报告》(1947年1月10日),中国民主同盟中央文史资料委员会编《中国民主同盟历史文献》,文史资料出版社,1983,第266—277页。
② 详见韩大梅《新民主主义宪政研究》,博士学位论文,南开大学,2001。
③ 《列宁全集》第29卷,人民出版社,1985,第131页。

表2 中共根本法文件的变更（1931年11月—1949年9月）

时间	根本法文本	前言（序言）概要	政治主体	组织形式
1931.11	《宪法大纲》（一苏大会）	革命的目的是要推翻帝国主义国民党军阀的统治，建立全国工农群众自己的政权。只有当苏维埃政权普遍到全中国时，《宪法大纲》才具体化为《苏维埃共和国宪法》	工人、农民、红色战士及一切劳苦民众（第4条）	工农兵会议（苏维埃）（第4条）
1934.1	《宪法大纲》（二苏大会）	同上	基本同上，但是增加"同中农巩固的联合"（第1条）	同上
1939.4	《陕甘宁边区抗战时期施政纲领》	边区在国民政府和蒋委员长领导下，拥护团结，坚持抗战。以三民主义和抗战建国纲领为原则，根据实际情况制定本法	所有属于抗日民族统一战线的边区人民，除汉奸、敌探和土匪外（第1条、第3条）	直接、普遍、平等的选举；民主集中制的政治机构（第7条）
1941.5	《陕甘宁边区施政纲领》	以巩固边区，长期抗战增进人民福利为目的，以三民主义、总理遗嘱及中共中央抗日民族统一战线原则为根据制定本法	边区各社会阶级，各抗日党派，群众群体。包括地主、资本家、农民、工人等（第1条、第5条、第6条）	三三制（第5条）
1946.4	《陕甘宁边区宪法原则》	无	人民（并未直接说明具体范围）	各级人民代表会议（参议会）
1949.9	《共同纲领》	中国人民解放战争和人民革命的伟大胜利使中国人民成为新社会新国家的主人。共和国的人民民主专政人民民主统一战线的政权，而以工农联盟为基础，以工人阶级为领导。新民主主义即人民民主主义为中华人民共和国建国的政治基础	工人阶级、农民阶级、革命军人、知识分子、小资产阶级、民族资产阶级、少数民族、国外华侨及其他爱国主义分子的代表。（第13条）惩罚国民党革命战争罪犯，剥夺一般反动分子、封建地主、官僚资本家的政治权利并加以改造（第7条）	各级人民代表大会和各级人民政府（第12条）

资料来源：《宪法大纲》（一苏大会）、《宪法大纲》（二苏大会）、《陕甘宁边区抗战时期施政纲领》、《陕甘宁边区施政纲领》、《陕甘宁边区宪法原则》文本均来自韩延龙、常兆儒《革命根据地法制文献选编》上卷（中国社会科学出版社，2013）。

笔者根据表2，做如下分析。

第一，在前言/序言中，战争与革命仍然是叙事的主要依据，这凸显了

从"群众"到"人民":中国共产党宪法观念的变迁(1931—1949)

"革命宪法"的本色。但是根据所针对对象的不同,其立法依据亦有不同。《宪法大纲》将自身定义为工农革命的任务书,因此诉诸的是在全国实现的美好前景;《陕甘宁边区抗战时期施政纲领》基于对"民主共和国"的期望,已经直接道明其同意在国民党的领导之下,《陕甘宁边区施政纲领》对此进行修正,诉诸更加上位的孙中山先生的遗嘱,并明确提出了抗日民族统一战线,体现了共产党人对于保持自身独立的警觉性。而《共同纲领》的前言是对通过统一战线建国的成果的确认,也是对新民主主义理论的再次强调。

第二,在政治主体上,从"群众"到"人民"的过渡是一条主线。民族危机愈发严重之后,中共"一致抗日"的口号赢得了国内欢迎,也在很大程度上纾解了自身的危机状态。① 《陕甘宁边区施政纲领》提出抗日民族统一战线之后也对《陕甘宁边区抗战时期施政纲领》中的"人民"进行了更加细致具体的说明。《陕甘宁边区宪法原则》对"人民"的具体范围亦语焉不详,反映了自身的复杂定位——既有对国民党真正推行宪政的希望,同时也在为自身摸索建国之路做尝试。《共同纲领》对"人民"则有了非常明确的界定,充分反映了人民民主统一战线划分敌我的成果,也基于解放战争尚未完全完成的现实而对所谓的"反动分子"进行惩罚改造。

第三,在具体组织形式上,工农兵会议(苏维埃)是"苏维埃"的题中之义,既反映了中共动员和规训群众的现实诉求,同时在某种程度上也是对苏联体制的机械模仿。《陕甘宁边区抗战时期施政纲领》并未将"民主集中制"具体表述出来,但是说明"民主集中制"本身已经成为中共的理政策略。《陕甘宁边区施政纲领》则完整表达了"三三制",不可不称为巨大的进步。《陕甘宁边区宪法原则》一方面承接之前"参议会"的说法,另一方面也意味着人民代表大会制度在表述和实体上都在逐渐确立,② 这也为后来的《共同纲领》所继承,成为新中国的基本政治制度。

综上所述,中共从1931年开始的政权建设之路虽然时有坎坷,但是仍然在理念和制度两个层面上完成了政治基础从"群众"到"人民"的过渡。这是统一战线的积极成果,并成为新中国的建国基础。

---

① 最典型的是,其抗日民族统一战线的思想赢得了张学良的认同,极大缓解了自身的战争压力,西安事变的历史影响更无须赘述,详见汪朝光主编《中华民国史》第3编第2卷下册,第645—683页。

② 参见韩大梅《〈陕甘宁边区宪法原则〉论析》,《中共中央党校学报》2004年第1期。

六 结论

  中共独立建立政权的实践虽然很早就已开始，但是直到 1949 年政治协商会议中共才完成建立一个崭新的共和国的任务。中华人民共和国的建立，正是"人民"作为主体力量所完成的"翻天覆地"的伟大历史变革。① 至此，中共领导下的以群众为主要革命力量，同时最大程度上吸纳整合政治精英的建国之路被画上圆满句号。前文已经说明，"人民"的起点正是《宪法大纲》中的"工农群众"，② 而后来的《施政纲领》等宪法性文件则体现了中共统一战线的转换。这恰恰印证了高华先生的看法，1949 作为研究中国革命分水岭的观点是值得商榷的，苏区、抗日根据地和解放区与中华人民共和国有着极大的共性。③

  革命斗争是《宪法大纲》的关键词，但是革命本身存在着一个永恒的悖论：革命涤荡了所有旧秩序，但随之而来的是对新秩序的构建。鲁迅曾经提醒道："革命当然有破坏，然而更需要建设，破坏是痛快的，建设却是麻烦的事情。"汉娜·阿伦特将革命视为"开端"（the beginning），但是她也意识到"那些聚集在一起组成新政府的人们，他们本身就是违宪的"，④ 革命政权面临的最大问题便是如何最大限度地保证本身不被革命。从这个角度来说，新政权的宪法制定正中肯綮。西耶斯针对这个悖论（后人称为"西耶斯悖论"）提出了"制宪权"理论，施米特和阿伦特进行进一步的论证，前者致力于以"主权决断论"为基础阐释人民民主专政的进路，后者则进行了"政治行动论"的建构。⑤

  1945 年黄炎培向毛泽东提出"历史周期律"问题，这个问题既是对中国古代自商汤革命以来王朝更迭（"其兴也勃焉，其亡也忽焉"）的历史总结，在中国走向现代共和国的道路上又可以视作为"西耶斯悖论"的翻版。

---

① 强世功对"翻天覆地"做出十分精彩的语义解释和历史解释，参见强世功《立法者的法理学》，三联书店，2007，第 100 页。
② 当然，《宪法大纲》亦多次将"工、农、兵"合称，红军建设也是同时期中央文件的主要关注点，建国之路不应该忽略军队和战争，本文篇幅有限，更多是从法学和政治学的角度来探讨。
③ 参见高华《叙事视角的多样性与当代史研究——以 50 年代历史研究为例》，《南京大学学报》2003 年第 3 期。
④ Hannah Arendt, *On Revolution* (New York: Viking Press, 1963), p. 184.
⑤ 刘擎：《大革命与现代政治的正当性：施米特与阿伦特的竞争性阐释》，《学术月刊》2006 年第 9 期。

从"群众"到"人民":中国共产党宪法观念的变迁(1931—1949)

毛泽东认为共产党找到的解决方法就是民主,这两个字的背后或许就是共产党对其通过群众路线和统一战线所凝聚起来的强大的政治共识的自信。而且,中共的从群众到人民的政治整合过程也恰恰反映了中国近代百年来的一个重要成就,即对"人民"这个概念的建构。[①]

由此看来,《共同纲领》对中共的建国之路做出了十分精准的总结。但是,我们也要知道,各个宪法文本既然是中共统一战线的体现,前提自然是要坚持无产阶级的领导。新民主主义革命,便是造成各革命阶级在无产阶级领导下的统一战线。时至今日,"中国人民在中国共产党领导下"成为现行宪法的重要叙事依据,有学者将其称为"根本原则"。[②]

一方面,宪法文本的背后是政治的考量,《宪法大纲》之后的多个根本法文本为我们做了极佳的注解,从这一层面来说,这些条文并不是固定化的笔墨;相反,它们既反映了一支政治力量对当时革命形势和革命前途的理解,又作用于社会现实。由此看来,这一系列法律文本毋宁是中共整合政治力量的动态过程。但是我们不得不承认,从《宪法大纲》开始,共产党领导下的宪法制定便带有一定的实用主义倾向,[③] 这种工具性是和革命联系在一起的。

宪法文本在形式上和内容上更加完善固然是公众的吁求,但徒法不足以自行,宪制改革便是政治体制改革,这背后便是共产党从革命政党向执政政党的历史转变,更宏观地讲,这关系到古老的中华民族跨越"历史三峡",走向常态稳定的新盛世。中共十六大正式提出要建设政治文明。另一方面,经由群众路线和统一战线所建构出来的人民在改革开放之后又面临着极大的阶层分化,改革开放也释放出来更多元的社会力量。《宪法大纲》在战争时期走出了政治整合的第一步,奠定了建国的根基;现在的宪法改革也必须最大限度地凝聚政治共识,这无疑是一个重大的时代课题。

(作者单位:尹辉煌,武汉大学法学院;饶传平,华中科技大学法学院)

[①] 关于这一点,章永乐的文章及王晓明、刘海波、王绍光等人的评议有过阐述。章永乐:《"揖美追欧旧邦新造":民初宪政历程中的欧美模式与本土政治实践》,王绍光主编《理想政治秩序:中西古今的探求》,三联书店,第241—290页,评论参见291—306页。

[②] 参见《中国宪法的根本原则及其格式化修辞》,陈端洪:《宪治与主权》,法律出版社,2007,第147—163页。

[③] 当然,这在近代中国并不少见,参见夏新华《近代中国工具性宪法及其法文化分析》,《社会科学家》2004年第4卷第1期。

·司法群画像·

清代州县佐杂官"滥受民词"现象刍议

丁天立

摘 要 清代中后期州县佐杂官不像地方正印官那样是地方上的"掌印之官",但负责地方紧要事务和具体政务的办理,在行政与司法合一的基层行政序列发挥着举足轻重的作用。本文因袭前人研究成果,从社会史的视角分析佐杂官"滥受民词"这一现象背后的原因,承认在社会现实层级的司法实践中佐杂官具有一定的审判权,并且赞同"次县级"行政区划假设真实存在。事实上,作为最底层的法律人,佐杂官非法承担或者变相合法承担州县"正印官"之政务从而滥受民词,其司法地位的厘定不仅关系到地方权力的配置,更深刻影响近代司法的演变,这都考验着统治者和法学精英的智慧。

关键词 佐杂官 基层司法 州县治理

官方的表达与实践时常背离,这不仅在制度层面上,亦在社会实际层面上为人们所共知:清代所谓"万事胚胎,皆由州县",① 是以州县作为帝国行政事务的开端和地方治理的基础,州县之下僚属的非正印佐杂官,则因属官之末流甚至不入流而被忽略,并被视为"闲曹"或"冗官"。从瞿同祖先生的《清代地方政府》一书开始,学界开始更多地用社会史的视野去关注和分析清代的基层行政和司法,对佐杂官法律地位的认识也从之前"凡官非正印者,不得受民词",② "系补佐印官,并非与印官分权"的一般认识,③ 分流为"司法诉讼程序在官方层级,不是始于县衙,而是始于县丞

---

① 王又槐:《办案要略·论详案》。
② 嘉庆《大清会典》卷42。
③ 戴炎辉:《清代台湾之乡治》,台北,联经出版公司,1979,第623页。

所在地的分县署或巡检所在地的分司署之类的县级以下的行政官署",① 更有学者认为:"佐杂在获得检验权的同时,亦获得了命案事实上的审理权,并由此必然获得其他案件的审理权。"② 本文承继以上研究结论,认为清代佐杂官的审理权限在官方明确规定"不得受民词",即被完全否定的态度之下,却在社会现实层级的基层司法实践上出现了让步和松动,并拟从佐杂官现实所处社会地位的视角出发,分析清代官方对州县佐杂官审理权限的松动持容忍态度从而使佐杂官"滥受民词"的社会原因。③

一 佐杂官之设立

清代地方行政区划以省为第一级别,府、直隶厅和直隶州为第二级别,隶属于府的散厅、散州和隶属于府、直隶州、直隶厅的县为第三级别。州设置知州,县设置知县,即所谓"正印官",对整个州、县行政负全责。知州、知县以下又设有数量庞大的附属辅助性的官员,分别被称为佐贰官、首领官和杂职官。其中,佐贰官指府同知、通判,直隶州、散州所属州同、州判,县属县丞、典簿等,"县佐贰为县丞、主簿,所管或粮、或捕、或水利";④ 首领官主要包括布政司、按察司,府、厅等衙门经历、照磨、都事、知事、理问、检校,州吏目、县典史等;杂职则包括库官、仓官、税官、司狱、驿丞、巡检等。此三者合而为一,简称"佐杂官"。

自秦汉设官以来,中央在地方行政权力结构中刻意地构建交错式和制约式的监督关系,使之成为强化政府内部监督和加强中央权威的重要途径:正佐之间的相互监督机制正是产生于此背景之下。明清以降,随着主官负责制的不断强化,正佐监督机制逐渐流于形式,州县所设之佐杂官也逐步沦为依附性官僚。也正如清人所言,自汉朝以来,"丞治钱谷,簿治文书,尉治狱"的传统在明初"犹然"而至清则"皆废为闲曹"。⑤ 更有

---

① 吴佩林:《万事胚胎于州县乎:〈南部档案〉所见清代县丞、巡检司法》,《法制与社会发展》2009 年第 4 期。
② 茆巍:《万事胚胎始于州县乎?——从命案之代验再论清代佐杂审理权限》,《法制与社会发展》2011 年第 4 期。
③ 有关清代佐杂官研究综述,参见左平《清代州县佐贰杂职官员研究述论》,《西华师范大学学报》(哲学社会科学版)2012 年第 6 期;王兆辉:《清代州县佐贰官研究综述》,《中国史研究动态》2014 年第 2 期。
④ 光绪《大清会典》卷 4。
⑤ 盛康:《皇朝经世文续编》卷 20。

"皇权止于州县"之观念为清代基层行政的"一人政府"做了最好的脚注,这也是学界所达成的共识:"正印官"的独任制使佐贰杂职官员被认为是"冗官",且未被纳入州县主干行政系统。"清初统治者在特殊背景下的政治实践中逐渐意识到在构建简约型地方政府过程中如何将其数量、功能与地方实践结合方更有益于地方治理。"① 但事实上,佐杂官员不仅有品级,亦有官缺选任制度,甚至有学者提出了"次县级政权"——佐贰、典史、巡检辖区构成州、县以下行政区划的设想。"佐杂虽然不像正印官那样是地方上的掌印之官,但却负责具体政务的办理,且处于官僚的最基层,与百姓最为接近,因此他们的选任及其行政状况,对地方治理有重要意义。"②

从清代佐杂官的设置数量上看,"不是每县都设县丞和巡检,且到后期,所设数量呈递减趋势"。③ 乾隆时期,全国共有1282个县,设县丞的仅有406个;④ 光绪朝时,县丞数量减少至345个,而全国县的数量却增加到1314个。⑤ 设巡检的县的数量在乾隆朝时为905个,⑥ 至光绪朝达到935个。⑦ 虽然佐杂官非州县必设之官职,且数量无法与正印官成正比,但是其在地方行政事务中的重要地位却越发凸显。清世宗在一道谕旨中曰:"各省佐贰、微员有地方职掌紧要者,亦有新设、新移正需料理者,必须于众员中拣选才具稍优、熟练事务之人,方克胜任。着各省督抚将佐贰紧要之缺察明具奏,交与该部注册,遇有员缺,该督抚拣选,题请调补。如本省乏人,或将别省所知现任之员题补,或请旨拣发。永着为例。"⑧ 从批谕中不难看出佐杂官虽不像正印官那样是地方上的掌印之官,但却负责地方紧要事务和具体政务的办理,最接近基层百姓,因此中央十分重视对他们的选认及其行政情况。⑨

---

① 王兆辉:《清代州县佐贰官研究综述》,《中国史研究动态》2014年第2期。
② 张振国:《清代地方佐杂官选任制度之变革》,《历史档案》2008年第3期。
③ 吴佩林:《万事胚胎于州县乎:〈南部档案〉所见清代县丞、巡检司法》,《法制与社会发展》2009年第4期。
④ 乾隆《大清会典》卷4。
⑤ 光绪《大清会典》卷5。
⑥ 乾隆《历代职官表》。
⑦ 光绪《大清会典》卷5。
⑧ 光绪《大清会典事例》卷61。
⑨ 参见张振国《清代地方佐杂官选任制度之变革》,《历史档案》2008年第3期。

二 佐杂官"滥受民词"现象之肇始

"佐杂之官"理论上被视为知县的"佐理",雍正朝大学士鄂尔泰认为:"设官分职,专司而外原有佐理。如州牧县令以下,设有州同、州判、吏目、县丞、主簿、典史等官。而县分大者,则添设县丞,为之征比钱粮,审理词讼;乡镇多者则分设巡检,为之缉捕匪类,查拏盗贼。"① 州县佐贰杂职官的职责和权限可以区分为:(1)法定本职权责,如州同、州判、县丞、主簿等负责粮马、水利、巡捕等事务,吏目、典史作为首领官,其法定职责在于捕捉盗贼、管理监狱以及处理各种治安事件,在关津险要、治安情况复杂的地方设置巡检负责缉捕盗贼;(2)法定代理权责,清代的制度允许州县佐杂官在规定的范围内有条件地代行正印官的某些职责,如"地方呈报命案,如逢正印官公出,令佐贰捕官会同营汛代验,先行缉捕",② 州县处决人犯"若部文到日正印官公出,令同城之佐贰官会同武职官代行监决"。③

然而,实际上,处于以知县为首的主干行政体系之外、未能成为其副手或下属职能型官员的"佐杂官",在州县正印官眼中多为"秩卑禄微,诸惟仰赖尊堂",④ 其主要职责在于缉捕、司狱等治安方面:"佐杂人员不许准理地方词讼,遇有控诉到案,即呈送印官查办,若擅受而审理,且酿制人命,或印官擅自将地方词讼批委佐杂办理者,佐杂、印官及失察上司均受到革职以下处分",可见清代佐杂官是无权受民词的,即不得进行司法审判活动,否则其至连上司一起受到降职或撤职的处分,"刑名钱谷,盗贼之大者,民词之重者",佐贰"不得一问"。⑤ 嘉庆《大清会典》有云:"凡官非正印者,不得受民词,户婚、田土之案,皆令正印官理也。"这一规定至光绪朝时也未改变:"凡官非正印者,不得受民词(缉捕官除察访不轨妖言命盗重事外),其余军民词讼,不许干与。若户婚田土斗殴人命,一应民词,均不得滥受。分防佐贰等官,所收呈词内有命盗等案,即移交州县拘提

---

① 邵之棠:《皇朝经世文统编》卷29。
② 故宫博物院编《钦定吏部则例二种》第1册卷64,海南出版社,2000。
③ 光绪《大清会典》卷55。
④ 黄六鸿:《福惠全书》卷4。
⑤ 盛康:《皇朝经世文续编》卷22。

审讯。"①

但是，通过对地方资料、档案的挖掘和整理，学者们注意到清代某些州县佐贰、典史和巡检在县以下有明确的辖属之地，②于是质疑"皇权止于州县"的传统观念，并提出了存在"州县以下一级政权"的假设，即认为佐杂官除负有方面之责，如分巡属地治安、分催属地赋役之外，还负有全面之责，如统管属地之催征、治安、教化以及"受民词"之诉讼。例如，在光绪年间，佐杂官的司法权便有所放宽，在特定情况下拥有了"代验权"："凡地方呈报人命，正印官公出，即移请壤地相接不过五六十里之邻邑印官代验，或地处穷远，不能朝发夕至，又经他往，方许委派州同、州判、县丞等官。""凡斗殴伤重不能动履之人，不得扛抬赴验……其离城吊远之区，及繁冗州县，委系不能逐起验看者，许委佐贰、巡捕等官代往验报，仍听州县官定期保辜。"③故提出州县佐贰杂职官的职责和权限还有第三种，即超出制度规定而实际履行的职责，这些法外权责包括代理州县正印官"征收钱粮"、"受民词讼"、代行勘验以及差委办理临时事务。④

学术界已有的研究中，吴吉远认为："州县政府的佐贰杂职官虽没有司法审判之权，但我们从任何一部地方州县志中都可以看到，佐贰杂职官并不与印官同衙办公，且都有自己的衙署及相应的衙署设置，即'有官必有衙，有官则必有吏'。在他们的职责范围内，仍要参与司法事务，像吏目、典吏、巡检等，其本身就是专为司法、治安所设置。正印官公出时，佐杂人员可受权接收词讼，出差拘提、保押人犯。也就是说，只要有一定的行政职责，也就有相应的司法职责。"⑤那思陆认为，由于印官事冗，小窃案件有不得不发佐贰代讯之势，"事实上，佐贰官时常受理民词"。⑥吴佩林研究《南部档案》认为："清代的县级衙门并非是皇朝统治的终点，皇权对县以下的基层社会的控制，也并没有完全留给保甲等地方基层组织和宗族组织，位于州县衙门和乡村社会之间的县丞、巡检等基层官员，在其管辖区

---

① 光绪《大清会典》卷55。
② 参见张研《清代县级政权控制乡村的具体考察——以同治年间广宁知县杜凤治日记为中心》，大象出版社，2011。其中第三章"清代知县与'一人政府'"罗列了湖北恩施县县丞署、巡检署、典史署具体的分防情况，表3-2罗列了清代广东县级佐贰官的驻地、属地。
③ 光绪《大清会典》卷55。对佐杂官"代验权"之分析，参见茆巍《万事胚胎始于州县乎？——从命案之代验再论清代佐杂审理权限》，《法制与发展》2011年第4期。
④ 参见魏光奇《有法与无法——清代的州县制度及其运作》，商务印书馆，2010，第44页。
⑤ 吴吉远：《清代地方政府司法职能研究》，故宫出版社，2014，第77页。
⑥ 那思陆：《清代州县衙门审判制度》，中国政法大学出版社，2006，第17页。

也与知县一样具有司法裁断权,他们为维护地方秩序发挥了重要作用。"①

综上,从"代验权"出发不难看出,清代基层佐杂官的司法审理权限在官方持完全否定的态度,即明确规定其"不得受民词",裁决权须交由正印官处理之时,却在社会现实层级的基层司法实践中出现了松动,"清中期佐杂断案就为官方所认可",② 官方默许了在施行里甲制和保甲制的佐杂官署范围内佐杂官的案件审理权。

三 佐杂官"滥受民词"之原因

清代县级以下的行政区划及其演变"显然与佐贰、典史、巡检属地划分,包括其在属地中的职责有关"。③ 清政府在地方上推行里甲制和保甲制,以实现基层社会的赋税征收和社会治安之稳定,并极力使其成为平衡地方权力的独立单位——不受基层社会固有权力体系的掣肘,"虽不直接与上层政权相衔接,却贯彻执行国家意旨,实现国家对乡村'如身之使臂、臂之使指'的控制,在最基层填补国家控制权力的真空"。④

愿景虽好,然而里甲制和保甲制因先天背离社会而实际上将基层百姓不加区分地置于被管辖的客体地位,受到基层社会固有权力系统的全面抵制与排斥。"经过长期博弈,清代里甲、保甲制度依照基层社会的实际情况逐步修正;上层政权向基层社会固有权力体系不断妥协;国家权力与基层社会固有权力的相互位置及消长逐渐变化",⑤ 最终形成了县级以下行政区划和宗族、乡绅自治的相互交织、共同作用,国家政权与基层社会传统的固有权力体系在旧的层次逐渐溶解而在新的层次达到更为融洽的统一。此时,位于皇权底端的佐杂官行政序列作为联结州县行政区划和宗族、乡绅自治的基层权力体系的纽带,很自然地处在了一个极其微妙的位置之上。

---

① 吴佩林:《万事胚胎于州县乎:〈南部档案〉所见清代县丞、巡检司法》,《法制与社会发展》2009年第4期。
② 吴佩林:《万事胚胎于州县乎:〈南部档案〉所见清代县丞、巡检司法》,《法制与社会发展》2009年第4期。
③ 张研:《清代县级政权控制乡村的具体考察——以同治年间广宁知县杜凤治日记为中心》,第69页。
④ 张研:《清代县级政权控制乡村的具体考察——以同治年间广宁知县杜凤治日记为中心》,第70页。
⑤ 张研:《清代县级政权控制乡村的具体考察——以同治年间广宁知县杜凤治日记为中心》,第70页。

一方面，由于清朝文官俸禄制度承袭于明朝，因此清代官俸之微薄，人称亘古未有："或曰洪承畴有意为之，以激怒汉人，而不尽然也。一因满人占额太多，不敷支配；一因人心厌乱，容易服从。"① 对于俸禄低微造成的佐贰必贪之势，清人亦多有论述："汉宣帝神爵三年，诏曰吏不廉平则治道衰。今小吏皆勤事而俸禄薄，欲其毋侵渔百姓难矣。"② "佐贰、武官均有应尽之职守，乃日久弊生，觉除完法舞弊外几视为无可生活之计。例如受贿出票搜受词讼等事件，乡区小民受累者不知凡几。至与州县官同城之佐贰杂职，除职任应管外，每多违反法律，任意搜受地方词讼，致令劣绅通贿，是非颠倒，良民冤抑，多由于此。"③ 现实中正印地方官员的用度因公费银的裁撤只剩俸禄而更为拮据，而佐杂官不仅正俸微薄，且养廉银也不能保证足额得到，这便造成清代州县衙门内佐杂官腐败丛生，且尽皆集中于司法：

> 夫衙官滥受民词，律有明禁，然每有民间口角争哄小事，不便渎控于印官，而但具禀于佐贰；亦有愤懑无泄，欲令稍倾悭橐，而为衙官作壶榼之需。为衙官者，因廉俸之有限，不无冀锱铢，以资薪水。然宜召两造而以理谕之，使亲友证佐为之处释，以聊受其纸张而已。此亦律设大法、理顺人情之意也。夫何擅作威福，遽尔加刑，鞭挞之余又施三木，岂不谓之肆无忌惮乎？甚有假堂上之批词以为虎吓之具，因势袊之呈送，遂为狐媚之行，因而滥禁监仓，恣其凌虐，是所谓傅虎而翼者矣。夫为堂官计，与其有事而加饬，有伤同寮之雅，莫若先事而婉戒，使知自儆之优。倘漫不为意，堂词未可轻批，宜召该书，严加切责。若少自知爱，未有不惕然敛戢者矣。虽然，表正则影自直，苟堂官息讼宁民，兹祥素抱，虽贪暴之徒亦将化为廉静，敢更有多事而肆虐者哉。

除黄六鸿在《福惠全书》卷31"佐贰滥刑"一章中的详尽描述外，清钞本《佐贰须知》也记载了佐杂官的敛财之道；《增删佐杂须知》一书中亦

---

① 徐凌霄、徐一士：《凌霄一士随笔》，山西古籍出版社，1997，第994页。
② 顾炎武：《日知录集释》卷8，上海古籍出版社，2006。
③ 《呈院议决纠正佐贰搜受词讼干预公事及州县轻入人罪文并折·山东咨议局会议第一期报告书》，桑兵主编《辛亥革命稀见文献汇编》第34册，国家图书馆出版社，2011，第561~562页。

告知，这些卑微小吏一旦被州县正印官批委词讼，就有了敛财的机会："至印官事冗，小窃案件，有不能不发佐贰代讯之势，但听其查办，即不免有需索之弊。"① 对于一般性案件，如赌博、酗酒、盗窃、私宰、忤逆、斗殴、私盐等事，佐杂官可自行处理，但诸如户婚、田产等重大之事，则为非应理之事，但其中有牵连赌博等上述应理之事者，若与堂翁相好，亦可准许其追究。佐杂官地位卑微，虽承担某项事权，但因权力有限，又被禁止染指词讼，典史一类虽司职缉捕，但无权升堂问案。因此，佐杂官都以种种借口和手段谋求委署审理案件之权，意在能够得到收受贿赂、施展权威的机会。对此，清人李庚干所辑《佐杂谱》一书上卷中便有所记载：

> 古之为官也，使民息讼；今之为官也，使民滋讼。使民息讼者，常恐其有讼，无以保民之身家；使民滋讼者，常恐其无讼，无以肥己之囊橐……今之仕宦者，大抵惟利是视，而佐贰尤甚；佐贰于例本不当擅受民词，今乃于民之讼者，不问其理之有无，一词进必先奉官若干、吏若干、役若干，然后施行，无是，虽有理，不得也。至于详文，有贿，则无理亦为之斡旋；无贿，则有理亦为之淆乱。两造俱有贿，则斟酌两平。今之为佐贰者，咸若是噫，上干国法，下朘民膏，亦非所以自爱也。

"实际上，由于利益的驱使，清代佐杂受理词讼也是很普遍的现象。他们既要审理案件，又要不留痕迹，以免被追究"，② 甚至在清代实际的州县政权运作中，正印州县官批委佐杂官审理案件的情况普遍存在，即使双方都会面临降职或撤职的处分："有等衙官，专在堂官面前奴颜卑膝，趋承帮凑，得其欢心，因而串通内衙之主文，又凭央堂上之胥吏，上下关通，结成一片。县官词讼山积，那有件件自理，又思衙官趋炎附热，岂可无事相酬，遂以批审为代劳之具，两造为赠答之资。"③

究其原因，清代地方政治权力过于集中于正印官手中，而州县所辖区域又甚为广阔，人口的日益增长势必造成民间社会事务激增，"以一县之大

---

① 汪辉祖：《学治臆说》。
② 郭成伟、关志国：《清代官箴理念对州县司法的影响》，中国人民大学出版社，2009，第180页。
③ 王元曦：《禁滥准词讼》，徐栋《牧令书》卷18。

而付诸一人,曰征租,惟知县主之;曰听讼,惟知县主之;曰缉捕,惟知县主之;曰考试,惟知县主之。余若讦奸防盗兴利除弊诸要政,悉惟知县是赖",① 于是"至印官事冗,小窃案件,有不能不发佐贰代讯之势"。② 如:

> 奏为请令繁剧州县酌试佐贰协办词讼以清案牍事。伏查外省府州县有正印官,即有佐贰官,所以助正印官之不及也。我皇上留意人才,拣送佐贰杂职,悉行引见试用,所以鼓励者甚厚。今因雍正十一年三月左副都御史臣史在甲条陈内称:印官每月批发佐贰词状,或一二张,或三四张,名为照看,两造行贿说合,比擅受民词为更甚,请嗣后印官词讼不亲审理批发佐贰者,一经发觉将印官从重议处等因。经部议覆通行在案。臣愚以为其中事理似有宜加分别酌定者。盖府州县地方大小不同,事之繁简亦不同。简僻之地词讼无多,印官自足办理。若地属冲繁,势实不能独理。如概禁佐贰协办,其所准词讼必至经年累月沉搁不结,即或批发乡约地保处,覆袒护偏,向百弊丛生,否则于户婚田土概不准理,以致民冤不伸,寻衅殴酿成命案者有之。臣请更加分别酌定地简讼少者,仍不许佐贰官代理。若地处冲繁,凡田佃斗殴户婚交易等事,许于佐贰贤能之员批发协办,但所批发案件,州县则按季报府,府州则按季报司以便查察。③

此奏折为太常寺少卿唐遂祖基于民间诉讼爆炸式增长这一现实提出的有关放权于佐杂官的设想,在官方层面上出现了针对个别州县佐杂受民词讼的制度变通:"此奏已看出清代地方案件必非正印官一人所能署理,故奏请超越对佐贰的'不信任感'而从地方具体形势出发给予佐贰独立而受约束的诉讼审理权。"④ 对于佐杂官而言,官俸微薄、养廉银有限且得不到保障,除供养家人生活之外还要面对清代官场上的种种陋习,经济上的劣势成为其滥受民词的原始动机,加之佐杂官又有相对独立的官署区划,这成为滋养司法腐败的天然土壤。在利益的驱使下,除合法地代理正印官进行

---

① 杨凤藻:《皇朝经世文新编续集》卷3。
② 汪辉祖:《学治续说》。
③ 《宫中档雍正朝奏折》第23辑,台北"故宫博物院",1977。
④ 胡恒:《清代江南佐杂分防与市镇管理献疑——以苏松二府为例》,刘昶、陆文宝主编《水乡江南:历史与文化论集》,上海古籍出版社,2014,第188页。

审断和查验之外，"非正印官"滥受民词的"边缘司法"①似乎也成为清代基层社会的普遍现象。

另一方面，清代州县佐杂官中有相当一部分被派往县以下的地方进行"分防"，以执行特定的公务。"分防"通常指将州县全境划分成若干个区域，分别由巡检、吏目、典史负责其治安，统辖区域内的乡约组织以及宗族势力，"这种情况，实际上是将佐杂官员变成州县之下的区域性行政官员，可以说是近代在州县之下划分行政区域、设置行政官员的先声"。② 分防的佐杂官如州同、州判、县丞等各有其职责，主要任务在于从全县范围的一般行政转移到对特定地区的管辖。分防佐杂官的任务"与治安息息相关，从性质来判断是以对'人'的管理为最主要目的……掌握不会移动的'土地'，对土地税的确实征收为最大的目的州、县等行政领域，和对不断移动的'人'的管理为重点的治安上的管辖区域，两者之间在'空间'上出现分歧毋宁是理所当然的"。③

佐杂官分防的具体职责有二：其一在于征收所管辖区域的赋税，由于一般分防佐杂官的分防驻地远离州县正印官之治所，"经征地丁银及细事应听各员就近办理"；④ 其二在于承担一定的司法职责，"佐杂分驻地方，遇有窃盗娼赌等犯，许其先行拘拿，随即解送印官审理"。⑤ 除此以外，设于州县以下的分防佐杂官还有一些地域性的责任或临时性的差遣，如稽查工事、赈灾等。佐杂官的"分防"一方面促进了皇权与宗族、乡绅社会的互动，使国家政权与基层社会传统固有权力体系可以在基层行政层面实现更好的对接；另一方面造成在州县"一人政府"之下形成新的相对独立的官署区划，由于佐杂官更直接和频繁地与百姓接触，处理百姓事务，州县官"不能不发佐贰代讯之势"也在清代的基层治理中蔚然成风。

佐杂官分防在社会层面的直接结果是佐杂官与地方士绅间建立了纷繁

---

① 参见王兆辉、刘志松《清代州县佐贰官司法权探析》，《西南大学学报》（社会科学版）2014年第4期。
② 魏光奇：《有法与无法——清代的州县制度及其运作》，第45页。
③ 〔日〕太田出：《清代江南三角洲地区的佐杂"分防"初探》，张国刚主编《中国社会历史评论》第2卷，天津古籍出版社，2000，第111页。
④ 故宫博物院编《钦定吏部则例二种》第1册卷42。
⑤ 光绪《钦定六部处分则例》卷47。

复杂的默契和互相依赖的关系。①《佐杂须知》中有载：

> 如见绅士，云："弟初到贵处，民风土俗一概不知，乞不吝珠玉赐教为感。"若远来的或送礼，则问："贵寓何处，理当请至弊斋才是，只恐亵慢。"即高声吩咐备饭，辞去，即刻答拜，则是生道之财也。绅士有事相见，则先着门上问明见面说起之事，正容静听，切勿插言。俟彼说毕，虽十分可从，不可十分应允，但云："既蒙面谕，自当领教，然需斟酌报命，不敢十分枉法，恐日后翻案，则今爱彼，适日后害彼了。"所说之事，必不可从，即云："某人此事，情罪显然，目今功令深严，日后败露，则彼此具有干碍，须三思为妙。"辞出之后，即当审结，恐迟则又寻人来说，允则干碍，不允则招怨矣。来说之事，我即应允，当面送礼，切勿接受，但云："此事理当效劳，既蒙尊赐，讯毕然后敢领。"必候彼将物交明，原差缴进，然后审结，恐日后事发，亦不过原差受赃，己罪尚轻，且彼亦无凭据挟制我矣。

又如：

> 本地乡绅，有任京外者、有告假在籍者、有闲废家居者，其交际之间，宜待之以礼，用刺相规，悉照旧规。其有切己事，或兄弟子侄，横罹意外，亦必周全体面。所以重衣冠而扶名教也。至于学校中有文章品行之士，特加优遇，贫寒不给者，或分廉俸资之膏火，非惟贤父母，政体应然，而贤者闻风知劝，益加自爱。不肖者返衷自愧，亦争事诗书。其于风教默化潜移正自不小。且从来草茅讴颂，本出肺肠。缝掖春秋，多凭口吻。一念怀嗔，可使展禽作跖。微疵偶染，顿令尺泽生波。为仕者曲意逢迎而避谤，固为绕指之羞，有心凌辱而示威，

---

① 瞿同祖认为："士绅是与地方政府共同管理当地事务的地方精英。与地方政府所具有的正式权力相比，他们属于非正式的权力。两个集团相互依存，又各自以不同的方式行使着自己的权力。两种形式的权力相互运作，形成了二者既协调合作又相互矛盾的关系格局……从士绅和官吏隶属于同一个集团这一意义上讲，他们的权力直接源于传统的政治秩序。因此，尽管有正式权力和非正式权力的差别，实际上是同一个权力集团在控制社会。这个权力集团在公共领域表现为官吏，在私人领域表现为士绅。结果是，政治性基本权力就是政治中的主控权力。而且只有那些实际或潜在拥有权力的人才可以进入精英阶层，得以参与治理活动。"（瞿同祖：《清代地方政府》，法律出版社，2011，第265—267页）

亦涉过刚之忌，惟礼所当存仪循分及。法难轻纵，责亦必加，庶乎可矣。《语》云："事其大夫之贤者，友其士之仁者。"《诗》曰："柔亦不茹，刚亦不吐。"其斯之谓欤。①

分防辖属地区的地方士绅们的一举一动都关系到佐杂官的切身利益：既要防止他们越俎代庖从而妨碍政事，又要诚惶诚恐百般讨好以求不得罪交恶。地方官对乡绅总是以礼相待的政治逻辑出发点在于乡绅阶层在地方治理中所处的地位：州县之下的行政区划不单纯是"官"的统治，而是乡绅阶层与皇权底端的佐杂官行政序列并行治理的政治妥协，以致乡绅们有着比其他社会阶层更加优越的社会地位和集体认同感，侪类间甚至有相同的儒家礼教价值观、浓重的家族宗法色彩和相近的旨趣爱好，这一点无疑支撑着乡绅们的集体情感和共同行动去捍卫自己的阶层特权，使其得以永续。一般情况下，佐杂官职卑人微，且是异地任职，对其任职地区的政事和人事都知之甚少，此时亦需要寻求地方乡绅势力的协助。

分防佐杂官的为官之道在于，和士绅间的共同利益决定其寻求士绅们的合作与支持是必不可少的，否则其政事之处理不可能顺利进行，有时甚至州县佐杂官的名声和升官之路也在很大程度上依赖于地方士绅："州县佐杂官员对士绅特别优待，并维持与他们的友好关系，对于士绅而言，他们也要依仗州县官员来维持自己在本地区影响力和特权，图谋不法利益的士绅和贪赃枉法的州县官员常常为了相互的利益，一拍即合，紧密合作。"②地方官员无法控制士绅，而士绅却可能影响地方官，"尽管个别士绅和个别地方官常常会发生利益冲突，但这种冲突从未严重到足以引起权力结构和既定社会政治秩序发生变化的程度"。③

所以，分防州县之下直接与士绅们打交道的佐杂官无不希望与士绅保持良好的利益关系，这在任何地方社群之中都是普遍存在的现象。士绅阶层不仅控制着基层社会的道德评价、风俗教化和乡规民约，更把控着民间和官方的司法调解以及词讼资源。④ 在佐杂官与掌握地方词讼的乡绅阶层相

---

① 黄六鸿：《福惠全书》卷4。
② 申立增：《清代州县佐贰杂职研究》，硕士学位论文，首都师范大学历史系，2006，第91页。
③ 瞿同祖：《清代地方政府》，第311页。
④ 参见吴吉远《清代地方政府司法职能研究》，第77页；翟芳：《论明清调解制度及其在基层社会治理中的作用》，《政治与法律》2010年第9期。

互依存的社会背景之下,佐杂官作为"非正印官"在其所辖区域内受民词讼也似乎是水到渠成,"结果是,他们持续固守着共同利益世袭罔替,使他们得以在中国历史的漫长岁月中维持着自己的特权和权力"。①

四 结论与思考

清人章学诚有云:"天下政事,始于州县,而达乎朝廷。"② 州县衙门是国家对地方实施控制的最底层行政序列设置,这是学界对清代行政管理体制的基本认知。而从前文的论述中不难看出,州县之下的基层固有权力体系需要与更为渗透和贴合的行政人员相配适,皇权对于县级以下社会的控制权,除了交由保甲、里甲制等地方基层组织进行自治外,还赋予了位于州县衙门与乡村社会之间的分防佐杂官。尤其是这些佐杂官在所辖区域内有着相应的司法审断方面的权力,"非正印官不得受民词"的规定在此出现松动。当然这在维护地方的治安上发挥了不可替代的作用,"简而言之,万事胚胎并非仅始于州县衙门,而是始于县以下的基层行政官署。基于此,司法诉讼程序在官方层级,不是始于县衙,而是始于县丞所在地的分县署或巡检所在地的分司署之类的县级以下的行政官署"。③

于是,清代州县行政管辖中出现了一个有趣的现象:法律明文规定一县政务由正印官统筹,不得假手于佐杂官,认为他们"外之县丞佐杂皆由捐纳,无非市井无赖之尤,非能益其佐辅也,智有不及,才有不周,独立即不可为治矣;况文书数尺,高可隐身,成案积例非皆谙悉";④ 而在现实中,州县"正印官"向佐杂官批委司法案件,以及分防佐杂官私下承接案件已非个别现象,甚至可以认为,在州县政权的现实运作当中,佐杂官承担着数量巨大的司法承审案件。嘉庆《大清会典》虽明文禁止佐杂官私受词讼,但实际上这条禁令成为一纸空文,到光绪《大清会典》时,官方已然默认了佐杂官的代验之权。这一现象的存在,从政治上来看,究竟是清朝统治者屈服于现实而无奈选择的结果,还是其政治智慧在整顿行政和吏

---

① 瞿同祖:《清代地方政府》,第311页。
② 章学诚:《文史通义校注》卷6,中华书局,1985。
③ 吴佩林:《明断:清代佐贰杂职司法——以〈南部档案〉为中心》,《法律史评论》2008年卷。
④ 邵之棠:《皇朝经世文统编》卷29。

治上面的具体体现，有待商榷。但从中也不难看出，除非在源头上使统治权走向现代化，接受西方现代化的国家分权体系，否则佐杂官只要从正印官那里被委以些许的行政权，便会有相应的裁断纠纷、处理词讼之权的扩散，这一点单纯依靠禁令是禁止不了的。

综上，佐杂官非法承担或者变相合法承担州县"正印官"之政务从而滥受民词的社会层面的原因在于：首先，微薄的官俸和卑贱的社会地位使其拥有了进行"边缘司法"的原始动力；其次，中央皇权在州县以下的行政序列被削弱，分防佐杂官与士绅阶层的权力互动和天然亲和亦产生了广阔的司法腐败土壤；除此之外，清代晚期州县一级民词诉讼的爆炸式增加客观上也为非正印官"滥受民词"提供了条件。

佐杂官在官方明令禁止的情况之下受民词讼，这种基层司法权的松动虽然有其合理存在的社会现实条件，但是造成诸如司法腐败、法律的稳定性减损和司法权威性受到挑战等问题，清末的统治者和法学精英们在面对法律体制近代化进程的冲击时是如何去解决这些问题的，这对当代司法制度的发展依旧具有参照和借鉴意义，故仍然值得撰文再予探讨。

（作者单位：南京大学法学院）

清代刑部制度考订四题

——对董康相关述论的辨正

李 明 张卓媛

摘 要 曾在光绪末年任职刑部的董康在入民国后撰述有数篇介绍清代司法制度的文章,本文列举其所述之中四条失实不当之处,借此对清代法制史中看似为常识,实则以往关注并不多的几个重要问题略加辨正考订,它们涉及清代刑部直隶司、奉天司的形成,刑部律例馆在清后期职能之转变,秋审事务如何逐步独立且专由秋审处来负责,以及每年刑部秋审的时间问题。这些小问题折射出刑部制度的变动,体现了有清一代刑部制度调适与迁衍的轨迹。董康对这几个小问题忆述的失真提示我们,在利用亲历者事后所结撰形成的史料时也尤须审慎而不应当盲从。

关键词 董康 秋审 刑部十八司 律例馆 秋审处

董康(1867—1948),字授经(又"绶经""绶金"),号诵芬室主人,江苏武进人。董康一生经历丰富,早年应科举成进士,供职刑部,清廷覆亡后,在北洋政府中出任与司法、财政有关的职位;谢政之后复在上海、北京的数校任教授或在社会上从事律师工作;抗战爆发后"落水"出任伪职,沦为汉奸。由晚清入民国,董康一直从事与法律相关的工作,在清末和民初身役诸多法律的编纂修订,[①] 以法学方面的成就闻名于时。职守之余,董康性嗜藏书,喜好诗词戏曲,曾漫游欧美、数渡日本,借便访求古书,并在此基础上精校刻印,于访书刻书、目录学、戏曲研究等方面颇有创获。

董康毕生的法律事业肇基于晚清在刑部的任职经历,这也对他日后从事对清朝司法制度相关的整理和论述提供了宝贵的阅历基础。光绪十六年

---

① 可参详华友根《董康生平事迹述略》,华友根编《董康法学文选》,法律出版社,2015。

（1890）董康成进士后，入刑部任额外主事。① 光绪十八年（1892）丁忧回籍。"戊戌政变后入京复职，庚子事变时留署治事，擢提牢厅主事，总办秋审兼陕西司主稿。光绪二十八年任修订法律官提调。光绪三十二年任京师法律学堂教务提调，四月以刑部候补员外郎的身份，赴日本考察法制。"② 这些在清代刑部的切身见闻与经历，是他入民国后撰写《前清法制概要》（1923）、《前清司法制度》（1935）、《清秋审条例》（1942）等有关清代法制度史重要撰述的素材来源，笔者从事清代法制的研习，在阅读使用这些篇章时颇获教益，然大醇微疵，事去时远，董康在追述落笔之时颇有不甚谨饬之处，兹不揣浅陋，略做数例之考订。本文并非意在饾饤校雠，而希望借此申发考辨清代刑部的某些制度史实，同时以示读者，使诸君在阅读、引用董康这数篇文献时有所惕厉。

一 刑部直隶司与奉天司形成之始末

董康在陈述清代刑部的组织架构时，对分理各省刑名的清吏司列举道："直隶司，热河都统并，清初称左司。奉天司，吉林黑龙江将军并，清初称右司。"③ 其中，直隶司的前身当是右现审司，奉天司的前身是左现审司。这一点涉及清代刑部最为重要的两个清吏司——直隶司、奉天司的由来与名称的变迁问题。

明代刑部置十三清吏司，清代顺治、康熙时期刑部有江南等十四司，如果加上专管逃人的督捕司，即为十五司，据雍正《大清会典》所载，这时刑部诸司中并没有专门的直隶司或奉天司，顺天府及直隶巡抚衙门等所辖案件由刑部云南清吏司带管，盛京地方及宁古塔将军衙门等所辖案件由山东清吏司带管。④ 关于刑部下隶诸清吏司的数量之变动与名称之变易，乾隆末纪昀等在编纂《历代职官表》时，追溯其沿革，述之甚详，指出雍正元年时增置了左、右两个现审司，主要是管理刑部等待审判之系囚的鞫讯

---

① 额外司员"主事，董康，江苏武进人，己丑"，见《大清搢绅全书》光绪十六年冬，文宝堂刻本，收入《清代缙绅录集成》第 51 册，大象出版社，2008，第 45 页。己丑年是光绪十五年，该年会试，次年举行殿（廷）试。
② 董康著，朱慧整理《书舶庸谭》卷首之《整理说明》，中华书局，2013，第 5 页。
③ 董康：《前清司法制度》，《法学杂志》第 8 卷第 4 期，1935 年，第 447 页。
④ 雍正《大清会典》卷 149，清雍正十年武英殿刻本，沈云龙主编《近代中国史料丛刊三编》第 77 辑，台北，文海出版社，1994，第 9446、9453 页。

之事；乾隆二年（1737）改右现审司为直隶司，乾隆七年（1742）改左现审司为奉天司，至此清代刑部稳定形成十八司。① 雍正年间设置的现审左右二司，最初是从刑部其他十四司中抽调有刑名才能者以办事，后来则改为实缺，分配以缺额，和其他司一样进行铨补，进用新人，这样就使左右二司听断办事的能力下降，只好又将案件分配给其他十四司，如此一来，雍正十一年（1733）时刑部左侍郎张照就提出希望归复原来的办法，调整左右二司的用人布局："刑部现审事件向例分于十四司办理，因司员不皆善于听断，是以设立现审左右二司，即在十四司司员内拣选有听断之才者，专任其事，不作实缺，多寡亦无定员，颇为允当，后乃改为实缺，于是现审司员不皆才能，而新任者甚苦不能听断，只得仍分各司审理，全失设立现审左右二司之初意矣，似应仍改照原例，但现在人员不便即行裁缺，请详加甄别，其才能者留司办事，才稍不及而尚有可用者，与十四司内才能人员对调，不宜刑部者奏请改部。二司缺出，停其铨补。"② 对现审左右二司用人的反复斟酌权衡，反映出现审二司职责之重要，以及刑部对二司之重视，此后刑部现审二司机构及职能进一步的调整、迁衍，也体现出了这一点。

现审左右二司在雍正初年设置之初并非专门对应管理奉天等地及直隶地区的刑名案件，其职能的迁转以及在乾隆初年完成过渡是因应现实的需要，乾隆六年（1741）四月吏部左侍郎兼管刑部左侍郎蒋溥、户部右侍郎兼管刑部右侍郎周学健在奏请将现审左右二司改为奉天司、直隶司时，对个中缘由有极为详尽的论述，值得不惮冗烦，转录如下：

> 窃查刑部衙门为天下刑名总汇，从前定制设立江南等十五司，每司有满汉郎中、员外、主事，除各办理所隶本省事件外，将直隶府州县并在京各衙门、盛京地方、宁古塔将军衙门所有事件分定带管，其内务府、盛京并各省将军咨送事件，八旗词讼、五城移申，一切人犯传集，十五司公同掣签委办。嗣于雍正元年，另设现审左右二司，于各司满汉人员内拣选补授，专管审理奉旨所交，以及京城八旗事件。

---

① 纪昀等撰：《钦定历代职官表》卷13《刑部》，光绪二十二年广雅书局刊本，收入《广州大典》第1辑《广雅丛书》第19册，广州出版社，2008，第161页。
② 刑部左侍郎、顺天府尹张照：《奏陈整饬刑政事务折》（雍正十一年三月二十四日），收入《宫中档雍正朝奏折》第21辑，台北，"故宫博物院"，1979，第303页。

至乾隆二年以直隶刑名无专管之员，改令右司管理，由是右司专管直隶刑名，左司专管奉旨交办事件，凡八旗、五城各案，仍令十五司掣签分管。夫设官分职，名实必期相副，弊实务在肃清。现审二司之设，原以刑狱关系重大，必专其责任，案件得以速结。

今我皇上御极以来，因奉旨所交事件视前较少，专责左司管理，诚酌时宜而课实效之至意也。惟是地近则情易熟，法久则弊渐生，凡奉旨所交事件，皆系京城内外之案，二司分任，尚费揣摩，责成一司，何难交结，虽司员亦知自爱，不敢瞻徇，而书吏皂役等辈岂尽可信之人，在身罹法网者，冀先事钻营，倖邀宽典；在身为吏役者，或恣情需索，暗饱私囊，弊端丛集，耳目难周。臣等愚昧，以为与其专归一司，生觊觎之心，不若复循旧制，绝钻营之路。请嗣后凡奉旨所交事件，仍令各司公同掣签，掣着者委以办理，凡一司中岂无才能司官数员分办，亦不致于贻误，倘或遇繁难紧要之案，而掣着司分艰于独办者，该堂官亦可公同派出贤能司员协同办理，如此则凡有钦案，不得预先知为某司办理，打点串通之弊可除，而各该司亦必顾惜声誉，各自见长矣。

至山东一司，本省案件既极殷繁，复兼管盛京、宁古塔将军衙门刑名事件，竭蹶办理，日不暇给，所有现审左司事务，倘蒙俞允，分属各司办理，请即改现审左司为盛京司，专理奉天等府州县及宁古塔将军衙门事件，其右司亦请改名直隶司，以专职守。凡有现审各案，令其与十五司一体掣签分办，一转移间，似于刑名职守不无裨益。①

从蒋溥及周学健的合奏中可以知道，雍正元年设置现审左右二司的目的即是将原来由各司带管的部分重要职能交由专门的机构处理，对处理事务的进一步明确分工，则是乾隆二年确立右司专管直隶刑名，左司专管奉旨交办事件。在乾隆六年提出改名的建议，一方面是由于奉旨所交事件减少，左司的任务量相较为轻，另一方面是山东司一直兼管盛京、宁古塔将军衙门刑名案件，再加上本省案件殷繁，任务较重。因此，为了以均繁简，以专职守，将专管直隶刑名的现审右司循名责实改成直隶司；现审左司不

---

① 吏部左侍郎兼管刑部左侍郎蒋溥等：《奏为刑部衙门复循旧制二司分任事》（乾隆六年四月十八日），中国第一历史档案馆藏朱批奏折，档案号：04-01-01-0060-008。

再管理奉旨交办事件，而是接替山东司的部分带管职能，专理奉天等府州县及宁古塔将军衙门事件，因此改名为奉天司，而原来所管理的奉旨所交事件，多系京城内外案件，如专由某一司办理，由于地近情熟，容易滋生钻营舞弊事端，因此建议对此类事件进行掣签，分属刑部各清吏司办理，以防止预先知道由某司办理案件而提前打点串通的弊病。由此可见，清廷基于客观实情对制度所进行的锤炼可谓煞费苦心，至乾隆初年，刑部下属的直隶司和奉天司方告形成，体现了清廷对直隶、奉天地区刑名事务重视程度的提升，以及清前期制度调适所显示出的活力。

二 刑部律例馆在晚清之职守与境况

董康在《前清司法制度》一文中述及律例馆时，指出它"在刑部北墙之北铁香炉，从前以刑部司官出身历九卿者兼领之。各部之则例，归其修订，后裁撤，并入刑部秋审处"。① 刑部律例馆后来是否被裁撤并入秋审处，值得再加考量。如果是被裁撤，那么发生在什么时间？如果没有被裁撤，董康为何又会有如此的看法诉诸笔端？关于这个问题，陈煜先生在《清末新政中的修订法律馆》一书中讨论"律例馆的兴衰"时有所考辨，认为董康的这一点回忆存在偏差。一方面，他举出光绪十年赵舒翘、光绪十四年至十八年沈家本任律例馆职的直接例证；另一方面，他在文中分析指出律例馆在纂修律例外，尚有覆核案件、解决疑难的职能，律例馆与秋审处在人员与事务上有互通的地方，因此产生律例馆被归并的错觉。② 笔者基本赞同陈煜先生的看法，并拟从新的角度踵续前论，略申其所未及。

清代律例馆在顺治二年（1645）设立是为了《大清律例》的编纂，清前期，律例馆在修律之外还负责中央各部则例的编辑。乾隆初年开始的律例修辑，增进了刑部与律例馆在业务往来上的密切关系，乾隆七年律例馆归隶刑部。③ 律例馆成为刑部的下属机构后，就只负责《大清律例》的续纂，这也为律例五年一小修、十年一大修的常制化修订提供了保证。律例

---

① 董康：《前清司法制度》，《法学杂志》第 8 卷第 4 期，1935 年，第 450 页。
② 陈煜：《清末新政中的修订法律馆：中国法律近代化的一段往事》，中国政法大学出版社，2009，第 35—37 页。
③ 详细的考证分析，可参阅李明《清代律例馆考述》，《清史研究》2016 年第 2 期。

馆由于定期从事律例的修辑工作，因此参加这项工作的官员多是刑部内法律素养较好、刑名经验丰富的工作人员，可谓"刑部精英"，在不纂修律例的年份，律例馆工作人员则从事例文改订意见的接收、整理和准备工作，无疑，这群优长刑名的刑部官员会不同程度地介入刑部日常疑难案件的拟断工作中，尤其是作为刑部明刑钜典的秋审，因此在制度事实上表现出来的就是，乾隆朝后在刑部供职的官员常出现"充当律例馆提调，总办秋审"（嘉庆朝），①"成进士，改刑部，总办秋审。……提调律例馆"（道光朝），②"官刑部主事，充律例馆提调，总办秋审处"（道光朝）。③ 从这些情形来看，在律例馆或秋审处任职的官员常常是一身而兼此二处之职，原因在于，无论是律例馆修辑律例，还是秋审处专司秋审之责，均需稔熟律例，并具备对例案等探赜发微、洞见阃奥的本领，而在实际中这两个部门均吸纳本部刑名知识与经验丰富者充任，因此其工作人员通常一身二任，每年秋谳工作开始，就参加秋审事务；若时届修例年份，则参加律例的纂修工作。这两项工作名目有别，但是主要的工作实质上差别并不大，都是从事对例与案的揣度和审量。由此也难怪董康说律例馆并入秋审处，实则是二者关系之密切。

除了人员方面的缘故外，律例馆在清后期职守的重点也逐渐发生变化。由于内乱迭起，外侮纷至，同治九年最后一次大修律例后，就没有再开展过律例的续纂活动，但是律例馆在核断案件方面的职能更加凸显。与之相关联的是律例馆撰写说帖，乃至整理、皮藏说帖、成案等，这在某种程度上可以视为在不再修例后接续上了对律例的法律解释工作，因为情伪无穷的司法实践需要有上下可以适从、参照的尺度，以保证能够对不断出现的疑难案件实现情法两平的审断。晚清律学大家沈家本对律例馆与说帖之间的关系曾有概述：

> 从前刑部遇有疑似难决之案，各该司意主议驳，先详具说帖呈堂。如堂上官以司议为是，由司再拟稿尾（覆外省之语曰稿尾），分别奏咨

---

① 那彦成：《那文毅公三任陕甘总督奏议》卷57，沈云龙主编《近代中国史料丛刊》第21辑第208种，台北，文海出版社，1968，第6589页。
② 潘衍桐编纂，夏勇等整理《两浙輶轩续录》卷32，浙江古籍出版社，2014，第2360页。
③ 《光绪湖南通志》卷186《国朝人物志》，《中国地方志集成·省志辑·湖南》第9册，凤凰出版社，2010，第692页。

施行。若堂上官于司议犹有所疑，批交律例馆详核，馆员亦详具说帖呈堂。堂定后仍交本司办稿，亦有本司照覆之稿。堂上官有所疑而交馆者，其或准或驳，多经再三商榷而后定，慎之至也。道光中，渐有馆员随时核覆不具说帖之事，去繁就简，说帖渐少。光绪庚辰（即光绪六年，1880——引者注）以后，凡各司疑难之案，一概交馆详核。于是各司员惮于烦也，遂不复具说帖。馆员亦不另具说帖，径代各司拟定稿尾，交司施行。自是馆事日繁，而各司多不讲求，因有人才牢落之叹。虽经堂上官谆谆告诫，而积习相沿，未之能改。故说帖亦寥寥罕觏，所可采者，惟成案矣。①

光绪六年之后，刑部堂官、各清吏司以及律例馆之间此前以说帖往还商讨案件的程序逐渐消匿，去繁从简、取而代之的是律例馆代替各清吏司直接出具对疑难案件的拟断意见。时至晚清，对制度的整饬已大不如前，执行制度的过程与环节很多不再被谨遵恪守。律例馆在某种程度上攘夺了原属于各清吏司的职权，造成这种结果的原因则正是其突出的刑名专业能力。在此前的说帖往来、意见的会磋中，律例馆当是常起到决定作用的，因此才会在光绪年间开始径从其便，将需要覆核的案件直接交由律例馆处理，而其结果是律例馆"馆事日繁"。光绪初年事务繁巨的律例馆，其职责在刑部事务的运转中甚为枢要，如果在光绪朝某个年份被裁撤，那么刑部内拟核案件的这些具体事务又交由谁去处理了呢？作为刑部内对律条例文最为精熟的部门，律例馆不论是纂修律例还是撰写说帖、核拟疑难案件，抑或是整理、保存成案，它在刑部内所发挥的作用都不可或缺，不容取代。

三 清代秋审事务的独立运作

秋谳大典是清代刑部每年最为吃紧的工作，其中制作供九卿覆核的案件略节文本是秋审程序中核心环节的重要前期准备工作。"供覆核秋审之招册，亦称略节，乃约题、奏各本为之选词铸语，俱有定式，送看招册，另

---

① 沈家本：《寄簃文存》卷6《刑案汇览三编·序》，徐世虹主编，中国政法大学法律古籍整理研究所、中国社会科学院法学研究所法制史研究室整理《沈家本全集》第4卷，中国政法大学出版社，2010，第744页。

附揭帖一分。"① 董康《清秋审条例》第十条载:"秋审略节,隶刑部广西司主管。""朝审略节,隶福建司主管。"② 他在《秋审制度第二编》中复有详陈:"乾隆《大清会典》刑部广西清吏司下云:'朝审则序其爰书而稽核之',与《方麓居士集》题疏所载经办之司相符。然康自隶秋曹所及见者,秋审属之广西司,朝审属之福建司。盖乾隆后,始分析为二,《会典》犹据明制也。"③ 是清代《大清会典》沿袭明代旧文,因而与清代实情相抵牾,还是董康对刑部亲历见闻的记忆出现了偏差?秋审、朝审工作具体在清代刑部是由哪个部门在负责?

　　清代刑部下隶各直省清吏司除了掌核相应省份的刑名事件外,还兼带管理一些其他事项,光绪《大清会典》对刑部诸司职掌有较为详细的记录,通览各司分理之职责,唯四川和广西两司兼有与秋审、朝审有关之责,于"四川司"下载"秋审条例有更定者,及九卿等商定之案,应声覆者,皆由司行文",于"广西司"下载"朝审则具题稿"。④ 各司所兼理之事项通常会有比较固定沿承的部分,如对于囚粮的支给、稽核,一直以来都是由刑部陕西司负责,在乾隆朝是如此,到了光绪朝依旧。至于四川司负责与秋审相关的事项,也是较早就形成了传统,据乾隆十三年(1748)春《缙绅录》载,它带管"各省秋审移文",⑤ 到了乾隆三十五年(1770)冬,《缙绅录》亦载,四川司兼管之事,包括"秋审则序次直省爰书而稽核之"。⑥ 沈家本对此也讲得很明白,"旧制,秋审四川司办理,朝审广西司承办"。⑦ 在中国第一历史档案馆藏北大移交内阁题本中,顺治十一年(1654)九月二十三日刑部尚书任濬等人的奏折中提及,当时是广西司负责朝审招册的制作:"广西清吏司……该本司理事官姜遇时同郎中笪重光遵即移会各司,

---

① 董康:《清秋审条例》,据民国间刻本影印,收入杨一凡编《清代秋审文献》第30册,中国民主法制出版社,2015,第403页。
② 董康:《清秋审条例》,据民国间刻本影印,收入杨一凡编《清代秋审文献》第30册,第418页。
③ 董康辑《秋审制度第二编》之《职掌篇·三法司·刑部》,第10页,收入《秋审制度第一二编》一函二册,民国三十年(1941)铅印本,中国社会科学院历史研究所图书馆藏。
④ 光绪《大清会典》卷57,据光绪二十五年石印本影印,中华书局,1991,第528页下、第529页下。
⑤ 《缙绅全书》(乾隆三十年春),清华大学图书馆、科技史暨古文献研究所编《清代缙绅录集成》第2册,大象出版社,2008,第31页。
⑥ 《搢绅便览》,乾隆庚寅冬季,东京大学东洋文化研究所藏书。
⑦ 沈家本:《叙雪堂故事·朝审归秋审处会办》,《沈家本全集》第2卷,中国政法大学出版社,2010,第371页。

将秋后重犯招册刊刻刷印呈堂。"①

董康在陈述该项制度时，提及《明会典》及明人王樵《方麓集》，这两种文献对明代秋、朝审又是怎样记载的？据《方麓集》中"题疏"记载，万历二十一年（1593）因天时暄热办理恤刑，由"广西清吏司案呈"，是年审录重囚"该本部广西司案呈卷"，②董康可能即是由这两件题疏认为明代朝审事宜归刑部广西司经办。明代万历《大明会典》中有"朝审""热审"条目，并无"秋审"，其中"朝审"条下并未提及刑部下属某清吏司。清代亦是先有朝审，至迟在康熙时，地方各省普遍已实行秋审，因此董康在《秋审制度第二编》此处所言，颇为含混且徒增纷乱。

由此上溯，揆诸雍正、乾隆、嘉庆三朝《大清会典》的相关记载，对此也言之凿凿。雍正《大清会典》指出四川清吏司带管"各省秋审文移"，广西清吏司带管"朝审"。③乾隆《大清会典》亦载，刑部四川清吏司兼管秋审，"秋审则序次直省之爰书而稽核之（总办秋审满汉司官各四人，于通部司官内简委）"。广西清吏司兼管朝审，"朝审则序其爰书而稽核之"。④嘉庆《大清会典》中刑部四川司下注明："又秋审条例有更定者，及九卿等商定之案，应声覆者，皆由司行文。"广西司下注明："朝审则具题稿（朝审应行事，先期题请，及九卿议定，复汇各司之案办题）。"⑤

乾隆《大清会典》中，秋审事项尚附录在四川司下连带简略加以说明；而在嘉庆《大清会典》中，则已单列秋审处，并详细注明其工作人员、流程等信息。出现这种变化是因为雍正十三年秋审处的设立，秋审事务等开始了独立运作。⑥事实上，对比乾隆《大清会典》和嘉庆《大清会典》中

---

① 转引自〔日〕赤城美惠子《清代的秋审处与秋审条款》，张中秋编《理性与智慧：中国法律传统再探讨》，中国政法大学出版社，2008，第362页。
② 王樵：《方麓集》卷1《钦恤疏》、《审录重囚疏》，《景印文渊阁四库全书》第1285册，台北，台湾商务印书馆，1986，第104、115页。董康在其所辑《秋审制度第一编》中收录了王樵的两件题疏，即《会审重囚疏一》和《审录重囚疏二》，因此董康极有可能即是据此得出由刑部广西司承办朝审的看法。
③ 雍正《大清会典》卷149，清雍正十年武英殿刻本，第9443、9445页。
④ 乾隆《大清会典》卷68，清乾隆二十九年本，《景印文渊阁四库全书》第619册，第627页。
⑤ 嘉庆《大清会典》，沈云龙主编《近代中国史料丛刊三编》第64辑第636册，台北，文海出版社，1991，第2071、2074页。
⑥ 嘉庆四年山东道监察御史嵩桂在奏事中明确指出："自雍正十三年奏准设立总办秋审处。"见《秋审条款档》之"御史嵩桂条奏裁总办处司员"条，收入杨一凡主编《历代珍稀司法文献》第15册，社会科学文献出版社，2012，第1671页。

著录之四川司、广西司的职责，该司所负责的秋审、朝审事项内容实际上已经发生了较大变化，原来都有覆核案件这项最为关键的职能。但是嘉庆《大清会典》显示，四川司有关秋审以及广西司有关朝审所司之事只是将九卿会谳后的结果通知下达各相关部门，做的是信息传达的外围工作。值得注意的是，在乾隆二十九年（1764）纂成的乾隆《大清会典》中，"总办秋审"一项附在四川司负责秋审事项之后，并以双行夹注小字的形式加以注解说明。这一记载的体例方式及内容透露出，秋审处成立后不久，在乾隆朝前期就已经开始了人员编制方面的制度建设。但很显然，此事尚在完善之中，秋审之事在很大程度上还是传统地仰赖刑部四川司。

设立专门的秋审处逐步接手四川司、广西司兼带管理的秋审、朝审事务所反映的实质问题是，秋审、朝审事务数量的增加对机构和相关制度提出了新的要求。清朝开国后很长一段时间内，刑部并没有施行秋审，乾隆中后期长期任职刑部的阮葵生在叙及秋审沿革时就指出："国初刑部会拟朝审，皆本部会审之案也。而其十五省之案皆由各省巡按会同巡抚、两司核实定拟具题，于霜降前请旨施行，不下九卿覆审。自康熙十六年六月奉上谕，以各省所定，未及部审之平允，始令刑部覆审各省。凡秋审，并令九卿会议，分为三项，一情实应决，二缓决，三可矜可疑，以康熙十七年为始。彼时朝审归广西司汇总题本，各省秋审归四川司汇总题本。盖广西、四川二省，当国初时，地僻民稀，文牍稀少，故分汇焉。"① 中央九卿覆审各直省死刑案件在康熙年间才开始，并且由四川司和广西司带管秋审和朝审事务，原因即是国初四川、广西两省地僻民稀，案牍简省，因此该司有余裕的精力兼带处理，而且每年秋审案件数量并非如后来之繁巨。至秋审处成立时，开国已近百年，案件剧增，文牍滋繁，秋审事务数量攀升必然导致四川司办理秋审资源的竭蹶，因此专门办理秋审事务的部门便有了萌蘖的需要。但在秋审处成立后，由于制度建设尚在摸索之中，乾隆朝秋审处的运作尚有待规范，而四川司仍在秋审中扮演了较为重要的角色，权责的转移交替尚有待实践与时间的浸淫。同样的，由于历史性承袭的缘故，刑部四川司、广西司一直都承担有部分秋审、朝审事务，只是越到后来越不再重要，因为秋审处的持续运作已经形成了相当成熟、完善的制度。到了光绪朝，刚毅所辑录的《秋谳辑要》就说："由秋审处移送招册，四川司

---

① 阮葵生辑，宋北平整理《秋谳志略》，杨一凡主编《历代珍稀司法文献》第13册，第3—4页。

知照九卿上班，次日由广西司知照朝审带人。"①

回到董康的问题，他虽然将刑部清吏司所对应的事项搞混了，但在实际中，秋审、朝审的招册到底是由谁在准备？《秋谳辑要》中"秋审事宜"载："年前封印以前，请派初看、覆看各官，即造送正副略节册，由司初看用蓝笔，覆看用紫笔，秋审处总看用墨笔，逐起加批看妥。至三月间，正本陆续呈堂，副本缮写红格刊刻招册。"②刑部总办秋审处所纂《秋审章程》载："各本司承办秋审司看及覆看各员，业经呈堂派定，传知在案。"③刑部各司预先派定在本司之内进行案件初看和覆看的工作人员，他们所阅看的案件文书是由各该本司将经办的案件抄录汇集而成，本司初看和覆看的官员对此斟酌字句，删去烦冗字句，并加拟看语即办理意见，这才形成供秋审处使用的招册文本。"每年各本司由堂官选派满、汉各一员，专司一年秋审之事。各本司选经承通晓谳意者各一人，抄录应审之案。每十起为一册，不得增减一字。各本司用蓝笔删订略节，芟繁存要，期字简事详。逐案各拟看语，分别应情实、应缓决、应可矜、应留养、应承祀，悉明列加签。每十案汇订一小册，加目录以送于秋审处。"④秋审的略节文书会在各司、秋审处乃至九卿之间流转，但其肇端还是在刑部各清吏司。

四 清代秋审的时间

董康在《清秋审条例》第一章"通例"第一条开篇写道："于霜降后审录年度内判结监候之斩绞人犯，曰秋审；属于京师者曰朝审。"⑤遵循秋冬行刑的传统理念和制度，清代在霜降日至冬至日这前后约两个月的时间中，完成秋审、朝审和最终的人犯行刑，因此一年之中的霜降、冬至日是刑部秋审工作流程中重要的时间节点。概览清代举行秋审、朝审的时间，它并非严格固定在某日，有清一代前后多有变动，清代的典章制度没

---

① 刚毅辑《秋谳辑要》，清光绪十年刻本，杨一凡编《清代秋审文献》第9册，中国民主法制出版社，2015，第227—228页。
② 刚毅辑《秋谳辑要》，清光绪十年刻本，杨一凡编《清代秋审文献》第9册，第226页。
③ 刑部总办秋审处纂《秋审章程》，黄奭校，清道光间刻知足斋丛书本，杨一凡编《清代秋审文献》第7册，第236页。
④ 阮葵生辑，宋北平整理《秋谳志略》，杨一凡主编《历代珍稀司法文献》第13册，第6页。
⑤ 董康：《清秋审条例》，据民国间刻本影印，收入杨一凡编《清代秋审文献》第30册，第405页。

有十分明确的记载,以往的研究也对秋审的时间述之不详,因此有必要略做辨正。

《秋谳志略》载:"顺治十年题,霜降十日前①录朝审重囚。康熙十六年定,霜降前会审、秋审,霜降后朝审。"② 顺治朝时尚未形成秋审,刑部朝审在霜降之后举行。康熙朝开始实行秋审,并规定秋审在霜降之前,朝审在霜降之后。据光绪《钦定大清会典事例》记录,雍正三年定,各省秋审题本限七月十五日以内到部(雍正十三年改为限五月到部),八月内在天安门外金水桥西九卿詹事科道审录,各省情实人犯于霜降后冬至前正法,朝审则在霜降后十日会同详审。嘉庆二十一年(1816)有御史在奏请中指出,每年九卿科道所阅秋审招册,刑部于七月二十日后始行分送,距上班之期只三四日,③ 由此来看,九卿上班会审则大致在八月初。据乾隆十九年至六十年中大部分年份"九卿上班日期"来看,审起日期绝大部分都在农历八月十八或随后数天中,审竣日期则大多在八月下旬,间或至九月初。④ 乾隆一朝六十年,霜降日无一例外,均出现在农历九月的某一天,最早是九月初一日(乾隆三十二年),最晚是在九月三十日(乾隆五十九年)⑤。到了光绪朝,沈家本就当时的观察指出:"近年秋审集议,均在八月下旬,由刑部定期知会九卿、詹事、科道上班。朝审上班在秋审上班之次日,亦不在霜降前十日矣。"⑥ 即使光绪朝九卿等秋审上班日期较乾隆朝时向后有所推迟,但仍然俱在八月内起审,霜降日通常出现在农历九月,是故秋审的审

---

① 此处有误,当为"霜降十日后"。光绪《钦定大清会典事例》载:"顺治十年题准,每年于霜降后十日,将刑部现监重囚,引赴天安门外,三法司会同九卿詹事科道官逐一审录。"(光绪《钦定大清会典事例》第 20 册,据光绪二十五年刻本影印,新文丰出版公司,第 15613 页)沈家本《叙雪堂故事》之《秋朝审进呈黄册及进呈日期》载:"顺治十年题准:朝审于每年霜降后,三法司会同九卿、詹事、科道为官,逐一审录。"(《沈家本全集》第 2 卷,第 368 页)更为直接者,如中国第一历史档案馆藏北大移交内阁题本中刑部尚书任濬在顺治十一年九月十一日所奏中就明确述及此事:"其直隶地方,刑部差司官贰员,勒限前去,会同该督抚审决等因题具,于顺治十年八月二十二日奉圣旨俱依议,朝审于霜降后十日举行,钦此。钦遵移咨到臣准此,窃照秋后录囚,所以昭圣王宪天出治,惨舒顺序之意,历古为然。今朝审奉旨于霜降后十日举行,仰见皇上敬天古、慎重刑狱,德至隆也。"(档案号:02-01-02-1875-018)于此可证《秋谳志略》中是处出现了错讹。
② 阮葵生辑,宋北平整理《秋谳志略》,杨一凡主编《历代珍稀司法文献》第 13 册,第 4 页。
③ 光绪《钦定大清会典事例》第 20 册,第 15593—15594、15648 页。
④ 《叙雪堂故事删耋·九卿上班日期》,《沈家本全集》第 2 卷,第 416—418 页。
⑤ 据郑鹤声编《近世中西史日对照表》,中华书局,1981。
⑥ 《叙雪堂故事·秋审事宜》,《沈家本全集》第 2 卷,第 366 页。

录一般都在每年的霜降日之前。

从秋审的工作流程来看，九卿等上班会审之后，如果大理寺、都察院等对案件尚有不同意见而向刑部"签商"，尚需时间以便意见往还、达成一致，而集议审录这项工作本身就有一个时间过程，由此沈家本指出，"从前秋审，九卿集议，每年或十一、二日，或十三、四日，并无定限。近年以来但止一日，未详始于何年，候考"。①集议之后，还有皇帝的覆看和勾到，情实人犯勾决之后，即需立即由兵部飞递至各省，而京师到各直省程途不一，勾到文限期有差，窎远地区限四十日，近者直隶限四日，②而地方应决人犯俱应在冬至前行刑。从霜降到冬至，历时两个月，如果在霜降之后才举行九卿集议，时间上必然不敷使用。因此，如董康笼统地讲秋审、朝审工作是在霜降之后开始进行，这种提法并不严谨。中国传统二十四节气反映的是太阳的周年视运动，各节气在公历中的日期相对固定，但在农历纪日中则变动不居，如霜降日，它可能会出现在农历九月的某一天。在冬至日前数日行刑决囚固定不变，那么将时间往上溯，霜降日便成为每年秋审起审时间的一个重要参照，在霜降日不固定的情形下，相应的，每年举行秋审的时间也就不是固定在某个日期，但无疑是在霜降日之前即起审。

著名史学家顾颉刚先生的读书笔记中曾有一条提及董康，他记道："'董绶经刻书，遇原本中模糊字及空格，不喜打墨钉，辄加补缀。'则其所刻纵精善，亦有不可信者。"③据此可见董康性好臆断、不求谨饬之处。董康虽有仕于清刑部的经历，但并非亲历其事者的回忆文字就可坚信不疑。我们在研读史料时，如果缺乏一定的辨识和考订，往往就会遇到同一事存在两歧互异记载的情形，增加研究的困扰。但不可否认，董康对清代司法的相关记述，仍是我们从事清代法制度史研究的有益素材，只是尤需综合参酌而加以甄别。

（作者单位：李明，华中师范大学历史文化学院；张卓媛，北方工业大学法律系）

---

① 《叙雪堂故事·秋审事宜》，《沈家本全集》第 2 卷，第 366 页。
② 《叙雪堂故事·秋审事宜》，《沈家本全集》第 2 卷，第 366 页。
③ 《顾颉刚全集》第 18 册《顾颉刚读书笔记》卷 3《遂初室笔记》（二）"董康刻书之补缀"条，中华书局，2010，第 100 页。

民国初年司法官群体的分流与重组

——兼论辛亥鼎革后的人事嬗变

李在全

摘　要　经由辛亥革命，中国实现了从清朝到民国的政权更迭。一般认为，"革命"更多的是妥协，故两个政权之间的承续性显而易见，人事系统尤为显著。事实上，并不尽然。在司法等强调专业性的领域，在承续的面相之下，隐性的"革命"悄然发生。民国初年司法改组主要在许世英任上推行，司法官任用资格为"法政三年毕业且有经验者"，这造成大批旧式司法官离职和大量法政新人成为司法官，人事变动甚巨。司法本为讲求实践经验之职业，由初出校门的法政青年掌理司法事务，问题丛生。为解决这一问题，许氏继任者梁启超、章宗祥等推行司法官甄别，意在拔用"合格而能胜任之人才"，并取得一定成效。无疑，许世英的改组举措有利于推进司法专业化、职业化，建设现代法治国家，也符合鼎革后不"除旧"似难"布新"的时代语境。问题是，在新旧过渡年代，不宜操之过急。时代变迁对"旧人"自有其淘汰机制与转化办法，及至民国十年前后，司法"旧人"几无踪影，可见司法人事新陈代谢之速。考察辛亥鼎革后的人事问题，除关注"承续"与"断裂"面相外，尚需留意"专业"与"层级"因素。

关键词　辛亥革命　民国政府　法制改革　司法官

一　引言

光绪三十二年（1906）清廷推行官制改革，仿照立宪国建制，改大理寺为大理院，作为最高司法审判机关。清末官制改革中诞生的大理院，可谓中国第一所现代意义上的司法机构，人员多数调自法（刑）部，很多拥有较高的学衔与功名，不乏进士、举人，新式法政人员则很少。① 现代中国的"新式"司法官群体缘此产生。组建独立、专业化的司法官队伍是清末宪政改革的重要内容之一。② 光绪三十二年至宣统元年（1909），京师、直隶、奉天等地新式司法机构相继设立，但此时司法官数量很少，多为原本存在于体制内的候补候选佐杂人员经速成"学习"改造而来的"熟谙新旧法律及于审判事理确有经验者"。宣统年间，司法官选任逐渐走上规范化的考选之路。新政后期，法政教育勃兴，培养了大批法政人员。经宣统二年（1910）全国规模的司法官考试，大量法政毕业人员加入司法官队伍，外在形塑且内在改造着清末司法官群体结构。及至宣统二年、三年（1911），在全国范围内组合而成一千多人规模的新式司法官群体。无疑，这是一个中外新旧交杂的法律职业群体。③

宣统三年，经由辛亥革命、民国肇建、清帝逊位等一系列重大事件，中国从帝制走向共和，从帝国嬗变为民国。政权更迭之际，清末数年间形成的新式司法官群体何去何从，如何分流、重组？毋庸置疑，这是探究民初司法领域人事变动不可回避的问题；广而言之，这也是解答革命引发的政权更迭后人事如何嬗变、权势如何转移的一个较佳视域。④

二　辛壬之交：逃散与维持

武昌起义后，京师震动，清廷官员纷纷离职，各部官员多为暂署或兼任。辛亥年九月，皇族内阁解散，袁世凯受命组建内阁。在袁世凯内阁中任法部大臣的沈家本在日记中记载：壬子年正月初五，"王炳青兼署法副"；

---

① 《大理院为本院奏请试署推事各缺期满各员补授事致民政部咨文》（光绪三十三年八月二十日），中国第一历史档案馆藏民政部档案，档案号：1509/6/002、006。该档案共开列27人，新式人员仅1人。
② 本文所言司法官，主要包括审判人员与检察人员，不包括书记官等司法辅助人员，因为研究关联，部分也涉及司法行政官员。
③ 拙文《亲历清末官制改革：一位刑官的观察与因应》，《近代史研究》2014年第2期；《制度变革与身份转型：清末新式司法官群体的组合、结构及问题》，《近代史研究》2015年第5期。
④ 关于这一问题的既有研究尚不多见，李超《清末民初的审判独立研究——以法院设置与法官选任为中心》（法律出版社，2009）第四章"民国元年对法院、法官的改组"论述及此问题，但考察时间限于民国元年，未能通观民初数年的变化；拙文《民国初年的司法官制度变革和人员改组》[《福建师范大学学报》（哲学社会科学版）2008年第5期] 亦涉及此问题，但仅数千言，过于简略，尚存进一步申论之必要与可能。

七日，"王炳青兼署副大臣，又以终养辞，并乞开去少卿底缺"；九日，"许玑楼暂管法副，徐季龙理少，王书衡总检察，皆系暂行管理"；十一日，"玑楼又辞法副，请开缺修墓。季龙暂管法副，书衡兼理少"。① 显而易见，辛壬变政之际，司法中枢已成"看守"性质。加之法部原本即清廷中的非权力核心部门——清冷衙门，人员亦多不安心任事。对此，报纸报道说："北京旧部，除外、邮、陆军等部外，其余各部司员情状极为瑟缩"；② 在各部所发津贴中，法部、大理院垫底，从"正月起即不名一钱。"③

京外状况有过之而无不及。如广东省高等审判厅厅丞史绪任（河南人，原为清末大理院推事），辛亥革命后，卸职回籍；高等检察厅检察长文霈（满洲人，原亦为大理院推事）也"弃官而逃"。④ 广东司法司呈报："窃自光复以后，省地及商埠各级审判厅检察厅及旧提法使署官吏，半皆逃去。司法主权，几至无所系属。"⑤ 宣统年间在河南法政学堂就读、后任民国司法官的马寿华晚年忆述："武昌起义，各省响应。开封人心惶惶，客籍候补者纷纷回籍。"⑥ 由革命引起的无序、混乱也导致不少司法官去职。1912年3月《申报》刊载如此一事：江苏兴化县公民李绮园等以"审判厅各员开支公费过巨"为由，另举魏鼎新任审判长，禀请江苏都督核示；苏省都督斥其"荒谬"。⑦ 这说明，在混乱的时局中，不少地方借"革命"之名，借种种理由，让现职司法官员去职，另委他人。

1912年1月，南京临时政府成立，前清修律大臣伍廷芳出任临时政府司法总长，此可视为两个政权之间法制继承的象征。伍廷芳表示："窃自光复以来，前清政府之法规既失效力，中华民国之法律尚未颁行，而各省暂行规约，尤不一致。当此新旧递嬗之际，必有补救方法，始足以昭划一而示标准。"鉴于此，南京司法部拟将前清制定之《大清民律草案》《大清刑律草案》《刑事民事诉讼法》《法院编制法》《商律》《破产律》《违警律》中，"除第一次刑律草案，关于帝室之罪全章及关于内乱罪之死刑，碍难适

---

① 徐世虹主编《沈家本全集》第7卷，中国政法大学出版社，2010，第856页。
② 《旧学部之窘况》，《申报》1912年4月4日，第2版。
③ 《北京各部之现状》，《民立报》1912年4月28日，第7版。
④ 汪祖泽、莫擎天：《辛亥前后的广东司法》，《广东文史资料》第8辑，1963，第165、166页。
⑤ 《广东司法司呈报办理及进行之种种》，《广东司法五日报》第1期，1912年，"公牍"，第1—2页。
⑥ 马寿华：《服务司法界六十一年》，台北，马氏思上书屋，1987，第18页。
⑦ 《苏都督批斥攻讦法官》，《申报》1912年3月25日，第6版。

用外,余皆由民国政府声明继续有效,以为临时适用法律,俾司法者有所根据"。① 由于南京政府的临时性质,伍氏无法对"大清律法"进行"革命",只能稍做变通;政权更迭的"法制手术",只能留待其后的北京政府了。需要指出的是,南京临时政府颁布的《临时约法》,特别是其中第48条至第52条关于法院制度的规设,从根本大法层面规定了司法权在民国初期政权体系中的地位。此后北京政府的司法改组与相关改革无不受此影响。

1912年2月13日,接任临时大总统的袁世凯在北京布告内外文武衙署:政府事务不容一日间断,"在新官制未定以前,凡现有内外大小文武各项官署人员,均应照旧供职,毋旷厥官。所有各官署应行之公务,应司之职掌,以及公款公物,均应照常办理,切实保管,不容稍懈"。② 这是维持新旧政权过渡的必要举措。关于新旧政权的法制继承问题,3月10日,袁世凯宣布:"现在民国法律未经议定颁布,所有从前施行之法律及新刑律,除与民国国体抵触各条应失效力外,余均暂行援用,以资遵守。"③ 易言之,前清法律总体上在民国依然暂时有效,这与前述伍廷芳所言一致。不过,此时伍氏已经去职,3月30日,革命党方面的王宠惠被任命为北京临时政府司法总长;4月4日,前清旧吏、此前暂署法部副大臣的徐谦被任命为司法次长。因王氏尚未抵京,部务暂由徐谦主持。

临时政府由南迁北,袁世凯由清廷内阁总理大臣变为民国临时大总统,很多前清臣僚也自然变为民国官员。由前清旧吏出任司法次长的徐谦,为表"革命"之意,更清晰地表明与前清旧政划清界限,其想法与做法亦更趋新。早在被任命为司法次长之前,徐氏即拟将大理院、京师各级审检厅人员一律遣散,每处只留一人预备交代,为各部所未有之事。④ 被任命为司法次长后,徐氏列示用人方法:关于司法行政人员,将来属官由新官制确定,缺额均选用中外法政专门毕业人员补充,而且留用法部的旧员,也要定期先行考试,以定去留;⑤ 关于司法审判人员,此前的司法官多有不堪任用者,拟俟总长王宠惠到京后再商定,对原有法官全部甄别,除出洋留学法政有毕业文凭者、在本国法政法律学堂毕业而有裁判才智者、于新旧法

---

① 丁贤俊等编《伍廷芳集》下册,中华书局,1993,第510—511页。
② 《全权组织临时共和政府袁布告内外大小文武官衙》,《临时公报》(北京)1912年2月27日,通告(无页码)。
③ 《临时大总统令》,《临时公报》(北京)1912年3月11日,"命令"。
④ 《北京近讯摘要》,《神州日报》1912年3月20日,第3版。
⑤ 《司法次长之政见》,《顺天时报》1912年4月9日,第7版。

律人情风俗均皆透彻而又于裁判上富有经验者外，无论系何项出身，概不留用。① 徐谦这种完全摒弃"旧人"的做法，在司法部引发风潮。徐谦认为，必须先将法部旧员全部解散，另委欧美留学法政出身者；后徐氏接王宠惠函电，告以组织司法机关，所有人员新旧参用，但徐氏在司法部宣告"王总长来电，不委任旧员"；不料，此事被部中人员获悉披露，部员与徐氏大起冲突。② 4月29日，旧法部全体司员向大总统呈请两事：一是提出全体辞职；二是要求补发欠薪。袁世凯当即交国务院调和此事。后国务院议定，王宠惠来京之前，旧司员不容其辞职，至于欠薪，理当设法补发。袁世凯、唐绍仪"当即责成徐谦一力维持"，赶紧补发欠薪，平息事端。③

与徐谦相比，革命党人、留美法学博士王宠惠的做法显得稳健。他指示各级审检厅不可轻易更动，暂留旧人，将来再行甄别。④ 5月1日，王宠惠抵京，开始主导交接、整理司法事务。王氏布告："自共和宣布以来，全国统一，在北在南凡经服务之人，均属尽力民国，本总长同深敬佩，毫无歧视。兹经本总长派员接收前法部事务，无论新旧各员，未经指派者，均暂缓进署，听候另行组织。"⑤ 早在1912年4月北京政府就颁布了《法部通行京外司法衙门文》，公布了新刑律删修各节，要求京外各司法机关遵照执行。⑥ 但法院改组、人员去留最为关键的法律——《法院编制法》——尚未议定。5月，司法部致函负责起草修订法律的法制局：据3月10日大总统令，必须尽速修正《法院编制法》，因为"现在民国法院亟待组织，而法律之根据一日未定，即一日不能成立，于司法进行实多妨碍"，请法制局速备修正案，以便提议。⑦

就在立法机关尚未制定司法官任用资格、标准之时，5月18日，前清大理院人员向民国政府提请辞职，获总统批准，且令司法部重组大理院。司法部表示，重组必须从两方面着手：一方面，重组必须于法有据，"由本部将该院另行组织，惟法院编制必须根据法律，而前清时代之编制法，又

---

① 《司法人员大恐慌》，《民立报》1912年4月28日，第8版。
② 《司法部冲突之种种》，《顺天时报》1912年4月27日，第7版。
③ 《新旧各部近状记》，《申报》1912年5月5日，第2版；《法部补发欠薪》，《民立报》1912年5月5日，第3版。
④ 《京华政局丛谈》，《神州日报》1912年5月20日，第4版。
⑤ 《司法部令》，《政府公报》第8号，1912年5月8日，"部令"。
⑥ 《法部通行京外司法衙门文》、《法部呈请删修新刑律与国体抵触各章条等并删除暂行章程文》，《临时公报》（北京）1912年4月3日，"通行文件"。
⑦ 《司法部致法制局公函》，《政府公报》第19号，1912年5月19日，"公文"。

与民国国体多有不合，自应先行修正，拟由本部速行预备修正案，提交参议院"；另一方面，选派熟谙法律人员接收大理院，接收后大理院行政事务直接由司法部管理，"原有各推事检察官及其他职员等，暂不解散，俟编制法修正案通过后，再行组织"。通过如此办理，"司法机关既无间断之虞，而该前院卿等亦不致久负责任"。① 同日，袁世凯任命许世英为大理院院长，6月14日，许氏到院视事。②

三　京师司法改组与资格确定：法政三年毕业且有经验者

辛壬之交，各地各自为政，司法官资格要求存在较大差异，这要求中央政府（主要是司法部）予以规范，全国性的司法官任免资格提上议事日程。1912年5月，司法部在答复广西方面的电文中，要求广西选任法官应暂时参照前清《法院编制法》办理，对擅自根据广西军政府法令改变法官任用规定的做法予以否定。③ 同月，司法部在回复广东、江西司法司的函电中，准允他们"参照《法院编制法》及前法部法官考试章程，除与民国抵触各条及应考资格考试科目另行酌定外，余准援用，以资甄录"。④ 即司法官选任可援用前清之规定，但对江西自定法官考试条件的做法，即年满25岁以上普通人及现充法官者一律允许参加法官考试的做法予以否定，并训示该省不要仓促举行考试。⑤ 言下之意，司法官选任依据前清《法院编制法》，但对于司法官考试，则强调听候中央统一安排，地方不可自行其是。

问题是，司法系统内部问题的处理，受限于时局的变化。辛亥与壬子年之交，在接收清朝官衙与组建民国中央政府的过程中，由于南北、新旧、财政等原因，暗潮涌动，冲突频发。⑥ 1912年6月，上台仅三个月的唐绍仪内阁结束，王宠惠于7月辞职，全国范围内司法改组的重任只能交付继任者。7月，前清旧吏、此前担任大理院院长的许世英，出任陆征祥内阁的司

---

① 《呈请准大理院正卿刘若曾等辞职拟派员接收文》（1912年5月18日），《司法公报》第1年第1期，1912年10月15日，"公牍"，第6页。
② 《大理院长许世英呈报到院视事日期文》，《政府公报》第53号，1912年6月22日，"公文"。
③ 《司法部覆桂林司法司长电》，《政府公报》第17号，1912年5月17日，"公电"。
④ 《司法部令广东司法司长电》、《司法部令江西司法司长电》，《政府公报》第23号，1912年5月23日，"公电"。
⑤ 《司法部致江西司法司长电》，《政府公报》第17号，1912年5月17日，"公电"。
⑥ 桑兵：《接收清朝与组建民国》，《近代史研究》2014年第1、2期。

法总长。许氏上任之初,首要任务就是处理因内阁纠纷而迁延多时的司法改组问题,当务之急是改组大理院及京师各级审检厅。8月24日,司法部呈请大总统任命姚震、汪燨芝、廉隅、胡诒穀、沈家彝、朱献文、林行规、高种、潘昌熙、张孝栘、徐维震、黄德章为大理院推事(姚、汪兼充庭长),任命罗文干、朱深、李杭文为总检察厅检察官(罗为检察长)。随即任命京师高等、地方初级审检厅的推检人员,任命江庸为京师高等审判厅厅长,李祖虞、朱学曾、郁华、陈经、张式彝为推事;任命刘蕃为京师高等检察厅检察长,匡一、蒋棻为检察官;命汪燨芝暂行署理京师地方审判厅厅长,刘豫瑶、张兰、张宗儒、潘恩培、赵丛懿、胡为楷、陈彭寿、徐焕、王克忠、李在瀛、李文矞、叶在均、林鼎章、冯毓德署京师地方审判厅推事;命朱深暂行署理京师地方检察厅检察长,尹朝桢、蒋邦彦、龙骞、林尊鼎署理京师地方检察厅检察官。① 26日,司法部接续呈请任命京师第一、二、三、四初级审判检察厅推检12人。② 核查上述人员相关履历,均为新式法政人员,且多为留洋归国人员,故司法部称:"大理院暨各级审判检察厅,业已改组,所有简任荐任各司法官暨办事员,均系法律或法政毕业人员。"③

在初步任命京师审检人员后,许世英申明了此次改组的宗旨、任人标准、旧法官处置等问题,谓:"法官资格,法定綦严,必须以法律毕业而富于经验者为合格,倘非法律专门,则所谓经验者,不过如从前资深之说,恐究非有本之学也。"对于当时存在的新人、旧员问题,许氏云:"以为统一进行之预备,固非有舍旧从新之见,亦决无丝毫偏私之心。"他解释道,此前大理院以下各级审检厅、未经法律毕业各员,实际上不乏"贤劳之选",若都不录用,任其投闲散置,甚为不妥,于是他"将办事多年勤劳尤著之员酌量调部办事,并分派各厅充当书记官",这样也难免有所遗漏,故司法部拟举行旧法官特别考试。许氏特别指出,举行旧法官特别考试是权宜办法,"盖专为此次解散各员而设,果其学识经验确有可凭,则将来考试

---

① 《临时大总统令》(1912年8月24日),《司法公报》第1年第1期,1912年10月15日,"命令",第5页。
② 《呈请荐任署理京师初级审判厅推事检察厅检察官文》(1912年8月26日),《司法公报》第1年第1期,1912年10月15日,"公牍",第12页。
③ 《令地方以上各级厅员呈验毕业证文》(1912年8月30日),《司法公报》第1年第1期,1912年10月15日,"公牍",第41页。

合格，自应分别部登用，以为过度时代救济之方"。①

通过8月的司法官任命，京师司法事务得以延续，但毕竟人员还是不足。1912年9月，司法部继续任命京师各级司法官；② 对于已在审检厅任职但未获实缺的法政人员，司法部的办法是大部分仍留原厅继续任事。③ 同时，司法部允准法政毕业学生入厅实习，但由于职位不多，吸纳人员也有限。1912年9月，铨叙局迭次把北京法政专门毕业生曹寿麟等18人开单送司法部，司法部复函：司法机关"需材甚众，惟本部与京师各法院业已改组就绪，实无悬缺可以位置多人"，并劝各员另谋他职，"不必专候本部任用"。④ 民国元年京师法政学堂毕业生吴朋寿的求职经历，颇能详解这一问题。吴氏先找到铨叙局局长张国淦，在张的指引下，学生们请求教育部将京师法律学堂、京师法政学堂之未就业者百余人的材料咨送铨叙局，铨叙局再咨送中央各部。各部接到咨文，多置而不理，司法总长许世英则定期传见，说："法院即将改组，非法律三年毕业，不合司法官资格，你们均是三年毕业，我一定要用，可稍候几日，不要远离。"十余日后，北京各法院改组已经就绪，但仍无任用消息。学生们推举代表去见许氏，许说："我用人的标准是经验与学业并重，既有经验又有学业，我要先用，只有学业而无经验的，应俟有经验者尽行登用，而有缺额时，方能择用。你们亦不必在此久候，可以各谋生业。"在这种情况下，很多学生退而求其次，或请求在法院中练习实务，或谋其他出路。民国二年，京外各级审判厅改组，很多学生回籍各谋出路，吴朋寿由同学推荐在河南高等审判厅充当法官。⑤

京师法院改组中的司法官任用标准是新式法政人员，这势必造成许多旧司法官离职。对这一人事分流，许世英采取两种方法应对。第一种是"将办事多年勤劳尤著之员酌量调部办事，并分派各厅充当书记官"，1912年8月，未得到任命的前大理院推事、京师审检各厅推检14人调司法部办事，即由司法审判系统调任司法行政系统，但通过这一渠道安置的人员毕

---

① 《批国务院交奉大总统发下京师各级审检厅呈请任命法官须学识与经验并重由》（1912年8月30日），《司法公报》第1年第1期，1912年10月15日，"公牍"，第48—49页。
② 《呈请任命补署总检察厅及京师高等以下各级厅法官文》（1912年9月25日），《司法公报》第1年第2期，1912年11月15日，"公牍"，第4—5页。
③ 《命令》，《司法公报》第1年第1期，1912年10月15日，"命令"，第9页。
④ 《命令》，《司法公报》第1年第2期，1912年11月15日，"命令"，第6页。
⑤ 吴朋寿：《京师法律学堂和京师法政学堂》，《文史资料选辑》第142辑，中国文史出版社，2000，第171—172页。

竟是少数（多半是依人脉关系）。对大量未能安置的旧式司法官，许世英的第二种解决之策是举行"旧法官特别考试"以定去留。这项工作，司法部确实在推进，旧法官特别考试法案已经提出于国务会议，议决后即送参议院表决，① 许氏本人对此也颇有信心。但问题恰恰出现在参议院表决中。在参议院由南京移往北京后，在"未议决各案一览表"中，与司法相关的《法院编制法案》《法院编制法施行法案》《司法官官等法案》《司法官官俸法案》《书记官官等法案》《书记官官俸法案》《旧法官特别考试法案》《司法官考试法案》《司法官考试法施行法案》等均因"审查未毕"而未能决议通过。② 这些草案未能完成立法程序而成为正式法律，严重影响了此后的司法改革。如此一来，那些原本仅是暂时援用的前清律法，在北京政府时期则长期适用。这是许世英事先未曾预料到的。

京师司法经此番改组，人员变动甚巨。比对宣统三年夏与民国二年初的两份大理院及京师各级审检人员名单，可见一斑：宣统三年的大理院正缺推事29名（含正卿、少卿）中无一人在民国二年的大理院留任，仅有1人（冯寿祺）在民国二年的京师第二初级审判厅署推事；宣统三年的总检察厅正缺检察官7人（含厅丞）中也无一人留任，仅1人（陈延年）在民国二年的京师第一初审厅署推事；宣统三年的大理院额外司员61人中，仅有6人在京师审检机关留任，沈家彝（日本东京帝国大学毕业）、张孝栘（日本早稻田大学毕业）在民国二年的大理院中留任，江庸出任京师高等审判厅厅长，陈兆煌调任京师高等检察厅检察官，李在瀛、王克忠在京师地方审判厅署推事。宣统三年的京师高等、地方、初级审检厅中62人中，仅原地方审判厅的4人在民国二年的京师各级审判厅中留任：龚福焘调任高等审判厅推事，张兰、张宗儒留任地方审判厅，赖毓灵调任京师第三初审厅署监督推事。③ 人事变动之巨，不难想见。此后京师司法官职位绝大多数被

---

① 这些草案，如《法院编制法草案》《法院编制法草案施行法草案》《司法官官等法草案》《司法官官俸法草案》《书记官官等法草案》《旧法官特别考试法草案》《司法官考试法草案》《司法官考试法施行法草案》等，详见《政府公报》第363号，1913年5月11日，"呈批"。

② 《参议院未议决各案一览表》，《参议院议决案汇编》乙部第5册，中国社会科学院近代史研究所图书馆藏。

③ 清华大学图书馆、科技史暨古文献研究所编《清代缙绅录集成》第93册，大象出版社，2008，第54—55、64—66页；《职员录》第1期，印铸局刊行，1913。

新式法政人员占据,① 仅在政务性岗位上依然存有旧式人员（如许世英曾任大理院院长）。

四 京外司法改组与风潮

民国元年、二年之交，京外司法改组全面铺开。1913 年 1 月，根据大总统令,② 原先各省的司法司、提法司统一改称各省司法筹备处，长官统称处长，由司法总长经由国务总理呈请大总统简任，这是许世英开展全国司法改组的重要步骤。"筹备"二字意思甚明，即负责筹组各地审检机关。很快，各省司法筹备处处长人选确定,③ 京外司法改组随即展开。2 月 19 日，许世英发布第五十二号部令，命令各省司法筹备处长及高等审检两厅长"将已设而未完备之法院，迅即妥商改组，毋稍延误";④ 次日，发布第五十三号部令，命令各省高等审检厅长将高等以下各厅员文凭成绩认证考验。⑤ 这两道命令成为京外司法改组的主要文件。具体办法是由各省司法筹备处处长、高等审检厅长负责将所属司法官的文凭证书及办事成绩，"认真考验，出具切实考语"，汇报司法部，由司法总长核定后，分别呈请大总统任命，以符合《临时约法》第 48 条之规定。这自然引起许多不符合上述资格要求的现任司法官（含前清法官）的激烈反应。

实际上，早在京师法院改组时，一些地方司法机关的"旧人"已意识到，按照如此标准改组将影响自己的出路与生计，故而出面理论或抗争。吴庆莪，浙江人，以刑幕人员资格参加清宣统二年法官考试，考取最优等，并曾在绍兴法政学堂校外毕业，为清末安徽高等审判厅试署推事。⑥ 吴氏对

---

① 《职员录》第 1 期，印铸局刊行，1913；李超：《清末民初的审判独立研究：以法院设置与法官选任为中心》，第 133—134、136 页。
② 《公布划一现行中央直辖特别行政官厅组织令》，刘路生、骆宝善主编《袁世凯全集》第 21 册，河南大学出版社，2013，第 342—243 页。
③ 《呈请简任各省司法筹备处长文》（1913 年 1 月 16 日），《司法公报》第 5 号，1913 年 2 月 15 日，"公牍"，第 6—7 页。
④ 《令各省司法筹备处长及高等两厅长迅速将已设未完备之法院妥商改组文》（1913 年 2 月 19 日），《司法公报》第 7 号，1913 年 4 月 15 日，"公牍"，第 9 页。
⑤ 《令各省高等两厅长将高等以下各厅员文凭成绩认证考验文》（1913 年 2 月 20 日），《司法公报》第 7 号，1913 年 4 月 15 日，"公牍"，第 9—10 页。
⑥ 《审判检察各厅等缺职员衔各清单及考生统计册等》（考试法官题名录，宣统二年），中国第一历史档案馆藏清法部·举叙司档案，档案号：31677（第 3 号）。

自己的法官资格被否定很不满,① 上告大总统;袁世凯批示:"所陈不为无见,交司法部查核办理可也。"② 总统批示之倾向很明显,因为袁氏自身即从前朝旧员转变而来。但司法部并未顺着总统的倾向性意见办理,其在随后的批文指出:"刑幕性质与学校不同,校外程度亦与校内有别。至援从前考取法官之资格,欲行留用或咨回本省任用,查现在《法院编制法》及《法官任用施行法》业经国务院提出参议院会议,一俟通过,即当颁布施行,是任用法官应以合于将来法定资格为准,且京师各法院改组已经月余,额满人溢,无从位置。"对吴氏请求以法官资格回原籍浙江任职的要求,司法部批示:"浙江为该员等桑梓之邦,尽可自向该管各官厅呈请服务,本部亦未便咨送。"结果是,司法部对吴氏"所请留京分厅录用或咨回本省任用之处,均难照准"。③ 可见,司法部对这类人员基本采取让其自谋生路的态度。后来,吴庆莪等人多次向原籍所在地的浙江临时议会呈请变通法官资格,请求承认自己在前清考取的法官资格,浙江临时议会答复:"民国光复,前清资格早已消灭,岂能以曾经考取法官为词,况历来刑幕以援例比附为能,安识法学精意。"④ 显而易见,在地方当局看来,前清的法官资格已经失效。不难推想,与吴庆莪情况类似的旧式司法官应不在少数,他们的结局,我们无法一一考究,但多半应该与吴氏相仿,不免显得有些悲凉。

除个别理论之外,团体抗争也不少。在京外司法改组过程中,东北地区反应尤其激烈。吉林各级审判厅公开电呈中央政府,要求转饬司法部取消法院改组命令,措辞强硬,指陈:"新《法院编制法》尚未颁布,旧《编制法》尚然继续有效,且旧法官考试法已交院议,未得通过,遽行改组,是以命令变更法律。司法部为司法最高机关,首先违背约法,殊骇听闻,况元年九月十四日司法部通函各省现充法官者,候特别考试后分别去取,载在公报,举国皆知。今竟朝令夕更,自相矛盾,风声所播,全国哗然。"故请中央政府饬令司法部"取消改组通令,另筹妥善办法,渐图进行,以

---

① 《司法部部令》,《政府公报》第 18 号,1912 年 5 月 18 日,"命令"。
② 《批吴庆莪等陈请文》,刘路生、骆宝善主编《袁世凯全集》第 20 册,第 31 页。
③ 《司法部批吴庆莪等请留京分厅录用或咨回本省任用呈》,《政府公报》第 176 号,1912 年 10 月 24 日,"呈批"。
④ 《临时议会咨复蒋都督废弃前清法官资格文》,《浙江公报》第 119 册,1912 年 6 月 10 日,"电牍、批示",第 14 页。

维大局"。① 奉天的抗争不亚于吉林，并组成司法维持会，该会"以此次法院改组，司法部违背约法，除先后电知大总统、国务院外，近又公举代表梁君子章、曹君吉甫进京与司法部提起行政诉讼"，梁子章、曹吉甫两代表于3月31日启程赴京。② 其他地方也纷起抗争，在全国范围内形成一股不小的风潮。

许世英虽已估计到改组可能带来的问题，但未预料到会如此严重，不过，他也不愿在改组、任人资格等原则问题上让步。3月，许世英发布命令，表示"南山可移，此案决不可改"，重申法院改组法官任用"务照本部第53号训令办理"。③ 针对多地代表指责司法部的法官任用没有法律依据、剥夺法官职务之行为违反《临时约法》，许世英答复："该代表等不能相谅，断断争论，以前清《法官考试任用暂行章程》第四条各款之资格为词。④ 试问国体变易，政局一新，前清机关无不改组，岂司法界之文职举贡独能继续有效？习大清律之刑幕亦得号称法学家乎？"至于抗争者援引《临时约法》第52条为据，许氏认为，该条款所指法官"系对于入民国后曾经任命为法官而言，与前清任用之法官了无关系"，指斥该代表等"自称法官，按照约法第48条之规定，究竟何时奉大总统及司法总长之任命？若未经约法第48条之任命，则其所谓法官者又岂能受约法上第52条之保障？"⑤

1913年3月，司法部多次与奉天方面交涉，指示司法官任用资格相关问题。首先，司法部指出，此次改组于法有据。"民国成立，凡属官厅俱已改组，司法何能独异？且查从前《法院编制法》，法官资格，规定綦严，前

---

① 《吉林各级审判厅呈请中央政府转饬司法部取消法院改组命令文》，《中华民国新文牍汇编》（司法类），上海棋盘街中广益书局发行，1913，第6—7页。
② 《司法维持会代表晋京》，《盛京时报》1913年4月6日，第6版。
③ 《令各省司法筹备处/高等审检厅长法院改组法官任用务照本部第53号训令办理文》（1913年3月14日），《司法公报》第7号，1913年4月15日，"公牍"，第16—17页。
④ 宣统元年十二月二十八日，清政府颁布《法院编制法》，同时颁布相应的《法官考试任用暂行章程》。章程第四条规定：凡得应第一次考试者，除《法院编制法》第一百七条第一项（即凡在法政法律学堂三年以上，领有毕业文凭者，得应第一次考试）所定资格人员外，所有下列各项人员——（1）举人及副拔优贡以上出身者；（2）文职七品以上者；（3）旧历刑幕，确系品端学裕者——准其暂行一体与试。
⑤ 《国务院批第十八号（原具呈人奉天法官代表梁寿相等）》，《政府公报》第363号，1913年5月11日，"呈批"。《临时约法》第48条规定：法院以临时大总统及司法总长分别任命之法官组织之。法院之编制及法官之资格，以法律定之。第52条规定：法官在任中不得减俸或转职，非依法律受刑罚宣告，或应免职之惩戒处分，不得解职。惩戒条规，以法律定之。

清法官，多未依法任用，此次组织，正系遵照约法及元年三月十日大总统令援用旧法，切实办理。"① 其次，明确否定前清《法官考试任用暂行章程》之法律效力，"查《法院编制法》法官任用各条，均以法政法律三年以上毕业者为衡，（来）电所称旧法，即系指此。至前清适用之《法官考试任用暂行章程》，多属变通办法，与《编制法》第106条所谓另定之考试任用章程不同，且既曰暂行，即非永久之法，其中资格尤多与国体抵触，应失效力，不得藉口援用"。② 5月，国务院也批文确认京外法院改组不能执行前清《法官考试任用暂行章程》，不可引为保障。③ 最后，司法部采取适当的变通举措。例如，在职司法官若为法政速成人员，或法政教育年限不足三年者，如审检厅确实需员，司法部同意酌情留厅办事，"速成毕业充学习法官者，碍难认为合格。如果实在需员，得由该厅长酌令暂时留厅"。④ 这一变通办法也适用于吉林等省份。⑤ 事实上，法政教育年限不足者继续留厅办事为多数省份所援引，四川司法筹备处呈请把"现任法官之法政两年毕业而确有经验者"暂行留厅，司法部令准"由该长官酌令暂行留厅"。⑥ 奉天高等审检厅呈请把旧法官中法政教育年限不足者送入"奉省或该员本省法律或法政学校，按照原短年限，插班补习，以资深造。俟毕业后，尽先录用，以彰劳励"，司法部表示，"所呈各节尚属实在情形，应如所请办法，以期深造，而资鼓励"，并咨请教育部批准这类人员插班补习。⑦ 但是，若完全是旧式刑幕者，司法部再次明令不可担任司法官。1913年3月，湖南司法筹备处呈文司法部："湘省筹办法院，推检需员。查有李追、来盛烈二员，均系前清廪贡生，充当刑幕多年，拟委以相当推检，呈请察核立案。"司法部

---

① 《致奉天高等审判厅转法官谢桐森等此次改组遵照约法办理电》（1913年3月1日），《司法公报》第8号，1913年5月15日，"公牍"，第32页。
② 《复奉天司法筹备处高等审判厅前清适用之法官考试任用章程应失效不得藉口援用电》（1913年3月5日），《司法公报》第8号，1913年5月15日，"公牍"，第33页。
③ 《国务院批奉天法官代表梁寿相等关于京外改组法院办法不能执行前清法官任用章程引为保障文》（1913年5月10日），《政府公报分类汇编》1915年第16期，第11—12页。
④ 《复奉天高等审判厅速成毕业生碍难认为合格电》（1913年3月1日），《司法公报》第8号，1913年5月15日，"公牍"，第32页。
⑤ 《复吉林司法筹备处高等审检厅如实在需员准予暂任一年以上毕业生充当法官电》（1913年3月6日），《司法公报》第8号，1913年5月15日，"公牍"，第33页。
⑥ 《复四川司法筹备处暂准留用两年毕业之法官电》（1913年5月20日），《司法公报》第10号，1913年7月15日，"公牍"，第52页。
⑦ 《致教育总长奉省旧法官中有于法政法律毕业年限所短不多请准其插班补习函》（1913年3月29日），《司法公报》第8号，1913年5月15日，"公牍"，第46页。

回复:"查法官资格,《法院编制法》规定綦严,该员等既非法律毕业人员,自未便准以推检录用,所请立案之处,应毋庸议。"① 司法部意思很明确:司法官必须是受新式法政教育之人,若教育年限不足,尚可通融;若非法政人员,则无变通之可能。

奉天此后的司法人员任命,大体遵照司法部资格要求行事。1913 年 3 月底 4 月初奉天公布的全省新任推检人员共 105 人,全部毕业于新式法政学校(毕业于日本者 15 人、国内者 90 人);从修习年限来看,满三年者达 93 人,不满三年者仅 13 人,且特别声明:"二年以下毕业各员,除外国学校毕业,曾充教习或法官者外,均系遵照部电,由厅暂行委署。"②

问题是,风潮既起,纷纷扰扰,不易迅速平息,况且社会舆情多半不站在以许世英为首的司法部一方。《盛京时报》报道说,"自各级法院改组告成以后,新法官之笑史,亦几于书不胜书矣";③ 两天后,该报直接以《审判厅愈改愈坏》为题报道说:"奉天地方审判厅,当未改组之先,民刑案件虽不克讯断如神,然积案尚少。自改组以后,迄今一月有余,积案已至二百余起,并未闻判决若干。"④ 显而易见,舆论未必赞同许世英的法院改组办法。不过,最让许世英担心的是,一些手握实权的都督也不甚支持其司法改组方案。江苏都督程德全、直隶都督冯国璋等人质问司法政策取向,程德全呈文大总统,对民初司法制度提出严厉批评:所立法律不从社会风俗习惯中来,司法未能切实保护人民生命财产,不顾现实财政、人才状况,只求扩展审检厅数量,"此设一厅,彼组一庭,侈然自号于众曰:司法独立、司法独立"。⑤ 直隶都督冯国璋也咨问司法部,要求变通改组办法。对此,许世英只能不断解释"内中曲折情形",争取对方理解。⑥

在京外司法改组过程中,许世英也着手筹划县级司法改革。1913 年 2 月,司法部公布《各县帮审员办事暂行章程》,规定帮审员的充任资格为:

---

① 《令湖南司法筹备处长据请将前清廪贡生李追来盛烈二员委以相当推检资格不合自未便准文》(1913 年 3 月 5 日),《司法公报》第 7 号,1913 年 4 月 15 日,"公牍",第 23 页。
② 《奉天各级法院新任法官表》,《盛京时报》1913 年 3 月 27、28 日,4 月 2、4、5、6 日,均为第 2 版。
③ 《论法官贪赃枉法案之披露》,《盛京时报》1913 年 4 月 18 日,第 1 版。
④ 《审判厅愈改愈坏》,《盛京时报》1913 年 4 月 20 日,第 6 版。
⑤ 《江苏都督程呈请大总统饬部核议变通江苏司法制度文》,《中华民国新文牍汇编》(司法类),第 5—6 页。
⑥ 《复直隶冯都督请维持司法改组变通办法函》(1913 年 3 月 15 日),《司法公报》第 7 号,1913 年 4 月 15 日,"公牍",第 45 页。

考试合格者、曾充或学习推事检察官一年以上者，具上述资格之一者，由县知事呈由司法筹备处委任，但仍需报告于司法总长。① 3月初，司法部公布《各县地方帮审员考试暂行章程》；② 3月底，命令各省司法筹备处处长迅速委派各县地方帮审员。③ 为此，很多地方举行了帮审员考试。④ 若严格按法规行事，符合规定者不多，故有些许变通之举。1913年4月，直隶司法筹备处请示司法部：直隶临时法官养成所一年半之毕业人员，"可否与法政法律一年半以上毕业者同论，准予免考，得为帮审员"。司法部回复："该所既系年半毕业，其课程科目，亦尚完备，核与帮审员考试章程第六条第一款资格相符，应准由该处长认真询考，酌量委派。"⑤

许世英并非新式法政人员，乃旧式科举出身，历充前清刑曹，但其在任上之所为颇呈"革命"、趋新色彩。客观地说，在民国初年的司法总长之列，许氏属有所作为者。但是，民初时局变幻莫测，许氏不安其位。1913年3月，宋教仁案发生，举国震惊，各方势力围绕宋案之争执迭起，身为司法总长，许世英曾因解决宋案之纷争而提出辞职。在许氏看来，自身"反因遵守法律之行为，而受范围以外之责任"，⑥ 但未获准。此时，革命党人与袁世凯北洋派矛盾日剧，"二次革命"已是山雨欲来风满楼。随着赵秉钧（后为段祺瑞代理）内阁结束，1913年7月，许世英再次呈请辞职，⑦ 9月初正式去职。他在《留别京外司法界人员辞》中，自认于己任上"司法事业得以日臻统一，逐渐改良"，⑧ 看似自满，实则承认留有诸多遗憾。毋庸置疑，在年余的司法总长任上，不论得失成败，许世英在中国近代法制变

---

① 《各县帮审员办事暂行章程》（1913年2月28日），《司法公报》第7号，1913年4月15日，"法规"，第7—8页。
② 《各县地方帮审员考试暂行章程》（1913年3月3日），《司法公报》第7号，1913年4月15日，"法规"，第8—10页。
③ 《令各省司法筹备处长迅委各县地方帮审员文》（1913年3月22日），《司法公报》第8号，1913年5月15日，"公牍"，第12—13页。
④ 《定期考试帮审员》，《盛京时报》1913年4月19日，第6版。
⑤ 《令直隶司法筹备处直隶临时法官养成所半年毕业人员准由处长酌量委派帮审员文》（1913年4月2日），《司法公报》第8号，1913年5月15日，"公牍"，第24页。
⑥ 《本部许总长呈请辞职文》（1913年4月25日），《司法公报》第10号，1913年7月15日，"公牍"，第3页。
⑦ 《本部许总长呈请辞职文》（1913年7月17日），《司法公报》第12号，1913年9月15日，"公牍"，第1页。
⑧ 《前司法总长许世英留别京外司法界人员辞》，《政府公报》第494号，1913年9月19日，"通告"。

革史上都留下了自己的印迹。

五 "以消极的紧缩主义行积极的改进精神":司法官甄拔

1913年7月,"二次革命"爆发,月底熊希龄出任国务总理,组建以进步党人为主的"名流内阁"。在各方角力与"谅解"中,9月初梁启超出任司法总长。梁氏此前并无法政教育背景,亦无司法履历,故其出任司法总长,多少有些出人意料。于此,梁氏确实也遇到一些麻烦,他在致康有为函中言:"弟子初入司法部,部员即群起谋相窘,以向来未尝服官之人,公事一切不谙,部员稍恶作剧即可以令长官闹大笑话,全国哗然。"不过,梁氏似已预料此问题,故在荐选次长人选时颇为慎重,最终选定江庸。在同函中,梁氏言其"力挽江君,江亦感激。知己肯出而相助,今乃大得其力";"幸吾所荐次长,久于法曹,而道德极高。吾乃得坐啸画诺而专注精神于国务,而部中政令亦翕然无间"。① 这说明,梁启超任司法总长时期,部中事务多由江庸处理(既存研究似未认识到此点)。这是由于梁氏本人对司法事务不甚了解;反向言之,梁氏因之得以超越具体部务,能将更多精力关注于更高、更广的国务问题(梁氏之抱负非仅限于司法领域),这自然涵括涉及全局性的司法建制问题。

熊希龄内阁的《政府大政方针宣言书》(实由梁启超主稿),初步表达了梁氏对当时司法制度的观感。梁氏首先承认"立宪国必以司法独立为第一要件",问题是"我国之行此制,亦既经年,乃颂声不闻,而怨呼纷起,推原其故,第一由于法规之不适,第二由于法官之乏才。坐此二病,故人民不感司法独立之利,而对于从前陋制,或反觉彼善于此"。在梁氏看来,解决之道是:一方面,"宜参酌法理与习惯,制度最适于吾国之法律,使法庭有所遵据";另一方面,"严定法官考试、甄别、惩戒诸法,以杜滥竽,而肃官纪"。至于当前的司法行政方针,梁氏表示:"拟将已成立之法厅改良整顿,树之风声,其筹备未完诸地方,则审检职务,暂责成行政官署兼摄,辟员佐理。模范既立,乃图恢张,以消极的紧缩主义行积极的改进精神。"② 不难推测,早在出任司法总长之前,梁氏对司法现状已观察多时,

---

① 丁文江、赵丰田编《梁启超年谱长编》,上海人民出版社,2008,第440—441页。
② 梁启超:《政府大政方针宣言书》,《饮冰室合集·文集之二十九》,中华书局,1989,第121—122页。

并有自己的思考。故《申报》报道说，"任公于司法界之黑暗，久不满意，此次入阁，即抱定改良宗旨，拟以积极的方法创建一法治国模范"，改良分为两层：对内，除积弊选贤才，更定监狱制度，最终完成司法独立；对外，改良领事裁判制度，收回法权。①

1913年9月17日，司法部呈请大总统裁撤各省司法筹备处。② 23日，袁世凯命令："所有各省司法筹备处应即一律裁撤。"③ 各省司法筹备处裁撤后，该处应办事宜改归该省高等审检厅各自办理或会同办理，并规定了具体的划分办法。④ 如前文所述，各省设立司法筹备处，职掌司法行政，推进法院筹备事务，本是许世英任内推行司法建设的重要举措，如今被废止，表明梁启超对许世英司法举措之反拨。此外，许世英任上已筹划多时的派遣司法官员出洋修习考察事宜，这时也被梁氏叫停，梁氏认为"固不宜以惜费而蔽塞聪明，亦岂容以靡费而涂饰耳目"，"所有已派未派各员，统由部详细调查，妥筹办法，以资收束"，⑤ 为此，司法部致函外交部，说明撤回理由。⑥ 所有这些举动，均说明梁启超、江庸出掌司法部后，实行"以消极的紧缩主义行积极的改进精神"。

如果说，许世英任司法总长时期之特征是扩展的话，那么梁启超时期则是收束。个中缘由，颇为复杂，这既与梁启超对当时法律与司法问题的判断有关，"我国司法因上年进行太速，致生无限之阻力，近来各省几致全然办不动"，⑦ 也由于"二次革命"爆发后，北京政府军事行动频繁，财政紧张，实行减政主义，并获得不少国人之赞同。⑧ 时任铨叙局局长的许宝蘅在日记中写道："闻院议裁并部局各署，铨局亦将裁并，现在冗官实过于清

---

① 《梁总长政见》，《申报》1913年9月27日，第3版。
② 《呈请裁撤各省司法筹备处文》（1913年9月17日），《司法公报》第2年第2号，1913年11月15日，"公牍"，第1—2页。
③ 《大总统令》（1913年9月23日），《司法公报》第2年第1号，1913年10月15日，"命令"，第1页。
④ 《令各省高等审检厅筹备处裁后应办理事宜应改归各该审检厅分别办理文》（1913年10月4日），《司法公报》第2年第2号，1913年11月15日，"公牍"，第8—10页。
⑤ 《呈请派往各国修习员另筹办法文》（1913年9月22日），《司法公报》第2年第2号，1913年11月15日，"公牍"，第3—4页。
⑥ 《致外交部开送撤回派赴各国修习员名单希转达各公使查照函》（1913年10月15日），《司法公报》第2年第2号，1913年11月15日，"公牍"，第28—29页。
⑦ 丁文江、赵丰田编《梁启超年谱长编》，第443页。
⑧ 杜亚泉：《再论减政主义》（1913），周月峰编《中国近代思想家文库·杜亚泉卷》，中国人民大学出版社，2014，第119—122页。

末,裁汰归并正是紧要政策。"① 冗员太多,财政吃紧,自然要减政裁员。落实到司法系统,裁并审检厅便应运而出,"当此国库如洗,司法一事,机关固极当尊重,而冗滥则在所必裁"。② 从司法部与各地机关往返函件中,③也可窥见此时司法经费确实异常紧张。

具体到司法官问题,梁启超指陈:现在司法"良绩未著,谤议滋多,天下摇摇,转怀疑惧";综言弊端有数条,其一便是司法官问题:"朝出学校,暮为法官,学理既未深明,经验尤非宏富,故论事多无常识,判决每缺公平,则登庸太滥之所致也。"④ 在此前后,袁世凯也意识到司法领域的严重问题,他在国务会议上特别谈论及此,认为最明显的问题就是"司法官办事迁延,而审决案情又不能切合事理";在袁氏看来,当前中国存在三大弊害,其一即"各级审判厅之流弊,司法官不得其人,往往滥用法律以殃民,且经费浩大,民间更加一层负担"。⑤ 问题如此严重,势必要解决。1913 年 12 月,据梁启超条陈,袁世凯下令整顿司法,称:司法独立之大义,始终必当坚持;法曹现在之弊端,尤顷刻不容坐视,"今京外法官,其富有学养,忠勤举职者,固不乏人,而昏庸尸位,操守难信者,亦在所多有,往往显拂舆情,玩视民瘼……岂国家厉行司法独立之本意哉"。并斥陈司法问题症结所在:"新旧法律,修订未完,或法规与礼俗相戾,反奖奸邪,或程序与事实不调,徒增苛扰";"法官之养成者既乏,其择用之也又不精";"政费支绌,养廉不周,下驷滥竽,贪墨踵起"。⑥ 简言之,即由法律、人才、财政问题所致。不难看出,袁世凯此

---

① 许恪儒整理《许宝蘅日记》第 2 册,1913 年 6 月 30 日,中华书局,2010,第 445 页。
② 《致福州高等审检厅裁并各厅所已电托刘民政长电》(1913 年 9 月 25 日),《司法公报》第 2 年第 2 号,1913 年 11 月 15 日,"公牍",第 25 页。
③ 《致福州民政长高等审检两厅积欠薪俸希拨款维持电》(1913 年 10 月 28 日),《司法公报》第 2 年第 3 号,1913 年 12 月 15 日,"公牍",第 28 页;《复杭州高等厅长勉为其难所请辞职碍难照准电》(1913 年 10 月 31 日)、《复杭州高审厅长不准辞职余照三十一日部电办理电》(1913 年 11 月 5 日),《司法公报》第 2 年第 3 号,1913 年 12 月 15 日,"公牍",第 29 页。
④ 《呈大总统详论司法急宜独立文》,《司法公报》第 2 年第 4 号,1914 年 1 月 15 日,"公牍",第 1 页。
⑤ 《在国务会议上谈司法之政见》、《对某政治家谈当前中国三大弊害》,刘路生、骆宝善主编《袁世凯全集》第 24 册,第 163、556 页。
⑥ 《令整顿司法事宜》(1913 年 12 月 28 日),《东方杂志》第 10 卷第 8 号,1914 年 2 月 1 日,"中国大事记",第 15—16 页。

令暗含着对许世英时期司法官任用"择人不精"的批评,亦表明对梁氏推行司法官甄拔措施之支持。

司法官甄拔,意即审查辨别现任司法官,选拔才优胜任者。① 1913年11月,司法部公布《甄拔司法人员准则》,声明:"法院改组以来,任用司法官仅就法院编制法施行法草案所定任用司法官各项资格为暂行任用标准。惟资格与人才究属二事,具有法官之资格者,未必即胜任法官之任,若长此因循,漫无考验,当滋群流竞进之时,实无以辨真才,以重法权而厌民望。"为此,司法部制定此准则,"借为救济方法,意在拔用合格而能胜任之人才,以谋司法事业之进步"。② 根据该准则,受甄拔人员以下列资格为限:(1)在外国大学或专门学校修习法律或法政之学三年以上,得有毕业文凭者;(2)在国立或经司法总长、教育总长认可之公立大学或专门学校修习法律之学三年以上,得有毕业文凭者;(3)在国立或经司法总长、教育总长认可之公立、私立大学或专门学校充司法官考试法内主要科目之教授三年以上者;(4)在外国专门学校学习速成法政一年半以上,得有毕业文凭,并充推事、检察官,或在国立私立大学、专门学校充司法官考试法内主要科目之教授一年以上者。甄拔活动由设置于司法部内的甄拔司法人员会(由司法界高层及资深人士组成)执行,内容与方法是:(1)就学校讲义考试答案及考列等次,考察其学业之程度并逐年及卒业时之成绩;(2)就卒业后之经历及其主办事务之内容,考察最近之学况并事务上之成绩及能力,但入学前经历有足备考者,并应调查之;(3)就向来之言行状况,考察品学、性格、才能及体质能否为司法官,以及宜充何种职务之司法官;(4)举行甄拔考验,以测知其学问程度及运用能力为宗旨。甄拔合格者由司法总长指派到审检机关实习,且由司法总长依现行任用司法官之标准,随时呈请任官。③

不难看出,与许世英时期看重资格(是否法政毕业)不同,此次甄拔除了资格外,还看重能力与品质,意在拔用"合格而能胜任之人才"。客观

---

① 其实,许世英亦有推行司法官甄别之意,但未及实行。《复国务总理拟具答复蒙议员经质问书函》(1913年7月25日),《司法公报》第12号,1913年9月15日,"公牍",第31—32页。
② 《制定甄拔司法人员准则布告》(1913年11月18日),《司法公报》第2年第3号,1913年12月15日,"公牍",第25页。
③ 《甄拔司法人员准则》(1913年11月8日),《司法公报》第2年第3号,1913年12月15日,"法规",第7—9页。

地说，在人员选入标准上确有进步。不过，甄拔规则也存有问题，如把私立法政学校毕业生、公立法政学校别科生排除在外，这自然引起这部分人员的反对。①

1914年1月23日，司法人员甄拔考验在北京象坊桥众议院举行。但在此次甄拔结果公布之前，由于熊希龄内阁结束，梁启超随之去职，继任者为章宗祥。梁氏任内很多举措延及章宗祥任上施行（有些未施行）。1914年3月，司法部公布甄拔合格人员名单，共计171人，其中笔述合格者134人，口述合格者32人，补考合格者5人。② 随后，合格者被分派各地实习。③ 在《申报》看来，此次司法官甄拔，参考者1000多人，经层层筛选，最后被录取者仅为少数，系采"极端的严格主义"；录取人数之少与梁启超司法计划案有密切关系，因为此计划拟把各省审检厅分别归并停办，机关少了，人员自然无须过多。④

梁启超卸任时呈报大总统的《司法计划十端留备采择文》，⑤ 成为章宗祥任上必须面对的问题。袁世凯将此案交由政治会议讨论，政治会议对梁之司法条陈"大体表示赞同，惟其中窒碍难行之点亦不少"；⑥ 议长李经羲总体上也赞成梁之办法。⑦ 此时担任约法会议议员的许世英"向与梁任公反对，故将其司法条陈根本驳斥"。⑧ 不过，从此后的实际情况来看，梁启超的很多建议被采纳，如梁氏等人倡导的司法官回避制度，于1914年2月推行，很多省份重新任命司法官；⑨ 司法部颁布《司法官考绩规则》，加强并规范对各级司法官业务的考核，规定：各衙门长官就所属司法官的品行、履历、学历、执务、交际、健康、性格、才能、志愿及其他参考事项，随

---

① 《批神州大学代表张家森呈请甄拔司法人员各节由》（1913年11月21日），《司法公报》第2年第4号，1914年1月15日，"公牍"，第44—45页。
② 《司法部甄拔人员会致司法部报告受验员成绩函》（1914年3月），《政府公报》第661号，1914年3月11日，"公文"。
③ 《分发甄拔合格人员一览》，《司法公报》第2年第8号，1914年5月31日，"杂录"，第19—20页。
④ 《法官甄试后之司法思潮》，《申报》1914年3月13日，第6版。
⑤ 《梁前司法总长呈大总统司法计划十端留备采择文》（1914年4月27日），《司法公报》第2年第8号，1914年5月31日，"杂录"，第1—4页。
⑥ 《司法机关将来》，《申报》1914年3月13日，第6版。
⑦ 《李议长与章总长论司法书》，《申报》1914年3月16日，第6版。
⑧ 《专电》，《申报》1914年3月28日，第2版。
⑨ 《呈大总统谨将应行回避之河南等省高等厅长官互相调用人员开单请鉴核施行文》，《司法公报》第2年第6号，1914年3月30日，"公牍"，第3—4页。

民国初年司法官群体的分流与重组

时调查编制报告书,于每年六月、十二月,经由上级长官添附意见后,呈报司法总长;① 裁并初级审检厅,实行县知事兼理司法制度,司法部于1914年初颁布《县知事兼理司法事务暂行条例》,规定凡未设法院各县的司法事务委任县知事处理,但县知事审理案件由承审员助理,② 配套的《县知事审理诉讼暂行章程》也随即公布。③ 1914年,各地纷纷裁并审检厅,以京师为例可见一斑,1914年5月京师初级审检厅裁撤,事务归并地方厅办理,相关人员大部分调入地方厅,小部分人员开缺候任。④ 对于因裁并、回避本籍等而免官者,司法部表示,考核在案,遇有缺位随时任用。⑤ 裁并审检厅与实行县知事兼理司法对此后的中国司法影响深远。

1914年6月,司法部颁布新订的《甄拔司法人员规则》,1913年11月颁布的《甄拔司法人员准则》即行废止,并声明"本规则自公布之日实行至司法官考试实施之日废止"。⑥ 1915年6月,在清末《法院编制法》基础上,北京政府公布新的《法院编制法》,明确规定各级推检人员必须经过司法官两次考试合格才能任用。9月,袁世凯颁布《司法官考试令》和《关于司法官考试令第三条甄录规则》,对司法官考试的科目、内容、程序做出具体规定。从整个北京政府时期的司法官考录情况来看,均采取"严格主义",群体规模不大,有司法人员后来忆述:北洋政府司法官录用非常严格,"宁缺毋滥",虽然举行若干次考试,录取一些司法官,但"人数究属过少……各司法机构有缺无人的情况,所在皆是,尤以边远地方为甚"。⑦

---

① 《司法官考绩规则》,《司法公报》第2年第6号,1914年3月30日,"法规",第1—4页。
② 《县知事兼理司法事务暂行条例》,《司法公报》第2年第7号,1914年4月30日,"法规",第2—4页。承审员由县知事从以下人选中呈请高等审判厅厅长审定任用:在高等审判厅所管区域内之候补或学习司法官、在民政长所管区域之候补县知事、曾充推事或检察官半年以上者、经承审员考试合格者。
③ 《县知事审理诉讼暂行章程》,《司法公报》第2年第7号,1914年4月30日,"法规",第4—17页。
④ 《大总统令》,《司法公报》第2年第9号,1914年8月30日,"令饬",第5—6页。
⑤ 《通告此次司法改组被裁人员毋得率行陈请文》(1914年7月21日),《司法公报》第2年第11号,1914年8月30日,"公牍",第16页。
⑥ 《甄拔司法人员规则》(1914年6月2日),《司法公报》第2年第10号,1914年7月31日,"法规",第5—9页。
⑦ 任玉田:《民国的法律、法院与司法人员》,《汉中市文史资料》第3辑,1985,第15—16页。

六　结语：政权更迭与人事嬗变

　　1912年上半年，无论是伍廷芳还是王宠惠，由于任职时间甚短，都无法进行司法改组，重任交给了许世英。在许氏任上，法院改组、司法官重新选任在全国各地铺开。此次改组依据《临时约法》，尤其是第48条"法院以临时大总统及司法总长分别任命之法官组织之"。司法官任用标准是援用前清宣统元年颁布的《法院编制法》，① 该法第106条规定："推事及检察官，应照法官考试任用章程，经两次考试合格者，始准任用。"第107条规定："凡在法政法律学堂三年以上，领有毕业文凭者，得应第一次考试；② 其在京师法科大学毕业及在外国法政大学或法政专门学堂毕业，经学部考试给予进士举人出身者，以经第一次考试合格论。"其实，第107条第一项（第二项因国体变更而失效）所列只是司法官考试的应考资格，而非出任司法官的充分条件，但在许世英主持的司法改组中资格变为条件，虽然许氏也强调司法经验之重要，但毕竟笼统、模糊，事实上，很多仅具有法政文凭者即可担任司法官。民国元年，二十岁的马寿华因为拥有法政三年毕业文凭，出任河南开封检察官，马氏晚年忆述："余凭法政学堂毕业成绩，政府认为有法官资格，初任开封地方检察厅检察官。"马氏本人亦承认："余于听讼并无经验。"③

　　司法本是一种特别讲求实践经验的职业，可以想见，刚走出校门的法政青年掌管司法事务，问题自是不少。民国元年初由湖北内务部委任黄安县书记官的朱峙三，本职为辅助县知事行政兼理司法事务，及至6月，依照司法规划，各县筹备司法独立，湖北黄安设立初级审检厅，司法人员也陆续到任，在与这些新到司法人员的业务交接及交流中，朱氏发现："来者均初出茅庐，问之司法事，均不内行，皆欲请余帮忙指示，非谦词亦实情也。"数日后，朱氏观察到，这些人员"无甚能力判案"，导致当地士绅

---

① 《宪政编查馆奏核订法院编制法并另拟各项章程折》、《法官考试任用暂行章程》，《政治官报》第826号，宣统二年正月九日，"奏折"，第3—24页。
② 此项规定效法日本，日本《登用判事、检事之试验规则》[明治24年（1891）司法省令]规定，审判官、检察官与考者，须为"在官立学校或司法大臣所指定之公立、私立学校修法律学三年而领有卒业证书者"。南洋公学译书院初译，商务印书馆编译所补译校订《新译日本法规大全》第3卷下册，孟祥沛点校，商务印书馆，2008，第656页。
③ 马寿华：《服务司法界六十一年》，第21页。

"大说坏话"；月余后，朱氏又深感"（审检）两厅主官均不识时势之人，法政毕业初次做官，社会人情不懂，遑问将来断狱"。① 显而易见，将司法事务委托这些无经验的法政毕业青年，问题丛生，甚是不妥。与此同时，那些审案经验丰富的老法官却只能离职。清末任大理院推事、辛亥革命前任广东高等审判厅厅丞的史绪任，审案严谨，经验丰富，民国建立后离职，时任该厅刑事庭长的法政青年汪祖泽，在数十年后依然惦念着这位前清老法官，说："（史氏）遇有重大案件，必定先将全案卷宗审阅，如发现有重要罪证或其他疑问时，又必加以标记，俾承办者知所注意，当承办人制成判决书送其批阅时，更反复详加推勘，其有不中肯者，则向承办人详细说明，使之自行更正，其处事精神，与后任的司法长官只知画阅签章者相较，迥然不同。"② 感怀之念，跃然纸上。

正是意识到司法人事变动中这一问题，梁启超等人指出："自去岁法院改组以来，专以学校文凭为资格标准，然其成效，亦既可睹矣。徒使久谙折狱之老吏，或以学历不备而见摒，而绝无经验之青年，反以学历及格而滥竽，法曹誉望之堕，半皆由是。"③ 1915年，袁世凯也承认，"当时折狱老吏，引避不遑，推检各官，多用粗习法政之少年，类皆文义未通，民情未悉，才苦不足，贪则有余，枉法受赃，挤虐无忌"，积压办案，更是京外司法官的通病，"借口于手续未完，证据未备，名为慎重，实则因循，疲精力于嬉游，任案牍之填委"。④ 多年后，曾任北洋政府大理院院长、司法总长的董康对此也批评曰："法官概用青年，阅世未深，无可讳言"，并指出民初司法"由于法律繁重者半，由于能力薄弱者亦半"，⑤ 问题丛生。梁启超等推行司法官甄别工作，主旨就是解决这一问题。

1915年4月，梁氏继任者章宗祥回顾民初司法官选任办法演变时云："法院改组之初，需员既殷，取才尤隘，毕业资格，束缚甚严，往往有朝出学校暮入仕途者"，司法部正是考虑到这些人员"学识之疏"，故举行司法官甄拔考试，"入选而后先予分发实习，择其优者乃授以事"。除此之外，

---

① 《朱峙三日记》第2册，1912年6月26日、6月30日、8月25日，国家图书出版社，2011，第459—460、476页。
② 汪祖泽、莫擎天：《辛亥前后的广东司法》，《广东文史资料》第8辑，第165页。
③ 《梁前司法总长呈大总统司法计划十端留备采择文》（1914年4月27日），《司法公报》第2年第8号，1914年5月31日，"杂录"，第1—4页。
④ 《大总统令》（1915年4月29日），《政府公报》第1069号，1915年4月30日，"命令"。
⑤ 董康：《民国十三年司法之回顾》，《法学季刊》第2卷第3期，1925年1月。

对于那些未经甄拔而曾任法官者，"必实有成绩者，方许酌量任用，犹虑其经验之浅也"，于是司法部有"用人方法暨详荐厅员办法之通饬，用人办法大致责以举贤，详荐办法大致重在成绩"，具体办法是"每用一人先派试署六月，而成绩可观者始予以荐署，满一年而成绩可观者始予以荐补"；司法部还考虑到各地详荐未必可信，于是"又有调核办案之通饬，大致荐任以前必先考察，考察之道不尚虚文，必以调阅办案文件为之进退"。司法部坦言："谆谆文告，不惮烦劳，行之数月必试可而后登荐，否则宁缺毋滥。"①为解决司法官问题，司法部可谓颇费苦心，就实际运作状况而言，也基本做到了"宁缺毋滥"。有司法人员后来就指出，北洋政府对司法官录用"采取宁缺毋滥的政策"，"把民元以后，各省司法司所派的司法官，严加甄别，淘汰了一批"。②

从长远着眼，许世英的司法改革举措有利于建设法治国家，推进司法专业化、职业化和传统审判模式的现代转型。以民国元年的上海为例，司法官均为国内外法政学校毕业者，在他们推动下（当然，还包括其他因素，如律师、社会舆论等），审判模式逐步从传统的超能动主义向中立主义转型，尤其是刑事领域，这是此后司法发展的方向。③ 许氏的举措也符合鼎革后不"除旧"难以"布新"的时代语境。问题是，在新旧过渡年代，不宜操之过急，"旧人"不去，固不足以建设，若尽用"新人"，亦未必稳妥。民国元年，一些有识之士就告诫："夫政治之设施，必思想与经验，二者相辅而行，始能发展其作用，而达良好之结果……大抵旧日官吏，积习相沿，虽无政治思想，而老成者流，守分安常，其间饶有政治经验者，固不乏人。其新进之士，富有政治思想者，虽占多数，然茫于政治经验者，恐亦不免。"如今民国肇建，"若悉委托之于一般旧人，固无异令哑者以演唱，驱瞽者以临池，其不蹈于前清之覆辙者，能乎不能？然若委托之于一般新进，又何异乎以危樯独舟狎惊涛骇浪，驾驭者既无相当之经验，临事始谋，其不张皇失措，俾全舟生命沦没于泽国者，鲜矣"。④ 其言可谓中肯，"新"与"旧"如何平衡乃一大时代课题，高明的当政者自应慎重处理这一问题。

---

① 《司法部呈恪遵申令严行监督司法事务并将年来办理情形缕陈钧鉴文并批令》（1915年4月29日），《政府公报》第1085号，1915年5月16日，"呈"。
② 任玉田：《民国的法律、法院与司法人员》，《汉中市文史资料》第3辑，1985，第15页。
③ 王志强：《辛亥革命后基层审判的转型与承续——以民国元年上海地区为例》，《中国社会科学》2012年第5期。
④ 李振铨：《论政府用人之宜慎》，《顺天时报》1912年5月10日，第2版。

实际上，此后北洋司法中枢对前清刑幕与法官并未完全排斥。1915年前后，民国政府聘请前清刑名人员，如吉同钧、张廷骧等参与修订法律；① 1915年7月公布《司法部拟订荐任法官资格》，规定"曾充督抚臬司等署刑幕五年以上，品学夙著，经该署官长或同乡荐任以上京官证明者"，可参加司法官甄录考试；同年底公布的《各级审检厅任用学习生章程》，也同意前清法官考试及格者任审检厅学习生。② 但是，历史变迁对"旧人"自有其淘汰机制与转化办法。1916年6月，黎元洪继袁世凯之后出任总统，段祺瑞任总理，组成内阁，司法总长之位，段原拟董康，这时，张国淦对段祺瑞说"何不用几个新人"，并举荐王宠惠、张耀曾二人，最后段氏选定"新人"张耀曾。③ 这虽是近代史上一微小细节，未必有普遍解释作用，但足以提示：一方面，在北洋政权系统中，主体是"旧人"，"新人"仅为点缀品；另一方面，在"物竞天择、适者生存"颇成时潮的近代社会，"新人"优胜于"旧人"，时代留给"旧人"的机会不多，亦不广。易言之，"旧人"退出历史舞台只是时间问题。其实，这一过程并没有后人想象的那么漫长。就司法人员而言，1922年初，北京政府法律顾问、法学博士岩田一郎在考察中国司法状况后，就指出中国"旧式之法官，已不见一人"。④ 民国建立仅十年，旧式司法官已难觅踪影，可见司法人事新陈代谢之速。当然，清末民初法政教育勃兴，培养了大量新式司法官后备人员，也是推动司法人事新陈代谢的原因之一。

学界一般认为，经由辛亥革命，中国实现了从清朝到民国的政权更迭。"革命"其实更多的是妥协，因此两个政权之间的承续性非常明显。这种承续性首先体现在人事系统中，尤其是中央政府，无论是国务院还是内务部、外交部、司法部等，人事承续甚是显著。⑤ 例如，民国元年国务院直属机构（秘书厅、法制局、铨叙局、印铸局）职官，大多是"清廷的内阁官员和旧部属员"。⑥ 其实，这种承续性不仅体现在袁世凯时期，在后袁世凯时代也

---

① 闫晓君整理《乐素堂文集》，法律出版社，2014，"整理说明"第4页；《电聘刑幕协修法律》，《申报》1915年3月11日，第2张第7版。
② 蔡鸿源主编《民国法规集成》，黄山书社，1999，第9册，第37—38页；第10册，第37页。
③ 张国淦：《中华民国内阁篇》，杜春和等编《北洋军阀史料选辑》上册，中国社会科学出版社，1981，第201页。
④ 《岩田顾问之司法改善谈》，《申报》1922年2月13日，第4张第14版。
⑤ 桑兵：《接收清朝与组建民国》，《近代史研究》2014年第1、2期；缪树红：《论北洋军阀统治下的文官主体——以国务院为考察对象》，硕士学位论文，北京大学历史系，2007；川岛真：《中国近代外交的形成》，田建国译，北京大学出版社，2012，第86—89页；等等。
⑥ 缪树红：《论北洋军阀统治下的文官主体——以国务院为考察对象》，第24—25页。

很明显。研究表明，1916—1928年民国政府117名内阁成员中，88名为前清官僚，占内阁总人数的75.21%。① 不过，值得注意的是，在承续性的面相之下，某些隐性的"革命"悄然发生。有学者以民国初年外交部为个案的研究表明，辛亥鼎革后重新组建的外交部，其班底虽来自清末外务部，但其人员结构发生根本性变化：科举出身的总理衙门章京大量离职，仅有少许留任；举贡人员被裁撤殆尽；译学馆学员也仅有少数留任；外交部职员以留学生居多，且多有在驻外使馆任职的经历，从此外交部逐渐形成自己独立的用人系统。② 由此观察，外交部人事变动情况与司法审判系统颇为相似，因为二者均为专业性很强的职业，非一般人员可胜任。大体而言，越是专业性的领域，辛亥鼎革后的人事变动越大。

除"专业"外，还需注意"层级"问题。如前所述，若观察从清政府到民国政府的上层人事，二者之承续性非常明显，最显著的例证就是如前所引，1916—1928年民国政府117名内阁成员中，前清官僚占75.21%。但是，中下层就未必如此。具体到民初司法系统，中枢人员（如司法总长、次长、大理院院长等）大体可分为两种：前清旧吏，如许世英、徐谦、董康等；法政新人，如章宗祥、江庸、张耀曾等，在清末就已进入体制内。司法中枢如此，各省司法长官状况也差不多，1913年初，各省司法筹备处处长21人中，大多数为前清司法官吏。③ 可见司法高层人事承续性之明显。但中下层状况未必如此，如前文所述，而是以法政毕业青年居多，变动甚巨。由此可言，越是层级高者，鼎革后的人事变动越小，反之，则越大。其实，"专业"与"层级"并不矛盾，而是交叉互涉，因为较高层级者多半属政务官，对专业要求未必很高；中下层级者，多半为事务官，对专业要求可能反而较高。要言之，考察辛亥鼎革后的人事问题，除关注"承续"与"断裂"面相之外，尚需留意"专业"与"层级"因素。

（作者单位：中国社会科学院近代史研究所）

---

① 鲁卫东：《军阀与内阁——北洋军阀统治时期内阁阁员群体构成与分析（1916—1928）》，《史学集刊》2009年第2期。
② 李文杰：《继承与开新之间——清末民初外务（交）部的人事嬗替与结构变迁》，《社会科学》2014年第6期。
③ 《呈请简任各省司法筹备处长文》（1913年1月16日），《司法公报》第5号，1913年2月15日，"公牍"，第6—7页。

李鼎铭与陕甘宁边区政府审判委员会*

刘全娥

摘 要 陕甘宁边区著名的开明士绅李鼎铭曾任边区政府审判委员会副委员长,对一般民事案件的处理有决定权。对档案资料的分析表明:在处理绥德地区土地、窑产类纠纷案时,李鼎铭缺乏对证据、事实、法律以及习惯的全面考量,显示出明显倾向于地主富户等的阶级立场,致使部分案件的裁决结果有失公允,产生负面影响。加之边区经济文化环境落后、诉讼程序及审委会组织法的疏漏导致信息闭塞、证据真伪难辨、个人裁量权过大等,审委会的终审职能难以较好地实现,终被裁撤。

关键词 李鼎铭 陕甘宁边区 审判委员会

李鼎铭(1881—1947),陕西省米脂县桃镇人,是陕甘宁边区历史上著名的开明士绅。李鼎铭病逝后,毛泽东写的挽词称:李鼎铭"在中国人民民族民主斗争的困难时期,在日本帝国主义者进攻中国时期,在美帝国主义者援助蒋介石举行反革命内战时期,抱着正义感,依然和中国共产党合作,为人民民主事业作了许多有益工作"。[①] 的确,李鼎铭对陕甘宁边区的民主政治、经济建设、医疗卫生、教育事业等均有贡献,相关的资料汇编、传略、研究著述亦极为丰富。就法律方面而言,主要在三个方面:精兵简政提案,通过赎买方式实行和平土地改革的思想对《陕甘宁边区征购地主土地条例草案》的影响,以及作为边区政府审判委员会副委员长参与司法活动。对于前两方面,杨永华教授已有详细的阐述,[②] 兹不赘述。本文依据

---

* 本文为笔者承担的陕西省社科基金项目"六法全书在陕甘宁边区的历史与实践"(批准号:13F030)之成果之一。

① 卢希谦、辛智科:《李鼎铭》,陕西卫生志编纂委员会办公室编《陕甘宁边区医家传略》,陕西科学技术出版社,1991,第151页。

② 杨永华、木可:《李鼎铭的法律思想》,《法律科学》1998年第1期,第71—75页。

档案资料，就李鼎铭任职陕甘宁边区政府审判委员会（以下简称"边区政府审委会"）副委员长期间的活动及其影响略加探讨，供研究者参考。

一 李鼎铭任职边区政府审委会的背景及职权

（一）边区政府审委会的成立

边区政府审委会的设立是由边区法律界知识分子推动和主导的司法改革中健全审级结构、推行司法正规化的重要举措之一。边区政府成立后，由于国共合作的背景，边区审级制度形式上为三级三审，即以县裁判部（后为司法处或地方法院）为一审，高等法院为二审，南京国民政府最高法院为三审。因边区政权独立，从未与国民政府最高法院发生过联系，实践中以边区政府承担死刑案件的复核、重要案件的审核和再审启动，形成过渡形式的三级三审。①

1941年后，边区集中了李木庵、鲁佛民、张曙时、朱婴等一批具有法律专业背景的知识分子，出于建设新民主主义法制的美好初衷，成立了延安新法学会，并开展了草拟法律法规、充实司法队伍、完善审级体制、规范诉讼程序等改革活动。在1941年11月第二届参议会上提案设立终审机关，未获通过。② 据雷经天说，1942年2月，朱婴在边区政府政务会上提出应建立三审机构，仍未获同意。③ 同年6月，朱婴依据《陕甘宁边区保障人权财权条例》中"边区人民不服审判机关判决之案件，得依法按级上诉"之规定，再次向边区政府主席林伯渠提出建立边区政府审判委员会作为第三审司法机关。这一提议在边区政府第25次政务会议上得以通过。边区政府于7月10日发出战字393号命令，成立边区政府审判委员会。此命令称

---

① 雷经天说："在高等法院判决后，你不服的话，可到边区政府去解决。政府只是审查判决的对不对，可以加以指示，由主席批示，法院就按照批示，应该重新审判的就审判。表现出来是两级两审的形式，实际上是三级三审。"《边区高等法院雷经天、李木庵院长等关于司法工作的检讨会议发言记录》，卷宗号：15-96。
② 《陕甘宁边区政权建设》编辑组：《陕甘宁边区参议会（资料选辑）》，中共中央党校科研办公室发行，1985，第314页。提案为第25号："为统一边区司法行政建立终审机关，促司法制度之改进，谋诉讼人民之利益，请公决案。（梁金生等提）"
③ 雷经天：《关于边区司法工作检查情形》（1943年9月30日），《高等法院雷经天院长关于边区司法工作检查情况和改造边区司法工作的意见》（1943年9月30日至1943年12月），卷宗号：15-149。

"现在边区逐渐走向正规化",显然,审委会之设立即为司法正规化之部分内容。三审终审机关的设立,一方面是要通过审级制度的完善,保障人民权益,另一方面是要通过司法渠道替人民解决问题,并逐步推动司法最终走向独立。1943年12月底,李木庵在司法工作检查会议上说:"就是第三审判决了,问题没有解决,还是可以到第一审去告……""我这还是旧的观念,在法院解决问题就完了。"① 主张在司法范围内解决问题,实际上是主张司法独立于行政。1945年底,李木庵对王子宜关于边区推事审判员联席会议总结报告的意见仍坚持前述观点:"两级两审的说法,在法律制度上,都是有问题的,审级关系人民的权利,各国都是采三级三审制。两审是不够的,有错误的,我们边区目前司法干部的技术程度,错误太多,人民多一审级就是人民多一次的希望,这与判决死刑的人最有关系。各国民法上都有希望权的规定。我们用两级两审,而无三审,是剥夺了人民的希望权,在法理上是说不(过)去的,我们不能自己认定审级以两审为已足,我们只能说'边区现在未被国民政府承认的时期中,为保持统一战线计,暂设两审,至不服第二审之案件,用再审制度为之补救。'总结上如此措词,方合法理,且不受外界法律家的诽谤。因为陕甘宁边区司法会议的总结,要散布到各解放区甚至到大后方去。"② 显然,李木庵、朱婴等推动设立三审终审机关,是期望通过审级体制的完善和司法独立来保障人民权利。

同年8月22日,边区政府以战字446号命令公布了《陕甘宁边区政府审判委员会组织条例》,其中规定了审判委员会的组织、人员构成、职权以及案件处理程序。审判委员会共五人,由边区政府主席、副主席以及政府委员兼任;边区政府主席、副主席兼任审判委员会正、副委员长;设秘书长一人,秘书一人。其职责为:受理不服高等法院第一审及第二审判决之刑事上诉案件;受理不服高等法院第二审判决之民事案件;受理行政诉讼案件、婚姻案件、死刑复核案件;解释法令。其处理案件的方式有两种:一是由每月召开一次的委员会讨论决定,必要时可临时召集;二是刑事案件徒刑在五年以下,民事案件诉讼标的物,其契约成立于1941年1月以前,价格在法币两千元以下者,1941年1月以后成立之契约,价格在边币一万

---

① 《边区高等法院雷经天、李木庵院长等关于司法工作的检讨会议发言记录》,卷宗号:15-96。
② 《王子宜院长在推事审判员联席会议上的总结报告及李木庵的几点意见》(1945年10月18日至1945年12月29日),卷宗号:15-70。

元以下者，由委员长、副委员长负责处理，但开会时应向全体委员报告。①林伯渠、李鼎铭分任审判委员会委员长、副委员长，政府委员贺连诚、刘景范、毕光斗任委员，朱婴为专职秘书，未设书记官，写判决书时，由政府文书科科长署名。②

1943 年 3 月 30 日，边区政府以战字 722 号命令颁布了《修正本府审判委员会组织条例》，将审委会职权修改为受理刑事、民事上诉案件，委员增至 7 人，设承审推事 1 人。以 1941 年 1 月为界，之前涉及契约的民事案件标的由法币两千元改为五千元以下，之后在边币一万元以下者，由正、副委员长处理，开会时向委员会报告。刑事、民事判决书承审推事应连带署名。实际上，边区司法中仅有刑事、民事的区分，民事案件标的额提高主要是考虑到物价上涨，受案范围并无实质变化，人员组成方面仅增加了书记员毕珩。朱婴为审委会专职秘书，负责处理大部分司法事务，如判决书、命令、批答等的拟稿，证据调查，讯问，制作笔录，以及对案件进行协商处理等，还为审委会申请了单独的办公处所（边区政府秘书处 44 号窑洞）、文件柜以及案卷装订所需要的材料等，但在审委会的司法文书中无署名，组织条例中也无对秘书职权的相关规定。

边区政府审委会的设立，首开边区行政首长兼任司法首长的先河，这与随后召开的高干会提倡的领导一元化思想不谋而合。也正是因此，李鼎铭以边区政府副主席的身份成为审委会副委员长。

(二) 李鼎铭在边区政府审委会中的职权

边区第二届参议会召开之时，李鼎铭虽已年届六十，却义无反顾地献出全部家产投身革命，对工作认真负责，绝不盲从。

据曾任李鼎铭秘书一年半的丁雪松回忆道："李鼎铭对工作极其认真负责，一丝不苟。凡是要他主持的会议，事先他都要把会议的内容和可能出现的问题，弄得清清楚楚，以便心中有数；要他画'行'签发的文件，他也仔细审阅，字斟句酌，绝不含糊、虚应了事。""三三制"开始实行时，边区政府工作人员缺乏经验，一度把李鼎铭当客人看待，对其职权不够尊重，而李鼎铭对自己是否有职有权却极为看重。有段时间，李鼎铭在政务

---

① 艾少润主编《陕甘宁边区法律法规汇编》，陕西人民出版社，2007，第 37 页。
② 《边区政府审判委员会秘书朱婴、毕珩的检讨会议记录和有关材料》（1942 年 1 月 10 日至 1943 年 8 月 3 日），卷宗号：15 - 97。

会议上，不论是否当会议主席，总是很少发言，其他党外人士也缄默不语。有时，林伯渠主席主动问："李鼎老有什么意见？"李鼎铭却回答："俺嗨不哈，俺没意见。"但到会议形成决议，批发行文时，李鼎铭便不肯画"行"。原来李鼎铭说"俺没意见"，实际上是很有意见。林伯渠主席和政府秘书长罗迈（即李维汉）都感觉到了问题的严重性。为此，罗迈专门登门与李鼎铭进行沟通，李鼎铭也坦诚相对："我原本不愿意出来做事，是受到毛主席在参议会上演说的感动才出来的，在党外人士有职有权的鼓励下才出来的。任职后，政府开会要我主持时，只临时给我一个条子，什么都不跟我说，我怎么办？政府下达命令、指示，要我画'行'，有的内容事先我一点不知道，怎么办？现在同级把我当客人，下级把我当傀儡。党上有包办，政府不能决定政策。我这个副主席也不想干了。"自此，边区政府人员经常主动征求李鼎铭的意见并和他商量工作，向他汇报工作。每次政务会议事时先向他说明内容并取得他的同意等。英国记者斯坦因采访李鼎铭后报道说："我必须改变关于李鼎铭的见解，不是因为我听到农民、工人和大大小小的共产党都赞美他，主要是因为在长久的谈话中，我发现他诚实，聪明，积极，见解明确，意志坚定，出于自愿地拥护新民主主义。"①

李鼎铭在第二届参议会上准备提出"精兵简政"案时，曾有不少忧虑及劝诫之声；在边区政府忽视其职权时，能够表达自己的不满并进行沟通；解放战争中提出通过和平赎买的方式进行土地改革。这样的李鼎铭，作为审委会副委员长，当然也不会将此当作虚名闲职。

从审委会组织条例来看，审委会司法权可划分为两部分：死刑案件的复核由例会集体决定；刑事案件五年徒刑以下，民事案件1941年1月之前标的在法币五千元以下，之后标的在边币一万元以下者，由正、副委员长处理，开会时报告。实际上，除死刑案件外，一般案件由朱婴提出处理意见，由政府秘书长等审核，正、副委员长画行。从案卷来看，林伯渠较少参与，贺连诚偶然参与，李鼎铭几乎事必躬亲。案件的处理也征求谢觉哉等领导人的意见，尤其是征求高等法院院长李木庵的意见。政府秘书长罗迈、高自立、李景林也常常参与。

李鼎铭负责审委会判决书、批答、命令等的画行。审委会下达的绝大多数司法文书上有李鼎铭批的"行、签名（或签印）日期""阅（签印）

---

① 丁雪松口述，杨德华整理《中国第一位女大使丁雪松回忆录》，江苏人民出版社，2000，第309—310页。"嗨不哈"为陕北方言，意即听不懂、不理解。

日期"等,未见一份由秘书代为画行的文书,其认真之精神可见一斑。

李鼎铭还直接参与一些案件的处理。米脂高清堂婚姻纠纷案中,李鼎铭批示:"米脂公民高清堂,令高等法院从速判决。(李鼎铭印)十一月二十五日。"① 拓邦随与拓邦厚土地纠纷案中,清涧县宣判此案时已经告知当事人上诉日期,并于1942年7月10日发下判决书,令区长转交并告知其上诉期,但拓邦随拒不接收,迟至8月19日被区长扣押一晚后虽被迫接收判决书,但未能在规定的期间内上诉,直至10月20日,高等法院因其逾期上诉裁定驳回。12月,拓邦随又上诉至审委会。审委会在1943年3月15日以第70号命令裁定"声请驳回"。朱婴在此令文空白处注明:"副委员长说,应调查清涧送达判决书日期。二、一。"② 尤其是在一些涉及典权的土地窑产纠纷案审理中,李鼎铭起到了至关重要的作用。

二 李鼎铭参与审理的土地窑产纠纷案及其影响

边区时期的绥德地区包括绥德、米脂、吴堡、清涧、佳县(1942年9月设子洲县),人口50余万,占边区人口总数的1/3,每平方公里达47.8人,是其他分区的3—10倍,但人均耕地面积仅8.1亩,低于其他分区1.2—6.7亩。③ 由于人多地少,土地窑产纠纷频发。薛何爽在《陕甘宁边区政府审判委员会案件处理报告》中列出了22件民事案件,收案时间为1943年4月至10月,"警区17件,延属3件,关中2件,陇东、三边无"。警区即绥德分区,其中土地窑产涉讼案件达9件,占全边区土地窑产案件总数的80%。④ 李鼎铭家在米脂,对涉及家乡的案件尤为关注。

(一)李鼎铭参与审理的土地窑产纠纷案

在上述薛何爽报告中,边区政府审委会七个月里受理的民事案件仅为

---

① 《边府、审判委员会、边区高等法院、安塞县关于结婚乱辈、劫婚、偷娶、抢婚、重婚案的查处、批答、审核意见书、判决书》(1942年2月10日至1943年11月23日),卷宗号:2-728。
② 《边区审判委员会、高等法院关于蒋盛富上诉蒋盛良、贺炳均上诉郝旺普、拓邦随上诉拓邦厚案件的命令、判决书》(1942年6月25日至1943年3月17日),卷宗号:2-708。
③ 见"陕甘宁边区各分区耕地面积及人均耕地比较表"(1943年),严艳:《陕甘宁边区的经济发展与产业布局研究(1937—1950)》,中国社会科学出版社,2007,第54页。
④ 《边府关于审判改为二级审,在各分区、县设立看守所,召开司法会议,案件处理报告表、命令、指示等》(1943年2月12日至1944年8月10日,卷宗号:2-679。

22件，其中土地窑产案件9件，下述案件中的三件亦在其中。因此，李鼎铭参与审理的5件案件在相关案件中占有相当大的比重。

1. 王治成、薛钟灵争买刘缙绅土地案①

绥德县王治成于1938年典受了三家坪刘缙绅土地11垧半。1941年阴历九月间，刘与王协商卖地，以王树荣为说和人，要价初为3800元，双方未能谈妥。次日，地价突然增至5000元。至阴历十月下旬，薛钟灵以5800元与刘缙绅订立了契约。王治成诉到区政府，未能解决，遂起诉于绥德地方法院，判归薛钟灵购买。王治成不服，于1942年4月上诉于高等法院。8月20日，高等法院撤销原判，判决地归王治成以5800元留买。薛钟灵、刘缙绅不服，上诉于审委会。根据李鼎铭的决定，审委会仅采纳说和人王树荣的来信（核心内容是王治成抛弃优先权，后被证明是伪造），于10月27日发出批答：刘缙绅与王治成因价格未商妥，抛弃优先权，有王树荣来信为证，撤销第二审原判，地归薛钟灵购买。王治成在1943年再次上诉审委会，审委会维持了原判。

此案参与人甚多，除当事人之外，还有证人薛家坪区长张丕文、乡长刘汉儒（案卷中亦写作刘汉武），说和人王树荣，乡参议员王生贵、王兆瑞等，边区政府与绥德专署调查员马恒志、郭琪，绥德地区特委李景波；边区政府领导及司法人员有林伯渠、李鼎铭、高自立、朱婴等。

朱婴曾草拟了两份判决书，但均被废弃。朱婴于1942年9月30日草拟了一份判决书，其中分析指出十二参议员证明王治成抛弃优先权的信函为伪造，判决维持二审，驳回上诉。同年10月27日草拟的第二份判决书，撤销了高等法院二审判决，认为薛钟灵与刘缙绅所订契约有效，王治成应交出典约，收回典价。但朱婴在此判决书中根据绥德特委李景波提供的材料提及王、薛暗中抑价分买之事，高自立认为判决书不应涉及当事人的密约，随改用批答。朱婴虽遵照李鼎铭指示拟定并发出批答、命令，但在案卷中保留了被废弃的判决书，且在判决书空白处将审委会处理经过记录下来。后一份判决书废稿尾页留有三条朱婴署名及日期的说明。10月13日，朱婴还写下有关此案的一段文字：

> 本案送李副主席核稿，经他的指示以王治成已抛弃优先权，有中

---

① 《边府、审判委员会、高等法院关于刘晋绅、薛钟灵与王志成因买卖土地案的处理过程、命令、判决书来往文书》，卷宗号：2-713。

人王树荣来信证明，而王治成方面之证明人为十二参议员及边府调查员马恒志、郭琪均不能认为有证明之效力，故应认刘晋绅与薛钟灵之买卖契约为有效。再经林主席指出，为将案情弄得更明白起见，可发回原处，其十二参议员之前次证明王治成抛弃优先权，此后又有个别议员否认证明，亦应追究孰为伪造文书印章之行为。李副主席主张本案既已明白，即可由审委直接之判决。

朱婴　十、十三

审委会发出第一次批答前，林伯渠、高自立、李景波都有不同意见。林伯渠主张发回重审。10月15日，边区政府秘书长高自立给林、李主席写信指出：地价飞涨，买主到卖主家立约没有先例，薛姓似不无抢买该地之嫌疑，提出由民政厅派员会同绥德专署人员实地调查，等明白双方详情后再做判断。边区政府及绥德专署调查员经调查证明王治成未放弃优先权，绥德特委李景波也提供了王治成未放弃优先权的材料。

李鼎铭对审委会批答的影响。1942年10月7日，高自立在给朱婴的便签中说："李主席也很关心此案。"李鼎铭画行的司法文书虽然极多，但较少留下大段文字，此案却例外。朱婴在初拟的判决书中意欲驳回上诉，维持高等法院原判。高自立亦认为此案需派员前往调查后处理，但李鼎铭主张撤销二审判决，并亲笔写有如下文字：

> 查对初次卖地就亲身到王姓家，愿以三仟捌百价洋出卖，而王姓不买，后刘姓向薛姓卖地说定伍仟捌百元又情愿减价贰百五拾元卖与王姓，前后均有中人王树荣来信证明，是刘姓对王姓已仁至义尽，而王姓两次放弃优先权，毫无疑义，该参议员王光生等十二人事先未在当场，事后，何得作证。
>
> 兹取消二审判决，承认刘姓所写之决（绝）卖约为有效
>
> 李鼎铭（李鼎铭印）十月十二日

这份批答仅采用了对刘姓有利的证明材料，而置边区政府与绥德专署调查员以及绥德地区特委提供的证明材料于不顾。

李鼎铭对审委会维持原判命令的影响。批答发出后，朱婴一直未放弃调查工作，两次写信给绥德地方法院院长乔松山，请其代传王树荣到审委

会并调查议员信函真伪。12月1日，审委会收到王树荣来信，称王治成从未放弃优先权。高等法院亦呈文称接到绥德地方法院的调查函件，批答所据的所谓王树荣证明信件是薛钟灵伪造的。朱婴在12月1日和2日连续两次与王树荣谈话，王树荣一再说明王治成始终没有放弃优先权，因自己一字不识，信件是刘缙绅等找人代写，印章也是其代刻的。王树荣当庭具结："王治成始终没有说不买的话，这都是实情。如有不实，愿依法治罪。"乡长刘汉武11月29日亦给审委会发来有签名签章的信，其中称因不识字，虽盖章，但对信的内容完全不负责任。1943年3月，王治成又两次呈诉审委会，要求依据证据判决。在此案事实已经完全明了的情况下，朱婴说："我把这情形请示副委员长，他说：还是以前的判决（即判给薛钟灵）。以后开会就照这意见通过了。"①

后据朱婴给雷经天、李鼎铭院长的信，王治成对此结果极为不满，后经地方调解，两家各买一半。②

2. 王生秀、呼生祥窑洞纠纷案③

王生秀系地主，家住吴堡县第六区第三乡宽滩村，性格柔弱，人缘较好，时为吴堡县参议员。其家原有土地八百余垧，窑洞十五孔。1935年土地革命时，王生秀全家因恐惧而逃出边区，原有土地与窑洞全部被没收。呼生祥是贫民，性格强悍，为宋家沟村村民，原有土地十三垧，窑洞二孔。土地革命中，因其村人多地少，被迁移到宽滩村，分得王生秀的土地二十余垧，并经过该乡苏维埃干部的同意，与呼中礼暂住王生秀的五孔窑洞、两间房子。八个月后，国民党军队进占吴堡县，王生秀随之而归，收回了自己原有的土地、窑洞等。呼生祥被迫回到宋家沟村。1940年春，何绍南逃跑后，当地群众自己起来夺回革命果实，是为"归地运动"。呼生祥的土地被原分主要去，便又返回宽滩村，归地二十余垧，但无处居住，经区干部调解，暂住王生秀典到王增花之四孔窑，王生秀并帮粮食五斗给修理。1942年3月，王增花要赎回窑洞，呼生祥又无处可居，要求搬到王生秀一个院子里住，王生秀不愿，双方矛盾激化，先经区政府调解，未果，后经

---

① 《边区政府审判委员会秘书朱婴、毕珩的检讨会议记录和有关材料》（1942年1月10日至1943年8月3日），卷宗号：15-97。
② 《边区政府审判委员会秘书朱婴、毕珩的检讨会议记录和有关材料》（1942年1月10日至1943年8月3日），卷宗号：15-97。
③ 《边府、审判委员会、高等法院、谢觉哉1942年关于王生秀与呼生祥的窑洞纠纷案处理的呈文、命令、批答》，卷宗号：2-709。

吴堡县司法处、绥德专署（高等分庭）、边区政府审委会三级五次处理，最终以王生秀将旧院两孔窑修理后给呼生祥入住的和解结果结案。

此案中，朱婴在不了解9村260余村民的请愿书是伪造的背景下，在给高自立的信中列举了他处理此案的理由：中央维持现状的原则；以为王生秀是一个良善的人，多数人对他表示同情，呼生祥有些流氓习气，公务人员及群众对他都不满；有260人为王生秀请愿；吴堡县把王生秀当作地主阶级对待，不合今天的政策等。他提出两种处理办法：（1）呼生祥暂时借住王生秀的窑洞，以五年为期，另外打窑；（2）呼生祥马上打窑，王生秀提供三分之一或一定数目的费用。

在该案中，李鼎铭决定了审委会批答的内容。朱婴向秘书长高自立请示。高秘书长要其和吴堡县王县长商量，吴堡县县长同意第二种办法，但认为帮助费用的数目应由县里决定。送李鼎铭画行时，李鼎铭采用了第一种办法，并把五年改为两年。

3. 李映旭与乔秉公争买窑洞案①

1941年3月，乔万年在眉县期间因经济困窘将绥德家中七孔窑、一个马棚以及一段坡坬地卖给在外经商的同乡李映旭，价钱1000元法币。写信告诉妻子，才知其妻已经将其中的五孔窑典给族人乔秉公。1942年4月，乔秉公也要购买，因此发生争执。乔秉公先后到区政府及绥德地方法院请求处理，区政府、绥德地方法院均决定归李映旭购买。乔秉公不服，上诉到高等法院。高等法院认为李映旭为乔秉公邻居，不可能不知道出典之事，判其为恶意第三人，不予保护，于1942年12月23日判决归乔秉公购买。李映旭不服，上诉至审委会。1943年3月15日，毕玠草拟、朱婴核对了照第二审原判执行的判决书，但被废弃。朱婴在该判决书草稿首页写道：

　　副委员长说：本案应撤销高等法院原判。三、二十

4月26日，审委会发出撤销第二审原判、窑归李映旭购买的批答。该批答由朱婴所拟，李景林核稿，副委员长画行。这份针对李映旭的批答指出：

---

① 《边府审判委员会关于李映旭为买窑洞上诉乔秉公案的诉状、谈话记录、判决书、证明材料》，卷宗号：2-710。

> 依法，乔秉公是典权人，他有优先留买权，你和乔万年事前都没有让过他，而你与乔秉公是邻居，并非不知道此窑洞为乔秉公所典受，而你竟与出典人乔万年在眉县成立买卖契约，你的动机和手续都是有瑕疵的。不过，这窑洞既由乔万年卖给了你，为免除纠纷起见，现在仍归你承买。但乔秉公两次所付之典价共560元，应分别按照当时币价折算，不得叫乔秉公受损失。这折算多下来的钱还是要你负担的。高等法院的判决准予撤销。

批答行文中，朱婴虽遵照了李鼎铭的决定，但也指明此决定缺乏依据。根据后来的调查，此案所涉窑洞数、典价等细节问题仍真伪夹杂，在审委会下发批答半年后仍未结案。

毕珩在司法检查中也提到此案裁决过程："可是判决书拟好，送交副委员长划行，副委员长不划，说应该判归李映旭。结果判归李映旭了。副委员长年高德重，经验丰富，对边区的习惯也很了解，那样判决当然是对的，但是如果照朱婴同志那样办理，错误在那里，我的主张的错误在那里，都不知道。"①

4. 安成福与赵积馀等土地纠纷案②

安成福先后在1939年及1940年典种了延光明的土地12垧。1941年9月，延光明准备出卖土地，以王治财为说和人。王治财到安成福处要价6500元，因价格未商定，未能成交。之后，以6000元（另有画押费800元）卖于赵积馀等。安成福知情后于次日报告区政府，提出自己作为典权人，享有优先权，愿以同一价格留买。区政府派人调解，试图让两姓分买，未能成功。安成福遂向绥德地方法院提起诉讼，经地方法院批示地归安成福留买。安成福听了区长张丕文的建议，以为地马上归自己了，便按照卖主的要求交出典约、收回典价等待订立买卖契约，不料卖主失信。安成福再次起诉于绥德地方法院。1942年4月11日，绥德地方法院判决地归赵积馀等购买。据绥德特委李景波提供的材料，绥德地方法院曾委托其代为调查此案详情，但未及调查材料到达，判决已经做出。

---

① 毕珩：《审判委员会工作检查》（1943年8月3日），《边区政府审判委员会秘书朱婴、毕珩的检讨会议记录和有关材料》（1942年1月10日至1943年8月3日），卷宗号：15-97。
② 《边府审判委员会、高等法院1943年关于安成福与赵积馀土地纠纷案的判决书、命令、意见材料》，卷宗号：2-712。

安成福不服绥德地方法院的判决，上诉于高等法院。高等法院认为延光明将设有典权的土地出卖无效，安成福交出典约收回典价是应卖主延光明的要求，并于次日到区政府报告并主张其优先权，因此于1942年7月16日判决应归典权人安成福购买。

赵积馀、延光明、王治财等不服，分别在7月下旬至8月上旬上诉到审委会，并称赵姓与延光明订立的契约成立于1941年9月，之前让过安成福，安成福不买，直至12月29日地价高涨之后才提出留买，且提供了10名县、乡参议员的证明书。

审委会秘书朱婴传讯了双方当事人安成福、赵积馀、王治财。调解无效后，朱婴于10月10日草拟了维持原判、驳回上诉的判决书。边区政府秘书长高自立在12日审核时指出，案件必须弄清楚安成福是否于延光明卖地后即向区政府报告？如果是，则说明安成福没有放弃优先权；若是在12月29日才提出，则赵积馀等买地为合法。10月14日及11月16日，审委会两次命令绥德地方法院代为查明此案详情、相关证据，并提出自己的研究结果，还派出调查员调查事情经过以及了解当地民众的意向。区长张丕文在来信中证明安成福的确在9月18日到区政府报告过。审委会还收到了参议员们"为只供参考决不负作证人之责"的否定前证明书的声明书。

1943年3月5日，根据副委员长李鼎铭的决定，审委会给高等法院下达命令，撤销二审判决，并转饬绥德地方法院遵照执行。安成福不服，于4月再次上诉边区政府。时任边区政府副秘书长的李景林在安成福的诉状上批示："既已老早接受了典价，优先权应为放弃，故维持原判决不变为好。"1943年5月3日，审委会在给安成福的批答中回复地仍归赵姓购买。安成福呈诉到中共西北局，西北局书记高岗曾致函罗迈将此案转司法机关处理，不知所终。

据绥德特委李景波提供的调查材料，为了能买到地，安成福卖了女儿、粮食、驴子等着种地。未承想为打官司花光了两千余元，庄稼也没种好，地也未买到，直接影响到其家庭生活。

朱婴在10月10日拟稿但作废的判决书中列明了参考民法条文，并特意写了一段长文《典权优先权的意义》，阐述安成福的真实意思是并未放弃优先权。案卷中还有一篇朱婴写的长文《关于安成福与赵积馀争买土地案之研究》，其中阐述了四个问题：(1) 为什么要尊重优先留买权？(2) 怎样才叫优先留买权的抛弃？(3) 如何从法律上认识安成福收回典价交出典约？(4) 什么是合法的证据？最后写道："综上论述：可以得出这样一个结论，我们要承认优先权。本案安成福没有抛弃优先权，他的受典价交典约，不能认为是抛弃优先权的表示。安成福方面有合法的有效的证人。因此，本案要依法判决，还是要维持第二审……（原件被遮蔽约六字）安成福留买。朱婴 一、二六。"朱婴在此文上边还写有"本案撤销第二审原判，我认为是无法律依据。三、四"。

5. 郝荣邦与郝凤治窑洞纠纷案①

1906年，绥德县郝荣邦之族祖父郝维清将石窑一孔典给郝荣邦。1920年，郝荣邦因贫困所迫，转典给郝善富。不久，郝善富又转典给吴堡县丁士俊。此时，郝荣邦又以每年1200文制钱租住。1934年，郝荣邦参加革命，1938年迁居延安。1942年4月，业主郝维清之弟郝全清未经第一典权人郝荣邦本人同意，从第三典权人手中把窑赎回并卖给郝凤治。6月，郝荣邦知道了此事，遂于7月返绥要拦买。经乡政府调解，准按原价由郝荣邦承买。郝凤治不服，告于区政府，区长张丕文决定由郝凤治买。郝荣邦不服，于当年11月上诉高等法院，被批回绥德地方法院。绥德地方法院仍维持区政府的决定。郝荣邦不服，于1943年3月再上诉于高等法院。高等法院判决由郝荣邦承买，在郝荣邦未返里前暂由郝凤治租住。郝凤治又不服，于5月20日上诉至审委会。审委会向中央印刷厂及边区粮食局函调了郝荣邦参加工作时的情况。之后，朱婴于6月8日草拟了驳回上诉、维持高等法院原判的判决书。其中指出，郝荣邦为第一典权人，依边区租典条例的规定及民间习惯，享有留买优先权。业主在出卖时并没有告诉郝荣邦，而是直接从第三典权人手中赎回该窑洞，于法不合。但这份判决书草稿被废弃。朱婴在此废稿边上留下说明：

为使各方折服，此案似应发回高等法院再审。请李副委员长决定。
六、一六

李鼎铭批复："此案证据确凿，并未提出任何疑点，没有重审之必要。李，六月十六。"

照李副委员长意见，此稿作废。朱婴 六、一七

---

① 《边府审判委员会、高等法院1943年关于郝凤治为买窑洞上诉郝荣邦，郝生德与郝荣邦因窑洞纠纷案处理的呈文、命令、判决书》，卷宗号：2-711。

因此，审委会在 6 月 29 日给高等法院下达命令："查绥德郝凤治郝生德为买卖窑洞上诉郝荣邦一案，郝荣邦既不在原籍居住，自无保护其优先权之必要。郝凤治与郝生德之父郝全清买卖契约应为有效。撤销第二审判决。"

1944 年 3 月，据高等法院转呈的绥德高等分庭呈文，双方和解。窑价 1880 元法币应依当时粮价折合成小米六石，由郝荣邦给付，收回买卖契约。郝凤治于阴历三月半将窑腾出交给郝荣邦，双方自愿永远息争。同年 4 月，郝荣邦又反悔此前调解的折算数额，认为数额过大，同时提出窑洞附带的石畔仓、石槽、小房等被扣不交还，再次向边区政府提出呈诉。1944 年 7 月 8 日，准备交由边区政府政务会处理。

（二）李鼎铭参与审理案件的影响

1. 对审委会的影响——终审不终

上述五件土地窑产纠纷中，王治成与薛钟灵争买刘缙绅土地案，审委会判决地归薛钟灵承买，但王治成极为不满，一再上诉，最后由地方调解，两家分买；王生秀与呼生祥窑洞争执案中，审委会判决呼生祥暂住王生秀窑洞两年后另打，最后由地方调解以王生秀修缮两孔旧窑给呼生祥居住而息讼；安成福与赵积馀等争买土地中，审委会判决地归赵积馀承买，安成福为买到土地卖了女儿、粮食、牲畜等，花费两千余元，却未买到地，这直接影响到其生产生活；郝荣邦与郝凤治争买窑洞案，审委会判决窑洞归郝凤治承买，最后由地方调解以郝凤治让拦（让郝荣邦拦买——笔者注）结案；李映旭与乔秉公争买窑洞案中，审委会判决李映旭承买，乔秉公失望至极，说："官司不能打了，回去打死官司。"① 这五案均为终审不终，不仅使审委会终审、纠错的功能难以实现，对当事人的生产生活造成严重不良影响，而且使其司法能力呈现出逊于高等法院、分庭的倒置现象，成为审委会被裁撤的重要原因之一。

谢觉哉对审委会的案件进行了审查。其日记中载，1943 年 8 月 27 日至 31 日，一直在整理审委会案卷，包括李映旭与乔秉公争买窑洞案、拓邦随与拓邦厚土地纠纷案、薛张氏上诉薛应贵案、赵积馀上诉安成福案等。对

---

① 雷经天：《关于边区司法工作检查情形》（1943 年 9 月 30 日），《高等法院雷经天院长关于边区司法工作检查情况和改造边区司法工作的意见》（1943 年 9 月 30 日至 1943 年 12 月），卷宗号：15 - 149。

乔秉公诉李映旭一案连争执窑洞的数量、典价多少等未弄清的问题，对拓邦随与拓邦厚土地纠纷案中各级司法机关均纠缠于是否逾期上诉这一程序问题，指出"前者不细心替人民解决问题，后者是教条主义的标本"。随后，谢觉哉提出了对审委会的全面看法：

> 上午座谈检查司法工作，我整理出审委会几个民事案卷的材料，觉得有几点：一、不注意调查诉讼当事人的经济状况；二、不够尊重区乡政府及其他党政负责人的意见；三、不是从实际出发而是从条文出发；四、缺乏真实替人民解决问题的心思；五、侦讯技术差。一般讲来，三审比二审差，一审亦差。……
>
> 上午参加审判委员会，审查死刑案十件，平反及再查的逾一半。我讲了几点意见：一、审判委员会不能作为审案的最好机关，审判重点要在加强第一审或第二审。第一、二审接近诉讼当事人，易于明了案情内容。审判委员会只能就已明了的事实加以检讨。它无法再进行侦查。而且如第一、二审级加强，到终审的案件也就少了。二、审判委员会应着重对于第一、二审政策的领导、审判方法的指示，如行政机关一样，善于检讨与总结司法上的经验而不以自己能判决几个案子为能。高等法院对于分庭，分庭对于司法处都是这样。各级互不相通，不交换知识技术和相互批评的作风，不可能创造出新的成绩。三、过去审判委员会实际在靠不住的秘书手里，不对的处所颇多（举了几个案的例子）。①

谢觉哉指出了审委会的审理方式与审判实效使其难以承担终审职能。

雷经天在 1943 年 9 月 30 日《关于边区司法工作检查情形》的报告中照搬了谢觉哉所举的四个案例，批评道：不尊重当地党政负责人意见；推卸责任，有意挑拨党与非党间的关系；不细心研究案情，没有替老百姓解决问题的心思；不了解民情习惯，教条主义等。② 审委会新任秘书薛何爽负责整理审委会审理的案件，其 12 月 18 日的整理报告亦以王生秀案、郝荣邦案等为例，认为审委会没有真正解决问题，"分庭作第二审，高院作

---

① 《谢觉哉日记》（上），人民出版社，1984，第 531、533 页。
② 《高等法院雷经天院长关于边区司法工作检查情况和改造边区司法工作的意见》（1943 年 9 月 30 日至 1943 年 12 月），卷宗号：15 - 149。

第三审，审委会可以不要，重大案子政务会讨论就行了。因为下面不加强，上面层级再多，仍莫多大的补益"。① 整风审干背景下的雷经天、薛何爽的批评材料尽管上纲上线，但整体看法仍未超出谢觉哉的观点。对一般民众尤其是绥德分区的民众而言，审委会的判决结果也引起关注，王治成案卷宗中记载孙孝实曾写信给朱婴谈到王治成案，说："况本案影响所及至大，其于贯彻政策方面，尤有若干作用。"虽未见其具体谈话内容，但影响之大可见一斑。而这些看法，无疑是导致1944年2月审委会被裁撤的重要因素之一。

（二）对朱婴的影响

前述案卷材料显示，朱婴虽多方努力，但其秘书的地位仍无法改变审委会的裁决结果，还不得不承担非自身原因所引发的一些不利后果。谢觉哉、雷经天、薛何爽等在司法检查材料、座谈中均将审委会司法功能偏失的主要责任归于朱婴。雷经天关于司法检查的报告中写道，"李副主席并未看案卷"，"审委会判决的案件，都是经过朱婴审理提出处理意见，然后由审委会决定的，主要的应是朱婴负责"。② 薛何爽的报告也认为朱婴同情王生秀的观点"是多么危险的！无原则的乱说"。李映旭与乔秉公争买窑洞案中，薛何爽在给高等法院的公函中称："审委会的命令是朱婴起草的，问他为什么这样判案？他说，他当时心内明白应该由郝荣邦承买，但不知道怎样原因又判归郝凤治了。"③ 安成福与赵积馀争买土地案中，朱婴认为此案安成福胜诉有望，让安成福回家等待结果，但李鼎铭指示将地判归赵积馀。失望至极的安成福质问朱婴，朱婴情急之下回应道："这是副委员长决定的，我有什么办法！"一语泄露了审委会内部关于此案的意见分歧，安成福因此状告到西北局，致使这一矛盾公开化。朱婴此举被认为是推卸责任，挑拨是非，并因此被撤职查办，屡次检讨。

---

① 《边府关于审判改为二级审，在各分区、县设立看守所，召开司法会议，案件处理报告表、命令、指示等》（1944年2月12日至1944年8月10日），卷宗号：2-679。
② 《高等法院雷经天院长关于边区司法工作检查情况和改造边区司法工作的意见》（1943年9月30日至1943年12月），卷宗号：15-149。
③ 《边府审判委员会、高等法院等一九四三年关于郝凤治为买窑洞上诉郝荣邦、郝生德与郝荣邦因窑纠纷案处理的呈文、命令、判决书》，卷宗号：2-711。

三 李鼎铭的立场与边区的司法环境

（一）李鼎铭的阶级立场

在上文审委会裁决的不动产案件中，李鼎铭起了决定性作用，而这些案件无一例外均为李鼎铭家乡绥德地区发生的案件。李鼎铭倾向于维护的当事人中，王生秀为地主，赵积馀为中农，薛钟灵为当地富户，李映旭在外经商；而对应的另一方当事人中，呼生祥为贫民，土地革命的受益者；安成福为贫民，典权人；王治成虽较富裕但为典权人，乔秉公为典权人。郝荣邦与郝凤治窑产纠纷中，郝荣邦认为判决不利于自己是"嫌他参加革命"。显然，李鼎铭倾向于维护地主及经济相对富裕者的利益，而压抑典权人、贫民利益的实现。上述案件中审委会裁决偏失、违背民事惯例中典主具有优先留买权的传统，并非如雷经天等所称是看不看案卷的问题，而是阶级立场的问题。李维汉在回忆中专门述及此事，说："开明士绅毕竟是地主阶级分化出来的爱国民主人士，他们不可能不关心地主阶级的利益，为他们说话。为了巩固和发展统一战线，在有些问题上就需要作适当的让步。"李维汉还与毛泽东谈及这一问题：

> 当时绥德警备区包括绥德、葭县等地未经土改，经常发生农民和地主的土地纠纷事件。……审判委员会除按边区司法三级三审裁判制度担任第三级终审职责外，还专门研究和裁决绥、葭地区农民和地主之间的纠纷问题。有些案件裁决结果，有农民吃亏的。我见到毛泽东谈起此事，他说：和地主阶级的代表人物合作，有些事情让点步是难免的。你们可以这样做：如果农民吃了亏，可由边区政府给农民相应的补偿，使农民不吃亏。就是说，这吃亏由政府承担，地主和农民双方就都照顾了。[1]

审委会案件审理中的偏失既有审理方式的局限，也有阶级立场的影响。毛泽东、谢觉哉、李维汉等领导人的看法实则是抗日民主政权下司法的阶级性问题。1942年2月公布的《陕甘宁边区保障人权财权条例》第2条规

---

[1] 李维汉：《回忆与研究》（下），中共党史资料出版社，1986，第525—526页。

定:"边区一切抗日人民不分民族、阶级、党派、性别、职业与宗教,都有言论、出版、机会、结社、居住、迁徙及思想信仰之自由,并享有平等之民主权利。"但《陕甘宁边区民事诉讼条例草案》第2条规定:"民事案件法庭应照下列各原则处理之:一、私益服从公益;二、局部利益服从全部利益;三、少数人利益服从多数人;四、一时利益服从永久利益;五、富裕者提携贫苦者;六、有文化知识者帮助文盲无知者。"第22条规定:"债务人或义务人,如确系生计艰难,法庭得以职权为减轻其偿还额或履行额之判决。"第23条规定:"土地窑产争买事项,法庭应以职权调查双方对于土地窑房孰为需要而为斟酌调剂之判决。"1945年11月20日,甘泉县县长呈文请示高等法院关于账债问题的处理办法,代院长王子宜在批复中称:"总以保护穷人为基本原则,不是专保护债权人,也不是专保护债务人。处理的时候依据双方经济状况应灵活一些。"① 新民主主义革命,"就是无产阶级领导之下的人民大众反帝反封建的革命,就是各革命阶级统一战线的革命"。② 但在这一统一战线中,不是各抗日阶级的绝对平等,因为新民主主义革命是以工农联盟为基础的革命,其司法当然不是超阶级的司法;在司法中必然强调司法者的阶级立场,首先维护自己的阶级基础,并在此基础上兼顾各抗日阶级的利益。

(二) 法治环境的制约

李鼎铭之所以能够在一些案件的裁决中对证据有目的地取舍,也与边区司法环境落后而导致的证据收集困难、真伪难辨有关。前述李映旭与乔秉公争买窑洞案、王生秀与呼生祥窑产争执案、王治成与薛钟灵争买土地案中,审委会难以传齐当事人及证人,无法通过当面对质澄清事实,不得不依赖书面证据,给恶意当事人留下了极大的作伪空间。证人王树荣信中称"寒冬染病,盘费无出,如万一非民到会不可,则即匍匐沿门,亦只有前来赴案",可见经济窘困、交通闭塞的影响。王树荣因不识字被人代写证明信及代刻私章,却不知内容完全相悖;乡长因不识字只管盖章且声称不负证明责任。赵积馀一方伪造了议员证明函;王生秀一方两次伪造九村数百名群众的请愿书及催案函;王治成案中亦出现了假冒他人及十二乡议员

---

① 《陕甘宁边区政府主席、谢觉哉、甘泉县司法处等关于处理司法工作中一些问题的来往函件》(1941年7月27日至1947年11月23日),卷宗号:15-40。
② 毛泽东:《中国革命与中国共产党》,华北新华书店,1949,第34页。

名义的证明函。证据的复杂性,不仅增加了裁决的难度,也大大延长了审理周期。

审委会在案件审理中的偏失也与制度设计关系密切。作为三审终审机构,审委会设立仓促,司法能力薄弱,制度安排简陋,难以负担终审的职能。审委会委员全部为政府领导人兼任,且缺乏法律专业知识。日常司法案件仅由朱婴处理,他根据案件的具体情况与相关领导人协商,这使案件的处理具有较大的随意性。前述案件中,当事人争执不息,直至上诉到审委会,是因为争执标的系关一方当事人的身家性命。安成福、呼生祥、乔秉公等,如果不尽力争取自己的权利,将立刻陷入无处栖身、生活困窘的境地。但对于这类民事案件,作为终审机关的审委会却在制度安排上给予个人较大的职权,从而导致司法专断。

作为开明士绅的李鼎铭,对边区建设的贡献青史有载,其在司法中的立场也无须讳言。

(作者单位:西北大学刑事法学院)

清代刑部之堂司关系

郑小悠

摘　要　清代刑部的堂司关系对刑部政务能否顺畅进行专业化运作有重要影响,其变化从堂司之间的礼仪反差中直观表现出来。雍正以前,司官对堂官的依附性较小,礼仪亦较略;乾隆以后,司官对堂官的人身依附性逐步加强,礼仪也越发隆重。刑部堂司之间的工作交往以日常在部时的"说堂—画稿"和堂司数人同时钦差在外审案为两个主要途径。其中"说堂—画稿"的形式随着时代的变化而有所区别。乾隆时期同司各官倾向于自由竞争,以"说堂"为契机博得堂官赏识;嘉庆、道光以后,司内明确了固定的掌印、主稿人选,逐渐向科层制转变。而"钦差办案"总体来说是堂司官员之间形成私交的终南捷径,但在特殊情况下也会带来一些麻烦。

关键词　刑部　堂官　司官　礼仪

现代行政管理学认为,组织内部的人际关系对组织的运作绩效有着重要影响。这一点在传统中国文化的背景下被放大,变得尤其强烈。梁漱溟在评价中国文化时说:"中国之伦理只看见此一人彼一人之相互关系——不把重点固定在任何一方,而从乎其关系,彼此交换,其重点放在关系上了。伦理本位者,关系本位也。"[①] 在清代刑部内,有两组关系是上下级关系,即官吏关系与堂司关系。笔者在《吏无脸:清代刑部书吏研究》[②] 一文中系统地讨论过清代官吏关系问题,本文不再赘述。而对于刑部内的堂司关系,此前学界并无专门研究,唯毛亦可的《清代六部司官的"乌布"》,杜金、徐忠明的《读律生涯:清代刑部官员的职业素养》,以及拙作《清代刑部司

---

① 梁漱溟:《中国文化要义》,《民国丛书》第 1 编,上海书店出版社,1989,第 100—101 页。
② 郑小悠:《吏无脸:清代刑部书吏研究》,《河北法学》2015 年第 2 期,第 60—68 页。

官的选任、补缺与差委》《清代刑部堂官的权力分配》① 等文，虽皆单方面谈及刑部司官或堂官问题，但亦对堂司关系有所涉及。

清代刑部内一切以文书为对象的工作，主要由堂官、司官和吏三者配合完成。面对一件具体的刑名事务，根据制度要求，司官的职责是对案件的审理、核拟提出建议，表现形式是"主稿"，即写作案件的处理意见；堂官的职责是对司官的建议进行决策，表现形式是"画稿"，即在司官所写的处理意见上"签字画押"；书吏则负责收掌、抄写、递送文书。从职责分配上讲，司官是政务的实际执行者，所做的工作是刑部政务中最核心、最基础的部分。堂官是刑部的长官，是部务的决策者，也是司官的培养、选拔、推荐者。刑部政务能否实现专业化运作的一个关键，是司官的培养与选拔是否合理，而选拔合理的重要前提是堂司之间能够良性互动。

一 清代堂司关系的前后变化与礼仪反差

雍正五年（1727）九月，雍正帝下达长篇谕旨批评部院汉司官对堂官礼仪不敬。他说：

> 闻各部院堂司官办理公事，满司之见满堂则屈一膝应对，而汉司之见堂官则或立或蹲，一任其意。同一堂司而何以满汉之礼互异……且汉司官升迁方为道府，道府之见督抚卑躬屈节，竟有违例朝服匍匐跪道，备极奴颜之恭敬，惟恐以简略获罪。夫督抚品级既不及部院堂官，而司官品级则又卑于道府。何以为京官则傲慢不恭，而为外吏则谦抑过度？是伊等不知爵位之尊卑，而但论权势之轻重也。②

雍正帝所言"不知爵位之尊卑，而但论权势之轻重"，中肯地点明了部院堂官与司官的关系。雍正以前，六部司官特别是汉司官之于堂官的依附性较低，堂官对司官仕途前程的影响较小，主要表现在三个方面。第一，

---

① 毛亦可：《清代六部司官的"乌布"》，《清史研究》2014 年第 3 期，第 78—91 页；杜金、徐忠明：《读律生涯：清代刑部官员的职业素养》，《法制与社会发展》2012 年第 3 期，第 36—67 页；郑小悠：《清代刑部司官的选任、补缺与差委》，《清史研究》2015 年第 4 期，第 39—53 页；郑小悠：《清代刑部堂官的权力分配》，《北京社会科学》2015 年第 12 期，第 64—73 页。

② 《雍正朝起居注册》第 2 册，雍正五年九月十四日，中华书局，1993，第 1475—1476 页。

刑部满司官分部不分司，由堂官随时指派，而汉司官由吏部铨选，既分部又分司，所以到部之后，堂官很难对汉司官的工作进行调整。考虑到各司繁简不同，官员能力大小不一，康熙末年，刑部出现了由堂官指派能干的司官"兼司"的情况。不过雍正帝登基伊始，就下令停止部员"兼司"。①第二，清初司官能否得缺、升职、外放，主要凭借年资，由吏部操作。本部堂官对司官的影响，主要体现在考核时对其"注定考语"，供吏部参考。清初六部堂司在部时间较短，互相了解不足。康熙初年，皇帝即下旨批评："向来京察、考满各官由本衙门堂官注定考语，有注称职者，有注平常者。及至升转时，全不察照"，将京察停止举办。②此后京察举、废不定，直到雍正年间才形成定制。第三，这一阶段刑部内最重要的机构是有定额的十四清吏司，需由堂官派差的只有提牢、档房、饭银库几个机构，且部内有实缺者多，候补人少，司官对兼办部内的差遣积极性不高。相反，最让他们孜孜以求的是部外的差遣，如担任各省学政、考官，放权关监督、仓监督、巡盐御史之类。这些差遣的选派由吏部掣签完成，与本部堂官无关。

相比于六部堂司，地方道府以下官员保举、参劾皆出于督抚。是以道府敬督抚之礼远过于司官之于部堂，是势所必然。而在六部之内，满司官因为多系本部笔帖式出身，在部时间较长，又由堂官临时点派分司，相对于升降出于吏部的汉司官，对本部堂官的尊敬度要更高一些，这也在情理之中。

虽然雍正帝下令六部司官参谒堂官要屈一膝行礼，但基于"重权势而轻爵位"的官场铁律，六部堂司之间的权力结构不改，单凭皇帝旨意，官场礼仪很难有所改变。乾隆中期以前，司官向堂官屈膝的情况似乎并不多见，乾隆十一年（1746），有官员向户部侍郎傅恒屈膝行礼，还被御史参奏谄媚无耻，引起一场风波，③可见其情形之少见。但是，到乾隆二十八年（1763），乾隆帝却忽然下旨：

  礼义廉耻，居官者立身之要。虽不可妄行骄纵，亦不应自处过卑，

---

① 李珍璘：《定例全编续增新例》卷1《司官不得兼摄数司》，清雍正元年刊本，日本东京大学东洋文化研究所藏，第46页。
② 《清圣祖实录》卷6，康熙元年五月癸巳，《清实录》第4册，中华书局影印本，1985，第113页。
③ 《清高宗实录》卷277，乾隆十一年十月癸未，《清实录》第12册，第616页。

以为取悦上司之计。如侍卫及满汉部属与堂官接见回事,俱有一定体制。遵行已久,人所共知。近闻侍卫、部院司官内有见该堂官辄行屈一膝者,或更因有恳求之事,及本身稍负愆尤,即免冠叩首者。至于途次相遇,有彼此乘马,属官竟行下马者,于定制甚为错谬。①

这段谕旨有三点最值得关注。第一,乾隆帝所谈的"一定体制",并非其父在雍正五年时所定之制,甚至特意强调"司官内有见堂官屈一膝者"是"于定制甚为错谬"。按照清代的惯例,后代皇帝日常学习的一个重要内容,即系前代《圣训》与《实录》。因此,乾隆帝不知道乃父"定制"的可能性较小,而故意忽略的可能性较大。第二,从"更因有恳求之事,及本身稍负愆尤,即免冠叩首"一句看,其时部堂对司官前途的影响已经比较大了。司官在礼仪上尊敬部堂还是因为"权势"而非"爵位"。第三,根据谕旨的口气,此时司官向堂官行礼以及遇事叩首的现象,已经出现了一些,但还算不上普遍,皇帝此旨有防微杜渐之意。

提出这些现象之后,乾隆帝命令:"著通行晓谕:侍卫、部属接见本管堂官,俱照旧例侍立回事,即自行问候亦不过鞠躬致意,已足达情称礼。倘传行之后,有仍蹈前辙者,该堂官即行严加申饬训诲,诲而不悛,即参奏治罪。"不过,和雍正帝的命令一样,他这道谕旨在部堂权力越来越大的发展趋势下也毫无用处。乾隆年间,刑部司官李坚的《行状》中记载:"公与同官谒故刑部尚书满洲德公(福),诸进见者屈半膝,依外有司礼。德公素抗直,不乐曹吏趋媚媟,一见辄惊,顾自推坐,拊掌呼曰:'诸曹大误!诸曹何为至此!'时居后者惟公长揖而已,德公尤异重之。"② 又孙星衍到刑部之后,先去谒见管部大学士阿桂,孙星衍自记:"公止星衍等勿行一足跪礼,曰:'吾为郎官时无此礼也。'先是,中属官谒长官皆长揖,因亲王领部乃有膝礼,俗相沿不能改。"③ 德福担任刑部尚书是在乾隆四十二年(1777)到四十七年(1782)间,孙星衍分部是在乾隆五十四年(1789),而阿桂所谓"吾为郎官"之际,则在乾隆三年(1738)到乾隆十年(1745)

---

① 《清高宗实录》卷697,乾隆二十八年十月壬寅,《清实录》第17册,第807页。
② 武亿:《授堂诗文钞》文钞卷五《刑部山东司主事升补广西司员外郎加三级李公坚行状》,《清代诗文集汇编》第410册,上海古籍出版社,2010,第181—182页。
③ 孙星衍:《孙渊如先生全集·嘉穀堂集》卷1《又附阿文成公遗事》,《清代诗文集汇编》第436册,第203页。

之间。换言之，在雍正帝命司官向堂官行膝礼之后，这一礼节并未在部院推广。相反，在乾隆帝禁止司官向堂官行膝礼之后，反而愈演愈烈。不过，这一时期的堂官还比较谦逊，以阿桂之权势，对司官的屈膝礼尚且推辞拒受。嘉庆、道光、咸丰、光绪四朝，或御史上奏，或皇帝主动下旨，一再重申乾隆帝的禁令，可知此际风气已成，司官向堂官行单膝跪礼成为部院中的普遍现象了。①

以雍正帝的看法，礼仪的尊崇，无非源于权势的增长，而乾隆中期前后司官对堂官礼仪的巨大变化，正是二者权力格局变化所导致的。六部都是如此，对于法律专业性特别突出的刑部来说则更甚。对应雍正以前的三点表现，乾隆以后刑部的堂司关系也表现为三点。第一，雍正以后，司官不论满汉，分部之后的具体司分由本部堂官分配，此后调司、兼司，亦凭堂官意旨。② 第二，司官补缺，从各级都由吏部通补、行取，改为从主事到郎中，都在部内升补，且三分之一左右的缺额都改"选缺"为"题缺"，③ 司官分部后能否早日获得缺分并按期提升，除年资之外，堂官的意见变得非常重要。另外，由于堂官和司官在部的任期都变得越来越长，④ 堂官对司官的了解也远比雍正以前充分，堂官的京察"考注"以及"荐牍"越来越获得皇帝的重视，对司官的前途有重大影响。第三，乾隆年间，基于业务

---

① 参见《清仁宗实录》卷142，嘉庆十年四月壬申，《清实录》第29册，第946页；《清宣宗实录》卷240，道光十三年七月庚午，《清实录》第36册，第587页；《清文宗实录》卷67，咸丰二年七月甲戌，《清实录》第40册，第878页；《清德宗实录》卷166，光绪九年七月戊子，《清实录》第54册，第330页。

② 雍正二年（1724）十一月，先经兵部尚书孙柱奏准："部院汉司官指缺补授之后，由该堂官试看才具，分别司分繁简，引见调补。其现在司官有人缺不称者，亦照此例。"（《清世宗实录》卷26，雍正二年十一月甲寅，《清实录》第7册，第406页）雍正十二年（1734）底，御史朱必楷建议，在京各部院要向各省学习，分别缺员繁简，送吏部备案，"司员内有人缺不相宜者，亦照外官调繁、调简之例具题，请旨调补"（雍正十二年十月初八，协理陕西道监察御史朱必楷奏，《雍正朝汉文朱批奏折汇编》第27册，江苏古籍出版社，1991，第94页）。

③ 部内的所有缺分按照补缺的方式分为两大类，一曰题缺，一曰选缺。所谓"题缺"，即由在京部院堂官和在外督抚、将军、提镇等以题本的方式向皇帝推荐所属官员补授某缺。所谓"选缺"，即通过传统的吏部、兵部掣签月选的方式，铨选某官补授某缺。乾隆九年（1744），管理吏部事务大学士张廷玉等人上奏，请将六部各司应题、应选的缺数核定。在这次核定中，除刑部之外的五部应题之缺都具体明确到司外，其他五部则不同，只笼统规定"十八司满汉官员如有三缺，咨二留一。应题之缺若拣选无人，仍归铨选"（《清高宗实录》卷211，乾隆九年二月丙子，《清实录》第11册，第717页）。

④ 参见拙作《清代刑部司官的选任、补缺与差委》，《清史研究》2015年第4期，第41—42页；《清代刑部堂官的权力分配》，《北京社会科学》2015年第12期，第67页。

的需要，刑部先后成立了许多不设缺额的重要机构，如秋审处、律例馆、减等处等，各司也明确分出掌印、主稿、帮印、帮稿等高低不同的差遣。乾隆以后，部内学习行走、候补等官越来越多，司官在部内的地位明显拉开。司官如欲尽早补缺、升职，就必须尽可能多地担当重要差遣。这些差遣的选派，全听本部堂官分配。此外，乾隆中期以后，部外差遣之最佳者首推由部曹兼任军机章京，而军机章京需由本部堂官推荐产生。在这三点表现都发生重大变化之后，刑部堂司关系也发生了重大改变。相对于雍正以前，时代越晚，堂官之于本部司官前途的决定权就越大，司官之于堂官的依附性也就越高。堂司之间的礼仪越来越重，就是顺其自然的事情了。

二 堂司之间的工作交往模式：在京日常公务

堂司之间的工作交往可分为在京日常公务和在外派审案件两大类。事实上，所谓公与私，都是相对而言，并不能截然分开。说堂、派审虽是公事，但也是培养私人关系的时机；聚饮唱和、拜年请安虽是私事，但也有为办理公事方便做铺垫的作用。刑部司官一旦外放为地方官，升任之时以及此后进京述职、陛见之际，都要与原来的堂、司旧僚应酬往来。原衙门要"公请"，外放官员要"馈赠"，私人关系亲密的同僚之间还要进行单独的宴请拜访。[①] 乾嘉以后，刑部司官之出色者，外放数年后多能担任外省按察使、巡抚，并回任本部堂官。[②] 因此，这种本来体现同事寅谊的私人交往，就加入了更多的功利色彩。不过，为了方便讨论，在此笔者还是以狭义上的"工作"作为研究对象。

刑部堂司日常在部的工作交往可归纳为"说堂—画稿"模式，即司官拿着拟好的文件向堂官当面汇报，堂官予以批复决策的模式。刑部政务理论上采取集体负责制，每一份奏稿只有经过所有堂官列名、画押才能产生效力。但在实际运作中，一般倾向于由"当家"堂官每天到部坐堂，首先听

[①] 震钧《天咫偶闻》卷2记载王士禛《春曹仪式》一书所记清初的京官礼仪："升任衙门在京者，同司者掌印敛分四钱举钱贶，及文轴甲叶。升任者到任寄四两，仪既收贮，登簿备同部公用。出差者亦敛分各四钱举钱贶。旧僚至京，不拘已未升任，原司掌印送一隶供役，敛分各三钱治席，公请不得请者，送下程及贶礼。"（《近代中国史料丛刊》第1编第22辑，文海出版社，1967，第86页）此后具体细节应有所变化，但相差不多。

[②] 参见拙作《清代刑部司官的选任、补缺与差委》，《清史研究》2015年第4期，第51—52页。

取各司汇报。① 至于其他堂官，如系兼办军机处、内阁事务，或因其他原因不能经常到部，司官多将案稿送到他们在内廷的值房画稿，② 或送到府宅画稿。

1. 乾隆年间的情况

乾隆年间，各司公事是"谁作稿，谁回堂"，即文件由谁主笔，谁就亲自向堂官汇报。③ 在这种有些自由竞争意味的环境下，许多司官大胆发表意见，甚至不惜顶撞堂官，以展现自己的见识，获得堂官的注目。这一时期刑部司官的传记墓志中，经常出现"遇事意有不可，必力争之司。不得，则争之堂上官。虽抵牾不顾"之类的记载。④ 同时，又强调堂官虚怀纳谏，爱惜提拔诤才。如刘统勋掌部期间的司官陈梦说："性介，不妄与人交昵，初或疑其隘，久而弥挚。尤勤于守官，在部时谳决必比律协情，不阿上官意。尝与诸城刘文正公（统勋）诤五日，而卒不易所拟，文正公心韪之。"⑤ 当然，传记墓志中所反映的，大多是传主、墓主的正面信息，那些堂司不能相得，或者司官以展示才干为目的、为反对而反对的负面情况，很难反映在这些材料中，但在刑部的实际工作中却数量不乏。乾隆五十七年（1792），刑部额外主事魏若虚针对一件本司同僚主笔的案子抗不画稿，欲单独进折上奏，被本部堂官参奏。按照乾隆年间的惯例，一份案稿虽然通常出自一位司官之手，但在上奏时需由全体堂官及该司全体司官签名画押，若其中有人持有异见，争执不下，即"抗不画稿"。乾隆帝认为，此案作稿司官和刑部堂官的意见并无不妥，批评魏若虚"固执己见，任意乖张，始

---

① 按照制度规定，各部院堂官每九日一轮前往宫中或圆明园参与御门听政，如果皇帝在圆明园，去听政的官员很难当天赶回内城，考虑到刑部事务繁重，嘉庆帝特地命"（刑部）遇直日之期，仍令一堂官留署办事"（《清仁宗实录》卷226，嘉庆十五年二月戊申，《清实录》第31册，第123—124页）。

② 军机大臣、南书房、上书房、内务府大臣、御前、乾清门大臣兼管部院事务者，司官可将本部案稿送到乾清门外及圆明园朝房回事画稿，以免积压（《清仁宗实录》卷336，嘉庆二十二年十一月辛酉，《清实录》第32册，第436页），但不准到军机处门口画稿，以免探听消息（《清仁宗实录》卷76，嘉庆五年十一月丙申，《清实录》第28册，第1024页）。

③ "故事，郎官主稿者必议稿于堂上，与堂上官相可否，谓之说堂。"参见秦瀛《小岘山人集·文集》卷5《云南永北府知府袁近斋先生墓表》，《清代诗文集汇编》第407册，第588页。

④ 秦瀛：《小岘山人集·续文集》卷1《光禄寺卿云林伊君家传》，《清代诗文集汇编》第407册，第647页。

⑤ 朱珪：《知足斋集·文集》卷4《浙江督粮道陈君墓志铭》，《清代诗文集汇编》第376册，第694页。

终抗不画稿。且意图见长，并自行缮折，意欲陈奏。其意不过因近来有讦告上司，曾邀迁擢之事。遂欲借此一案，独出己见。希冀一经上闻，或得幸邀识拔，其为参进用巧，尤属显然"。① 皇帝的说法固然有猜测臆断的成分，但"意图见长"一词，确与当时刑部司官做事态度相吻合。魏若虚此时仅是额外主事的身份，尚未补缺即欲单独上奏，尤见此时刑部司官间竞争之激烈。

在这样的氛围下，那些能力虽强，但作风朴实、不愿意在堂官面前"争胜""见长"的司官们的仕途就很成问题，需要通过偶然的机会才能出头。道光年间刑部尚书陈若霖的晋升经历就很有代表性。陈若霖于乾隆五十四年（1789）任刑部主事，他虽然由翰林院庶吉士分部，但"貌简口讷，不喜趋承"，在刑部时，"惟日坐司理牍，堂官从不识其面"，他自己"亦不求人知"。嘉庆四年（1799）和珅伏法，其管家刘全被定拟遣罪，要从刑部押解顺天府发遣。刘全押解顺天府之日正值陈若霖充当部内当月司官，他将刘全亲自押到顺天府，并索取回执。不久，有御史参奏，刘全"声势尚赫，临行夹路钱筵，拥挤不绝，以致发配三日尚未出京"。嘉庆帝误以为问题出在刑部的环节，将刑部诸堂当面痛斥。诸堂"噤无以对，碰头出。即联骑入署，立传各司官诘之，司官亦皆茫然"。诸堂问明负责押送刘全的当月司官是陈若霖后召其上堂，"厉色以待"。直到陈若霖从容出示了顺天府当天的回执，诸堂才大松一口气。从此"合署上下无不知有福建陈老爷者"，陈若霖也迅速被派委为秋审处总办司官，受到嘉庆帝器重。②

2. 嘉道时期的情况

嘉庆以后，刑部堂司关系与乾隆年间相比有了很大变化，主要表现为两点。第一，嘉庆以后各司明确了固定的掌印、主稿人选，虽然每天"当家堂官"到部后，全体司官都要聚集到正堂——白云亭伺候，但能向堂官持稿回话者，已仅限于各司掌印、主稿等员，其余资浅司官，不过陪同侍立而已，没有发言机会，堂官甚至连他们的姓氏也不知道。第二，掌印、主稿等人在回堂时言语甚多，为博取堂官的赏识极力表现。道咸年间的司官贾树諴曾作《秋曹叹》，描述了这一时期刑部堂司的交往状况。诗曰：

---

① 《清高宗实录》卷1412，乾隆五十七年九月辛丑，《清实录》第26册，第989页。
② 梁恭辰：《北东园笔录初编》卷5《陈尚书》，《清代笔记小说》第50册，河北教育出版社1996年，第127—128页。

长安朱紫纷尘埃，屠沽贩竖皆奇才。我亦自笑俗未免，西曹三载空追陪。

衮衮诸公看已熟，作官到此真可哀。入门下马日正午，年□□毕心非相。

亦有强作解事者，未娴三尺徒喧豗。须臾呵殿声如雷，狱隶大呼堂官来。

诸曹蜂拥争白事，谁与后至神阻摧。中坐贵人美且髯，珊瑚烂漫翎葳蕤。

老吏向前语刺刺，贵人笑口微为开。其余环立但竦听，可怜局缩如舆台。

尔曹姓氏自难记，双眸安得为卿回。退向衙斋且隅坐，同僚犹得相嘲诙。

逢人苦说薄书剧，一日视决诸囚累。呜呼生与哙等伍，读书万卷何为哉。

安得濯翼凌蓬莱，俯视尘海如一杯。①

与此诗意味绝然不同的是道光年间刑部郎中斌良奉堂派任江西司掌印时的诗作，诗曰：

腰绾银黄带绶长，云司犹是领南昌。临民好励心如水，判牍俄看笔有霜。

出入群黎关性命，允明词组辨诗张。苍鹰乳虎多溪刻，须识刑宽育物祥。②

除江西外，斌良在刑部先后掌印山东、山西、广西多司，并充任律例馆提调。③ 其日日忙碌回堂、博得堂官青眼的情形，就是贾氏笔下的"老吏向前语刺刺，贵人笑口微为开"。而贾氏自己环立局缩，遇求堂上贵人回眸一问姓名而不可得。

---

① 贾树諴：《秋曹叹》，孙雄辑《道咸同光四朝诗史·乙集》卷4，上海古籍出版社，2013，第295—296页。
② 斌良：《抱冲斋诗集》卷18《坐江西司堂》，《清代诗文集汇编》第544册，第542页。
③ 法良：《先仲兄少司寇公年谱》，国家图书馆出版社，1999，第462、468页。

由此可见，与乾隆年间相比，嘉庆以后各司已经明确固定了掌印、主稿人选，一司之内有了明显的等级差别。各司事务回堂的工作由掌印、主稿完成，其他司官和堂官接触的机会较少，"诸曹捷己争胜"的场景不在。而已经贵为掌印、主稿的司官在回堂时，也不必同乾隆年间的资浅司官那样，为了博得堂官认识而表现出作为激烈的反对者的姿态。因此，在这一时期，刑部无论是司官之间，还是堂司之间，都显得比乾隆年间"和睦"得多。嘉庆五年（1800），皇帝下旨批评六部堂官所拔识之司员，"大率以迎合己意者为晓事之人，以执稿剖辩者为不晓事之辈"，① 在嘉庆年间刑部司官的墓志、传记上，确实也少见如乾隆年间那样司官与堂官当面争执从而获得堂官赏识的记载。这种风气的变化固然使部内少了许多恶性竞争，权责也更加统一明确，但对充分展示司官们的才华非常不利。嘉道年间，刑部再也没有出现如乾隆中后期那样井喷式涌现大批优秀法律人才的局面。

3. 晚清的情况

到了同光年间，情况又有所不同。《宾退随笔》中《记部曹》一节记载：

> 往例，堂官至，则衙役呵殿而入。惟工部则司官均趋门外站班，若外官之于上司焉。他部皆否，但有呵殿耳……堂官至，则掌印、主稿率全司司官鱼贯而出，至堂檐下，书吏捧稿，每人而授之，使呈堂焉。受之者莫知内容，亦勿庸知也。至堂上，则堂官整冠迎之，立而画行，司官雁行立。画毕，敬还司官，不敢久阅以烦司官也。有问，则印、稿肃以对。对毕，率其曹出，有随班上堂数年不得与堂官交一语者。②

与嘉道年间相比，这一时期，每天的司官"说堂"有了明显的程式化、仪式化倾向。过程端庄肃穆，且时间较短，少见此前"老吏语刺刺"的交流环节。对比沈家本在担任刑部司官时的日记，也可以得到印证。在他担任司官的光绪中前期，大部分非掌印、主稿司官根本不必到部上堂。光绪二十六年（1900）以后，刑部曾有严肃司官考勤纪律之举，要求司官每天

---

① 《清仁宗实录》卷76，嘉庆五年十一月丙申，《清实录》第28册，第1024页。
② 罗惇曧：《宾退随笔·记部曹》，《近代中国史料丛刊》第3编第26辑，文海出版社，1987，第261页。

进署,在秋审处"画到",半月汇齐呈堂。这一做法令刑部司官颇不以为然,时任刑部主事的吉同钧就表示:

> 夫考察司员,必须勤加面试,并令各作说帖,畅论公事呈览。则其律例之通否、才情之优绌、文笔之高下、心术之仁刻,既因面谈,悉其大概,再阅所作,不难洞见底蕴。若仅以日日画到为勤劳,则庸才皆可幸进,而真才反致淹没。日久,奉行故事,反多一案牍之纷扰而已。①

司官不按时到部,堂官也是如此。晚清刑部人称"门无匾、堂无点、官无钱、吏无脸"。②所谓"堂无点",即堂官坐堂没有确切的时间。刑部的重要政务,都由总办、提调秋审处、律例馆司官将案稿送到堂官家中讨论、题画。当家堂官每天到部坐堂的时间很短,经常回事的司官还没有到齐,堂官就已经回家了。③挂名的满堂官,更是很少到堂。《旧京琐记》中记载:

> 刑曹于六部中最清苦,然例案山积,动关人命,朝廷亦重视之。故六堂官中,必有一熟手主稿,余各堂画黑稿尔。尚书薛允升既卒,苏抚赵舒翘内用继之。赵诛,直臬沈家本内调为侍郎,皆秋审旧人。凡画稿,须经沈画方定。余在刑曹时,见满左右堂既不常到,到则各司捧稿送画,辄须立一二小时。故视为畏途,而愈不敢至。其庸沓可笑,然尚虚心,盖每画必视主稿一堂画毕否,既画则放笔书"行"。若间见有未画者,则曰:"先送某堂,看后再送。"④

到此时,一般资浅司官几乎不能直接被堂官认识,其欲求上进者只能在本

---

① 吉同钧:《东行日记》,《近代史资料》总第87号,中国社会科学出版社,1996,第78—79页。
② 佚名:《清代之竹头木屑·刑部》,《清代野史丛书》,北京古籍出版社,1999,第216页。
③ 沈家本:《日记》,《沈家本全集》第7册,中国政法大学出版社,2010,第739页。
④ 夏仁虎:《旧京琐记》,北京古籍出版社,1986,第55页。《旧京锁记》此段叙事稍嫌不确,唯不关宏旨。薛开缺后,赵内用,《辛丑条约》签订后,赵舒翘被赐死,薛又被起用,旋卒。沈辛丑赴行在,先改三四品京堂,再升刑部侍郎。

司慢慢学习，求本司掌印、主稿垂青引荐。①

另外值得一提的是，同光年间，刑部在司官这一阶层，已经形成了秋审处"八圣人"主持部务的格局。所谓"八圣人"，即秋审处之坐办、提调司官八位，都是刑部最精通律例、经验最丰富的司官。每逢现审大案，堂官必从中择人主审，是以名声极大，在京官中有"八圣人"之誉。②

秋审处设自雍正末年，最初的工作就是核定秋审实缓。随着部内最优秀的司官群集秋审处，到同光年间，秋审处已演化成为刑部内设的指挥部，兼有现代意义上业务部门和综合部门的双重职能。部内各司、各办事机构，不论本来有否司官管理，其所有重要工作，都要从秋审处内派遣坐办、提调等员与他们共同完成，并代表他们与堂官进行联系。据白曾焜《庚辛提牢笔记》记载，在"拳乱"和八国联军入侵期间，刑部衙门被劫掠一空，监狱大多损毁。白曾焜担任提牢后，首先要修缮监狱，筹措资金，临时安置新送来的犯人。根据尚书贵恒的要求，白曾焜要与秋审处提调郎中琦璋、主事景禖二人"商酌一切"。③他上呈贵恒的"说帖"、贵恒关于修缮监狱的"谕帖"，大多由琦璋转交，他本人见到贵恒的机会很少。这与沈家本的记载恰好对应。沈家本在奉天司当家、坐办秋审处之前，与"诸堂"的交流至多不过"投束"，而在此之后，则终日往来于"各堂"宅邸回稿，身份迥然不同。

"八圣人"等重要司官将重要公务带到堂官家处理，很容易形成公私不分甚至纳贿求情之类的问题，这也阻碍了资浅司官的上进之途。这种弊端积累到光绪末年，已经有了不好的苗头。光绪二十四年（1898）赵舒翘接任刑部尚书后，力图扭转这一局面。他一面"分日面试各司员律例，犹尤超拔"，一面"革奔走夤缘恶习。凡来宅拜谒及送礼物者，概不准门丁上达"。《慎斋文集》中保留了赵舒翘禁奔走的"堂谕"，其谕曰：

> 弟当司官时，颇不愿赴堂官宅致谢，受其门丁气焰。亦不喜拜年投刺，终日饥奔。兹以恕道相施，谨与我寅僚约。嗣后补缺得差，当

---

① 罗敦曧《宾退随笔·记部曹》记载："新入署之司官，至则隅坐，无过问者，故鲜入署。如必欲习部务，则每日至隅坐，久而久之，印、稿见其人面熟，偶一垂盼，渐试以小事，无误，则渐引而上之，舍此末由自进。"《近代中国史料丛刊》第3编第26辑，第261页。

② 黄濬：《花随人圣庵摭忆》第一一五《西太后骫法滥刑》，《民国笔记小说大观》第2辑，上海书店出版社，1998，第239页。

③ 白曾焜：《庚辛提牢笔记》，清光绪排印本，日本东京大学东洋文化研究所藏，第6页。

堂一揖，无须赴弟宅。至拜年，向于新正初二日于堂上公见，彼此揖贺，节文已足，更不必往宅。亦息事宁人之一端也。其愿拜谢别堂者听。如必欲来宅拜，亦不登门簿。有要公回必见，不在此例。非要公亦不见。①

赵舒翘所禁者，是司官到自己家中拜年致谢，并不禁回重要公事。同光年间这种禀事于私门的工作方式，很容易促进私人派系的形成。如果当事堂官揽权纳贿，自然贻害无穷。如果堂官正直勤慎，倒也不乏正面作用。光绪年间，薛允升、赵舒翘二位西安籍堂官相继在刑部当家二十余年，陕籍司官由此而进。他们既是同乡，又是寅僚，更是师生，相互之间的公私往来极其密切，经常互相切磋探讨例案、整理出版著作。清末民初，人们对光绪年间的刑部尚书薛允升有两种评价，正面曰："（薛允升）尤好诱掖后进，成就颇多。如赵舒翘、沈家本、党蒙、吉同钧辈，乃门生故吏中之杰出者，其他不可枚举。"负面则曰："（薛允升）长身瘦削而意气勤恳，有关中故家之风，掌秋曹日，所属多以律例求解，辄为解导，不惮烦也。然俗学无识，立朝未尝有建白，复私乡谊，卒被弹去。"无论正面负面，都特别强调薛氏"诱掖后进""私乡谊"的为官特点。② 闫晓君认为："他（薛允升）性格上的这个特点，使得刑部内逐渐形成了一个以陕西人为主的学术团体，即'陕派律学'。"③

三　堂司之间的工作交往模式：钦差办案

除了日常在部的说堂—画稿外，堂司之间工作交往的另一个重要途径是一起钦差办案。乾隆三十年以后，各地京控案件开始大幅增加，乾隆年间和嘉庆初年，凡京控案件，朝廷往往派遣大臣前往审问。嘉庆中期以后，因为京控案件太多，派审钦差成本过高，是以一般案件，交与督抚审问，督抚不能审理者，仍派京堂前往。在派作钦差的京官中，刑部堂官因为通晓律例，所占比例自然最高。此外，不论是刑堂还是其他大臣钦差审案，

---

① 赵舒翘：《慎斋文集》卷8《告谕》，《清代诗文集汇编》第767册，第430页。
② 费行简：《近代名人小传》，《近代中国史料丛刊》第1辑、第8辑，文海出版社，1967，第123页。
③ 闫晓君：《乐素堂文集·序》，法律出版社，2014，第4页。

一定要随带刑部司官，随带人数少则一名，多则三四名不等。

担当钦差名分的是刑堂或其他大员，但承审案件、拟稿引例的具体工作都由司官完成，人称"小钦差"。① 大员的主要工作则是与地方官特别是当地督抚沟通协调。因此，一旦授命随堂派审，司官们往往非常辛苦。姜晟在年谱中记载了他在乾隆三十五年（1770）随本部侍郎乌讷玺到直隶沧州审案的情形。他说：

> 十二月随派乌少司寇讷玺，前赴沧州审办民人迟经成捏控武生杨廷深倚势济恶，并该州知州杨有祐科敛富户，及隐匿盗犯一案。少寇带余一人，而直省委员自道府以下不下十人。抵沧州时届封印，余因思若稍迟延，即须度岁，供帐一切所费不赀，故力请于少寇，赶紧鞫讯。凡七日而定谳，皆出余一人之手，缮折后起身，于小除夕抵京。②

乾嘉年间，刑部精于律例的司官大都有随堂官派审的经历。如杨梦符"随侍郎玉德按狱奉天、直隶、江西、浙江诸处"；③ 杜玉林"为郎时，随故尚书兆公惠、侍郎钱公汝诚之宣化，随尚书今大学士阿公桂、尚书裘公曰修之霸州，随侍郎四公达之福州，侍郎阿公永阿之保定；既为侍郎，使成都、使长沙、两使江夏，扈行江南留苏州谳零都教谕枉劾事，留淮安谳清河、宿迁冒赈事"；④ 祖之望"累偕诏使谳狱。涉江南、江西、广西、河南、湖南、湖北、山东；为侍郎，勘灾畿辅，鞫狱济宁、徐州、安庆，履运河，视洪泽湖，驿传往返无虚岁"。⑤

对刑部司官来说，随堂官尤其是本部堂官外出审案，是件令人高兴的美差。第一，堂司在部时也要拘泥名分，众目睽睽之下，交往多须避嫌。出京后同行同住，互相倚仗，很容易形成密切的私人关系。姜晟在担任司官时曾随刘统勋在外审案，因为"当道中间，有馈送土仪者，一概摒谢"，

---

① 《清仁宗实录》卷195，嘉庆十三年五月甲寅，《清实录》第30册，第518页。
② 姜晟：《姜杜芗先生自订年谱》，第365—366页。
③ 洪亮吉：《卷施阁集·文乙集》卷8《刑部江苏司员外郎杨君墓表》，《清代诗文集汇编》第413册，第566页。
④ 吴省钦：《白云后稿》卷23《诰授光禄大夫刑部浙江司郎中前刑部左侍郎杜公墓志铭》，《清代诗文集汇编》第372册，第144页。
⑤ 陈寿祺：《碑传集》卷36《授光禄大夫刑部尚书祖公之望墓志铭》，中华书局，1993，第1096页。

使刘统勋"深为许可",回京后就在刘统勋的举荐下不断高升。他升任侍郎后,也经常被派为钦差,随带过的司官如阿精阿、清安泰、金光悌、祖之望等人,都被他赞扬明练端方。被他"带往最多"的是同乡韩崶。二人外出审案时,于"爱书中心领神会、意见所到之处无不心心契合",遂结为师生,情感之亲近与一般堂司大不相同。①

第二,外派审案是司官提前外放的大好机会。如果钦差所审的是涉官大案,当地督抚涉案被革职后,往往由钦差就地接署督抚。清代督抚权重,在京大员多愿意外任封疆。甚至出现过钦差出京,当地督抚并非审查对象,只是因为疑似牵扯就被钦差摘印、取而代之的情况。②钦差在当地署理督抚后,随带的司员亦多恳求钦差请旨以道府留在当地任职。按照清代铨选制度,郎中京察一等,任满可以外放道府。如果趁随同审案之际以道府留任,无异于提前升迁。③嘉庆以后,即便钦差本人不能留在当地取代督抚,如果案件审理得当,随带司官被钦差认为"可堪外任",回京后也可以由钦差保举引见,以道府用。④更有部院堂官外放督抚时,点名某司官随同前往。如道光七年刑部尚书蒋攸铦外任两江总督,就奏请随带刑部司员王瑞徵前往差委,俟有相当知府缺出,酌量奏补。⑤基于这样的便利条件,嘉道年间,凡有钦差审案的机会,奉派大员呼朋引伴,极力请带亲信司官,而司官在部中"揣知该堂官堪膺外擢,豫为趋奉。一经简放督抚,即可带往办事,补用道府"⑥。为此,嘉道两朝御史屡次建议,不准钦差审案随带司官。皇帝虽然也清楚此中弊端,但考虑到"刑部司员,间准各部堂官奏请带往,原为熟悉刑名起见。若谓概不可用,未免因噎废食",⑦因此仍准在京大臣钦差审案时随带司官,特别是刑部司官。

不过,跟随钦差特别是本部堂官外出审案也可能遇到麻烦。第一类是遇到棘手案件,不论审理结果如何,都会得罪权要。晚清官场纲纪松懈,碰到这类问题,钦差大员百般推脱,随带司官也多以种种理由拒绝不去。

---

① 姜晟:《姜杜芗先生自订年谱》,第362—385页。
② 如乾隆三十五年,乾隆帝批评外派审案的钦差舒赫德、裘日修、阿桂等人自作聪明,都有取当地督抚而代之的举动(《清高宗实录》卷859,乾隆三十五年五月己亥,《清实录》第19册,第508页)。
③ 《清仁宗实录》卷97,嘉庆七年四月辛酉,《清实录》第29册,第299—300页。
④ 《清仁宗实录》卷297,嘉庆十九年九月壬子,《清实录》第31册,第1081—1082页。
⑤ 《清宣宗实录》卷138,道光八年七月癸酉,《清实录》第35册,第126页。
⑥ 《清宣宗实录》卷138,道光八年七月癸酉,《清实录》第35册,第126页。
⑦ 《清宣宗实录》卷301,道光十七年九月丁酉,《清实录》第37册,第694页。

光绪十六年（1891），吉林将军长顺与吉林籍台湾藩司于荫霖互相参揭，内中又夹杂御史卖折之事。官场中人都知道"此役两面受敌，颇不易恰好"。①光绪帝派刑部侍郎贵恒、工部侍郎汪鸣銮带领司官前往审案。贵恒本来准备随带刑部司官沈家本、定成、田我霖三人，但刚向三人说明，与贵恒有师生之谊的沈家本就以正在办理别案为借口，向贵恒请辞。第二天，贵恒干脆也以与吉林将军有亲属关系为由奏请回避。皇帝只好改派吏部尚书麟书。麟书欲带刑部司官讷钦、王鹏运、冯钟岱三人前往。麟书是吏部堂官，刑部司官更不买账，讷、冯二人立即"辞不去"，改派另外两人，也都不肯去。麟书无可奈何，自行上奏请假。② 几经反复，最终由吏部侍郎敬信带吏部两司官，工部侍郎汪鸣銮带工部两司官，以及刑部司官王鹏运、徐谦二人前往吉林。钦差堂司到吉林后，虚与委蛇一番，请旨将绅士议处，将将军申斥，至于严重的御史卖折之事，仍旧打回刑部审讯。③

第二类是堂司在审理钦差案件时出现严重分歧。按照制度安排，跟随钦差的刑部司官的职责不过是"检查文卷，审讯口供"。至于"如何定谳之处"，应该由钦差决定。④ 但实际情况是，"阶级虽分堂司，而办事究以司官为重"。⑤ 在这种情况下，如果堂官审案不确，司官为人正直果敢，可以做出补救措施。嘉庆四年（1799），刑部侍郎特克慎奉旨带领本部司官赓音、陈预与理藩院司官和奉额，前往审理土默特台吉阿咱拉谋杀胞伯卓哩克图身死一案。特克慎认为阿咱拉谋杀伯父属实，将涉案七人定为死罪，而赓音、陈预二人经过调查后认为卓哩克图是病故，阿咱拉是无辜遭人陷害。二人将调查结果向特克慎禀告，但特克慎执意不从，自行拟定七人死罪的奏稿。由于特克慎的奏稿仍要由赓、陈二人发出，情急之下，二人冒险"另叙案情，遣使驰禀军机大臣。故缓正稿，暗计使可抵京之日，乃发特原奏"。⑥ 军机大臣将两奏并上，嘉庆帝再派大臣前往复审，认定特克慎所奏"俱属谬误"，将其降为七品，发乌里雅苏台效力，并表彰赓、陈二人"于特克慎固执己见之处并不依违迎合，俾重案得以平反。俱著交部议叙，以

---

① 何刚德：《春明梦录》，北京古籍出版社，1995，第 105 页。
② 沈家本：《日记》，《沈家本全集》第 7 册，第 763 页。
③ 何刚德：《春明梦录》，第 105—106 页。
④ 《清宣宗实录》卷 301，道光十七年九月丁酉，《清实录》第 37 册，第 694 页。
⑤ 何刚德：《春明梦录》，第 106 页。
⑥ 赵慎畛：《榆巢杂识》下卷《不徇上官》，中华书局，2005，第 151 页。

本衙门应升之缺先行补用，于到京时仍著带领引见"。① 数年后，庹、陈二人都升到刑部侍郎的位置。

四 结论

在今人看来，注重人情关系和司法机关的法律专业化进程是极端矛盾的两件事。但以清代刑部的具体情况来看，二者似乎是同时出现、并行不悖的。一方面，随着铨选制度的调整，刑部堂官、司官在部任职的时间越来越长，堂官对司官前途的决定权越来越大，司官对堂官的依附性也越来越强。因此，刑部堂司之间较此前更易结成利益共同体，无论是在部的堂司关系存续期间，还是各自迁转到其他职位之后，二者都保持着千丝万缕的人情关系，并在其日常政务工作中发挥作用。另一方面，随着铨选制度的调整，堂官、司官在部任职的时间越长，刑部官员的认同感和封闭性越来越强，刑部司官的仕途前程和他的法律专业素养之间的关系越来越直接，刑部官员学习法律的积极性以及刑部办案的法律专业化程度越来越高。这是清代刑部的突出特点。

笔者试着用如下思路对清代刑部的这一特点加以解释。它存在的土壤仍然是君主专制下的官僚行政体制。刑名，即现代意义上与法律相关的一切活动，作为国家行政的一部分，并没有任何区别于其他行政活动的独立性。法司官员，即现代意义上作为法官、检察官的那一部分人，没有特殊的培养、考试、铨选、晋升体系，而是与其他行政官员混为一体。随着人口资源矛盾的激化，社会治安状况的日益严峻，国家必须拿出有力的办法维持统治秩序和社会稳定，而法司和法司官员的专业化是其必由之路。如果试图在固有体制基本不变的条件下加强法司官员的专业性，那么延长其在本系统内的任职时间、以其法律素养和办案能力作为考绩标准、让有专业素养的堂官更多地掌握下属司官的仕途前程，都是既有可行性又能在短期内显现出效果的方法。但是，既然仍然根植于旧的土壤，这种技术层面的改革，就难免与旧土壤中的旧问题相伴相生，甚至对其有更大的刺激作用。刑部堂司之间的人际关系问题，就是这种矛盾的体现。

（作者单位：国家图书馆）

---

① 《清仁宗实录》卷41，嘉庆四年三月庚辰，《清实录》第28册，第495—496页。

华政衙门理事官吗记·吡唎喇与葡萄牙法律植入澳门之争（1865—1869）[*]

曾金莲

摘　要　曾为记者的葡萄牙人吗记·吡唎喇于 1865—1869 年担任澳门华政衙门（署）理事官，任内大刀阔斧进行改革，重点突出华政衙门审判澳门华人纠纷案件之法庭功能，却于 1869 年遭到香港葡文报纸《民族之声》的声讨，引发了一场声势浩大的葡萄牙法律植入澳门之争。吡唎喇作为声讨的重点对象，在此事件中丢掉乌纱帽。此后，华政衙门理事官开始由葡萄牙法学学士担任，在人事编制上加强运用葡萄牙法律管治澳门华人，葡萄牙法律植入澳门不断受到 19 世纪澳门法律人的重视和讨论。

关键词　华政衙门　葡萄牙法律　澳门华人

由澳葡总督阿穆恩（José Rodrigues Coelho do Amaral，1863—1866 年在任）发布 1865 年 12 月 31 日第 15 号政府训令，吗记·吡唎喇（Antonio Marques Pereira）被任命为华政衙门首位署理事官；后为理事官，任期至 1869 年，长达四年之久。吡唎喇虽系记者，不过他在任内注重改革华政衙门法庭，欲将其改善为审判华人纠纷诉讼案件的出色法庭。

吡唎喇强调并突出华政衙门的法庭功能，并进行了相应改革。但最后仍然不免招来一片讨伐声，因此被撤职。澳葡社会对法律的重视热情高涨，香港葡文报纸《民族之声》于 1869 年初开始刊文猛烈抨击理事官及华政衙门的弊端，引发了一场持续近一年的吡唎喇与《民族之声》大论战。这场论战最终导致吡唎喇丢掉乌纱帽，也引致继任（署）理事官儒利奥·费雷拉·平托·巴斯托（Julio Ferreira Pinto Bastos）和若昂·因特曼（João Hyndma）继续重视改善华政衙门法庭。此二人均为法学学士，熟谙葡萄牙

---

[*] 本文是 2016 年国家社会科学基金青年项目"近代澳门华人司法史料整理、翻译与研究"（批准号：16CZS007）的阶段性成果。

法律。这体现了澳葡政府通过对华政衙门制度设计的纠正,在尊重华人风俗习惯法的前提下,重视运用葡萄牙法律审判华人纠纷案件,以维护葡萄牙法律的尊严。

一 吗记·吡唎喇出任华政衙门理事官

鸦片战争后,经澳葡总督边度(Adriao Acácio da Silveira Pinto, 1837—1843年在任)和彼加度(José Gregório Pegado, 1843—1846年在任)等的努力,终于在亚马留(João Maria Ferreira do Amaral, 1846—1849年在任)任内实现了葡萄牙单方面殖民管治澳门的夙愿。司法管辖方面,通过赋予旧议事会下属理事官署和理事官审判澳门华人纠纷诉讼案件的新职能,达到了将司法管辖权扩展至澳门华人的目的。1847年8月20日部令规定,理事官署脱离议事公会而改属澳葡政府秘书处;理事官署之理事官职位仍然留设议事公会,并随同议事公会每年经选举产生,还须遵守议事公会相关规定。理事官一职两岗的设置及每年经选举产生的办法是受旧议事会残留影响,也是澳葡政府自亚马留总督任内初步将华人事务纳入管治范围内的权宜之计。这种制度设计在后来20年实践中出现了诸多不便,导致澳葡政府虽然能够集中理事官署处理华人事务,却无法任命或解除领导理事官署之理事官,而要受制于议事公会及选举。

大西洋管理水师军务兼管外洋属地政务部尚书 Marquez de Sá da Bandeira 发布1865年7月5日部令,对澳门理事官署及理事官的司法审判职能进行了调整和改革,终于将分离了20多年的两者合并办公。该部令共五条规定,其中最重要的除合并办公外,还有将理事官的任命权收归葡萄牙政府,由葡萄牙政府根据澳葡总督从议事公会委员中推荐的名单任命,直至《华政衙门章程》制订出新的理事官任命方式为止(第一条)。同时,还规定了理事官的年薪(第一条);理事官继续兼任总督公会委员、谳局(Junta de Justiça,直译"司法委员会")委员(第二条);对华人的司法管辖权扩展至被告为华人的商事案件(第三条);澳葡总督召集总督公会尽快拟定华政衙门章程(第四条)。理事官名副其实地改称"华政理事官"(procurador dos negócios synicos em Macau),其所领导的理事官署也随之更名为华政衙门(Procuratura dos negócios synicos)。澳门法院档案中一张发出时间为同治六年十二月初二日(1867年12月27日)的传票上,抬头即使用"华政衙门"

四字，而此前传票抬头均使用"理事官"三字。① 由此可见，中译"华政衙门"四字在澳门法院档案中出现的最早时间为 1867 年 12 月 27 日，比在《澳门政府宪报》上首次出现的时间提前了近十年。②

1865 年 7 月 5 日部令

鉴于目前澳门华政理事官是议事公会监督委员（o vereador fiscal），政府必须接受民众选举出的议事公会监督委员担任澳门华政理事官，以履行政治及行政职务。政府如欲解除澳门华政理事官职务，必须同时解散其所任职的议事公会。

按照大西洋国新增国政律例典第十五条第一款所予之权，并与外洋属地会（conselho ultramarino）及丞相会（conselho de ministros）公议，谕列于后：

一、澳门华政理事官改由国王任命，即澳葡总督在所选举出的议事公会委员中推荐人选给国王任命，年薪为 600000 雷耳。

附款　在本部令第 4 条付诸实践前，改由国王任命的澳门华政理事官继续履行现行法规赋予他的职权。

二、到目前为止，澳门华政理事官还兼任总督公会委员、谳局委员。

三、在华人为被告方的商事案件中，由仲裁人根据法典，当着澳门华政理事官的面作出裁判。

四、澳葡总督依靠总督公会，拟定华政衙门新章程，并立即交由葡萄牙政府批准。

五、废除一切相抵触的法规。

Marquez de Sá da Bandeira，丞相会主席（presidente do conselho de ministros）、战争事务部政务部尚书（ministro e secretario d'estado dos negócios da guerra）、大西洋管理水师军务兼管外洋属地政务部署尚书。③

1865 年 7 月 5 日部令第三条规定，即进一步扩大理事官对华人案件的审判

---

① 澳门档案馆藏，缩微胶卷编号 C0162。
② Boletim da Provincia de Macau e Timor, 1877 - 05 - 12（Vol. XXIII N.º 19），p. 78。
③ 2a. Direcção. 1a. Repartição（1865.7.5），O Boletim do Governo de Macao, 1865 - 09 - 25（Vol. XI No. 39），p. 156。张廷茂教授首先对此部令进行了翻译，参见张廷茂《晚清澳门华政衙门源流考》，《韦卓民与中西文化交流——"第二届珠澳文化论坛"论文集》，社会科学文献出版社，2011，第 228—229 页。

权限，有权审判华人为被告的商事案件，尤须引起注意。澳葡政府曾于 1863 年 12 月 3 日成立商事法院（Tribunal Commercial，先后被译为"商事公会"和"商事衙门"），负责审理澳门所有商事案件。① 部令第三条规定，对于被告为华人的商事案件，仲裁人必须当着华政衙门理事官的面进行裁判，这显然赋予理事官和华政衙门对华人商事案件的管辖权。随后，华政衙门法庭进一步直接介入华人破产的商事案件，其中较为著名的是审判华商 Tong‐yek 破产一案。

1865 年 7 月 14 日华政衙门法庭判决。鉴于华商 Tong‐yek 在附带之文书中宣称无法满足他的债主，理事官顾辣地根据《葡萄牙商法典》（codigo commercial portuguez）第 1148 条第 3 款宣布他破产；因此在查封破产人 Tong‐yek 全部资产、簿记和文书前下达命令，并且本人起誓任命商人 Caetano José Lourenço、巴冷登、Avong 和 Sam‐qua 为破产财产临时看管人。②

华政衙门宣布该名华商破产后，紧接着公开拍卖其物业，以偿还其所欠债款。③

华政衙门首任署理事官由吗记·吡唎喇担任。根据 1865 年 7 月 5 日部令，华政理事官已无须参加同年进行的 1866 年议事公会选举活动。④ 阿穆恩总督发布 1865 年 12 月 31 日第 14 号政府训令，解除吡唎喇澳门华工移民总监（superintendente da emigração chineza de Macau）职务；⑤ 同日第 16 号政府训令任命旧理事官顾辣地担任澳门华工移民总监职务。⑥ 同日第 15 号政府训令指出："1865 年 7 月 5 日部令规定华政理事官职位转由国王任命……所以不再

---

① O Boletim do Governo de Macau, 1863 – 12 – 06（Vol. IX No. 63），p. 214. 商事法庭由澳门按察使担任庭长，陪审团陪审员从澳门葡华商人中选举。
② Tribunal da procuratura（1865. 7. 14），O Boletim do Governo de Macao, 1865 – 07 – 24（Vol. XI No. 30），p. 119.
③ Edital（1865. 8. 7），O Boletim do Governo de Macao, 1865 – 08 – 07（Vol. XI No. 32），p. 130；Edital（1865. 8. 23），O Boletim do Governo de Macao, 1865 – 08 – 28（Vol. XI No. 35），p. 142；Edital（1865. 8. 30），O Boletim do Governo de Macao, 1865 – 09 – 04（Vol. XI No. 36），p. 146.
④ O Boletim do Governo de Macao, 1865 – 12 – 11（Vol. XI No. 49），p. 199.
⑤ No. 14（1865. 12. 31），O Boletim do Governo de Macau, 1866 – 01 – 01（Vol. XII No. 1），p. 2. 基马良士总督发布 1860 年 5 月 1 日第 76 号政府训令，1860 年 4 月 30 日第 74 号政府训令任命 Antonio Marques Pereira 为澳门华工移民总监。见 No. 75（1860.5.1），O Boletim do Governo de Macao, 1860 – 05 – 05（Vol. VI No. 22），p. 86.
⑥ No. 16（1865. 12. 31），O Boletim do Governo de Macau, 1866 – 01 – 01（Vol. XII No. 1），p. 2.

华政衙门理事官吗记·吡唎喇与葡萄牙法律植入澳门之争（1865—1869）

选举 1866 年华政理事官。"最后任命吡唎喇为署华政理事官。①

吡唎喇被任命之初，曾被人质疑不符合法律规定，后他对这些质疑进行了公开的解释说明，指出此番任命华政理事官符合 1852 年 9 月 30 日敕令第 155 条规定。根据 1842 年 3 月 18 日及 1836 年 12 月 31 日行政法典规定，已担任一般行政职务者不能被选举为议事公会委员。但是，吡唎喇被解除澳门华工移民总监职务后才被任命为华政理事官，因此符合法律规定。② 事后，葡萄牙国王由政务部尚书发布 1868 年 2 月 11 日敕令，承认 1865 年 12 月 31 日第 15 号澳葡政府训令关于澳葡总督任命吡唎喇为署华政理事官的规定。③

二 吗记·吡唎喇提高对华人的司法行政效率

1866 年 1 月 2 日，吗记·吡唎喇正式担任署华政理事官。三天后，他发布华政衙门第 2 号报告，相当于就职报告，重点突出华政衙门对华人的司法行政职能，并采取措施提高对华人司法行政的效率。

华政衙门——第 2 号

聪明而优秀的阿穆恩总督阁下：

我很荣幸地告知您，本月 2 日我履任华政衙门理事官职务，该职务是由您在去年 12 月 31 日第 15 号训令任命我的。

职责所在，我将这份报告发给您，有必要再赘言：我认为目前几乎不可能完全解释华政衙门现状，因为您很清楚地知道该衙门所肩负的职能繁杂且重要，并清楚该衙门开展日常事务的艰巨性。其原因在于，缺乏完整章程以及理事官每年一换导致所制定制度的多样性，使得该衙门的事务更混乱。这一切增加了迅速认清改革必要性或者采取何种适当措施修正缺陷的难度。这一切归我管辖。但是，自从依靠您，尽我所能，我不得不不停地专注于履行职责，并且促进我所负责的部分，以便根据 7 月 5 日部令开始革新，服从您有见识的考虑，启发我去践行。

值此上任之际，我认为给华政衙门全部职员做一次简短讲话是有

---

① No. 15（1865.12.31），O Boletim do Governo de Macau，1866 – 01 – 01（Vol. XII No. 1），p. 2.
② O Boletim do Governo de Macau，1866 – 01 – 15（Vol. XII No. 3），pp. 10 – 11.
③ Ministerio dos Negocios da Marinha e Ultramar（1868.2.11），Boletim da Provincia de Macau e Timor，1868 – 04 – 18（Vol. XIV N.° 16），p. 79.

用的。向他们讲述上述政令意味着一个全新部门的创立，或者直到此刻，与以往相比，至少存在许多不同点，并且告诉他们我始终不渝追随的惯例。我将权衡废除每年选举理事官（部令认为与该职位的职权性质不符合）制度。虽多次选举出能干且无比尊贵的居民担任理事官，但是他们的任职既缺乏持续性，也缺乏固定的职权。通过正确方式分开各部门，使每个部门均有头目，并且难以觉察地将影响他们规划往更好方向发展的职权和努力区分开来，保证他们有足够的履任时间。

理事官的新起源，与他今天履行的更多责任相符合，使他承担更熟悉的义务和华政衙门总发展的责任，要求他在服务中要有上升之经验和方法。我告诉他们，正如主要关心这个重要法庭之良好声誉，我最大的希望是将它转变为当之无愧地在司法及道德上总是拥有崇高名誉的法庭，在这措施上全部如我所愿去雇用，在我认为殖民地政府值得并适合采纳的必要措施之创新上，我会毫不犹豫。尤其是，我一直留意阻止任何可能损害改善法庭的影响，在法庭上，大量纠纷被确保得到更迅速的审判，比我们法律提出的耽搁更快。在这解决方案上，通过更适宜的保证，有更大可能性接近理事官的人由于念头破灭，在华人们之间已经全部失去热情。考虑到该官方代表与中国清朝官员的相似性，唯一的责任就是向他申请审判的全部人给予决定性以及机敏的保护。

阿穆恩总督。吗记·吡唎喇署理事官。①

吡唎喇在这份就职报告中指出，其时华政衙门工作繁杂、政策缺乏连续性，原因一为缺乏完整的章程，二为理事官每年选举产生。这一切都为改革华政衙门带来了极大困难。报告还描述了他改革华政衙门的构想，重心放在将华政衙门转变为当之无愧上司法及道德上享有崇高名誉的法庭，并且采取措施提高司法行政效率，更迅速地判决纠纷诉讼。

吡唎喇上任伊始，于1866年1月26日发布了四则关于华政衙门司法改革的告示，② 采取的措施为提高司法行政效率，以及规范司法行政程序。

其一，调整审判日期，以便提高司法行政效率。吡唎喇指出，1863年5

---

① Procuratura dos negócios Sinicos (1866.1.5). O Boletim do Governo de Macau, 1866-01-08 (Vol. XII No. 2), p. 7.
② Procuratura dos negócios Sinicos, O Boletim do Governo de Macau, 1866-01-29 (Vol. XII No. 5), p. 18.

月21日澳门总督公会训令规定的庭审日期存在不恰当之处。训令规定，每逢星期三和星期六开庭审理民事案件，无论仲裁与否；剩下五天用来审理刑事案件和轻微治安案件。尽管到目前为止尚未能准确执行此规定，但因每日汇集大量不同性质的问题，华政衙门没有休息时间，很难集中注意力处理问题，从而影响了衙门正常发展。澳葡政府考虑对上述规定做出变通，集中在星期二和星期五两天开庭审理案件。吡唎喇根据澳葡政府的考虑，最后决定：对旧审判日期做出新调整，除紧急情况外，规定在工作日内的星期二和星期五开庭受理民事诉讼，在星期一、星期三和星期四审理其他案件，给华政衙门法庭以休息时间，以便提高审理案件的效率。

其二，通过时间及翻译的配备，保证迅速且公平地裁判华人纠纷诉讼。告示三允许诉讼双方在华政衙门任何工作时间内递交申请，只要法律文书不耽搁时间，华政衙门便在翻译后24小时内迅速准确无误地做出批示。此做法是为了尽可能方便并简化程序，让申请者更畅通无阻地获得公平审判。

其三，规范并统一诉讼费或酬金的支付，保证司法行政的公正性。告示四规定，如果华政衙门两名抄写员（兼任"写字"①）之一不在场，则不得收取诉讼费或酬金。由抄写员根据1862年12月17日章程附表及其他相关法规，确定诉讼双方必须支付诉讼费的金额。

其四，规范华人所提交的声请书格式。严格遵守1862年12月17日章程第3条第1款规定，华政衙门将不接受缺少诉讼双方或代理人签名的声请书；签名在翻译后仍应完全清晰可见；申请者必须证明自身身份，以及在何种情况下及由何种法律决定其身份。

记者、编辑出身的吡唎喇特别注重利用华政衙门保存的诉讼文字材料，以帮助改进司法行政工作。他命人对该衙门现存档案文件进行认真整理、分类以及归档。1866年7月9日，华政衙门主要职员集会商议整理档案文件工作，出席者有署理事官吡唎喇、一级翻译官公陆霜（João Rodrigues Gonçalves）、二级翻译官 José Joaquim Vieira、翻译官实习生 Eduardo Marues、抄写员 Pio Maria de Carvalho、二级抄写员 Benjamim Antonio Simões 和 Cornelio de Souza Placé、传话 Mauricio Baptista Xavier 和 José Thomaza Roberts、衙役 Vicente Estevão da Luz 和 Januario Luiz de Carvalho、唐字先生② Gabriel Ly，

---

① "写字"是19世纪葡文"escrivão"的中译，为华政衙门设置的职位。
② "唐字先生"，19世纪葡文"Letrado China"的中译，为华政衙门设置的职位，负责润饰该衙门所有的中葡译文。

以及抄写员 F. Da Costa。会议规范了华政衙门档案存放办法，并公布了现存旧档案文件的整理结果。① 随后，吡唎喇在 1866 年 7 月 16 日第 99 号华政衙门报告中指出，他接过阿穆恩总督亲手递交的近六个月在华政衙门保存的诉讼文字材料后，发现尽管 Francisco Antonio Pereira da Silveira 整理过这些存档，但仍然非常混乱。他强调这些档案文件的重要性：首先，这些档案文件是研究葡萄牙在中国之历史的宝贵史料；其次，借助这些档案文件，可用于对比研究自 1865 年 7 月 5 日华政衙门改革以来的情况。② 因此，必须加以整理和保存。

华政衙门还安排专业人士负责提供咨询意见。每天上午六点到十点及下午三点到六点，由 Alexandre Meyrelles de Tavora 博士在华政衙门法庭提供咨询，并负责民事、商事诉讼案件。③

吡唎喇对影响华人案件的特有的讼棍现象进行整顿。他发布 1868 年 5 月 13 日告示，痛陈讼棍骗取诉讼双方钱财的恶行。为避免受到讼棍欺骗和干扰，确保对华人的司法行政，吡唎喇再次提醒华人：（1）在所有工作日的任何时间，均允许华人向华政理事官提起申诉；（2）严禁任何人在未获得法律许可的情况下干预司法事务，否则受到处罚；（3）根据刑法典及葡萄牙其他法律，使用假钱被定性为违法刑事行为。④ 吡唎喇重视利用华商处理相关事务。他于 1869 年 3 月 2 日召集 48 名澳门主要华商，尤其是鸦片商，调查在夜唔街某屋内征收鸦片税事宜。⑤

---

① Termo de inventário do archivo da Procuratura dos Negocios Sinicos da Cidade de Macau, O Boletim do Governo de Macau, 1866 – 07 – 23 (Vol. XII No. 30), pp. 119 – 120.
② Procuratura dos negócios sinicos da cidade de Macau—N.º 99 (1866.7.16), O Boletim do Governo de Macau, 1866 – 07 – 23 (Vol. XII No. 30), pp. 118 – 119.
③ Annuncio, O Boletim do Governo de Macau, 1866 – 09 – 10 (Vol. XII No. 37), p. 150.
④ Procuratura dos Negocios Sinicos (Edital) 1868.5.13, Boletim da Provincia de Macau e Timor, 1868 – 05 – 16 (Vol. XIV N.º 20), p. 93.
⑤ N.º 45 (1869.3.2) Termo de Declaração, Boletim da Provincia de Macau e Timor, 1870 – 10 – 03 (Vol. XVI N.º 40), p. 168; N.º 83 (1869.4.14), Boletim da Provincia de Macau e Timor, 1870 – 10 – 03 (Vol. XVI N.º 40), p. 168. 到场华商有 Shen – vom aliás Avong、Tac – fom、Vem – fom、Quom – ngui – lum、Tai – vo、Quom – iut – loi、Sam – iun、Man – shem、Tac – ki、Quom – tai – lum、Li – nam、Nam – sun、Shi – on、Hem – ki、Nam – shem、Quom – on – lum、On – shem、Quom – sam – lum、Vem – lum、Tai – tac、Wan – ci – ong、On – iu、Foc – hem – chiom、On – ki、Quom – choi – nguim、I – sem – vo – ki、Sum – vo – fac – iun – ki、Tum – máo、Tum – hem、Sam – máo、Li – iec – iun、Ham – sec、Im – tai、Son – ngui、Shen – lum、Ngui – tac、Ium – fat、Quom – tai – chiom、Vo – shem – lin – ki、Im – son、Ium – ou – li、Sam – fat、Ou – shun、On – tai、Sai – iu、Chum – lum – ki、Chiom – chan 和 Sem – tae。

除吡唎喇外，柯打总督（José Maria da Ponte e Horta，1866—1868年在任）也重视根据华人风俗习惯处理相关事务。柯打总督发布1868年7月10日第24号政府训令，指出难以迅速将《信用担保法》（*Lei do credito hypothecario*）实施于华人业主，因为长期在澳门居住的华人习惯前往华政衙门处理有关事务，在未进行必要准备和引导之前，华人难以明白执行《信用担保法》的好处。因此，决定仅要求天主教徒业主前往注契券公所登记其物业情况。① 苏沙总督还发布1868年9月26日第34号政府训令，任命两名律师Commendador Francisco d'Assis e Fernandes、Caetano José Lourenço和华政理事官组成委员会，修改1842年3月18日行政法典，以适应澳门特殊环境的需要。② 同年，该委员会完成了详细的修订意见报告。③

华政衙门法庭加强对华人的司法行政改革，推进了葡萄牙民法典延伸适用于海外省的进程。大西洋水师军务兼外洋属地部秘书发布1869年11月18日命令，强调1867年7月1日法律第9条授权总督将民法典延伸适用于海外省，并可根据当地特殊情况做出调整，如今执行该条法律变得尤为紧迫。④ 该部秘书于1870年8月18日致函澳葡总督苏沙，下令施行1869年11月18日法令第2条附款，将葡萄牙民法典延伸适用于海外省。15份葡萄牙民法典范本已由邮船Sáida号运送至澳门。⑤

三 委员会对华人司法的调查及改革建议

部令首开华政衙门改革之端后，不但署理事官吡唎喇采取了若干措施提高对华人司法行政的效率，柯打总督也认识到改革的必要性。柯打总督颁布1866年11月22日第28号政府训令，任命一个委员会调查对华人司法

---

① N.º 24（1868.7.10），Boletim da Provincia de Macau e Timor, 1868 - 07 - 11（Vol. XIV N.º 28），p.129.

② N.º 34（1868.9.26），Boletim da Provincia de Macau e Timor, 1868 - 09 - 28（Vol. XIV N.º 39），p.181.

③ Relatorio acerca da exequibilidade, em Macau, do codigo administrativo de 18 de Março de 1842, Macau: Typographia de J. Da Silva, 1868.

④ Ministerio dos Negocios da Marinha e Ultramar（1869.11.18），Boletim da Provincia de Macau e Timor, 1870 - 01 - 17（Vol. XVI N.º 3），p.9, pp.9 - 10.

⑤ Secretaria d'Estado dos Negocios da Marinha e Ultramar, Direcção Geral do Ultramar, 1.a Repartição N.º 68（1870.8.18），Boletim da Provincia de Macau e Timor, 1870 - 08 - 22（Vol. XVI N.º 34），p.143.

的历史与现状，以便提供改革建议。该训令指出，为了尽可能建立符合葡萄牙现行法律，且在更广泛意义上关于民事、刑事秩序各种功能的人事编制，1852 年、1862 年和 1865 年训令已要求在澳门设置华政理事官职位。一方面，更好地规范个人与社会关系，尤其是明确界定法庭的程序和职能，不侵害公共及个人事务的权威性，并保证防止权力膨胀；另一方面，澳门环境特殊，常发生与华人相关的大量争执和违法行为，尤其迫切需要立法规定不同权力的范围和界限。因此，任命一个委员会，由澳门按察使担任会长，法官副官 João Baptista Gomes、律政司 Alexandre Meyrelles de Tavora 博士和律师 Francisco d'Assis Fernandes 为委员，署理事官吡唎喇为秘书。① 该委员会的任务在于，根据澳门人口的特殊性、通商贸易通常带来的利益、各种不同公共权力所享有的独立性以及保证不否认市民的公正，负责拟定包括华人事务在内的澳门司法组织模式，以便更适合澳门的特性。尤其针对华人司法机构的组织问题提出建议与方案，以便适应澳门华人居民人口占绝大多数的特殊情况，更好地组织与华人事务相关的澳门司法机构。

柯打总督又发布 1867 年 2 月 6 日第 9 号政府训令，再次强调 1866 年第 28 号政府训令所成立委员会的责任，并任命 Frrancisco Antonio Pereira da Silveira 和 Thomaz José de Freitas 为委员，以接替已解除的第 28 号政府训令所任命的两名委员。② 该委员会的调查工作备受关注，一度传闻由柯打总督亲自主持会议，讨论华政衙门改革方案。③

经过近四个月的细致调查，委员会于 1867 年 3 月 21 日向柯打总督递交了一份详尽的调查报告。同期的《澳门政府宪报》也刊登了相关评价，肯定其重要性，认为委员会工作认真，对华政衙门法庭进行改革的意见中肯。④ 该调查报告的重点在于研究如何进行更好的司法管理，尤其是华政衙门如何将这种司法管理应用到如此特殊的人口、习惯以及法律环境中。⑤

---

① N.º 28 (1866.11.22)，O Boletim do Governo de Macau, 1866 – 11 – 26（Vol. XII No. 48），p. 193.

② N.º 9 (1867.2.6)，Boletim do Governo de Macau, 1867 – 02 – 11（Vol. XIII N.º 6），p. 25.

③ Boletim do Governo de Macau, 1867 – 03 – 04（Vol. XIII N.º 9），p. 47.

④ Parte não oficial (1867.3.25)，Boletim da Provincia de Macau e Timor, 1867 – 03 – 25（Vol. XIII N.º 12），pp. 64 – 65.

⑤ Relatoriob acerca das attibuições da Procuratura dos negocios sinicos da cidade de Macau (1867.3.21)，Boletim da Provincia de Macau e Timor, 1867 – 03 – 25（Vol. XIII N.º 12），pp. 61 – 64.

华政衙门理事官吗记・吡喇喇与葡萄牙法律植入澳门之争（1865—1869）

第一，调查报告回顾了澳门华政衙门前身"理事官署"的历史及其重要性，结合澳门所处中国之特殊情况及葡萄牙殖民地的司法理念和实践，论证了鸦片战争后保留理事官署法庭对华人司法的恰当性；进而，回顾鸦片战争后至委员会任命前之理事官署法庭改革情况；最后，重点提出其后改革华政衙门的详细建议。

第二，报告认为，1865 年 7 月 5 日部令开启之改革须有后续法规配套跟进。柯打总督意识到改革的迫切性，已任命委员会进行司法改革调查，以便加强推进华政衙门改革，尤其是对华人司法的改革。该委员会经过调查，认清了当下居澳华人人数剧增等社会环境，已不同于旧法令颁布时的社会环境，因此需要制定新法规。为保证改革成效，应在华政衙门制定法规前划定其司法管辖权及职权范围。①

围绕华政衙门司法管辖权及职权范围问题，委员会召开会议商讨，柯打总督也亲自参加了这些会议。经商议，委员会条分缕析华政衙门现况，提出相应变革建议。首先，肯定华政衙门的存在不容置疑，作为一个为特殊人群而设的专门法庭，它起到了不可取代的作用。但是，华政衙门法庭也应保持葡萄牙的司法特征，向葡萄牙初审法庭看齐。这不违背华政衙门存在的特殊性，而是为了逐渐让华人了解葡萄牙法律并接受葡萄牙的审判方式，以便能更好地保障华人的安全。因此，必须削减华政衙门目前的行政职能，因为这些行政职能不利于其法庭的运作；进一步完善法庭运作，给予法庭保证良好司法管理的条件。②

其次，减少理事官的华政事务。理事官处理每日发生在十万多华人居民中的小纠纷，非常不利于预审和审判其他重大案件，也影响了其他必须马上裁决的案件的进度。该委员会对此问题商议良久，认为最好的解决办法是给居澳华人设立若干名息讼官，履行当选法官的职责。1866 年 12 月 1 日《莫桑比克、印度、澳门和东帝汶司法管理章程》（*Regimento para a administração da justiça nas províncias de Moçambique, estado da India, e Macau e Timor*）第 86 条规定，由总督每两年从葡萄牙人或加入葡萄牙国籍的华人中

---

① Relatoriob acerca das attibuições da Procuratura dos negocios sinicos da cidade de Macau (1867.3.21), Boletim da Provincia de Macau e Timor, 1867 – 03 – 25 (Vol. XIII N.º 12), pp. 61 – 64.

② Relatoriob acerca das attibuições da Procuratura dos negocios sinicos da cidade de Macau (1867.3.21), Boletim da Provincia de Macau e Timor, 1867 – 03 – 25 (Vol. XIII N.º 12), pp. 61 – 64.

任命两名至三名息讼官，在理事官面前宣誓入职，在总督规定下行使民事、刑事案件的司法管辖权，与"写字"领取前述司法管理章程所规定的同等薪酬。①

第三，报告指出目前华政衙门法庭缺一名检察院代表（um agente do ministério publico，律政司代表），因此在某些重大刑事犯罪案件中，当自诉人不在场时，为避免有罪不罚，法官不得不兼任律政司。此外，财产、孤儿和缺席者的纠纷案件也受到影响，因为律师任命有时不公正，有时因当地律师人数少而无法任命。委员会起初认为解决缺乏律政司问题的快速有效的办法是将王室及财政代理专员（delegado do procurador da corôa e fazenda）的职责延伸至华政衙门法庭。但后来考虑到专员职务已相当繁重，或许不能满足华政衙门法庭的需求，也极可能妨碍专员的其他工作，因此提出最终解决方案，任命一位特别职员在华政衙门法庭中充当检察官（magistrado do ministério publico）的角色。②

第四，报告通过考察与诉讼案件相关的旧法规及司法实践，指出不足和改进办法。通过考察1862年12月17日第67号政府训令之《理事官署章程》关于民事诉讼程序的司法实践，并结合澳门华人商业增长和人口增加的实况，提议相应地扩大华政衙门的商事和民事司法管辖范围。当诉讼案件超出华政衙门司法管辖权，在缺乏一个更合适的法定上诉法院的情况下，基于第67号政府训令发布后良好的司法实践效果，委员会认为应该继续由总督公会担任民事和商事诉讼案件的上诉法庭，并且由华政衙门律政司在上诉审判中担任裁判书制作人，若无华政衙门律政司，则由澳门法区代表专员充当。③

第五，委员会指出，1862年第67号政府训令不加区别地规定所有民事案件均由裁判员提起诉讼，随后1865年7月5日法令将仲裁案件限定为商

---

① Relatoriob acerca das attibuições da Procuratura dos negocios sinicos da cidade de Macau（1867.3.21），Boletim da Provincia de Macau e Timor, 1867 – 03 – 25（Vol. XIII N.º12），pp. 61 – 64.

② Relatoriob acerca das attibuições da Procuratura dos negocios sinicos da cidade de Macau（1867.3.21），Boletim da Provincia de Macau e Timor, 1867 – 03 – 25（Vol. XIII N.º12），pp. 61 – 64.

③ Relatoriob acerca das attibuições da Procuratura dos negocios sinicos da cidade de Macau（1867.3.21），Boletim da Provincia de Macau e Timor, 1867 – 03 – 25（Vol. XIII N.º12），pp. 61 – 64.

事案件。但经过司法实践,发现后者的改动不仅不能达到预期效果,而且仓促审判严重违背了司法公正原则。这是因为华人不了解仲裁制度,更不尊重仲裁的决定或在诉讼中互相尊重,常须通过非常困难的方式,甚至须通过指责及其他严厉办法,才能促使华人仲裁员按时到庭宣誓、听证和出席所有必要的司法审判活动。克服这个困难后,提起诉讼的华人却又不听从警告而委任两名仲裁员为各自代理人,这本该交由第三方代理。华人仲裁员的裁判,要么无法解决相持不下的案件,要么偏袒诉讼双方中的某一方。为在保证司法公正的同时又能达到省时的预期目的,委员会提议每年任命一个由华人组成的陪审团,从陪审团成员中抽签挑选出若干名参加每宗商事案件的审判,抽签决定和适当任命若干名华商承担仲裁人的重要责任,这样诉讼双方就不会有任何意见。①

第六,民事司法管辖方面,委员会主张便利原则,允许华政衙门继续进行庭外调解,调解任务交由助理法官负责,因为他们的其他工作非但没带来效果,还导致案件进展缓慢,而华政衙门法庭正需要更多工作人员从事调解治安小纠纷工作。刑事司法管辖方面,委员会指出,至今仍未有任何法规规定华政衙门职权,已有法规仅规定其某些简单职能,如限定上诉期限、遵守法定程序或处理某些突发和偶然事件。尽管1852年11月19日基马良士政府训令曾在极短时间内规定了理事官署的一般刑事诉讼程序,但那时澳门才40000人,对违法华人进行简单口头调查后,未经过仔细调查,便马上将其送往香山交给清朝地方政府。该刑事诉讼程序规定目前已不再适用,因为近年来社会环境发生了极大变化。考察社会环境变化和法庭运作后,委员会根据同化原则,划定了法庭的刑事司法管辖范围,给予法庭除死刑犯罪之外的刑事司法管辖权。由谳局担任刑事诉讼案件的上诉法庭,因为它拥有完全的司法管辖权。在上诉案件中,谳局要代替理事官进行审判,并在终案中负责宣判裁决。②

第七,委员会主张继续保留华政衙门理事官以政府名义与邻国政府机构通信往来的职责。原因在于,一方面,理事官确实有资格和能力担当此任,此做法历史悠久且支出不多,也不妨碍理事官履行其他职责;另一方

---

① Relatoriob acerca das attibuições da Procuratura dos negocios sinicos da cidade de Macau (1867.3.21), Boletim da Provincia de Macau e Timor, 1867 - 03 - 25 (Vol. XIII N.º 12), pp. 61 - 64.

② Relatoriob acerca das attibuições da Procuratura dos negocios sinicos da cidade de Macau (1867.3.21), Boletim da Provincia de Macau e Timor, 1867 - 03 - 25 (Vol. XIII N.º 12), pp. 61 - 64.

面，在澳葡政府机构里很难找到其他合适人选替代理事官的联络工作。①

报告最后将前述华政衙门改革办法归纳为12点：（1）华政衙门以葡萄牙法庭的形式组建，拥有葡萄牙法庭的一般司法管辖权，由葡萄牙一审法庭管理。（2）在司法管辖权、诉讼和上诉中，除适用特殊法规外，也遵守葡萄牙法律。（3）法庭拥有对200000雷耳以内动产和150000雷耳以内不动产之民事和商事案件的司法管辖权。对于刑事案件，有权判决三个月有期徒刑和相应罚款。（4）检察院检察官（um magistrado do ministério publico）参与刑事、财产、孤儿、缺席者和其他特殊的诉讼案件，根据相应法规和随后法律，他将拥有王室及财政代理专员的所有职权。（5）商事案件由理事官主持，三名陪审团成员参与决定最终裁判结果。在每次审判中，从每年由总督任命的15名重要华商中抽签挑选出陪审团成员。（6）对所有犯罪案件，都适用法律规定的诉讼程序，理事官有权审判除死刑外的所有案件。（7）继续由总督公会受理民事诉讼案件的上诉事宜，华政衙门之检察院代表（delegado do ministéro publico junto á procuratura）须参加上诉，若无检察院代表，则由基督教教区代表出席。（8）由谳局代替总督作为刑事案件的上级法庭，谳局有权审判犯了死罪的华人，但诉讼应该在华政衙门完成，同时谳局也可宣判对所有合法上诉的裁决。（9）在死刑犯罪案件中，理事官须在谳局担任裁判书制作人。但在上诉案件中，则由一名葡萄牙籍华人代替理事官负责裁判书的制作，承担这一职责的华人每两年由理事官任命一次。（10）最新司法改革法第210条规定的调解程序继续在华政衙门法庭执行。（11）由两名至三名息讼官负责裁决华人之间的小纠纷，每两年由澳葡政府根据1866年《莫桑比克、印度、澳门和东帝汶司法管理章程》第86条规定任命。（12）继续由理事官担任澳葡政府外交秘书职务，负责与中国政府通信来往。②

四 改革成效：华政衙门审判华人案件分析

吗记·吡唎喇于1865年12月31日被任命为华政衙门署理事官，1868

---

① Relatoriob acerca das attribuições da Procuratura dos negocios sinicos da cidade de Macau (1867.3.21), Boletim da Provincia de Macau e Timor, 1867 - 03 - 25 (Vol. XIII N.º 12), pp. 61 - 64.

② Relatoriob acerca das attribuições da Procuratura dos negocios sinicos da cidade de Macau (1867.3.21), Boletim da Provincia de Macau e Timor, 1867 - 03 - 25 (Vol. XIII N.º 12), pp. 61 - 64.

华政衙门理事官吗记・吡唎喇与葡萄牙法律植入澳门之争（1865—1869）

年上半年转为理事官，① 至1869年初香港葡文报纸《民族之声》大规模发文讨伐他和华政衙门时，在任已三年多。在其任内，华政衙门组织机构及运作比往年更规范，尤其是法庭审理华人纠纷诉讼案件的职能得到前所未有的彰显。华政衙门包括判案在内的所有事务均公开刊登在政府宪报上，如工作报告、统计数据、一般案件的传唤和结案、重要案件的判词等。

根据（署）理事官历年工作总结，华政衙门法庭1866年经手审判的案件共120宗，1867年232宗，1868年249宗，1869年174宗。除1869年受论争影响而略减外，审判案件数量呈逐年上升趋势。华政衙门法庭四年所审判民事、刑事以及上诉诉讼案件具体数量详见表1。华政衙门法庭1868年所受理的185宗民事诉讼案件按性质可细分为：和解民事诉讼案件90宗、审判员评审案件42宗、执行判决案件40宗、利润（遗产）分配案件1宗、优先案件1宗、辩解案件7宗和检查验收案件4宗。② 1869年立案受理的72宗民事诉讼案件分为：审判员评审案件5宗、执行判决案件34宗、辩解案件8宗、清点财产案件1宗、检查验收案件1宗、和解民事诉讼案件23宗。③

表1 1865—1869年华政衙门法庭审理案件数目比较

案件类型		1865年	1866年		1867年		1868年		1869年		
			1865年	1866年	1866年	1867年	1867年	1868年	1867年	1868年	1869年
结案	民事诉讼案件	—	7	—	3	—	24	108	6	12	62
	刑事诉讼案件	—	3	—	—	—	9	18	11	6	9

---

① 吗记・吡唎喇被阿穆恩总督1865年12月31日第15号政府训令任命为华政衙门署理事官，至1868年1月10日他仍然以署理事官名义发布工作报告，见 Expediente do Tribunal da Procuratura dos Negocios Sinicos da Cidade de Macau, durante o anno de 1867 (1868.1.10), Boletim da Provincia de Macau e Timor, 1868 – 02 – 23 (Vol. XIV N.º 5), p.29。1868年5月13日，华政衙门告示改用"理事官"职称，见 Procuratura do Negocios Sinicos (Edital) 1868.5.13, Boletim da Provincia de Macau e Timor, 1868 – 05 – 16 (Vol. XIV N.º 20), p.93。由此可知，吡唎喇是在1868年1月10日至5月13日之间由署理事官转为理事官的。

② Procuratura dos negócios sínicos da cidade de Macau—N.º 9 (1869.1.21), Boletim da Provincia de Macau e Timor, 1869 – 01 – 25 (Vol. XV N.º 4), pp. 17 – 19.139; Mappa do expediente da procuratura dos negócios sinicos da cidade de Macau, durante o anno de 1869 (1870.1.14), Boletim da Provincia de Macau e Timor, 1870 – 01 – 24 (Vol. XVI N.º 4), p. 15.

③ Especificação dos processos cíveis do tribunal da procuratura dos negócios sinicos da cidade de Macau, durante o anno de 1869 (1870.1.14), Boletim da Provincia de Macau e Timor, 1870 – 01 – 24 (Vol. XVI N.º 4), p. 16.

续表

案件类型		1865年	1866年		1867年		1868年		1869年		
			1865年	1866年	1866年	1867年	1867年	1868年	1867年	1868年	1869年
立案且审判	民事诉讼案件	—	—	56	—	116	—	—	—	—	—
	刑事诉讼案件	—	—	22	—	20	—	—	—	—	—
立案未审判	民事诉讼案件	—	—	16	—	55	—	—	—	—	—
	刑事诉讼案件	—	—	7	—	28	—	—	—	—	—
未结案	民事诉讼案件	—	—	—	—	—	20	27	14	15	10
	刑事诉讼案件	—	—	—	—	—	17	18	6	12	10
上诉	民事诉讼案件（总督公会）	—	—	8	—	5	—	6	—	—	1
	刑事诉讼案件（总督）	—	—	1	—	5	—	2	—	—	—
案件宗数总计		66	120		232		249		174		
备注		—	1867年1月8日署理事官吗记·吡唎喇统计		1868年1月10日署理事官吗记·吡唎喇统计		1869年1月21日理事官吗记·吡唎喇统计		1870年1月14日署华政理事官马忌士统计		

资料来源：Expediente do tribunal da Procuratura dos negocios sinicos da cidade de Macau, durante o anno de 1866（1867.1.8），Boletim do Governo de Macau, 1867 - 02 - 18（Vol. XIII N.º 7），p. 35；Expediente do Tribunal da Procuratura dos Negocios Sinicos da Cidade de Macau, durant o anno de 1867（1868.1.10），Boletim da Provincia de Macau e Timor, 1868 - 02 - 03（Vol. XIV N.º 5），p. 29；Procuratura dos negócios sínicos da cidade de Macau - N.º 9（1869.1.21），Boletim da Provincia de Macau e Timor, 1869 - 01 - 25（Vol. XV N.º 4），pp. 17 - 19. 139；Mappa do expediente da procuratura dos negócios sinicos da cidade de Macau, durante o anno de 1869（1870.1.14），Boletim da Provincia de Macau e Timor, 1870 - 01 - 24（Vol. XVI N.º 4），p. 15.

吡唎喇上任伊始，大力整顿并重点发挥华政衙门法庭判案的作用，政府宪报甚至刊登了五宗重大案件的判词，这有助于深入了解署理事官判案的依据和详细经过。所选登的五桩案件，一桩为典型的债务偿还民事诉讼案件，一桩为引渡案件，三桩为海盗违法犯罪案件。

其一，吡唎喇1866年2月20日判词。1865年，On - tay华人商铺控告Fong - chong - ly号船主Iong - tung - kit优先领取债务偿还金。船主欠债共118.98元澳门币，被迫出投该船抵债，出投发卖所得首先支付118.98元给该船海员，剩下566.00元。债主之一的On - tay华人商铺自认比其他债主Lin - him船厂、San - chion - li船厂及Cum - chion商铺更有优先获取债务的权利。吡唎喇经认真详细分析证词和调查后，判定On - tay华人商铺胜诉。

华政衙门理事官吗记·吡唎喇与葡萄牙法律植入澳门之争（1865—1869）

这宗民事诉讼案件虽不复杂，但意义在于较早执行 1865 年 7 月 5 日部令和相关规定。按规定，华政衙门可受理信用优先权的民事诉讼案件，其中标的在 100 元以上的案件可上诉至澳门总督公会。华政衙门受理商事诉讼案件，规定先由仲裁人根据葡萄牙商事法典做出裁决，然后由理事官判词批准予以确认。①

其二，吡唎喇 1866 年 4 月 5 日关于一宗刑事案件的判词。1865 年 José Baptista da Rosa 控告华人 Li‐ai‐Chiun 犯了海盗抢劫罪。原告控告身为海盗的被告袭击并洗劫了原告 San‐sun‐tay 号船。原告声称他的船于 9 月 8 日自潮州（或汕头）驶往上海，船上载有许多贵重商品。10 月 16 日被三艘海盗船围攻，两名海员被杀。海盗船随后驶往 Mi‐chau 港口，出售赃物。现在澳门内港的一艘船正是当日三艘海盗船之一。原告提供的证据是在被告船上找到了原告船上的物品。被告辩称他从来都不是海盗，他的船仅用来进行合法的商业贸易，在原告被海盗洗劫的前几天（即 10 月 8 日），他的船也遭到海盗抢劫。被告提供了证人证词，居澳六名华商均能证实他是品行端正的商人，还提供了其船只登记证明文件。吡唎喇经调查分析后判定被告无罪，由原告负责诉讼费用。原告未上诉。②

其三，吡唎喇 1866 年 10 月 20 日判词。Jaime Peregrino dos Santos 控告华人海盗头目 Lau‐kin‐iáu 袭击并洗劫一艘船，导致葡人 José Leão 死亡。原告在年初命令该船 Sun‐li 往东岸航行，船上载有出洋华工，还有现金 1200 帕塔卡，José Leão 负责该船事务。该船出行后的翌日晚上，被另一艘船袭击和洗劫。海盗们狠揍 José Leão 后扬长离去。船上还有两名华人受伤。被告是这群海盗头目，他抢走船上的 1200 元澳门币，触犯了葡萄牙刑法典第 162 条第 1 款规定，必须对被抢走的财物及所有损失负责。被告辩称他并非海盗头目，案发当日他本人在香港。控告案卷中的证据显然是揭发者华人 Ho‐mo‐fan 捏造，目的是报复被告及其妻子，况且被告根本无 1200 元澳门币。所以，被告指出控方提供虚假证据。吡唎喇综合两造辩词，认为原告方提供的所有证词是明确的，而被告方的两位证人（一是被告本人，二是被告妻子）提供的证词是无效的。但案卷中的证词不能完全证明被告是海盗头目，因为相关证

---

① Tribunal da Procuratura (Sentenças proferidas em causas mais notáveis) 1866.2.20, Boletim da Provincia de Macau e Timor, 1868‐01‐13 (Vol. XIV N.º 2), pp. 9‐10.

② Tribunal da Procuratura (Sentenças proferidas em causas mais notáveis) 1866.5.1, Boletim da Provincia de Macau e Timor, 1868‐01‐06 (Vol. XIV N.º 1), p. 4.

词仅仅听闻被告在原告船上向其他海盗下达命令，因此无法判定他触犯了葡萄牙刑法典第162条第1款规定，根据该刑法典第19条第22款只可加重被告的罪状。最后，吡唎喇认为被告是海盗并积极参与了抢劫行动，根据葡萄牙刑法典第162条第2款、第48条和第78条第2款，判被告前往澳葡政府指定的任何葡萄牙海外殖民地终身劳改，并赔偿原告所有损失。被告不服判决，提起上诉，直至政府宪报刊登吡唎喇1867年12月23日判词时仍未结案。①

其四，1867年引渡案件，其重大意义在于反映了中葡关系的历史性转变。此前澳葡政府须毫无条件地将所有违法犯罪华人移交给中方官员，但该案却根据1862年8月13日中葡两国正式签订并互换之《中葡和好贸易章程》中引渡华人的相关规定，要求须经过中方申请并证实华人罪行，澳葡华政衙门法庭审查程序后，澳葡政府才最终同意引渡。引渡过程之所以程序化和复杂化，原因在于澳葡政府认为无条件地引渡违法犯罪华人，中方接收后往往不审判，态度偏向宽容，甚至不加以惩罚。为改变这种糟糕的司法状况，澳葡政府便将引渡华人规定写入《中葡和好贸易章程》，并付诸司法实践。上海道台（Tao-tai do districto de Shang-hai）、两广总督（1867年1月12日公函）和广东按察使（o regedor da justi）连番致函澳葡当局，请求将两名居澳华人陈升佳（Chan-seng-kai）和陈榷潘（Chan-koc-pan）移交中方，因为他们在中国领土内违法犯罪：陈升佳以Chan-ven-iu名义支付4500两，获得上海海关收钞官之职，但前往澳门后却无意付款；陈榷潘是合同中人，对4500两负有全责，如今陈升佳故意不付钱，那么陈榷潘便成其同伙。澳葡政府收到清朝上述官员请求引渡公函后，要求提供充分证据并寄给华政衙门法庭，委托该法庭审查。澳葡政府此举的法律根据在于，国际公约已对罪犯引渡做出规定，且已由葡方批准的《中葡和好贸易章程》第21条规定，不管何种违法犯罪的清朝属民逃到澳门或乘坐葡萄牙洋船逃往澳门港口，都只有根据清朝官员请求并证实了罪行，澳葡政府才须将清朝属民逃犯引渡回中国。随后，清朝官员覆函寄出陈升佳账簿和陈榷潘担保书之副本以及判词等证据材料。检察院随即起诉陈升佳和陈榷潘，并立案审理。署理事官吡唎喇于1867年5月29日做出判决，判处陈升佳犯侵吞公款罪（不得上诉），陈榷潘无罪释放。6月3日，吡唎喇根据《中葡和好贸易章程》第21条规定，将审判结果函知两广总督。6月10日，两广总督覆函吡唎喇：已

---

① Tribunal da Procuratura（1866.10.20），Boletim da Provincia de Macau e Timor, 1867-12-23（Vol. XIII N.º51），pp. 285-286.

华政衙门理事官吗记・吡唎喇与葡萄牙法律植入澳门之争（1865—1869）

收悉并下达广东按察使。吡唎喇鉴于陈升佳仍在澳门关押等候引渡，继续于 8 月 9 日致函两广总督，请其定夺引渡陈升佳的方式，包括时间、地点等。两广总督随后于 8 月 16 日覆函，告知将陈升佳引渡至广东即可。翌日，两广总督致函吡唎喇，确认陈升佳已被引渡回广东按察使衙门接受判决。①

其五，吡唎喇 1867 年 12 月 23 日判词。华人 Mó-chong 控告 Coc-a-iáu 犯了海盗抢劫及拷打人至死罪。事发于 1866 年 8 月 11 日，一艘载着 20 名海盗的三扒艇袭击了一艘往来汕头和澳门的 Ma-lau-chan 号载客船，并抢劫了载客船上货物和乘客身上所有物品，造成两名乘客死亡。之后，海盗将该船及船上乘客一起运到 Tai-kam，要求每人支付 2000 两赎身银，并拷打之。原告称，他和父亲均乘坐该载客船，但他幸运地与其他若干名乘客逃离了 Tai-kam。逃到澳门，筹足 2000 两，再返 Tai-kam 赎回他父亲，但发现父亲已被海盗拷打致死。原告在澳门下环遇到被告，认出并逮捕了被告，认为被告穷凶极恶，要求对其绳之以法。被告辩称他不可能犯下此罪行，他本为种地农民，最近来澳门卖米糠，随后即将返乡。被告在澳门某街上遇见原告，原告向他勒索钱两，他不给，于是便成了原告这次虚假控告的受害者。在诉讼过程中，有关被告的三份声请书被送到华政衙门法庭。第一份以被告亲戚的口吻称被告来澳门买土布，但因分歧而被不公正逮捕。第二份以被告父亲的名义称被告来澳门寻找工作。第三份又以被告另一名亲戚的身份宣称被告遭敌人陷害诬告。然而，这三份声请书均被证实是被告本人在监狱中写就的。由此可见，被告证人的证词是不完整的，被告为自身辩护提供证人证词，还拒绝回答所有问话。因此，吡唎喇根据葡萄牙刑法典第 162 条第 2 款规定，判处被告终身劳改并负担诉讼费用。②

政府宪报还刊登了华政衙门受理的许多案件。经分析归纳，债务案件最多，1866—1869 年依次为 11 宗、11 宗、20 宗和 10 宗，共 52 宗；其次为未知案情缘由的审结案件，依次为 2 宗、5 宗、4 宗和 2 宗，共 13 宗；最后为物权所有案件，依次为 1 宗、4 宗、2 宗和 4 宗，共 11 宗。债务案件多为拍卖商铺或船只，以偿还债务。详细案情请阅附录《1866—1869 年宪报所刊之华政衙门受理案件汇集》。

---

① Tribunal da Procuratur (1867), Boletim da Provincia de Macau e Timor, 1867-09-30 (Vol. XIII N.º39), pp. 232-234.
② Tribunal da Procuratura (1867.12.23), Boletim da Provincia de Macau e Timor, 1867-12-30 (Vol. XIII N.º52), p. 291.

华政衙门除审案外，还负责其他工作，主要分为三大类。一是相关司法行政工作，包括整理结案之罪证案卷、免责笔录、刊登告示、登记声请书、发给监狱关于违法犯罪的逮捕令和司法拍卖。二是华政衙门与殖民地政府、殖民地政府部门、清政府官员等往来公函。三是其他文书工作，包括登记各类买卖合同、华工出洋契约、发给华工出洋经纪人和华人快艇经营许可证等。（署）理事官呋唎喇任内（1866—1869 年）华政衙门各项事务统计详见表 2。

表 2　1865—1869 年华政衙门各项事务统计

单位：件

事务	1865 年	1866 年	1867 年	1868 年	1869 年
诉讼案件	66	120	236	249	174
收到政府训令	3	12	6	4	13
收到政府公函	56	89	156	139	136
收到政府其他部门的公函	43	76	120	196	206
警察指引	286	502	710	630	305
警察通知单	2	75	97	140	43
寄出公函	176	211	341	435	244
收到中方官员信札	7	22	41	54	15
寄给中方官员信札	8	24	36	47	28
审结罪证案卷	2	7	19	12	14
免责笔录	100	466	615	627	324
告示	79	72	68	142	108
声请书	658	1074	1901	2442	1560
发给监狱的指令	427	507	919	921	479
司法拍卖	30	25	23	48	32
简短的调解协议					188
所登记的各类合同文书	379	798	443	425	285
华工出洋合同	14438	20667	16072	10318	9010
发给华工出洋经纪人的经营许可证	32	90	41	17	26
发给华人快艇的经营许可证	49	41	27	29	63

资料来源：Expediente do tribunal da Procuratura dos negocios sinicos da cidade de Macau, durante o anno de 1866 (1867.1.8), Boletim do Governo de Macau, 1867 - 02 - 18 (Vol. XIII N.º 7), p. 35; Expediente do Tribunal da Procuratura dos Negocios Sinicos da Cidade de Macau, durant o anno de 1867, Boletim da Provincia de Macau e Timor, 1868 - 02 - 03 (Vol. XIV N.º 5), p.29; Procuratura dos negócios sínicos da cidade de Macau—N.º 9 (1869.1.21), Boletim da Provincia de Macau e Timor, 1869 - 01 - 25 (Vol. XV N.º 4), pp. 17 - 19; Mappa do expediente da procuratura dos negocios sinicos da cidade de Macau, durante o anno de 1869 (1870.1.14), Boletim da Provincia de Macau e Timor, 1870 - 01 - 24 (Vol. XVI N.º 4), p. 15。

在近四年任期内，吡唎喇规范华政衙门工作，凸显法庭裁判华人案件职能，采取措施提高司法行政效率，并规范对华人的司法行政，进行认真且详细的司法行政统计，连续四年公开华政衙门审理华人案情。这一方面体现华政衙门对华人司法行政权在方式和手段上进一步合法化，大量华人案件在华政衙门得到裁判，提高裁判华人案件效率的措施取得了成效；另一方面也说明华人前往华政衙门寻求解决纠纷诉讼的接受度增加。

五　吗记·吡唎喇与葡文报纸的论争

1869 年初，正值吡唎喇理事官历经三年多改革华政衙门（特别是其法庭）颇有成效之际，香港葡文报纸《民族之声》率先大规模发文批评华政衙门和吡唎喇理事官对华人的司法行政管理工作。为此，吡唎喇甚至不得不暂时停职以进行辩护。

《民族之声》1869 年 1 月 25 日刊文质疑《澳门政府宪报》刊登的 1868 年吡唎喇遣送监狱之华人人数，[①] 由此揭开了大规模撰文批评吡唎喇的序幕。该报指出，1868 年理事官下令关押华人共 1485 名，释放 1156 名，至 1869 年 1 月 1 日仍监禁华人 388 名。政府宪报刊登了 1866—1868 年由华政衙门下令判处监禁的华人囚犯统计数据，详见表 3。这些华人囚犯在葡萄牙属地依其法律被逮捕并被关押在监狱中，或等候执行判决，或等候宣布判决。该报质疑为何会能如此多华人囚犯依然未被宣布或执行判决，强烈谴责华政衙门法庭的恶意行为。该报曾多次提醒澳葡政府和葡萄牙政府注意华政衙门法庭作为一个特别法庭，却无人知晓它据何种法律审判华人案件。如果根据葡萄牙法律，那么法庭为何未设葡萄牙法律专家？如果依清朝法律，可清朝法律又在哪里？该报用对比方法，指出华政衙门法庭根本无法胜任审理华人纠纷案件，因为非法学出身的理事官一人不可能负责 60000 名华人的司法行政管理工作。更何况"万能"的理事官不但独揽谳局、商事法庭、按察使和息讼官的所有职能，还担任华民政务厅厅长、华工出洋财政监督、谳局委员、民兵营指挥官等众多职务。对于华人纠纷，不管标的是 1 元澳门币还是 1000 元澳门币，不管是无关要紧的争吵骚乱还是杀人行为，不管是结婚、离婚还是遗产分配，只要在澳门发生，就必须由万能的

---

① Movimento dos presos chinas na Cadeia Publica (1868), Boletim da Provincia de Macau e Timor, 1869 – 01 – 11 (Vol. XV N.º2), p.6.

理事官独力审判，甚至无须律政司介入。而澳门 5000 名葡人的司法行政管理工作，却由一个谳局、一个商事法庭（Tribunal de Commercio）、一名按察使、若干名副手、两名息讼官（Juiz de Paz，即调解人）和一位律政司共同负责。在该报看来，华政衙门弊端丛生，对居澳华人的司法行政管治模式不恰当，缺乏规范、合法的组织，权力未被限制且不明确，审判不负责任。因此，希望澳葡总督及相关方面正视这些弊端，并下定决心纠正错误，对华政衙门进行彻底改革。①

表3 1866—1868 年由华政衙门下令判处监禁的华人囚犯统计

单位：件，人

违法种类	监禁令数量		
	1866 年	1867 年	1868 年
偷窃	114	109	114
海盗抢劫	15	13	31
偷盗	71	146	129
杀人	1	10	8
造假	8	18	19
投毒		1	1
人身伤害	48	85	80
诱奸	5	7	12
绑架拐骗	11	6	11
违反华工出洋法规	78	158	139
未成年人抢劫	6	19	18
轻罪和为了查明案件	51	153	160
持有违禁武器	5	20	24
流浪	21	69	45
每年逮捕令总数	434	814	791
包含在逮捕令里的总人数	622	1353	1318

资料来源：Procuratura dos negócios sínicos da cidade de Macau—N.º 9（1869.1.21），Boletim da Provincia de Macau e Timor, 1869 - 01 - 25（Vol. XV N.º 4），pp. 17 - 19。

---

① O Echo do Povo（Hongkong 1869 - 01 - 25），A polémica acerca da Procuratura dos Negócios Sínicos de Macau, Macao：Typ. Popular, 1870, pp. 1 - 4.

华政衙门理事官吗记·吡唎喇与葡萄牙法律植入澳门之争（1865—1869）

《民族之声》1869 年 2 月 1 日继续刊文，通过追溯华政衙门和理事官的历史，深入分析其对华人司法行政管治模式不恰当的原因，认为无论是基马良士总督 1852 年 11 月 19 日第 104 号政府训令，还是其 1862 年 12 月 17 日第 67 号政府训令，都未明文规定理事官署的组织架构，也未明确理事官的职能。对于 1865 年部令改理事官署为华政衙门，规定理事官不再由选举而由任命产生，该报甚至担忧理事官的能力水平参差不平，导致华政衙门法庭工作不断出现新问题。华政衙门处理华人事务，尤其是审理华人纠纷案件，长期以来均无明确的工作章程作为规范。

《民族之声》1869 年 2 月 8 日发文分析刊登在《澳门政府宪报》上的理事官审判一宗刑事案件的过程，① 进一步证实理事官在审理华人案件时态度轻率，不负责任。在这宗刑事犯罪案件中，理事官草率判决被告犯了海盗抢劫及杀人罪，随后发现误判，却轻率宣布第一次判决无效。1867 年，原告方起诉，认为被告方触犯了葡萄牙刑法典第 162 条及其附款所规定的海盗抢劫及杀人罪，恳请理事官严惩被告方。② 被告方在辩护时提供了足够的人证、物证，充分证明其并非海盗，但理事官仍然判被告方有罪。事后，原告方两名证人前往华政衙门法庭，承认被迫做了伪证；澳门不少华商也前往证明被告方是合法经营商人，口碑极好。事实证明，原告方才是真正的海盗。直到 1868 年 9 月 25 日，理事官才推翻第一次判决，重判被告方无罪。③

面对《民族之声》连番发文批评，理事官于 1869 年 4 月做出回应。4 月 12 日，他拟定华政衙门第 77 号报告，指出《民族之声》近来肆意抨击他和华政衙门的声誉，请求苏沙总督下令启动紧急司法调查，还事实真相。如果该报所抨击的是事实，那么他和华政衙门愿承担责任，反之则严惩诽谤者。④ 4 月 22 日，总督拒绝了理事官的请求，认为他在报告中并未提及《民族之声》所抨击的具体事实，但同情他面对该报毫无事实根据之口头控

---

① Tribunal da Procuratura (1868.9.25), Boletim da Provincia de Macau e Timor, 1868 – 11 – 30 (Vol. XIV N.°48), pp. 222 – 224.
② Tribunal da Procuratura (1868.9.25), Boletim da Provincia de Macau e Timor, 1868 – 11 – 30 (Vol. XIV N.°48), pp. 222 – 224.
③ O Echo do Povo (Hongkong 1869 – 02 – 08), A polémica acerca da Procuratura dos Negócios Sínicos de Macau, Macao : Typ. Popular, 1870, pp. 8 – 17; A polémica acerca da Procuratura dos Negócios Sínicos de Macau, Macao : Typ. Popular, 1870, pp. 17 – 23.
④ Procuratura dos Negocios Sinicos da cidade de Macau – N.° 77 (1869.4.12), Boletim da Provincia de Macau e Timor, 1869 – 04 – 19 (Vol. XV N.° 16), p. 87.

告时捍卫自身及华政衙门名誉的用心。①

吡唎喇被暂时停职，以便专门与《民族之声》对质。1869年5月4日，他请求苏沙总督批准他暂时停职，前往香港控告《民族之声》。② 随后，苏沙总督批准，③ 并任命马忌士（Lourenço Marques）暂时代理华政衙门理事官职务。④ 华政衙门一级中文翻译官公陆霜也受此事牵连，被香港一份葡文报纸指控为不关心华人事务，已在澳门按察司衙门立案。总督5月8日第55号政府训令批准其暂时停职。⑤ 此两人被停职事宜，经总督5月10日第121号公文上达葡萄牙，并获政务部7月12日第83号部令批准。⑥

马忌士代理华政衙门理事官后，华人也被煽动抗议吡唎喇和华政衙门，矛盾进一步激化。巡捕兵营指挥官发现，在澳门若干地点有人散播传单，内容为几名居澳华人控诉华政衙门理事官吡唎喇、律师、翻译官和传话。苏沙总督获悉后，认为这些华人破坏了他不惜一切代价维持的公共秩序，于是命令马忌士采取一切可能的措施查处传单作者或散播传单的同谋，要求马忌士通知居澳华人，如果华政衙门职员虐待、侮辱他们，应采取向总督或马忌士控诉的合法途径获得相应补偿；否则将受处罚。⑦

《民族之声》抨击华政衙门引发的风波，引起了澳葡政府的重视。苏沙总督做出解释，认为华政衙门尽可能简化诉讼案件审判手续，主要是为诉讼人着想，也是为控制监狱犯人数量，以便减轻越来越沉重的公共财政负担。总督听取总督公会意见，在葡萄牙政府不反对的前提下，发布1869年6月2日第59号政府训令。据1862年12月17日《理事官署章程》第2条规定，在华政衙门立案应尽可能地简化手续、迅速办理，并且立案前须先

---

① Expediente Geral—N.º 178 (1869.4.14), Boletim da Provincia de Macau e Timor, 1869-04-19 (Vol. XV N.º 16), p. 87.

② 1869.5.4, Boletim da Provincia de Macau e Timor, 1869-08-16 (Vol. XV N.º 33), p. 154.

③ N.º 52 (1869.5.7), Boletim da Provincia de Macau e Timor, 1869-05-10 (Vol. XV N.º 19), p. 98.

④ N.º 53 (1869.5.7), Boletim da Provincia de Macau e Timor, 1869-05-10 (Vol. XV N.º 19), p. 98.

⑤ N.º 55 (1869.5.8), Boletim da Provincia de Macau e Timor, 1869-05-10 (Vol. XV N.º 19), p. 98.

⑥ Secretaria d'Estado dos Negcoios da Marinha e Ultramar N.º 83 (1869.7.12), Boletim da Provincia de Macau e Timor, 1869-09-13 (Vol. XV N.º 37), p. 169.

⑦ Expediente Geral – N.º 242 (1869.5.14), Boletim da Provincia de Macau e Timor, 1869-05-17 (Vol. XV N.º 20), p. 102.

进行调解，调解失败后再到华政衙门立案；同时还决定，1863 年 5 月 21 日第 20 号政府训令涉及前述理事官署章程第 11 条规定时，华人之间的民事纠纷应由华人仲裁人迅速裁决，无需律师介入（除非诉讼双方要求）。①

吧唎喇与《民族之声》之间的纠纷，以他犯了受贿腐败罪被撤职告终。经澳门按察司衙门几个月调查，苏沙总督发布 1869 年 7 月 10 日第 64 号政府训令，宣告吧唎喇犯了受贿腐败罪，并撤销其理事官官职。② 随后，吧唎喇正式上报总督，欲前往里斯本进行辩护。总督无权批准，便于 8 月 14 日由秘书通知律政司 José Manuel Crispiniano da Fonscca Junior 处理。③ 政务部尚书 Manuoel Jorge d'Oliveira Lima 发布 10 月 13 日第 127 号部令，正式解除吧唎喇理事官职务，并解除一级中文翻译官公陆霜职务。两日后，通知澳葡总督苏沙。④ 总督接到部令后，发布 12 月 6 日第 79 号政府训令，决定由马忌士继续代理华政衙门理事官职务。⑤ 吧唎喇被革职后，葡萄牙政府通知苏沙总督转告澳门律政司，继续通过合法方式在澳门按察司衙门控告吧唎喇。⑥ 吧唎喇与《民族之声》的论争持续到 1870 年。

六 结论

吗记·吧唎喇作为首位华政衙门理事官，在葡萄牙和澳葡政府单方面攫取清政府对澳门司法管辖权近 20 年后，虽大力整顿和改革处理华人事务之华政衙门法庭，改善其运行机制，但也暴露了其在运用葡萄牙法律审判澳门华人纠纷诉讼案件等司法实践过程中的问题。例如，主持华政衙门法庭的理事官非法学专业出身，法庭较少的工作人员却要处理众多的华人纠

---

① N.º 59 (1869.6.2), Boletim da Provincia de Macau e Timor, 1869-06-07 (Vol. XV N.º 23), p. 115.
② N.º 64 (1869.7.10), Boletim da Provincia de Macau e Timor, 1869-08-16 (Vol. XV N.º 33), p. 154.
③ Expediente judicial – N.º 93 (1869.8.14), Boletim da Provincia de Macau e Timor, 1869-08-16 (Vol. XV N.º 33), p. 154.
④ 1.a Repartição N.º 127 (1869.10.15) 1869.10.13, Boletim da Provincia de Macau e Timor, 1869-12-06 (Vol. XV N.º 49), p. 217.
⑤ N.º 79 (1869.12.6), Boletim da Provincia de Macau e Timor, 1869-12-06 (Vol. XV N.º 49), p. 218.
⑥ Expediente naval – N.º 148 (1869.12.13), Boletim da Provincia de Macau e Timor, 1869-12-13 (Vol. XV N.º 50), p. 222.

纷案件，葡萄牙法律随意适用于澳门华人纠纷诉讼等。

尽管澳葡政府成立了专门委员会，对华人司法进行调查并提出改革建议，但诸多问题的矛头还是指向了理事官吗记·吡唎喇。葡萄牙人在香港以葡文报纸《民族之声》为阵地，隔岸声讨吡唎喇，引发了一场葡萄牙法律植入澳门的大争论。

此场争论虽然导致理事官吗记·吡唎喇丢掉乌纱帽，但有力推动了华政衙门法庭组织运行机制的完善。随着华政衙门行政规范化程度加强，理事官的职权范围也被进一步明确。苏沙总督发布1870年2月22日第17号政府训令，指出既然理事官已经在华政衙门中担任相当于法官的职务，就不应再在谳局兼任委员。鉴于现在尚未确定由何人代替华政衙门理事官在谳局中的位置，而且国王陛下也未有相应命令规定，因此苏沙总督决定从议事公会拟定的总督公会推荐名单中挑选一名市民，以代替华政衙门理事官充当谳局委员。① 这场争论还推动了葡萄牙民法典在1869年公布并延伸适用于澳门。

附　1866—1869 年宪报所刊之华政衙门受理案件汇集

年份	债务案件	未知案情缘由的审结案件	物权所有案件	小计
1866	11 件	共 2 件	共 1 件	14 件
	1. 传讯华人 Ion-Iun 所有知名或不知名之债主，在 1866 年 3 月 22 日告示之日算起 10 天内到庭，商讨如何分配出投发卖属于该名华人之位于 Barca de Frutas 街第 49 号商铺所得之 715 元，该商铺已抵押给华人 Ho-Chin-He-Tom[1] 2. 根据华妇 Ho-Tu-Shi 之债主华人 Vong-Tac-Heng-Tong 及其他人的申请，于 1866 年 8 月 11 日星期六在华政衙门出投发卖属于该名华妇的位于沙梨头 chale Long-Hung 第 4 号和第 5 号房屋，出投发卖所得用于抵债。[2] 后因无人竞标，故未能出投发卖，便于 8 月 17 日星期五中午十二点再次出投发卖[3] 成功出投发卖后，华政衙门发布 8 月 18 日告示，传讯华妇 Ho-Tu-Shi 所有知名或不知名之债主，自本告示之日算起 15 天内前往华政衙门法庭，商议如何分配出投发卖所得之 625 元[4]	1. 根据 Van-In-Long 号船船主 Iong-Lam 押铺及其他个人船主的申请，改期于 1866 年 3 月 21 日星期三中午十二点出投发卖该船，具体情况华政衙门 3 月 8 日告示已说明。[21] 由于法律障碍，3 月 21 日出投发卖未能成功，改于 3 月 27 日星期二中午十二点重新出投发卖[22] 2. 华政衙门发布 1866 年 10 月 1 日告示，通	1. 华政衙门发布 1866 年 8 月 18 日告示，通知自告示之日起 15 天内公示华人 Leong-Vai-Lap-Tong 位于小湾 chale chin-Ion-Vai 第 9 号和第 10 号房屋之屋主证明文件，据称该房屋是他祖父母留给他的遗产[24]	

---

① N.º 17 (1870.2.22), Boletim da Provincia de Macau e Timor, 1870-02-28 (Vol. XVI N.º 9), pp. 43-44.

华政衙门理事官吗记·吡唎喇与葡萄牙法律植入澳门之争（1865—1869）

续表

年份	债务案件	未知案情缘由的审结案件	物权所有案件	小计
	3. 华政衙门发布1866年8月18日告示，通知于同年8月25日星期六中午十二点，在其门前出投发卖一艘华人Chan-Iut-Vo所有的存放在沙岗Iau-Ly号船厂的三桅船。出投发卖所得将用于偿还作为第三方担保人Chan-Iut-Vo所欠市民Jaime peregrino dos Santos的债款。[5] 随后，华政衙门发布同年8月30日告示，传唤华人Chan-Iut-Vo所有知名或不知名之债主，自告示之日算起10天内前往该衙门，商讨如何分配出投发卖所得之331元，该出投发卖是根据华人之债主Jaime Peregrino dos Santos的申请进行。[6] 4. 华政衙门发布1866年8月30日告示，通知将于同年9月7日星期五中午十二点，出投发卖属于华人Ung-Ku-Chai位于烧灰炉之第45号房屋，根据其债主华人Chan-Akam的申请而为之。[7] 随后，发布同年10月11日告示，传唤华人Ung-Ku-Chay所有知名或不知名之债主，自本告示之日起15天内到庭，商议如何分配出投发卖该名华人位于烧灰炉第45号屋所得之117元。[8] 5. 华政衙门发布1866年9月12日告示，通知将于同年9月18日星期二中午十二点，在华政衙门法庭出投发卖华人Liong-Choi-Seng所拥有的Kam-Si-Son号船。根据该名华人债主们的请求，该船自9月5日起被拘留在水师巡捕所。[9] 6. 华政衙门发布1866年9月21日告示，通知将于同年9月29日星期六中午十二点，在其法庭门前出投发卖已被拘留在水师巡捕所的Cheng-Chiong-Long号船。此次出投发卖是该船主华人Cheng-Chiong与其债主华人Cheng-Iau-Seng协商决定。[10] 随后，发布同年10月11日告示，传唤船主华人Cheng-Chiong所有知名或者不知名之债主，自告示之日起15天内亲自或由其代理人到庭，商议如何分配出投发卖该船所得之215元。[11] 7. 华政衙门发布1866年9月26日告示，通知将于同年10月2日星期二中午十二点，出投发卖华人Ma-I-Chong的Kam-Seng-Li号船，根据其债主的请求，已将该船扣押在水师巡捕所。[12] 随后，发布同年10月11日告示，传唤船主华人所有知名或不知名之债主，自告示之日起15天内亲自或由其代理人到庭，商议如何分配出投发卖该船所得之370元。[13]	知根据位于市集街第25号之Li Long商铺的股东Iong-Chu-Che及其股东的申请，将于10月6日星期六中午十二点在该商铺出投发卖所有家私。[23]		

247

续表

年份	债务案件	未知案情缘由的审结案件	物权所有案件	小计
	8. 华政衙门发布 1866 年 10 月 1 日告示，通知于同年 10 月 8 日星期一中午十二点，在位于高尾巷第 5 号之 Guim-fom 商铺，出投发卖店内的所有物品。出投发卖是根据店主华人 Vong-Chiom 的债主 Lino Francisco d'Almeida 的请求而为之。[14] 随后，发布同年 10 月 10 日告示，传讯店主华人所有知名或不知名之债主，自告示之日起 15 天内到庭，商议如何分配出投发卖之所得。[15] 9. 华政衙门发布 1866 年 11 月 21 日告示，传讯华人 Alem 自告示之日起 30 天内到庭，回应所欠 Bernardino de Senna Fernandes 之 1200 元的诉讼。[16] 10. 华政衙门发布 1866 年 12 月 1 日告示，通知将于 12 月 10 日星期一中午十二点，在其法庭门前，根据市民 Evaristo Lopes 的申请，出投发卖华人 A-Teong 的 Cha-Ung-Ly 船。[17] 随后，发布 12 月 12 日告示，传唤船主华人所有知名或不知名之债主，自告示之日起 15 天内到庭，商议如何分配出投发卖所得之 25 元。[18] 11. 华政衙门发布 1866 年 12 月 22 日告示，通知 12 月 29 日星期六中午十二点，在其法庭门前出投发卖位于水榕树巷第 1 号建筑物，此系该物业主与其债主 Vicente José Gracias 和解的结果。[19] 随后，大西洋署澳门办理华政事务理事官吗记·吡啊喇发布发布 1867 年 1 月 12 日告示，传唤华人 Chiong-Foc、Chiong-Loc、Chiong-Pou 和 Chiong-Chiu 所有知名或者不知名之债主，自告示之日起 15 天内到庭，商议如何分配出投发卖所得之 511 元。[20]			
1867	11 件	5 件	4 件	20 件
	1. 华政衙门发布 1867 年 1 月 23 日告示，通知将于 1 月 31 日星期四中午十二点，在其法庭出投发卖属于华人 Ho-Suim-San 的船只，根据其债主要求而为之。[25] 随后，发布 2 月 7 日传唤告示，传唤船主华人所有知名或不知名之债主，自通知日期起 10 天内前往华政衙门法庭，商讨如何分配出投发卖所得之 185 元。[26] 2. 华政衙门发布 1867 年 2 月 27 日通知，根据华妇 Lam-Leong-Si 及其儿子之债主 Leong-Si 请求，于 3 月 5 日星期二中午十二点，在华政衙门法庭门前出投发卖位于圣拉匝第 31 号房屋，该房屋已抵押给华妇 Lam-Leong-Si 及 Atac[27]	1. 华政衙门发布 1867 年 2 月 25 日告示，根据 Evaristo Lopes 的请求，将于 3 月 6 日中午十二点在华政衙门法庭门前出投发卖位于草堆街第 121 号 Chun-vá 鞋店四分之一业务，已抵押给华人 Ien-Achiong。参与出投发卖活动的竞标者可	1. 华政衙门发布 1867 年 11 月 9 日传唤，华人 Chion-pau-chan 请求该衙门法庭判定他是否系位于沙梨头一块填地及一所房屋的合法持有者。公示二十天。[46]	

华政衙门理事官吗记·吡唎喇与葡萄牙法律植入澳门之争（1865—1869）

续表

年份	债务案件	未知案情缘由的审结案件	物权所有案件	小计
	3. 华政衙门发布1867年6月14日通知，根据Sang-mao商行债主们的请求，将于6月21日星期五中午十二点，在华政衙门法庭门前出投发卖位于天通街第53号商铺，估价银1700元[28]。 4. 华政衙门发布1867年6月19日通知，根据华人Lu-Lam-Chan债主们的申请，将于6月26日星期三中午十二点，在华政衙门法庭门前出投发卖位于沙梨头第34号房屋及屋后一块填地，房屋股价银为300元，填地估价银120元[29]。 5. 华政衙门发出1867年7月22日通知，传唤位于营地大街第10号Tac-Vo商铺所有知名或不知名之债主，自通知之日起10天内到庭，商讨如何分配出投发卖所得之177.035元[30]。 6. 华政衙门发布1867年9月9日通知，根据氹仔Hap-Sheng号华人商铺债主们的申请，将于9月16日星期一中午十二点，在华政衙门法庭前出投发卖该华人商铺，出价高于估价银者将投得[31]。因无投标者参加，华政衙门发布又发布9月18日通知，改于9月11日星期二中午十二点，在华政衙门法庭门前再次出投发卖，高于估价银160元者将投得[32]。华政衙门继续发布9月27日通知，因9月24日出投发卖失败，改于10月3日星期四中午，在华政衙门法庭门前继续出投发卖，高于估价银130元者将投得[33]。最后，华政衙门发布10月8日传讯，传讯氹仔商铺所有知名或不知名之债主，自传讯之日起10天内前往华政衙门法庭，商讨如何分配出投发卖所得之372元[34]。 7. 华政衙门发布1867年9月10日通知，根据华人Con-tac-choi债主华人Vong-lau-hoc的请求，将于9月17日星期二中午十二点，在华政衙门法庭门前出投发卖属于华人Con-tac-choi的San-veng-li号船[35]。 8. 华政衙门发布1867年9月11日传讯，传讯华人Sie-Assam所有知名或不知名之债主，自本传讯之日起15天内到庭，商议如何分配出投发卖位于望厦的已被查封第8号屋所得之264元[36]。 9. 华政衙门发布1867年10月28日通知，将于11月15日星期五中午十二点，在华政衙门法庭门前出投发卖位于望厦第61号房屋，根据屋主债主的请求已经查封该屋。出价高于估价银6000元者将投得[37]。	以自由取阅该店铺簿录[41]。 2. 华政衙门发布1867年3月8日通知，华人Ha-Chac-Tong和Leon-Chau-Iat-Tong经和解决定，于3月15日星期五中午十二点，在华政衙门法庭门前出投发卖位于巡警街（Rua da Policia）之第91号商店[42]。 3. 华政衙门发布1867年4月26日通知，根据Kuon-Cho-Ki申请，于4月30日星期二中午十二点，出投发卖位于福隆新街之第2号和第3号商铺内的所有家私[43]。 4. 华政衙门发布1867年7月29日通知，将于8月3日星期六上午九点，在氹仔panos Ap-Sim商铺出投发卖该商铺内的所有物品，估价银为122.170两[44]。 5. 华政衙门发布1867年10月5日通知，根据华人Kong-hiong的请求，将于10月13日星期六，在华政衙门法庭门前出投发卖一艘三桅船（lorcha）[45]。	2. 华政衙门发布1867年9月19日通知，于9月23日星期一中午十二点，在其法庭门前出投发卖Sin-tiang号船，该船已于7月4日因海盗行为而被警察扣留，出价高于估价银16元者将投得[47]。 3. 华政衙门发布1867年7月12日通知，将于7月18日中午十二点，在其法庭门前出投发卖Kum-Seng-Chan号船，高于股价银500元者将投得。该船于6月19日因疑犯海盗行为被警察扣留，7月5日理事官估出合适价格。又将于7月19日星期五中午十二点，在旧海关仓库出投发卖该船上的一尊大炮（估价银为500元）及船上其他所有物品（估价银	

续表

年份	债务案件	未知案情缘由的审结案件	物权所有案件	小计
	10. 华政衙门发布1867年11月2日传讯,传讯华人Alun所有知名或不知名之债主,自本传讯之日起15天内到庭,商议如何分配出投发卖所得。出投发卖了一块填地的三分之二,包括一个灰窑、位于填地内的1号屋的三分之二部分、位于填地围墙后44号屋的三分之二部分,以及灰库的三分之二部分。这些均位于烧灰炉街,属于华人Alun的物业,因其债主们的请求已经查封。[38] 11. 华政衙门发布1867年11月12日通知,根据Jaime Peregrino dos Santos 的请求,将于12月2日星期一中午十二点,在华政衙门法庭门前出投发卖属于华人Van-Asin的位于长楼街(Rua de Embaixador)之第22和24号房屋,已被抵押给Jaime Peregrino dos Santos。每所房屋高于估价银270元者将投得。[39] 随后发布12月5日通知,将于12月26日中午十二点继续出投发卖,但将每所房屋之估价银降至216元。[40]		为1527.035元),还有16袋大米、炮弹若干。该船停靠在水师巡捕队附近,即芦石塘埠头前,船上物品存放在旧海关仓库[48] 4. 华政衙门发布1867年10月26日通知,根据华人Kung-heong的申请,将于11月4日星期一中午十二点,在华政衙门法庭门口出投发卖一艘在Apou-Siak搁浅的船只[49]	
1868	20件	4件	2件	26件
	1. 华政衙门发布1868年1月3日通知,将于1月11日星期六中午十二点,在板樟堂街第10号的华人Choe-Assau商店门前公开出投发卖该店什物,该店根据其债主Eufemia Francisca dos Reys 的声请已被扣押[50] 2. 华政衙门发布1868年1月14日通知,传唤华人Van-asin所有知名或不知名债主,自通知公布之日起15天内到庭,商讨如何分配出投发卖该名华人位于长楼街(Rua do Embaixador)之第22号和第24号屋所得之432.050元[51] 3. 华政衙门发布1868年1月14日通知,应债主华人Leon-tat的请求,于1月21日中午十二点,在华政衙门法庭门前公开出投发卖华人Chan-su的San-chiun-iec号船,该船已被警察扣留。[52] 随后,发布1月20日通知,将出投时间改为2月1日星期六中午十二点。[53] 华政衙门发布2月24日通知,传唤华人船主所有知名或不知名之债主,自通知之日起15天内到庭,商议如何分配出投发卖所得之145元[54]	1. 华政衙门发布1868年1月15日通知,根据华人Li-foc的请求,将于2月4日星期二中午十二点,在华政衙门法庭门前,公开出投发卖华人U-man-choe的连安巷(Travessa de Pomba)第21号房屋若干间,出价高于估价银200元者将投得[78] 2. 华政衙门发布1868年5月5日第45号传唤,据华人Lam-loc-si、Lam-hum及其	1. 华政衙门发布1868年2月4日通知,将于2月10日星期一中午十二点,在华政衙门法庭门前,公开出投发卖三扒艇(Cham-pá)以及船上所有物品,包括少量炮弹及其他战争物资,该船在Tai-lam被"贾梅士"号	

250

续表

年份	债务案件	未知案情缘由的审结案件	物权所有案件	小计
	4. 华政衙门发布1868年1月20日通知，根据Ien-vo号商铺店主华人Akem债主João Maria da Silva的申请，传唤所有被认为有权收取以下屋租之人，自本通知起15天内到庭出席。华人Akem的若干所已出租的房屋分别位于洗衣匠巷（Travessa do Mainato）、豆巷（Travessa do Feijão）、芦苇巷（Travessa da Tota）、鸽子巷（Travessa do Pombo）和盒子巷（Travessa da Boceta）。[55] 华政衙门发布2月28日通知，根据债主João Maria da Silva的请求，将于3月19日星期四中午十二点，在华政衙门法庭门前出投发卖华人店主63处房产，分别位于卖鱼街（Rua do Alpendre）第14、15、16、17、19、21号，洗衣匠街第2、4、6、8、10、12、14、16、18、20号，豆巷第1、2、4、6、8、10、12、14、16、18和20号，芦苇巷第8、10、12、14、16、18、20号，鸽子巷第2、4、6、8、10、12、14、16、18、20、21、22号，盒子巷第2、4、6、8、10、12、14、16、18、20、21、22号，和胡椒街第2、3、4、5、8号。所有这些房屋均付房租给市民Vicente de Paulo Volong，每间出价高于25元者将投得。将在出投发卖活动中解释出售合同，也可以到华政衙门法庭查阅出租合同[56]。5. 华政衙门发布1868年1月21日告示，传唤板樟堂街第10号铺店主华人Choc-assan所有知名或不知名之债主到庭，商议如何分配出投发卖该名华人店主财产所得之247.71元，此前已据华人店主之债主被告Eufemia Francisc和华人店主姐姐的请求而扣押了这些财产。若其他债主或其代理人在指定期限内不到庭反驳，则将出投发卖所得判给请求执行之人[57]。6. 华政衙门发布1868年2月4日通知，根据华人Ho-chiom-loi债主Li-akim及其他债主的请求，将于2月17日星期一中午十二点，在华政衙门法庭门前公开出投发卖华人Ho-chiom-loi的船只。出价高于估价银240元者将投得[58]。随后，华政衙门发布2月24日通知，传唤华人Ho-chiom-loi所有知名或者不知名债主，在通知之日起15天内到庭，商议如何分配出投发卖所得[59]。7. 华政衙门发布1868年3月30日通知，根据华人Vom-asu的声请，将于4月8日星期三中午十二点，在华政衙门法庭公开出投发卖Kam-li-hap（又称Vom-	兄弟Lam-achan、Lam-hun的声请，传唤华人Lam-lem自传唤之日起15天内，前往华政衙门法庭提供案件看法，任命仲裁人并签定协议[79]。3. 华政衙门发布1868年7月7日通知，根据市集街第25号Li-long商店long-veng-sau-tong及其他股东的声请，将于7月21日星期二中午十二点，在华政衙门法庭门前公开出投发卖位于Becos巷的一座小房子，长28.5古娃度，宽10.5古娃度，以前曾为该商店仓库。出价高于估价银200元者将投得[80]。4. 华政衙门发布1868年8月29日通知，根据华人Vom-shem的声请，将于9月5日星期六中午十二点，在华政衙门法庭门前出投发卖沙岗Tai-chiom造船厂，出价高于估价银1600元者将投得[81]。	炮舰逮捕。出价高于估价银者将投得，船只估价银为12元，炮弹及其他战争物资估价银为25元[82]。2. 华政衙门发布1868年9月9日通知，将于9月15日星期二中午十二点，出投发卖7艘小船：Ou-tiang、Long-tiang、Sampá、A-kau-chai、Sam-pan和Pa-tiang。这些小船已经被扣押在水师巡捕所码头，出价最高者将投得[83]。	

续表

年份	债务案件	未知案情缘由的审结案件	物权所有案件	小计
	man-sen）号船及船上所有物品，出价高于估价银（船只估价银为70元、货物估价银为90元）者将投得。该船已经被警察扣留。[60] 随后发布4月11日通知，传唤船主华人Vom-asu所有知名或不知名之债主，自通知之日起8天内前往华政衙门法庭，商议如何分配出投发卖所得之210元。[61]			
	8. 华政衙门传唤华人Ly-Achin所有知名或不知名之债主，自1868年5月23日起15天内前往华政衙门法庭，商议如何分配处罚该名华人之所得。[62]			
	9. 华政衙门传唤华人Ian-Shang-tong所有知名或不知名债主，自1868年6月1日起15天内，前往华政衙门法庭商讨如何分配惩罚该名华人之所得。[63]			
	10. 华政衙门发布1868年7月6日通知，传唤位于快艇头街第53号Va-seng店铺所有知名或不知名之债主，自通知之日起10天内前往华政衙门法庭，商议如何分配出投发卖该店铺物品所得之415.251元。[64]			
	11. 华政衙门发布1868年7月6日通知，传唤位于海边新街第38号商铺店主华人Asi的所有知名或不知名之债主，自通知之日起10天内前往华政衙门法庭，商议如何分配出投发卖该商铺家什所得之100元。[65]			
	12. 华政衙门发布1868年7月21日通知，传唤华人Lam-Pu-Sin所有知名或不知名之债主，自通知之日起10天内前往华政衙门法庭，商讨如何分配该名华人出售望厦房子所得之520元。[66]			
	13. 华政衙门发布1868年8月4通知，根据Cam-tac-hon号船长Hó-ka-ioc及船主Ho-hoc-chem之债主华人Chan-vae的声请，将于8月11日星期二中午十二点，在华政衙门法庭门前出发卖该船，该船已被扣押在水师巡捕所站附近。[67] 华政衙门又发布8月12日通知，改于8月17日星期一中午十二点，在华政衙门法庭门前再次出投发卖，出价高于估价银250元者将投得。[68] 最后，发布8月27日通知，传唤所有知名或不知名之债主，自通知之日起10天内到庭，商讨如何分配出投发卖所得之212元。[69]			
	14. 华政衙门发布1868年8月19日通知，传唤蓬莱新街第47号Foc-iun商店的所有知名或不知名之债主，自通知之日起10天内到庭，商讨如何分配出投发卖该商店什物所得之81元。[70]			
	15. 华政衙门发布1868年8月19日通知，传唤桔子街第5号Pac-hap商店的所有知名或不知名之债主，			

华政衙门理事官吗记·吡唎喇与葡萄牙法律植入澳门之争（1865—1869）

续表

年份	债务案件	未知案情缘由的审结案件	物权所有案件	小计
	自通知之日起10天内到庭，商讨如何分配出投发卖该商店什物之56.025元[71] 16. 华政衙门发布1868年8月19日通知，根据华人Choi-atac之债主P. e Francisco Xavier da Silva的声请，将于9月7日星期一中午十二点，在华政衙门法庭门前，出投发卖该名华人仁安里第5号（估价银为180元）及板樟堂街第34号（估价银为500元）之房屋若干间，出价高于估价银者将投得。[72] 随后，发布9月15日通知，传唤华人Choi-atac所有知名或不知名之债主，自本通知之日起10天内到庭，商讨如何分配出投发卖所得之909元[73] 17. 华政衙门发布1868年11月5日通知，根据已故华人Kot-fo-pou的债主们的声请，将于11月19日星期四中午十二点，在华政衙门法庭出投发卖商人巷第20号屋，出价高于估价银180元者将投得。同时，出投发卖王子新街第10号Hung-sheng鞋店之股份，估价银为40两。屋和股金均为已故华人所有[74] 18. 华政衙门发布1868年11月21日通知，将于11月28日星期六中午十二点，在华政衙门法庭出投发卖医院街第4号房屋若干间，均为华人Men-Iong所有，已根据其债主的声请扣押。出价高于估价银120元者将投得[75] 19. 华政衙门发布1868年12月2日通知，传唤夜唔街第27号破产之Meng-li hap-ki公所的所有知名或不知名之债主，自通知之日起10天内到庭，商讨如何分配出投发卖公所什物所得之90元[76] 20. 华政衙门发布1868年12月18日通知，传唤王子新街第108号Quom-cheom-shen商店之知名或不知名债主，自通知发布之日起10天内到庭，商讨如何分配出投发卖该商店财物所得之306.236元[77]			
1869	10件	2件	4件	16件
	1. 华政衙门发布1869年1月11日通知，传唤已去世华人Kat-fo-pon之所有知名或不知名之债主，在通知之日起10天内前往华政衙门，商议如何分配出投发卖该名去世华人商人巷第20号屋所得之372元[84] 2. 华政衙门发布1869年4月1日通知，根据华人Pu-achom之600元及利息的债主D. Anna Theresa da Silva的申请，扣押位于Viella do Tintureiro第27号屋若干间。因此传唤该名华人本人或其代理人，自通知之日起30天内到庭说明[85]	1. 华政衙门发布1869年1月14日通知，应华人Pau-shin-in 的声请，自通知起30天内，比该华人更有权拥有Viella do Tintureiro第25号屋者，前往华政衙门说明[95]	1. 华政衙门发布1869年11月24日通知，根据华人Van-a-sin 的声请，将于12月13日星期一中午十二点，在华政	

253

续表

年份	债务案件	未知案情缘由的审结案件	物权所有案件	小计
	3. 华政衙门发布1869年4月7日通知，传唤华人Le-lom所有知名或不知名之债主，自通知之日起15天内到庭，商讨如何分配出投发卖小新巷第5号屋所得之262元，该屋已应华人Le-lom的要求被查封[86] 4. 华政衙门发布1869年4月9日通知，根据华人Chan-on之债主Ho-kuac及其他债主的声请，将于4月30日星期五中午十二点，在华政衙门法庭门前公开出投发华人Chan-on新桥青草街第40号屋，出价高于估价银250元者将投得[87] 5. 华政衙门发布1869年4月28日通知，传唤大街第55号商铺所有知名或不知名的债主，自通知之日起10天内到庭，商讨如何分配出投发卖该商铺所得之488.25元[88] 6. 华政衙门发布1869年9月1日通知，传唤长楼街第43号屋主华人Um-iau-sem所有知名或不知名之债主，自通知之日起10天内到庭，商议如何分配出投发卖该屋所得之142元[89] 7. 华政衙门发布1869年10月21日通知，华人Van-a-sin已宣告无偿还能力以致破产，因此传唤该名华人所有知名或不知名之债主，自通知之日起15天内到庭。同时还传唤该名华人的所有欠债未还者，也在15天内到庭结清欠债[90] 8. 华政衙门发布1869年11月22日通知，传唤华人Chio-Ki-Chim所有知名或不知名之债主，自通知之日起15天内亲自或由其代理人到庭，商讨如何分配出投发卖该名华人已被扣押的物品所得之101元。[91] 9. 华政衙门发布1869年11月24日通知，根据已破产华人Hum-iu-chim之债主华人Hum-iu-chim的声请，将于12月14日星期二中午十二点，在华政衙门法庭门前出投发卖妈阁市街的下列屋业：第46号（估价银400元）、第47号（估价银400元）、第48号（估价银500元）、第49号（估价银300元）。所有物业均为该名华人Hum-iu-chim所有，且交租给澳门公物会。出价高于估价银者将投得[92] 10. 华政衙门发布1869年12月1日通知，根据华人Choi-iau债主Vom-choi和其他债主的声请，将于12月20日星期一中午十二点，公开出投发卖该名华人Choi-iau的连胜街第17号屋，该屋须交租给澳门公物会。出价高于估价银450元者将投得[93]华政衙门发布12月23日通知，传唤华人Choi-iau所有知名	2. 华政衙门发布1869年3月5日通知，根据望厦观音堂的声请，自通知之日起30天内，比观音堂更有权拥有沙梨头一块土地的华人，可到庭说明。这块沙梨头土地长43.5古娃度，东边接Arrosaes巷，南及西均接观音堂的土地，北接Ho-hem-sam和Sam-vong的土地[96]	衙门前公开出投发卖该华人的二龙喉街第2号屋，该屋付租金给澳门公物会。出价高于估价银1200元者将投得[97] 2. 华政衙门发布1869年1月23日通知，将于1月30日中午十二点，在其法庭门前出投发卖船上三枚炮弹。出价高于估价银350元者将投得，可在出投发卖之日前检查相应官方许可[98] 3. 华政衙门发布1869年1月25日通知，将于2月6日星期二中午十二点，在华政衙门法庭出投发卖一艘船。出价高于估价银350元者将投得，可在出投发卖之日前检查相应的官方许可[99] 4. 华政衙门发布1869年2月6日通知，	

华政衙门理事官吗记·吡唎喇与葡萄牙法律植入澳门之争（1865—1869）

续表

年份	债务案件	未知案情缘由的审结案件	物权所有案件	小计
	或不知名之债主，自通知起 10 日内到庭，与债主华人 Vong-choi 一起商议如何分配出投发卖所得之 480.050 元[94]		要求 Sabina Lopes、Joaquina da Luz 和 Hermenegilda Tavares 到庭，或告知住址，以便将由意大利号轮船自 Havana 运来的三封信及若干布匹交到华政衙门[100]	

注：[1] Edital (1866.3.22), O Boletim do Governo de Macau, 1866-03-26 (Vol. XII No. 13), p. 52.

[2] Edital (1866.8.2), O Boletim do Governo de Macau, 1866-08-06 (Vol. XII No. 32), p. 130.

[3] Edital (1866.8.13), O Boletim do Governo de Macau, 1866-08-13 (Vol. XII No. 33), p. 134.

[4] Edital (1866.8.18), O Boletim do Governo de Macau, 1866-08-20 (Vol. XII No. 34), p. 138.

[5] Edital (1866.8.18), O Boletim do Governo de Macau, 1866-08-20 (Vol. XII No. 34), p. 138.

[6] Edital (1866.8.30), O Boletim do Governo de Macau, 1866-09-03 (Vol. XII No. 36), p. 146.

[7] Edital (1866.8.30), O Boletim do Governo de Macau, 1866-09-03 (Vol. XII No. 36), p. 146.

[8] Edital (1866.10.11), O Boletim do Governo de Macau, 1866-10-15 (Vol. XII No. 42), p. 172.

[9] Edital (1866.9.12), O Boletim do Governo de Macau, 1866-09-17 (Vol. XII No. 38), p. 154.

[10] Edital (1866.9.21), O Boletim do Governo de Macau, 1866-09-24 (Vol. XII No. 39), p. 158.

[11] Edital (1866.10.11), O Boletim do Governo de Macau, 1866-10-15 (Vol. XII No. 42), p. 172.

[12] Edital (1866.9.26), O Boletim do Governo de Macau, 1866-10-01 (Vol. XII No. 40), p. 164.

[13] Edital (1866.10.11), O Boletim do Governo de Macau, 1866-10-15 (Vol. XII No. 42), p. 172.

[14] Edital (1866.10.1), O Boletim do Governo de Macau, 1866-10-01 (Vol. XII No. 40), p. 164.

[15] Edital (1866.10.10), O Boletim do Governo de Macau, 1866-10-15 (Vol. XII No. 42), p. 172.

续表

[16] Edital (1866.11.21), O Boletim do Governo de Macau, 1866-11-26 (Vol. XII No. 48), p. 196.
[17] Edital (1866.12.1), O Boletim do Governo de Macau, 1866-12-03 (Vol. XII No. 49), p. 200.
[18] Edital (1866.12.12), O Boletim do Governo de Macau, 1866-12-17 (Vol. XII No. 51), p. 208.
[19] Edital (1866.12.22), O Boletim do Governo de Macau, 1866-12-24 (Vol. XII No. 52), p. 212.
[20] Edital (1867.1.12), Boletim do Governo de Macau, 1867-01-14 (Vol. XIII N.º 2), p. 8.
[21] Edital (1866.3.15), O Boletim do Governo de Macau, 1866-03-19 (Vol. XII No. 12), p. 48.
[22] Edital (1866.3.24), O Boletim do Governo de Macau, 1866-03-26 (Vol. XII No. 13), p. 52.
[23] Edital (1866.10.1), O Boletim do Governo de Macau, 1866-10-01 (Vol. XII No. 40), p. 164.
[24] Edital (1866.8.18), O Boletim do Governo de Macau, 1866-08-20 (Vol. XII No. 34), p. 138.
[25] Aviso de Leilão (1867.1.23), Boletim do Governo de Macau, 1867-01-28 (Vol. XIII N.º 4), p. 20.
[26] Annuncio d'Edicto Citatorio (1867.2.7), Boletim do Governo de Macau, 1867-02-11 (Vol. XIII N.º 6), p. 32.
[27] Annuncio de Leilão (1867.2.27), Boletim do Governo de Macau, 1867-03-04 (Vol. XIII N.º 9), p. 48.
[28] Annuncio de Leilão (1867.6.14), Boletim da Provincia de Macau e Timor, 1867-06-17 (Vol. XIII N.º 24), p. 140.
[29] Annuncio de Leilão (1867.6.19), Boletim da Provincia de Macau e Timor, 1867-06-17 (Vol. XIII N.º 24), p. 146.
[30] Annuncio Citatorio (1867.7.22), Boletim da Provincia de Macau e Timor, 1867-07-22 (Vol. XIII N.º 29), p. 170.
[31] Annuncio de Leilão (1867.9.9), Boletim da Provincia de Macau e Timor, 1867-09-16 (Vol. XIII N.º 37), p. 218.
[32] Annuncio de Leilão (1867.9.18), Boletim da Provincia de Macau e Timor, 1867-09-23 (Vol. XIII N.º 38), p. 226.
[33] Annuncio de Leilão (1867.9.27), Boletim da Provincia de Macau e Timor, 1867-09-30 (Vol. XIII N.º 39), p. 234.
[34] Annuncio Citatorio (1867.10.8), Boletim da Provincia de Macau e Timor, 1867-10-14 (Vol. XIII N.º 41), p. 244.
[35] Annuncio de Leilão (1867.9.10), Boletim da Provincia de Macau e Timor, 1867-09-16 (Vol. XIII N.º 37), p. 218.
[36] Edital Citatorio (1867.9.11), Boletim da Provincia de Macau e Timor, 1867-09-16 (Vol. XIII N.º 37), p. 218.
[37] Annuncio de Leilão (1867.10.28), Boletim da Provincia de Macau e Timor, 1867-10-28 (Vol. XIII N.º 43), p. 254.
[38] Annuncio de Edito Citatorio (1867.11.2), Boletim da Provincia de Macau e Timor, 1867-11-04 (Vol. XIII N.º 44), p. 258.
[39] Annuncio de Leilão (1867.11.12), Boletim da Provincia de Macau e Timor, 1867-11-18 (Vol. XIII N.º 46), p. 266.
[40] Annuncio de Leilão (1867.12.5), Boletim da Provincia de Macau e Timor, 1867-12-09 (Vol. XIII N.º 49), p. 278.
[41] Edital (1867.2.25), Boletim do Governo de Macau, 1867-02-25 (Vol. XIII N.º 8), p. 42.

续表

[42] Annuncio de Leilão (1867.3.8), Boletim do Governo de Macau, 1867 – 03 – 11 (Vol. XIII N.º 10), p. 54.

[43] Annuncio de Leilão (1867.4.26), Boletim da Provincia de Macau e Timor, 1867 – 04 – 29 (Vol. XIII N.º17), p. 96.

[44] Annuncio de Leilão (1867.7.29), Boletim da Provincia de Macau e Timor, 1867 – 07 – 29 (Vol. XIII N.º30), p. 176.

[45] Annuncio de Leilão (1867.10.5), Boletim da Provincia de Macau e Timor, 1867 – 10 – 07 (Vol. XIII N.º40), p. 240.

[46] Annuncio de Edito Citatorio (1867.11.9), Boletim da Provincia de Macau e Timor, 1867 – 11 – 11 (Vol. XIII N.º45), p. 262.

[47] Annuncio de Leilão (1867.9.19), Boletim da Provincia de Macau e Timor, 1867 – 09 – 23 (Vol. XIII N.º38), p. 226.

[48] Annuncio de Leilão (1867.7.12), Boletim da Provincia de Macau e Timor, 1867 – 07 – 15 (Vol. XIII N.º28), p. 164.

[49] Annuncio de Leilão (1867.10.26), Boletim da Provincia de Macau e Timor, 1867 – 10 – 28 (Vol. XIII N.º43), p. 254.

[50] 1868.1.3, Boletim da Provincia de Macau e Timor, 1868 – 01 – 06 (Vol. XIV N.º1), p. 4.

[51] Annuncio Citatorio (1868.1.14), Boletim da Provincia de Macau e Timor, 1868 – 01 – 20 (Vol. XIV N.º3), p. 18.

[52] Annuncio de Leilão (1868.1.14), Boletim da Provincia de Macau e Timor, 1868 – 01 – 20 (Vol. XIV N.º3), p. 18.

[53] Annuncio de Leilão (1868.1.20), Boletim da Provincia de Macau e Timor, 1868 – 01 – 27 (Vol. XIV N.º4), p. 24.

[54] Annuncio Citatorio de Preferencia (1868.2.24), Boletim da Provincia de Macau e Timor, 1868 – 02 – 24 (Vol. XIV N.º8), p. 46.

[55] Annuncio de Citatorio (1868.1.20), Boletim da Provincia de Macau e Timor, 1868 – 01 – 27 (Vol. XIV N.º4), p. 24.

[56] Annuncio de Leilão (1868.2.28), Boletim da Provincia de Macau e Timor, 1868 – 03 – 09 (Vol. XIV N.º10), p. 54.

[57] Annuncio de Citatorio (1868.1.21), Boletim da Provincia de Macau e Timor, 1868 – 01 – 27 (Vol. XIV N.º4), p. 24.

[58] Annuncio de Leilão (1868.2.4), Boletim da Provincia de Macau e Timor, 1868 – 02 – 10 (Vol. XIV N.º7), p. 36.

[59] Annuncio Citatorio de Preferencia (1868.2.24), Boletim da Provincia de Macau e Timor, 1868 – 03 – 09 (Vol. XIV N.º10), p. 54.

[60] Annuncio de Leilão (1868.3.30), Boletim da Provincia de Macau e Timor, 1868 – 04 – 06 (Vol. XIV N.º14), p. 70.

[61] Annuncio Citatorio de Preferencia (1868.4.11), Boletim da Provincia de Macau e Timor, 1868 – 04 – 13 (Vol. XIV N.º15), p. 76.

[62] 1868.5.23, Boletim da Provincia de Macau e Timor, 1868 – 05 – 30 (Vol. XIV N.º22), p. 104.

[63] 1868.6.1, Boletim da Provincia de Macau e Timor, 1868 – 06 – 06 (Vol. XIV N.º23), p. 108.

[64] Annuncio Citatorio (1868.7.6), Boletim da Provincia de Macau e Timor, 1868 – 07 – 11 (Vol. XIV N.º28), p. 136.

续表

［65］Annuncio Citatorio（1868.7.6），Boletim da Provincia de Macau e Timor, 1868 – 07 – 11（Vol. XIV N.º 28），p. 136.

［66］Annuncio Citatorio（1868.7.21），Boletim da Provincia de Macau e Timor, 1868 – 07 – 25（Vol. XIV N.º 30），p. 146.

［67］Annuncio de Leilão（1868.8.4），Boletim da Provincia de Macau e Timor, 1868 – 08 – 17（Vol. XIV N.º 33），p. 154.

［68］Annuncio de Leilão（1868.8.12），Boletim da Provincia de Macau e Timor, 1868 – 08 – 17（Vol. XIV N.º 33），p. 156.

［69］Annuncio Citatorio（1868.8.27），Boletim da Provincia de Macau e Timor, 1868 – 08 – 31（Vol. XIV N.º 35），p. 166.

［70］Annuncio de Leilão（1868.8.19），Boletim da Provincia de Macau e Timor, 1868 – 08 – 24（Vol. XIV N.º 34），p. 162.

［71］Annuncio de Leilão（1868.8.19），Boletim da Provincia de Macau e Timor, 1868 – 08 – 24（Vol. XIV N.º 34），p. 162.

［72］Annuncio Citatorio（1868.8.19），Boletim da Provincia de Macau e Timor, 1868 – 08 – 31（Vol. XIV N.º 35），p. 166.

［73］Annuncio Citatorio（1868.9.15），Boletim da Provincia de Macau e Timor, 1868 – 09 – 21（Vol. XIV N.º 38），p. 180.

［74］Annuncio de Leilão（1868.11.5），Boletim da Provincia de Macau e Timor, 1868 – 11 – 09（Vol. XIV N.º 45），p. 208.

［75］Annuncio de Leilão（1868.11.21），Boletim da Provincia de Macau e Timor, 1868 – 11 – 30（Vol. XIV N.º 48），p. 218.

［76］Annuncio Citatorio（1868.12.2），Boletim da Provincia de Macau e Timor, 1868 – 12 – 07（Vol. XIV N.º 49），p. 232.

［77］Annuncio Citatorio（1868.12.28），Boletim da Provincia de Macau e Timor, 1868 – 12 – 21（Vol. XIV N.º 51），p. 244.

［78］Annuncio de Leilão（1868.1.15），Boletim da Provincia de Macau e Timor, 1868 – 01 – 20（Vol. XIV N.º 3），p. 18.

［79］Edito Citatorio N.º 45（1868.5.5），Boletim da Provincia de Macau e Timor, 1868 – 05 – 09（Vol. XIV N.º 19），p. 92.

［80］Annuncio Citatorio（1868.7.7），Boletim da Provincia de Macau e Timor, 1868 – 07 – 11（Vol. XIV N.º 28），p. 136.

［81］Annuncio de Leilão（1868.8.29），Boletim da Provincia de Macau e Timor, 1868 – 08 – 31（Vol. XIV N.º 35），p. 166.

［82］Annuncio de Leilão（1868.2.4），Boletim da Provincia de Macau e Timor, 1868 – 02 – 10（Vol. XIV N.º 7），p. 34.

［83］Annuncio de Leilão（1868.9.9），Boletim da Provincia de Macau e Timor, 1868 – 09 – 14（Vol. XIV N.º 37），pp. 174 – 175.

［84］Annuncio Citatorio（1869.1.11），Boletim da Provincia de Macau e Timor, 1869 – 01 – 18（Vol. XV N.º 3），p. 13.

［85］Annuncio Citatorio（1869.4.1），Boletim da Provincia de Macau e Timor, 1869 – 04 – 05（Vol. XV N.º 14），p. 80.

［86］Annuncio Citatorio（1869.4.7），Boletim da Provincia de Macau e Timor, 1869 – 04 – 12（Vol. XV N.º 15），p. 84.

续表

[87] Annuncio do Leilão (1869.4.9), Boletim da Provincia de Macau e Timor, 1869 – 04 – 19 (Vol. XV N.º 16), p. 88.

[88] Annuncio Citatorio (1869.4.28), Boletim da Provincia de Macau e Timor, 1869 – 05 – 03 (Vol. XV N.º 18), p. 96.

[89] Annuncio Citatorio de Preferencia (1869.9.1), Boletim da Provincia de Macau e Timor, 1869 – 09 – 06 (Vol. XV N.º 36), p. 168.

[90] Annuncio Citatorio (1869.10.21), Boletim da Provincia de Macau e Timor, 1869 – 11 – 01 (Vol. XV N.º 44), p. 200.

[91] Annuncio Citatorio (1869.11.22), Boletim da Provincia de Macau e Timor, 1869 – 11 – 22 (Vol. XV N.º 47), p. 212.

[92] Annuncio de Leilão (1869.11.24), Boletim da Provincia de Macau e Timor, 1869 – 11 – 29 (Vol. XV N.º 48), p. 216.

[93] Annuncio de Leilão (1869.12.1), Boletim da Provincia de Macau e Timor, 1869 – 12 – 06 (Vol. XV N.º 49), p. 220.

[94] Annuncio Citatorio de Preferencia (1869.12.23), Boletim da Provincia de Macau e Timor, 1869 – 12 – 27 (Vol. XV N.º 52), p. 232.

[95] Annuncio Citatorio (1869.1.14), Boletim da Provincia de Macau e Timor, 1869 – 02 – 01 (Vol. XV N.º 5), p. 28.

[96] Annuncio Citatorio (1869.3.5), Boletim da Provincia de Macau e Timor, 1869 – 03 – 08 (Vol. XV N.º 10), p. 60.

[97] Annuncio de Leilão (1869.11.24), Boletim da Provincia de Macau e Timor, 1869 – 11 – 29 (Vol. XV N.º 48), p. 216.

[98] Annuncio de Leilão (1869.1.23), Boletim da Provincia de Macau e Timor, 1869 – 01 – 25 (Vol. XV N.º 4), p. 20.

[99] Annuncio de Leilão (1869.1.25), Boletim da Provincia de Macau e Timor, 1869 – 01 – 25 (Vol. XV N.º 4), p. 20.

[100] Annuncio (1869.2.6), Boletim da Provincia de Macau e Timor, 1869 – 02 – 08 (Vol. XV N.º 6), p. 32.

(作者单位：广东工业大学)

·法律人的成长·

《法律大辞典》编纂所见20世纪30年代前期法律界的交往

陈 颐

摘 要 汪翰章主编的《法律大辞典》是清末民国法律辞书的巅峰之作，围绕着该书的编纂出版，形成了一个规模庞大、名流会聚的编纂校订群体。考察这一编纂群体，可以发现20世纪30年代前期法律界的主要交往方式和途径有三：一为古老而传统的同乡关系（如福建闽侯、江苏武进等），二为代表传统与现代过渡的同僚关系（大学法律系、司法行政部等），三为非常现代的社会活动与社会组织（如上海律师公会等）。此外，这一时期上海法律界的繁荣，与北京法律家群体南下上海不无关联。

关键词 《法律大辞典》 汪翰章 董康

大型法律辞书出版向来是浩大工程，围绕民间大型法律辞书的编纂出版，有望具体而微地观察法学群体的交往方式和途径。1934年大东书局出版的《法律大辞典》规模宏大，全文计2359页，32开精装，收录术语总计7752条，130余万言,[①] 是清末民国法律辞书的巅峰之作。[②] 参与编纂的人数众多，仅该书版权页列名者，计主编1人，编纂者5人，校阅者12人，该书"编辑大意"中列名协助编校者9人，去除重复列名1人，参与编纂事务者总计26人；其中不乏董康、刘志敷、罗文干、戴修瓒、郑天锡、陈瑾昆、翁敬棠、何世桢等法界名流，既涵盖法学教授、司法高官、著名律

---

① 汪翰章主编《法律大辞典》，大东书局，1934；汪翰章主编《法律大辞典》，陈颐勘校，上海人民出版社，2014。
② 综观清末民国法律辞书，就篇幅、收录辞条数目、编纂体例、术语释义等方面，汪翰章主编的《法律大辞典》与郑竞毅、彭时编的《法律大辞书》（商务印书馆，1936）可谓"双璧"。

师群体,也兼括了南北新旧的法界势力。① 因此,以《法律大辞典》编纂群体为个案考察1930年前后法律界的交往方式和途径,不无意义。下文仅就《法律大辞典》的编纂者、校订(阅)者、协助编校者、出版者展开叙述。

一 《法律大辞典》的编纂者

据《法律大辞典》主编者汪翰章执笔的"编辑大意",该书由陈沂、林超创稿于1929年春,1930年冬完成草稿。1931年春,林众可加入全稿修正工作,并约由大东书局出版。1931年春夏间,大东书局聘请汪翰章、董康、刘志敫三人整理全稿,逐条校订,并增益多条。从该书"编辑大意"及各序言注明的时间来看,该书全稿完竟当在1933年4月底。②

故此,我们有理由推断,对《法律大辞典》之编纂贡献最大者,非陈沂、林超二人莫属。遗憾的是,我们对陈沂、林超两位先辈几无所知。据1935年4月上海市通志馆出版的《上海市年鉴》,"陈沂,字尘奇,福建闽侯人,上海律师公会会员"。③ 而对林超为何许人,则一无所知,④ 令人遗憾。

第三位加入该书编纂、承担初稿修正任务者为林众可。林众可的生平信息散见多处,但均不完整。其早年信息可从《申报》一则名为《林众可鬻书》的广告软文中略知一二。该文称:"书家林众可,为闽侯世族,与黄花岗烈士林觉民、林尹民为兄弟行。才华彪炳,学识闳通,其书法尤臻绝技。体宗汉魏、篆隶俱工。曩岁游燕京,致力于新闻事业,曾创《京国日报》,宣传党义,嗣为当道所忌,改适鄂渚,作笔墨生涯。近因事来沪,以

---

① 此外,为《法律大辞典》题词的名流共计16位:林森、孙科、于右任、居正、覃振、蔡元培、王世杰、罗文干、石志泉、郑天锡、张耀曾、何世桢、吴经熊、翁敬棠、叶楚伧、谢瀛洲。参见汪翰章主编《法律大辞典》。
② 参见汪翰章主编《法律大辞典》,"编辑大意"及各序言。
③ 上海市年鉴委员会编《上海市年鉴(1935年)》,上海市通志馆,1935,第X65页。《法律大辞典》版权页注明陈沂(若松)、林超(尘奇)当是错了。参见汪翰章主编《法律大辞典》,版权页。
④ 查询各种文献,有可能归入该书编者林超名下的信息有以下几条:其一,据《司法公报》,司法行政部1931年1月12日部令有"派林超试署福建龙溪地方法院推事"的记载;其二,《福建学院月刊》曾发表作者署名为林超的论文两篇,分别为《三宥的考究》(第1卷第6期,1934年)、《从代当论及民法上之变质》(第1卷第8—9期,1935年)。考虑到该书另一创稿者陈沂与1931年春加入修正该书初稿的林众可均为福建闽侯人氏,则该林超极有可能为该书编者林超。

文字自娱，踵门求书者户限为穿。"① 20 世纪 30 年代其主要活动可知者如下：先后出任持志学院教授（1933 年 4 月 25 日）、江南学院教务长（1933 年 8 月 19 日）、浦东中学校长（1933 年 11 月 30 日）；出版《爱的人生观》（上海华通书局，1930）、《色的社会问题》（上海华通书局，1930）、《地方自治概论》（上海商务印书馆，1931）、《行政法总论》（法学书局，1934，与李用中合著）、《劳动法总论》（译著，日人孙田秀春著，与盛沛东合译，上海华通书局，1930）等著译；1933 年 8 月与丘汉平等创办《大学杂志》（月刊，大东书局发行）。林众可为 30 年代初上海文化界之活跃分子，1931 年 12 月与王造时等筹建各大学教职员联合会，任筹委会委员，1933 年 7 月 23 日与孟寿椿等当选联合会常务委员，汪翰章亦任联合会委员；1933 年 1 月 17 日参加民权保障同盟上海分会成立大会，为民权保障同盟创始成员，并当选为民权保障同盟调查委员；1933 年 6 月 19 日与余祥森等创立现代学术研究会，任研究会干事（孟寿椿、余祥森同为研究会干事，丘汉平等为候补干事）；1934 年柳亚子做《南社点将录》，林众可亦列名其中，排南社 109 将之第 71 位，号"地满星玉幡竿"。此外，在各种近代名人日记、年谱（涉及 20 年代末 30 年代初史事）中，常常可以见到林众可的名字。②

目前并不清楚林众可在该书编纂中具体的工作情形，如林众可的工作持续至该书全稿完竟还是仅仅持续到汪翰章、董康、刘志敭三人于 1931 年春夏间接手。从其相关著作、论文、文章以及参加社会活动的时间来看，或许林众可只是作为同乡先进名流被陈沂（或许还有林超）拉到该书编纂工作中。考虑到为该书作序的孟寿椿自大东书局创立时即担任大东书局编译长，③ 与林众可多有交集，④ 不排除正是林众可将该书稿介绍给孟寿椿交

---

① 《林众可鬻书》，《申报》1928 年 5 月 30 日，本埠增刊第 2 版。
② 笔者未能找到林众可生卒年月的材料，其晚景亦不清楚。《上海市年鉴》（1935）所载《名人录》仅注明林众可为中国经济信用合作社监事。另据福州十邑旅港同乡会网站，林众可曾于 1941 年 6 月出任旅港闽侨福州同乡会主任委员，但因该年 12 月 24 日日军入侵，香港沦陷，同乡会会务停顿（是否系同一人犹有疑问，姑且备一线索）。参见《福州十邑旅港同乡会有限公司历史（1937—2003）》，香港福州十邑同乡会网站，http://www.oocities.org/hk/fuzhou88hk/A/A.htm，2014 年 3 月 12 日。
③ 上海通志编纂委员会编《上海通志》第 9 册，上海社会科学院出版社，2005，第 5956 页。
④ 二人 1928 年 6 月均在李宗仁主持的武汉政治分会秘书处任股长，30 年代初均任持志学院教授，均为各大学教职员联合会的活跃分子。参见《申报》1928 年 6 月 17 日第 10 版，1935 年 1 月 5 日第 20 版、4 月 23 日第 13 版、5 月 27 日第 12 版、12 月 23 日第 12 版。

由大东书局出版。这也与该书"编辑大意"所称"林众可先生，即于是时加入工作，并约由大东书局付梓"大体相符。

第四、第五、第六位加入该书工作的是汪翰章、董康、刘志敩三人。

署名主编者汪翰章（1897/1898—1947），别号馨香，湖北鄂城人。毕业于国立北京法政大学。曾任暨南大学法律系教授（1928年秋）、持志学院法律系教授。七七事变后投敌，历任汪伪国民党中央候补监察委员，"七十六号"特工总部军法处处长和审讯室主任，汪伪司法行政部政务次长（1940年3月31日）兼司法训练所所长，全国经济委员会委员（1941年8月19日），社会行动指导委员会委员（1942年4月9日），国民政府政务参赞，安徽省政府经济局局长（1944年1月18日），社会福利部政务次长（1945年6月7日）。1946年9月因汉奸罪在南京被捕。① 后以汉奸罪判处徒刑12年，1947年1月24日病死狱中。②

汪翰章的生平履历中，在汪伪政权屡任要职无疑是最重要的部分。回想孟寿椿为该书所作序言称，"畏友汪翰章先生，讲学十年，名满法界，痛倭寇之为患，恨国是之日非，爰以两年之心力，主编《法律大辞典》"，真真是莫大的讽刺和笑话了。如果细究上述有限的履历材料，汪翰章在汪伪政权获取要职的关键一步无疑是"屈尊"就任（如果恶意揣度，或许也可称"经营获任"）"七十六号"特工总部军法处长和审讯室主任，一"名满法界"的法科教授就任这样的职务，且实际到任履职，并乐此不疲，③ 让人感慨万千。

汪翰章接任《法律大辞典》主编一职，恐怕是职务行为。从现有的材

---

① 参见张宪文、方庆秋、黄美真主编《中华民国史大辞典》，江苏古籍出版社，2001，第999页；周家珍编著《20世纪中华人物名字号辞典》，法律出版社，2000，第773页；刘寿林、万仁元、王玉文、孔庆泰编《民国职官年表》，中华书局，1995。
② 《汪翰章病死狱中》，《申报》1947年1月25日，第2版。
③ 笔者能找到的稍微翔实一些的有关汪翰章的材料如下："汪翰章系'七十六号''开国元勋''七君子'（余为丁默村、李士群、唐惠民、彭年、奚则文、茅子明）。汪翰章在战前曾经做过律师，做过大学教授，也曾在司法机关里做过事情，在司法界中人头相当的兜得转。……汪翰章在七君子中可以说别树一帜，他搜罗的部下，都是些比较有学识之士，所以后来汪翰章竟成为丁默村手下的'政学系'。他尤擅星相之术，且颇灵验，据说汪精卫在未死之前一个月，他曾推算其命，说一个月内必死，后来竟成事实，人多奇异。……胜利后锒铛入狱，烟瘾大发，业已痩毙狱中了。"贺圣遂、陈麦青编选《抗战实录之三：汉奸丑史》，复旦大学出版社，1999，第123—124页（材料选自MP《七十六号本纪》，上海青年文化出版社，1948）。

料看，《法律大辞典》的出版者大东书局于 1931 年创办法律函授学社，汪翰章任社长。① 从其履历中可以看出，汪翰章曾任大东书局法制部编辑主任兼法律函授学社社长。由此可以判断，汪翰章就任大东书局法制部编辑主任与大东书局创办法律函授学社并聘请汪任社长应在同一时间。考虑到孟寿椿在大东书局的影响，或许可以推测正是孟寿椿将《法律大辞典》修订出版事宜转托汪翰章。

董康的加入应该与法律函授学社有关。1931 年成立的大东书局法律函授学社社长为汪翰章，董康则是教务主任。② 应该说董康的加入同样是职务行为。

董康（1867—1947），江苏武进人，原名寿金，字授经（一作绶经、绶金），号诵芬室主人，是中国近代法律史上的重要人物，在法律界资格老，名声大，位高权重，可谓显赫一时。③ 董康曾于 1923 年秋至 1933 年冬定居上海。从相关材料看，董康在沪期间的主要工作为法律教育及律师事务。1924 年董康移居上海未久即受聘为东吴大学法学院教授。1925 年，王开疆在法国租界发起创办上海法科大学，专门培养训练法官，董康与章太炎同

---

① 参见王余光、吴永贵《中国出版通史·民国卷》，中国书籍出版社，2008，第 36 页。
② 王余光、吴永贵：《中国出版通史·民国卷》，第 36 页。1932 年大东书局增资扩股时，董康成为大东书局董事。参见张煜明编著《中国出版史》，武汉出版社，1994，第 319 页。
③ 1889 年中进士，随即就职刑部，先后任刑部主事、郎中。戊戌变法后，转任刑部提牢厅主事，总办秋审，兼陕西司主稿。清末修律时期，董康是沈家本的得力干将，先后任修订法律馆提调兼京师法律学堂教务提调、宪政编查馆科员、大理院刑庭推事、大理院推丞等职，参与《大清律例》的修改，参与清末几乎所有主要法典的编纂修订，《钦定宪法大纲》也出于董康之手。1914 年后，董康先后三任北京国民政府大理院院长，相继出任宪法编查会副会长、中央文官高等惩戒委员会委员长、法典编纂会副会长、拿捕审检所所长、全国选举资格审查会会长、修订法律馆总裁、司法总长、司法高等惩戒委员会会长、法制审议委员会副会长、上海会审公堂回收筹备委员会会长等多种立法、司法方面的重要职务。在此期间，他在 1914 年与章宗祥在《大清新刑律》的基础上合纂《暂行新刑律》，1915 年受命完成《刑法第一修正案》的编纂，1918 年与王宠惠等联合编纂《刑法第二修正案》。1924 年离开北京，告别官场，移居上海。1933 年底重返北平，任北京大学法科及国学研究所教授。1937 年抗日战争全面爆发，日军侵占华北，出任伪国民政府议政委员会常务委员、伪司法委员会委员长、伪最高法院院长等职；出任伪国民政府委员、伪华北政务委员会委员。1945 年以汉奸罪被提起公诉，1947 年因年老多病，保外就医，病死于苏州医院。参见宗清元《董康》，李新等主编《中华民国史·人物传》第 2 卷，中华书局，2011，第 630—636 页；高积顺：《董康（1867—1947 年）》，周永坤主编《东吴法学》（2008 年秋季卷），中国法制出版社，2009；何勤华：《中国法学史》第 3 卷，法律出版社，2006，第 629—631 页。

时被推任为校长。1926 年 12 月因遭孙传芳政府通缉再次东渡日本,1927 年 5 月回国,继任上海法科大学校长。数月后辞职,执行律师业务,兼东吴大学法学院院长。1931 年罗文干任司法部长期间,先后被聘任为第二届、第三届司法行政部法官训练所教务主任、所长。此外,董康在沪执行律师业务期间曾先后义务充当陈独秀的辩护人,充当贺龙家属案、邓中夏案的辩护人。①

从履历来看,董康自然是校订《法律大辞典》再合适不过的人选,而且从其定居上海期间的主要活动来看,董康应该也有时间和精力从事这一校订工作。《法律大辞典》中某些过于古朴的条目,或许就是董康增补的(该书的"编辑大意"提及汪翰章、董康、刘志敭曾"增益多条")。

该书编纂者中最后一位为刘志敭。刘志敭(1886—1951),字抱愿,江苏武进人。日本东京帝国大学法科毕业,历任北京法政专校教务主任,京师高等审判厅推事,大理院推事,南京国民政府最高法院首席推事,成都大学法学院、清华大学等校教授,司法行政部法官训练所主任。1935 年起任北京大学法学院法律系教授。1937 年后,先后任伪临时政府司法委员会特约员、新民学院教授、伪临时政府司法部法官养成所讲师等职。1944 年后曾任朝阳大学教授。后任北京大学法律系主任,1951 年调离工作岗位,同年因发心脏病去世。主要著述有《民法物权》(上)(大东书局,1936)、《论适用消灭时效之权利》(《法律评论》第 7 卷第 26 期,1930 年)、《论权利之滥用》(《法律评论》第 7 卷第 36 期,1930 年)等。②

刘志敭与董康为同乡,刘志敭任职北京国民政府各司法职务时期均为董康领导北京国民政府司法事务时期;1932 年 11 月 19 日,董康被任命为南京国民政府司法行政部法官训练所所长,同日,刘志敭获任南京国民政府司法行政部法官训练所教务主任;1937 年 6 月《国立北京大学研究院招考章程》中列明的中国法律史专业导师为董康、刘志敭、李祖荫三人;③1937 年董康出任伪临时政府司法委员会委员长时,刘志敭获任伪临时政府司法委员会委员。由此可见董康与刘志敭关系之密切,因此大体可以推断

---

① 参见宗清元《董康》,李新等主编《中华民国史·人物传》第 2 卷,第 633—635 页;高积顺:《董康(1867—1947 年)》,周永坤主编《东吴法学》(2008 年秋季卷),第 324 页。
② 参见俞江《近代中国的法律与学术》,北京大学出版社,2008,第 364 页。刘志敭晚年情况介绍出自何勤华《新中国法学发展规律考》,《中国法学》2013 年第 3 期。
③ 李贵连、孙家红、李启成、俞江编《百年法学——北京大学法学院院史(1904—2004)》,北京大学出版社,2004,第 131 页。

刘志敫加入《法律大辞典》的校订工作，应出自董康的邀约。同时，从三人的具体情形来看，①刘志敫应该承担了《法律大辞典》全稿整理与校订的主要工作。

二 《法律大辞典》的校订（阅）者

《法律大辞典》列明的校订者共有12人，分别为罗文干、戴修瓒、郑天锡、葛达曼利、张映南、张志让、陈瑾昆、翁敬棠、何世桢、王景岐、王亚徽、石颎。② 其中绝大部分为当世名流。现简要就《法律大辞典》初稿完成至出版（1930—1934年）前后各校订（阅）者的履历及主要活动略加说明。

罗文干③于1928年1月13日任广东高等法院院长；1929年1月12日任东北政务委员会委员；1931年11月1日任接受东北各地事宜委员会委员；1931年12月25日任北平政务委员会委员；1931年12月30日特任司法行政部部长（1934年10月20日辞任），其间于1932年1月29日特任外交部部长（1933年8月17日离任）；1932年9月10日特任考试院法官初试典试委员会委员长；④ 1933年8月奉命去新疆调解马仲英与盛世才之争，失

---

① 1929年9月至1937年，刘志敫的主要工作为在北京大学法律系任教。参见李贵连、孙家红、李启成、俞江编《百年法学——北京大学法学院院史（1904—2004）》，第112—131页。

② 《法律大辞典》所载"《法律大辞典》校订者"页以繁体多寡排序列明10人；版权页列明"校阅者"12人，新增者为葛达曼利与王亚徽。参见汪翰章主编《法律大辞典》。

③ 罗文干（1888—1941），字钧任，广东番禺人。1904年留学英国，入牛津大学学习法律。1909年回国，任广东审判厅厅长。1912年中华民国成立，任广东都督府司法局局长，后任广东高等检察厅厅长。1913年任北京政府总检察厅检察长。1915年因参劾筹安会受袁世凯冷遇，南下广东运动广东督军龙济光倒袁。1918年任修订法律馆副总裁。1919年赴欧考察司法，回国后任北京大学教授。1921年任中国出席华盛顿会议代表顾问，12月任梁士诒内阁司法次长。1922年任大理院院长、代理司法总长、盐务署长兼币制局总裁、王宠惠内阁财政总长。因众议院议长吴景濂指责签订《奥国借款展期合同》中有受贿情事，由总统黎元洪下手谕拘捕。次年因证据不足而获释放。1924年任俄国退还庚款委员会中方委员。1927年任顾维钧内阁司法总长。1938年任国防参议会参议员、第一届国民参政会参政员；同年任西南联合大学教授，讲授罗马法、中国法制史课程。1941年3月，连任第二届国民参政会参政员；同年10月病逝于广东乐昌县。参见刘继增、张葆华主编《中国国民党名人录》，湖北人民出版社，1991，第265页。

④ 参见刘国铭主编《中华民国国民政府军政职官人物志》，春秋出版社，1989；刘寿林、万仁元、王玉文、孔庆泰编《民国职官年表》。

败后辞去公职。

戴修瓒①自 1931 年起任教北京大学法律系,后长期担任北京大学法律系主任兼教授,讲授债编总论、法院组织法、票据法、保险法、海商法等课程。②

郑天锡③于 1928 年辞职到上海执行律师业务,兼东吴大学法学院教授。1932 年 1 月 6 日任国民政府司法行政部常任次长,1932 年 7 月 12 日升任司法行政部政务次长,1934 年 10 月 20 日辞任。1932 年 9 月 10 日任考试院法官初试典试委员会委员。④

---

① 戴修瓒(1887—1957),字君亮,湖南常德人。1904 年留学日本,就读日本中央大学法律系。回国后历任北京法政大学法律系主任兼教务长、京师检察厅检察长、河南省司法厅厅长、最高法院检察长、上海法学院法律系主任、北平大学法商学院名誉教授、北京大学法律系教授兼系主任。1927 年任武汉国民政府最高法院庭长兼裁制所庭长,1928 年任最高法院首席检察官。后入日本早稻田大学研究院,继续研究法律。回国后任上海法学院、北京大学、清华大学、朝阳大学等校法律教授。抗日战争期间任重庆中央大学。1949 年后任北京大学教授、中央人民政府法制委员会委员、国务院参事、中国国际贸易促进委员会对外贸易仲裁委员会副主席、九三学社中央委员等职,1957 年在北京去世。主要著作有《民法债编总论》《民法债编各论》《票据法》《刑事诉讼法释义》等,均由上海会文堂新记书局出版。参见何勤华《中国法学史》第 3 卷,第 658—660 页;湖南省地方志编纂委员会编《湖南省志·人物志》下册,湖南出版社,1995,第 197 页。

② 李贵连、孙家红、李启成、俞江编《百年法学——北京大学法学院院史(1904—2004)》,第 112—121 页。

③ 郑天锡(1884—1970),字茀庭,广东中山人。1907 年赴英国留学,入伦敦大学法律系。1912 年毕业后执行律师业务。1916 年回国在香港执业。后任北京政府司法部法律翻译监督,法律编纂委员会委员、主任兼司法考试委员。1919 年任大理院推事。1922 年起任中国出席关税特别会议专门委员、法权调查委员会准备处处长、国际法权委员会代表、国务院商标局法律顾问。其间兼任北京大学、朝阳大学、法政大学等校教授。1932 年起先后任国民政府司法行政部常任次长、政务次长。1935 年任外交部顾问。1936 年 10 月当选为国际联盟国际法庭(海牙)法官。1945 年后被选为国际联盟清理委员会委员。1946 年 8 月任驻英国大使。1950 年去职后居英国。1970 年 1 月 30 日在伦敦病逝。著有《中国文化与艺术》《食论》《八十感言》《孔子模型的中国》《东方与西方》《国际私法中关于确定契约能力的法规》等,译有《民法初稿》《最高法院的判决》《捕获审判所规则与审判》等。参见刘国铭主编《中国国民党百年人物全书》下册,团结出版社,2005,第 1440 页;王伟《中国近代留洋法学博士考(1905—1950)》,上海人民出版社,2011,第 167—168 页。

④ 参见王伟《中国近代留洋法学博士考(1905—1950)》,第 167—168 页;刘国铭主编《中华民国国民政府军政职官人物志》;刘寿林、万仁元、王玉文、孔庆泰编《民国职官年表》。

张映南①于 1930 年 10 月中原大战冯、阎战败后，留北平任教于北京大学、清华大学、朝阳大学，讲授《土地法》《行政法》《民事诉讼法》等课程。1936 年陈济棠、李宗仁、白崇禧发起"六一运动"，以"逼蒋抗日"的名义邀全国各方人士赴南宁议事，张映南应邀南下广西。② 其间于 1933 年在大东书局出版《法学通论》一书。

张志让③于 1927 年冬移居上海，执行律师业务，直至 1937 年离沪。这期间，头几年在东吴大学法学院、暨南大学法学院兼课；1932 年春起受聘复旦大学法学院教授，先后兼任法律系主任、法学院院长，并兼任上海大中中学校长；④ 1933 年 4 月被选举为上海律师公会候补监察委员。

---

① 张映南（1892—1959），亦名光煐，字映南，湖北江陵人。1908 年于武昌参加日知会。辛亥起义后入河南公立法政专门学校，1915 年毕业。次年，赴日本留学，先后在东京法政大学、早稻田大学政法系习法律。毕业归国后在北京法政专门学校任教，同时执行律师业务。不久受聘民国大学法律系教授、系主任。1926 年北伐军攻占武汉后，返回湖北任汉口特别市法院推事兼国民党汉口市党务训练所指导主任。1928 年任武汉大学教授，同年至上海，任教于上海法学院、中国公学等校。1930 年 10 月留北平任教。1936 年南下广西，执教广西省立师范学校。后长期任广西大学法律系教授，兼任系主任以及广西法商学院总务长、院长。1950 年前后调武汉大学任教授，旋又调全国人民代表大会常务委员会法律室工作，并任全国人大法制委员会委员。1959 年病逝于北京。参见湖北省地方志编纂委员会《湖北省志·人物志稿》，第 836—837 页。

② 参见湖北省地方志编纂委员会《湖北省志·人物志稿》，光明日报出版社，1989，第 836—837 页。

③ 张志让（1894—1978），字季龙，江苏武进人。早年留学美国加利福尼亚大学、哥伦比亚大学和德国柏林大学学习法律。1921 年回国后历任北京国民政府司法部参事、大理院推事，并在北京大学、北京法政学校兼课。1926 年从北京到武汉，任国民政府最高法院民事审判员。1936 年担任"七君子"案首席辩护律师。1949 年 7 月至 1952 年 9 月任复旦大学校务委员会主任。全国政协第一届全体会议代表，第一、二、三、四届全国人民代表大会代表。历任中国人民政治协商会议第五届全国委员会常务委员，第二、三届全国人民代表大会法案委员会委员，政务院政治法律委员会委员、法制委员会委员，最高人民法院副院长，中国政治法律学会副会长等职。参见张志让《一份没有交出的入党申请——张志让自传》，《复旦学报》（社会科学版）1981 年第 4 期；张志让：《张志让自传》，《文史资料选辑》第 85 辑，文史资料出版社，1983，第 94—119 页；张志让：《我为党的事业竭尽自己的一切力量》，陈夏红编《法意阑珊处：20 世纪中国法律人自述》，清华大学出版社，2009，第 160—182 页；任建新《新中国第一代大法官——纪念张志让先生百年诞辰》，《政法工作五十年：任建新文选》，人民法院出版社，2005，第 573 页；汪仁泽：《张志让》，李新等主编《中华民国史·人物传》第 8 卷，第 5139—5143 页。

④ 参见汪仁泽《张志让》，李新等主编《中华民国史·人物传》第 8 卷，第 5140 页。

《法律大辞典》编纂所见 20 世纪 30 年代前期法律界的交往

陈瑾昆①这一期间的主要活动仍在北京，如 1929 年 9 月、1931 年 9 月以及 1934 年的北京大学法律系课程大纲，陈瑾昆皆列名其中，主讲民事诉讼法、刑事诉讼法。② 1933 年 2 月 10 日—1934 年 1 月 23 日，陈瑾昆曾担任南京国民政府司法行政部民事司司长。在此前后，先后出版了《民法通义总则》（北平朝阳大学，1930）、《民法通义债编》（北平朝阳大学，1930、1931）、《刑事诉讼实务》（与李良合著，北平朝阳大学，1930）、《刑事诉讼法通义》（北平朝阳大学，1931）、《刑法总则讲义》（北平好望书店，1934）等著作。

翁敬棠③自 1927 年 4 月 1 日与戴修瓒同时试署最高法院庭长后，长期担任最高法院庭长（1927 年 12 月 2 日署最高法院庭长、1932 年 5 月 28 日续任最高法院庭长）直至 1947 年 7 月 4 日就任中央公务员惩戒委员会委员长。其间他于 1929 年署湖北高等法院院长一个多月（3 月 11 日至 4 月 15 日），1932 年 4 月 6 日起兼任公务员惩戒委员会委员，1933 年 8 月 28 日被聘为司法行政部法官训练所教员，1937 年底奉命筹组最高法院上海特区分庭并任

---

① 陈瑾昆（1887—1959），湖南常德人。1908—1917 年留学日本，获日本东京帝国大学法学学士学位。归国后先后任北京国民政府奉天省高等审判所推事和庭长、修订法律馆纂修（1918 年）、司法部参事、大理院推事（1919 年），继任最高法院庭长。1933 年任南京国民政府司法行政部民事司司长。1919—1938 年专任或兼任北京大学讲师、北平大学法学院教授、朝阳大学教授。1946 年携全家赴延安，同年加入中国共产党。曾任中共中央法律委员会委员，参加制订《中国土地法大纲》。1948 年任华北人民政府委员、华北人民法院院长。1949 年出席中国人民政治协商会议第一届全体会议，参与制订《共同纲领》。先后任第一、二、三届政协全国委员会委员，中央法制委员会副主任委员，中国政治法律学会理事会理事，最高人民法院委员、顾问等职。曾参加 1950 年《中华人民共和国婚姻法》和 1954 年《中华人民共和国宪法》的制订工作。参见陈瑾昆《余为何参加中共工作》，东北书店，1946；欧阳雪梅：《陈瑾昆》，中共党史人物研究会编《中共党史人物传》第 82 卷，中央文献出版社，2002，第 178—218 页；何勤华：《中国法学史》第 3 卷，第 657—658 页。
② 参见李贵连、孙家红、李启成、俞江编《百年法学——北京大学法学院院史（1904—2004）》，第 112—119 页。
③ 翁敬棠（1884—1956），字剑洲，福建闽侯人。清末举人，后留学日本，入日本法政大学法律系学习，1909 年学成回国考取法政举人。历任学部主事，福建提法司刑法科科长，京师地方检察厅检察官，天津地方审判厅厅长，总检察厅首席检察官，国民党武汉政治分会秘书长，南京国民政府最高法院庭长，上海特区分庭庭长，公务员惩戒委员会委员、委员长，司法院大法官（未就任）。1949 年后任福州市人民委员会委员、福建省文史馆副馆长。翁敬棠在仕宦生涯之余，历兼福建、北京法政专校以及朝阳大学、中国大学、天津法商学院、司法官训练所暨福建学院教授，垂 30 年。参见翁景机《回忆先兄翁敬棠》，《福建文史资料》第 21 辑《法曹内外》，1989，第 176—183 页；刘德城、周羡颖主编《福建名人词典》，福建人民出版社，1995，第 249 页；福州市地方志编纂委员会编《福州市志》第 8 册，方志出版社，2000，"翁敬棠"条。

庭长。①

  何世桢②除了于 1928 年 7 月至 1929 年 11 月担任上海公共租界临时法院院长外，其大部分精力似乎都放在了持志学院上。③ 持志学院系何世桢、何世枚兄弟在其祖父何汝持资助下于 1924 年底创办，何世桢自任校长。1930 年，何世桢率持志学院全校师生成功地抵抗了国民政府教育部与上海特别市党部的接管企图。1939 年 9 月，汪伪特工总部唆使暴徒捣毁了持志大学，何世桢毅然宣布停办持志大学及附中，以维护师生安全。④ 其间，何世桢发表了《近世法律哲学之派别和趋势》(《东方杂志》第 26 卷第 1 号，1929 年)、《英国的远东政策》(《三民主义月刊》第 1 卷第 3 期，1933 年) 等论文。

  王景岐⑤于 1930 年 12 月就任国立劳动大学校长，1932 年 7 月国立劳动大学停办。其间，他还兼任国民政府外交部顾问、国联会议会员、中华

---

① 参见刘国铭主编《中华民国国民政府军政职官人物志》。
② 何世桢 (1895—1972)，号干臣，字毅之、思毅，安徽望江人。1921 年毕业于东吴大学法学院 (第四届)，留学美国密歇根大学，获法学博士学位。回国后任东吴大学教授。1927 年起任安徽省政府委员兼教育厅厅长，1928 年起任上海公共租界临时法院院长。1931 年被选为中国国民党第四届候补中央执行委员兼中央民众运动指导委员会委员。1932 年任国民政府司法行政部政务次长 (未到任)。1935 年被聘为国民党第五届中央监察委员会候补委员。1939 年 8 月当选汪伪中国国民党中央委员会委员，9 月 5 日又被选为汪伪中国国民党中央常务委员会常务委员，后被聘为汪伪国务院参事，皆未就任。1948 年当选第一届"国民大会"安徽省代表。1949 年后定居上海，"文化大革命"中遭受迫害，1968 年被逮捕，1972 年病重于狱中，10 月 13 日保释回家，17 日逝世。参见刘国铭主编《中国国民党百年人物全书》上册，第 1101 页；安徽省地方志编纂委员会编《安徽省志·人物志》，方志出版社，1999，第 155—156 页。
③ 需要说明的是，何世桢是国民党"西山会议派"的主要成员，与胡汉民关系密切。胡汉民曾任持志学院名誉校董。1931 年 12 月，何世桢与陈群等人迎胡汉民来沪，随护左右。1932 年孙科内阁倒台，胡汉民常至沪与何世桢、陈群等会议倒蒋。参见华东七省市政协文史工作协作会议编《汪伪群奸祸国纪实》，中国文史出版社，1993，第 167 页。
④ 参见安徽省地方志编纂委员会编《安徽省志·人物志》，第 155—156 页。
⑤ 王景岐 (1882—1941)，字石荪，号流星，福建闽侯人。法国巴黎政治大学、英国牛津大学毕业。曾任北京政府外交部参事、驻意大利大使馆二等秘书、驻比利时全权公使。国联第七、八、九届大会全权代表。1929 年 12 月任国立劳动大学校长、国民政府外交部顾问。后历任中华国民拒毒会主席、外交部条约委员会副委员长。1932 年 1 月任国联会议会员。1936 年 5 月—1938 年 10 月任驻瑞典兼驻挪威全权公使。1938 年 10 月改任驻波兰全权公使。德军入侵波兰后，撤退至比利时布鲁塞尔候命。1940 年 5 月，避居法国圣吕丝小城，10 月移居瑞士日内瓦。1941 年 8 月 25 日在日内瓦病逝。著有《流星集》《椒园诗稿》《波德战争日记》。参见刘绍唐主编《民国人物小传》第 7 册，台北，传记文学出版社，1985，第 9—10 页；张宪文、方庆秋、黄美真主编《中华民国史大辞典》，江苏古籍出版社，2001。

《法律大辞典》编纂所见 20 世纪 30 年代前期法律界的交往

国民拒毒会主席。后出任外交部条约委员会副委员长。30 年代初发表《列强对华之连环政策》（《社会科学杂志》第 2 卷第 1 期 1930 年）、《中日战争本末》（《国立劳动大学劳动周刊》第 1 卷第 19 期，1932 年）、《将来新宪法中三个主要问题》（《复兴月刊》第 1 卷第 7 期，1933 年）等论文多篇。

王亚徵[①]系王景岐之女公子，1932 年从比利时布鲁塞尔大学毕业，获法学博士学位。[②] 在上海震旦大学、复旦大学教授法语。其间因乃父的关系，关注禁烟事业。[③]

石颖[④]于 1927 年转任国立暨南大学法律系教授、系主任，后兼任法学

---

① 王亚徵，生卒年月不详，福建闽侯人。曾任上海震旦大学、复旦大学教授，上海禁烟会鸦片问题周刊（应为《拒毒》月刊）总编辑。后任教于香港崇基书院、新亚书院、香港中文大学新亚书院法国语文系，兼系主任、女生导师，大学妇女香港协会副会长，爱丁堡公爵奖励女子部委员。著有《中国与鸦片问题》（法文）等。参见刘德城等编《寓台港福建人名录》，福建省图书馆，1986，第 235 页。另，王景岐长子王遂徵，1934 年毕业于布鲁塞尔大学，获法学博士学位，长期在上海执行律师业务，并兼任东吴大学法学院教授，讲授罗马法、国际法、劳工法、法文；次子王季徵（1914—1987），1936 年毕业于布鲁塞尔大学，获政治学博士学位，回国后长期在南京国民政府外交系统任职。参见王伟《中国近代留洋法学博士考（1905—1950）》，第 311、313 页。

② 参见王伟《中国近代留洋法学博士考（1905—1950）》，第 464 页。另相关材料显示，名王长宝者极有可能就是王亚徵。1934 年 3 月 1 日出版的《复兴月刊》第 2 卷第 7 期载有王长宝《法兰西国难中之智叶事迹》一文，文前编者按有"王石苏先生长女公子新自比利时大学毕业回国"等语；《申报》1934 年 1 月 9 日第 13 版载"王景岐公子王遂徵学成返国"消息，则王长宝很可能与王遂徵同时回国。另，1938 年王景岐改任波兰全权公使时，王长宝赴波兰随侍双亲，后出版《欧氛随侍记》（1948 年著者自刊）一书。如果王长宝与王亚徵系同一人，则《法律大辞典》原书版权页临时增加王亚徵为校阅者在时间上也就说得通了。

③ 王景岐履历中大都列有中华国民拒毒会主席一项头衔，但任职期间不明。《申报》查询显示，王景岐至少在 1930 年就已担任中华国民拒毒会主席，1936 年 5 月因就任南京国民政府驻瑞典兼挪威全权公使卸任。

④ 石颖（1899—1968），字超庸，以字行，广西藤县人。1923 年东吴大学法学学士（第六届）。以法科第一名的身份考取清华公费留美。1923 年赴美留学，1924 年获密歇根大学法学硕士学位，1925 年获耶鲁大学法学博士学位（J.S.D.）。后入法国巴黎大学研究国际公法。1926 年回国后任东吴大学教授。1927 年转任暨南大学法律系主任，同时在上海执行律师业务。1943 年任南京国民政府监察院监察委员，1944 年任南京国民政府军事委员会汉中行营（李宗仁）顾问。1949 年后去香港，任中国知识分子救助会主任。1954 年任香港崇基学院教授。1957 年去台湾，任东吴大学法学院院长。1968 年任东吴大学校长，同年逝世。著有《平时之公海捕获》（英文）、《中国之领事裁判权》（英文）。参见《东吴大学校长石超庸博士行状》，杜元载主编《革命人物志》第 12 集，台北，中央文物供应社，1973，第 25—26 页；刘绍唐主编《民国人物小传》第 7 册，第 41—43 页；王伟：《中国近代留洋法学博士考（1905—1950）》，第 76 页；广西壮族自治区图书馆编著《广西民国人物》，广西人民出版社，2008，第 36 页。

院院长,前后八年;曾一度兼任法学院院长。任教之余,执行律师业务,"保障人权,平反冤屈,沪江黎庶,称颂至今"。① 任教暨南大学期间,"任事负责,教学认真"。②

《法律大辞典》12 位校订(阅)者中的 11 人在该书编纂出版前后的主要履历与活动能搜集到的情形大致就只有如上一些材料。另有葛达曼利遍寻无着,未知其系何方人氏。

三 《法律大辞典》的协助编校者

另据《法律大辞典》"编辑大意"言,"本书在编稿、整理及校对时期,石颖博士、祝匡明、李毓芬、余祥森、贺卿元、贺圣鼐、张联芳诸先生,暨施方、祝匡正两女士,均尽有相当劳力",上述诸人相比于前述校订(阅)者,也许实际贡献更大,只是名望上要小许多。③ 能找到的生平线索也非常有限。兹略做整理,如下。

祝匡明,江苏松江(现上海市松江区)人,1924 年毕业于东吴大学法学院(第七届),获法学学士学位。长期在上海执行律师业务,是 1941 年成立的上海基督教文化人团体——渔社的主要发起人。1922 年曾在东吴大学《法学季刊》上发表《汽车主人对于御者疏忽行为之责任》一文。

祝匡正(1909—?),江苏松江(现上海市松江区)人,1934 年 6 月毕业于私立持志学院法律系。长期在上海执行律师业务,1937 年 4 月被选举为上海律师公会执行委员,1946 年 4 月被选举为上海律师公会理事。1948 年第一届国民大会律师公会代表(律师公会、青年党候选人)。民盟早期成员。著有《房屋租赁条例详解》(大东书局,1948)。

余祥森(1897—?),字讱生,福建闽侯人。日本上智大学毕业。历任上海学艺大学、法政大学教授,正始中学教务长(教授德文),商务印书馆

---

① 参见《东吴大学校长石超庸博士行状》,杜元载主编《革命人物志》第 12 集,第 25 页。
② 该评语出自中国教育大系编纂出版委员会编《中国教育大系·历代教育名人志》,湖北教育出版社,1994,第 517 页。
③ 以当时的技术论,在书稿印刷出版之前,底稿大多没有复本,有的话,复本数量也非常有限。在 1933 年 4 月底书稿全部完竟至 1934 年 3 月书稿正式出版发行的不足一年的时间中,如果扣除印刷时间,即便不考虑 12 位校订(阅)者的时间、精力,他们能够为该书做的校订(阅)工作也相当有限。

编辑，华通书局总编。① "五四"后曾参加文学研究会，为文学研究会主要成员，并在《小说月报》上发表《整理国故与新文学运动》（第14卷第1期，1923年）。抗战后，曾任汪伪政府教育部司长。著有《现代德国文艺思潮》（上海华通书局，1929）、《德意志文学史》（上海商务印书馆，1933）、《标准汉译外国人名地名表（附英汉对照表）》（何炳松等改编，上海商务印书馆，1934年增订版）等。②

贺卿元（1905—?），江苏金坛人，1931年毕业于上海法学院专门部法律科（第五届）。

贺圣鼐，东吴大学法学院法学学士、法学硕士（1930年）。曾与董康合译《意大利刑法（英日对照）》（《法学杂志》第6卷第6期，1933年；第7卷第4、5、6期，1934年），发表《妇女在唐律上之地位》（《法学季刊》第4期，1930年）。

张联芳（1905—2002），江苏松江（现上海市松江区）人。幼时与史量才是邻居，史赞其敏而勤学，荐于《申报》充誊录核对员，后荐入上海大东书局法律函授深造后助编《法律大辞典》。抗战中于难民医院、红十字会充文书。1949年后任上海铁路局秘书、上海文史馆馆员。工书，尤善小楷，能诗。时人将其与施蛰存、程十发并誉为"松江艺坛三老"。③

另有李毓芬、④ 施方，未知何许人。

四 《法律大辞典》编纂群体简要分析

如果将上述《法律大辞典》的编纂群体串联起来，将是一个很复杂的人物关系图谱，可以借此考察1930年前后的法律群体。

---

① 华通书局系1929年由陈群同余祥森共同创办。陈为总经理，余副之。书局招杜月笙等为股东，自行办理出版。同年，陈群与余祥森、杜月笙创办正始中学，杜月笙为创办人兼董事长，陈群充校长，余祥森为教务长。参见华东七省市政协文史工作协作会议编《汪伪群奸祸国纪实》，第165—166页。
② 参见陈玉堂编著《中国近现代人物名号大辞典》，浙江古籍出版社，1993，第390页。
③ 参见上海楹联学会松江楹联分会编《松江楹联选》，上海社会科学院出版社，2009，第188页。
④ 1928年上海商务印书馆曾出版巴洛兹（E. R. Burroughs）著《兽王豪杰录》（系巴洛兹《野人记》第6册），译者署名李毓芬，未知是否系同一人。

表1 《法律大辞典》编纂群体

	福建闽侯人	江苏武进人	上海律师（公会）	司法行政部	持志学院	暨南大学	东吴大学法学院	北京大学法律系	朝阳大学法律系	留日
陈沂	√		√							
林众可	√				√					
孟寿椿					√					
汪翰章			√		√	√				
董康		√	√	√			√	√	√	√
刘志敭		√		√			√		√	√
罗文干				√			√			
戴修瓒						√		√	√	
郑天锡			√	√			√	√	√	
张映南			√				√		√	
张志让		√	√			√				
陈瑾昆			√					√	√	
翁敬棠	√									√
何世桢					√		√			
王景岐	√									
王亚徵	√									
石颍			√			√				
祝匡明			√				√			
祝匡正			√		√					
余祥森	√									√
贺圣鼎						√				
21	6	3	9	5	5	5	8	7	6	7

从表1中大致可以看出，20世纪30年代法律群体的交往仍然依赖于一些传统因素，如同乡关系（福建闽侯、江苏武进）仍然构成交往的主要因素。《法律大辞典》编纂群体的会集从一开始就带有强烈的福建闽侯同乡的色彩，而在邀约校订者时，余祥森以及王景岐、王亚徵父女的加入显然与闽侯人的色彩分不开。在同僚关系上，暨南大学法律系、持志学院应该是一个重要因素，汪翰章应该是这一群体的纽带；此外，司法行政部、朝阳大学、北京大学法律系同僚、东吴大学法学院师生以及留日群体，很大程度上得益于董康的巨大影响。最后，上海律师界（上海律师公会）也是一个非常重要的纽带，这与上海律师界的传统以及相对密切的组织联系有关。

大体上，《法律大辞典》编纂群体的关键联系大致如下：陈沂（林超？）—林众可（同乡：福建闽侯）；林众可—孟寿椿（同僚、社会活动）；孟寿椿—汪翰章①—董康②（同僚：大东书局）。所涉及的群体大体有三个，一个是以董康为中心的群体（法律界），一个是以林众可、孟寿椿、汪翰章为中心的群体（沪上文化教育出版界），一个是以陈沂、林众可、余祥森（旅沪闽侯同乡）为中心的群体。这些群体的会集与当时上海作为南京、北京之外的第三极以及上海活跃的社会活动有关。③

大体上，20世纪30年代法律群体的三种交往途径与方式构成了传统与现代相互联结的光谱。在光谱的传统一端，是同乡关系；在光谱的现代一端，是社会组织与社会活动；介于二者之间的，则是围绕着大学法律系与司法机构形成的同僚关系。

五 《法律大辞典》的出版者

《法律大辞典》的出版者大东书局创办于1916年，是民国时期著名的综合性出版机构，与商务印书馆、中华书局、世界书局并称四大书局（民营）。1931年的大东书局规模相当可观，其编译所下设教科、法制、国学、字典、英文、丛书、艺术、儿童八个部，辖管《现代学生》《学生文艺丛刊》《科学月刊》《社会科学杂志》《新家庭》《戏剧》《现代女学生》七大杂志社，并附设东方舆地学社、法律函授学社两个机构。

1931年3月，大东书局"以考试院于十九年十二月二十七日公布之《高等考试司法官律师考试条例》，其中规定资格，'除大学法科而外，凡有大学或专科学校法律政治学□毕业之同等学力，经检定考试及格者，得应

---

① 孟寿椿与汪翰章的关系应当非常紧密。《申报》1930年1月20日报道："褚民谊、孟寿椿、汪翰章等近创立华新中学于昆明路，自发招生以来报名者异常踊跃，业已决定改名为上海文法学院，除原有华新中学之全部外，内设文学系、法律系、政治经济系等教员，均已聘定，多为国立各大学之著名教授。二月十四、五日招生后，即行开始授课。"《华新中学扩为上海文法学院》，《申报》1930年1月20日，第8版。

② 据《申报》1930年10月18日消息，恢复后的暨南大学法学院在任教师包括张志让、石颎、汪翰章，并列名特约讲师戴修瓒、董康。《恢复后之暨大法学院》，《申报》1930年10月18日，第12版。

③ 如林众可与孟寿椿、余祥森等于1933年6月19日创立现代学术研究会；林众可与孟寿椿为各大学教职员联合会主要组织者及活跃分子。参见《申报》1933年6月19日第16版、1934年5月9日第14版等。

其考试'。为普遍灌输法律知识,速成法学人材,以应亟需起见,特创设法律函授学社",① 聘请汪翰章(时任暨南大学教授、暨南大学法律丛书编辑主任)为社长,董康为教务主任,戴修瓒(前北京大学法律系主任兼教授,时任暨南大学、东吴大学教授,兼上海法学院法律系主任及中国公学教务长)、石颍(时任国立暨南大学法律系主任兼教授、美国耶鲁大学法学博士)、郭卫(时任江南学院院长)、梅鹤章(前大理院推事)、张志让(前大理院推事)等分任教授。② 据称,法律函授学社报名入学者月数百人。③ 1933 年,大东书局法律函授学社更名为大东法律函授学校,负责人变更为丘汉平。④ 而据 1934 年《上海市核准登记私立函授学校统计表》载,大东法律函授学校学生数达 856 人,教职员数 21 人,在当年核准登记的私立函授学校中位列第三,在专业性私立函授学校中位列第一。⑤

法律函授学社与大东书局注重法律书籍出版的特色互为表里。⑥ 应该

---

① 《大东书局创办法律函授学社》,《申报》1931 年 3 月 9 日,第 21 版。
② 《大东书局创办法律函授学社》,《申报》1931 年 3 月 9 日,第 21 版。
③ 晓兰:《大东书局》,北京出版志编辑部编《北京出版史志》第 4 辑,第 224 页。1931 年 4 月 28 日《申报》刊文《大东书局 15 周[年]纪念》称,"报名入法律函授学社者亦异常踊跃"。《大东书局 15 周[年]纪念》,《申报》1931 年 4 月 28 日,第 10 版。
④ 参见《清末、民国时期上海主要函授学校情况表》,上海通志编纂委员会编《上海通志》第 7 册,上海人民出版社、上海社会科学院出版社,2005,第 4939 页。另,丘汉平与《法律大辞典》编纂群体多有交集。略录这一时期丘汉平简历如下:丘汉平(1904—1990),1927 年毕业于东吴大学法学院,1929 年获乔治·华盛顿大学法学博士学位,1930 年赴欧洲考察后返回上海执律师业务。1931 年起出任国立暨南大学教授、东吴大学法学院教授,兼上海各大学教职员联合会主编《大学》杂志。九一八事变后在东吴大学法学院任教兼主编《东吴法学》季刊。1939 年秋出任福建省政府委员兼省银行总经理。参见何勤华《丘汉平其人其书》,杨海坤主编《东吴法学》(2003 年卷),黑龙江人民出版社,2004,第 42—54 页;丘汉平《中国公学的回忆》,王云五、丘汉平、阮毅成等编《学府纪闻:私立中国公学》,台北,南京出版有限公司,1982,第 171—174 页。
⑤ 开明书局函授学校学生数 1084 人,中华书局函授学校学生数 875 人,其他专业性函授学校如中华会计函授学校的学生数为 399 人、申报新闻函授学校为 466 人等。参见朱荫贵、戴鞍钢主编《近代中国:经济与社会研究》,复旦大学出版社,2006,第 487—488 页。
⑥ 参见王余光、吴永贵《中国出版通史·民国卷》,第 38 页。另,笔者检索所得以大东书局法律函授学社名义编印的讲义有三种:大东书局法律函授学社编《监狱学》第 3 册《法律函授学社讲义》,上海大东法律函授学校编《刑事诉讼法》(上海私立大东法律函授学校讲义);李谟《民法继承编》(第 1 册)(大东书局法律函授学社讲义)。大东书局出版的法律类丛书有《法学丛书》《现行基本法典丛刊》《现行法典丛刊》《现行重要法规丛刊》数种,抗战爆发后,独家出版《司法判例》《司法院解释要旨分类汇编》;发行法学杂志多种,包括《中华法学杂志》以及抗战期间在重庆出版发行的《法学杂志》《法令周报》《司法判例》等。参见同书,第 35—39 页。

说，《法律大辞典》的编纂出版是大东书局创立并维持其在法律书籍出版领域声誉的重要工作之一，而《法律大辞典》的编纂以及法律函授学社的运作也展示了法律界与出版界的深度交往。

六　结语

回头审视《法律大辞典》编纂出版群体的种种，至少有一些值得特别注意的地方：政权中心的更迭，使与北京政府关联密切的长期活跃在北京的法律家群体南下上海执行律师业务，同时在上海各校兼授法律课程。这样的选择大体上可谓"攻守兼备"。上海的商业、教育与出版给予了这一批法律家群体充分的活动空间，同时上海与新的权力中枢南京关系足够密切，可以随时观察南京的动向，影响南京的某些决策，进而直接进入权力中枢。20世纪30年代上海法律界以及相关的教育界、文化界乃至出版界的繁荣，均与此人员流动有关。而董康无疑是其中的标志性人物。当然，上海本地律师界、教育界以及出版界对这一群体的接纳也无疑值得肯定。上海律师公会、东吴大学法学院、暨南大学法律系、大东书局四者成为接纳南下法律家群体的主要基地。《法律大辞典》的编纂具体而微地展示了这一勾连的历史图景。随着南京政权的稳固与常规化，这一群体已经开始分化，部分陆续返回北平。抗日战争爆发后，整个上海法律界以及相关的教育界、文化界、出版界随之衰落。

（作者单位：华东政法大学）

民国法律学生生活图景

——"南京审判"大法官葛召棠在上海法政学院（1929—1932）

姜 增

摘 要 葛召棠是中国近代著名的文化名人和法律名人，他因审判南京大屠杀战犯而声名远播。葛召棠司法才干的培育与爱国主义情怀的熏陶，与他在上海法政学院的三年求学经历有重要关系。他不仅在课业上有优异的表现，还致力于学术创作，撰写法家思想论著。九一八事变后他担任学校救国会《抗日特刊》总编辑、学校赴京请愿督察政府出兵团总纠察、上海旅沪安徽籍同学会抗日救国会干事，积极抗日。他的求学经历为我们了解民国法律学生的生活图景提供了一个窗口，他的自律与坚守对当今法律学生有重要的学习意义。

关键词 葛召棠 上海法政学院 抗日救国会 法律教育

一 问题的提出

1945年日本战败投降后，南京国民政府为清算日本战犯的罪行，根据相关国际法的规定，从1945年12月16日到1946年5月1日，分别在南京、汉口等十处成立"审判战犯军事法庭"，审理各地区的日本乙、丙级战犯。其中设在南京的"审判军事法庭"对南京大屠杀案的审理最受人关注。① 本文的主人公葛召棠便是该法庭的五名主审大法官之一，他亲自参与了对南京大屠杀主犯谷寿夫的审判。② 葛召棠不仅参与了对日本战犯的审判，还作为首都地方高等法院的推事参与了对多名汪伪汉奸的审判，其中包括温宗尧、林柏生、

---

① 参见张宪文《南京大屠杀》，南京大学出版社，2012，第985页。
② 参见《国防部审判战犯军事法庭对战犯谷寿夫的判决书及其附件》，中国第二历史档案馆编《中华民国史档案资料汇编》第5辑第2编"军事"，江苏古籍出版社，1998，第790页。

丁默邨、罗君强、王荫泰、殷汝耕、汪时璟、周作人等人。① 他在这一系列审判中充分展现出一名中国法律人杰出的司法才干与赤诚的爱国情怀。他也因审判战犯和汉奸名垂史册，获得世人的敬仰。

关于葛召棠的著述不在少数，但几乎所有著述的基本思路是对他法律生涯中光辉事迹的结果式呈现，对于呈现这种结果的缘由，无一著述涉及。② 笔者不反对目前著述的基本思路，但更关注造就结果的缘由：作为法律人的葛召棠何以有如此的司法才干胜任战犯与汉奸审判工作？他的爱国主义情怀除了作为中国人的本性流露外，又因何机缘得到培育，使其能理性地通过行动表达出来？如果要考证其中的缘由，最重要的一种路径便是回溯到他的学生时代。民国时期特别是南京国民政府时期，法律教育已基本脱离前清的学徒模式和自学模式，法律也成为一门独立学科，被纳入高等教育体系。③ 所以当时一个人想习得系统的法律知识，进入法律院校几乎成为唯一的选择。和现在一样，大学生大都在18—22岁，④ 无论在生理还是心理方面，这都是一个人迅速走向成熟的阶段。他们的情绪体验强烈而富于热情，是高尚情操形成、人生观逐步确立和稳定的重要阶段。⑤ 可见，大学时代对一个人的知识系统的构建与人生信仰的形成有着重要的奠基与导向作用。不仅如此，就目之所及，当时的法律人还会因其学历背景在今后的从业中被划分为不同的派系，诸如律师界中的东吴系律师、法政系律师、持志系律师等。无论在法律意识还是法律知识层面，学校时光都会对一个法律人产生深远影响，所以对葛召棠学生生涯的回溯对于廓清上述问题将会是一个有益的思路。

当下的近代法律教育史研究中，有一种长期聚焦于法律名流，即在当

---

① 参见南京市档案馆编《审讯汪伪汉奸笔录》，江苏古籍出版社，1992，第335、483、669、901、958、1201、1392、1424页。
② 这方面典型的著述有：陈嘉穗《参与审判侵华日军战犯谷寿夫案的葛召棠先生》，《繁昌文史资料选辑》第5辑，内部资料，1988，第130—131页；葛叔棠《公审侵华日军战犯谷寿夫侧记》，《繁昌文史资料选辑》第6辑，内部资料，1989，第4—8页；葛文衡《为历史出证》，陈安吉主编《侵华日军南京大屠杀史——国际学术研讨会论文集》，安徽大学出版社，1998，第454—458页；金光群《公审南京大屠杀罪魁谷寿夫目击记》，《炎黄春秋》1998年第3期。
③ 参见郑智航《清代法律教育的近代转型》，《当代法学》2011年第5期。
④ 葛召棠1908年出生，1929年读大学，1932年大学毕业。
⑤ 刘华山：《大学教育心理学概论》，华中师范大学出版社，1991，第86页。

时及现在看来相对有名气的已从法学院毕业的法律人的现象,① 而缺乏对他们在学习法律阶段以及对其他普通在校法律学生群体的关注。笔者认为,研究近现代中国法律教育乃至法治建设状况,这些"箭垛式的人物"② 将会是一个很好的切入点,但是这也只是一个切入点,无法全面深入展现整个中国近现代法制以及法律教育的状况。像在清代律学领域,"箭垛式的人物"沈家本在人们的印象以及研究著作中,几乎代表了清代律学的全貌,但是事实果真如此吗？首先,沈家本所处年代已是清朝晚期,就清朝200多年的历史来看,很难说有代表性；其二,清代律学家不只有沈家本,还有薛允升、沈之奇等。③ 所以,对更加普通广泛的法律学生群体的研究,便是绕开"箭垛式的人物",力求更加全面地还原近现代法制以及法律教育史样貌的一种努力。

本文试图在近代法律教育史的宏大叙事背景下,具体叙述1929—1932年葛召棠求学上海法政学院的经历,从学习与反日活动两方面分析他的在校表现,在探明上述问题的同时,以期能更进一步在对民国法律人尤其是民国法律学生生活图景的微观叙事中,对全面了解近代法律人共同体有所助益。

二 法律之外：自信天下一支笔

葛召棠（1908—1960），名希栋,安徽繁昌人。他的家境颇为优裕,其曾祖葛洪是清咸丰年间的秀才,以医为业。祖辈与父辈均开药铺,兼业中医。他八岁进私塾接受启蒙教育,后就读于繁昌县模范小学、芜湖新民中

---

① 如中国政法大学陈夏红教授汇编的《百年中国法律人剪影》和《法意阑珊处：20世纪中国法律人自述》,涉及的都是张耀曾、沈钧儒、钱端升等当时名流；同样的,还有陈新宇教授的《寻找法律史上的失踪者》,事关汪荣宝、董康、瞿同祖等法界名宿；再不济者,复旦大学王伟教授的《中国近代留洋法学博士考（1905—1950）》研究的虽是法政学生,但也都是中国近代具有最高学历的法政人,都是精英群体。

② "箭垛式的人物"是胡适在《三侠五义序》中创造的一个文学概念,原指历史上许多"有福之人",包括黄帝、周公和包公,人们将一些不知所以的优点都归到他们身上。这种"箭垛式的人物"会遮挡其他人物,以致不能全面展现历史的真相。

③ "箭垛式的人物"与清代律学研究当中存在的现象与观点,为华东政法大学法律史教授陈灵海老师上课所授。

学以及南京五卅中学。① 1929 年葛召棠考取上海法政学院，于 1932 年顺利毕业。大学毕业后，他办过报纸，从事过教育行业。② 不过绝大部分时间，他都是从事司法审判工作。1936—1947 年，他先后担任皖北多地司法处的审判员。1947 年，葛召棠被召入新成立的首都地方高等法院。正是在任职首都地方高等法院推事期间，他参与了对日本战犯和汉奸的审判工作。③ 新中国成立后，他短暂地担任过人民审判员。1958 年他被错划为右派，在劳改中因一次劳动事故受到严重的伤害，于 1960 年不幸离世，结束了其短暂而辉煌的一生。④

葛召棠不只是一位有着丰富司法经历的法律人，他的书法造诣也颇为人所称道。在去上海学习法律之前，葛召棠在繁昌当地已小有名气，这源于他自己的书法，他的字得到当地很多人特别是商人的青睐。⑤ 选择法律之路后，他并没有因此而荒废书法，而是利用闲暇时间苦练，书法技艺日益精进，得到时人极高的夸赞。近现代著名教育家鲍幼文（1898—1961）说他的字"四体皆尽善"，⑥ 而在中国近代书法史上，"四体皆精者，可谓寥若晨星。在昔西有三晋赵铁山，东有沪上邓散木，舍此而外，海内似乎找不到能与之鼎足而三的人物"。⑦ 清代大文学家吴汝纶之子，近现代著名国学大师、书法家，桐城派末代代表人物吴北江（1877—1950）更是称葛召棠的书法为"神品"：

    惜翁书法推神品，梁邓包传火尽薪。二百年来谁继起？苻南楼里读碑人。⑧

---

① 参见陈嘉穗《参与审判侵华日军战犯谷寿夫案的葛召棠先生》，《繁昌文史资料选辑》第 5 辑，第 129 页。
② 参见张世杰、徐沛主编《繁昌县志》，南京大学出版社，1993，第 451 页。
③ 参见《派葛召棠署安徽太和县司法处审判官此令》，《司法公报》192 号，1937 年；《派葛召棠署安徽庐江县司法处审判官此令》，《司法季刊》第 1 卷第 1 期，1947 年；《派葛召棠署首都高等法院推事此令》，《法令周刊》第 10 卷第 19 期，1947 年。
④ 参见陈嘉穗《参与审判侵华日军战犯谷寿夫案的葛召棠先生》，《繁昌文史资料选辑》第 5 辑，第 129 页。
⑤ 2016 年 8 月，笔者对葛召棠之子葛文德先生的采访。
⑥ 鲍光豹：《凤山集》，学林出版社，1987，第 244 页。
⑦ 王业霖：《讼庭雪国耻　书法留风神——大法官葛召棠其人其书》，《书法之友》1996 年第 5 期。
⑧ 吴北江：《繁昌葛召棠工书出纸索题口占奉赠》，吴闿生、房秩五：《北江先生诗集》，余永刚、徐成志点校，黄山书社，2009，第 387 页。

这样的评价不可谓不高。葛召棠的书法在其生前已有如此造诣，倘若再假以时日，或许真会如著名书法家王业霖（1946—1998）所预言的那样，"葛召棠先生必将是吾八皖书坛上的一代大匠宗师"。①

葛召棠还将笔触伸向了历史学，并且卓有成就。作为一名旧司法人员，葛召棠受到了司法改革运动的影响，于 1953 年被迫转业进入安徽省博物馆从事编审和古今字画鉴定工作。② 这一调动，看似把他从专业领域调入了业余领域，但其实不然。他很快就适应了这样的工作，再加上他本身对新工作的兴趣，很快他便以业余身份做出了专业成果。这当中最值得一提的便是 1954 年他亲自率领考古队回繁昌县老家调查，在柯家冲首次发现北宋时期的繁昌窑（即柯家冲）遗址。③ 据专家考证，繁昌窑是长江下游唯一专烧青白瓷的大型古窑遗址，全国现在能确定是北宋早期的瓷窑仅此一座，相当宝贵。④ 除此之外，他还在充分搜集太平天国史料的基础上，相继在权威的史学期刊上发表了研究文章。其中他与孙百朋合作的《关于绩溪曹氏支祠的壁画是太平天国嫡系部队所绘的考证——对罗尔纲先生提出几点商榷》，对著名太平天国史研究专家罗尔纲所提出的"太平天国不准绘人物"的观点提出质疑，并引来罗尔纲撰文回应。⑤

葛召棠是名副其实的多才多艺，他的笔除了能变生出各体书法，撰写史学文章外，还能"生花"。他画的梅花，笔力遒劲，有其书法之风，简单几笔，梅花的傲寒之骨就已跃然纸上。⑥ 正是这样一位有着八斗之才的人选择了法律这条道路，用他的如椽之笔在法律的天地中尽情施展才华 。

---

① 王业霖：《讼庭雪国耻　书法留风神——大法官葛召棠其人其书》，《书法之友》1996 年第 5 期。
② 参见张世杰、徐沛主编《繁昌县志》，第 451 页。
③ 葛召棠：《安徽省博物馆在皖南进行历史文物的调查、征集工作》，《文物参考资料》1954 年第 12 期。
④ 参见《繁昌窑遗址再获重要发现》，《大江晚报》2016 年 2 月 4 日。
⑤ 参见葛召棠、孙百朋《关于绩溪曹氏支祠的壁画是太平天国嫡系部队所绘的考证——对罗尔纲先生提出几点商榷》，《安徽史学通讯》1957 年第 1 期；罗尔纲：《罗尔纲全集》，社会科学文献出版社，2011，第 141 页；此外，葛召棠还有如下史学文章：《安徽省新发现的太平天国几件文物的考释》，《历史教学》1957 年第 8 期；《张乐行故里访问琐记》，《史学工作通讯》1957 年第 2 期。
⑥ 参见《葛召棠先生梅花册》，葛文德先生私人收藏。

三 课业与学术：法律学生的法治理想

1905年废除科举之后，时人常把学习法律当作进入仕途的另一种替代方法，视法校是"为官之利器"，以致"腥膻趋附，熏莸并进"。① 当时有人更是把法律院校形容为"军阀官僚养成所"，将法律学生形容为"贪污土劣预备队"。② 即便如此，也不能否认当时还有一批有着法治理想的青年，他们或许也带着学而优则仕的心态，但是他们未来是想为天下"仕"，为法治"仕"。葛召棠便是怀揣法治理想的法律学生中的一员。

（一）法政热与葛召棠的选择

正因为习业法律是晋身仕途的重要途径之一，中国近代法学教育自清末产生以来就很受欢迎，颇得青年学子青睐。时任江苏省教育司司长的黄炎培对当时的法政热有着切身体会：

> 咸鄙友朋，驰书为子弟觅学校。觅何校？则法政学校也。旧尝授业之生徒，求为介绍入学校。入何校？则法政学校也。报章募集生徒之广告，则十七八法政学校也。行政机关呈请立案之公文，则十七八之法政学校也。③

这样的热潮一直延续到民国中期，1930年的教育统计显示，当年全国各大学及学院学生数中，法学院学生有3507名，占大学生总数18.03%，名列前茅。不仅国内的大学生以习法政为尚，留学国外的学生也以460名学习法科，占当年留学生总数的31%而遥遥领先。④

在这样的时代背景之下，葛召棠为何选择了法律这一途呢？据其家人回忆，当时葛家在繁昌县城经营中药店，因贸易往来常与人发生纠纷，且时常会遇到一些不讲理之人，葛家认为家中需要出一个"能说会说道理的

---

① 竞明：《法政学校今昔观》，《教育周报》第51期，1914年。
② 《上海法政大学五周年纪念刊》（1929年），上海市档案馆，档案号：Q248-1-030。
③ 黄炎培：《教育前途危险之现象》，《东方杂志》第9期，1912年。
④ 参见《教育部报告民国十九年度高等教育概况》，中国第二历史档案馆编《中华民国史档案资料汇编》第5辑第1编"教育"，江苏古籍出版社，1994，第275—276页。

人",以保护中药店的合法权益,不受恶人的骚扰。① 这个重担便落在了长子葛召棠身上,然而促成他选择法律之路更重要的原因,是他心中的法治理想。自 20 世纪初开始,"法治"早已成为国人不懈追求的共同理想和深入人心、流传广泛的时髦语词。② 法治救国也是众多法律人所共持的理想。尤其是进入 20 世纪 30 年代,国民党政府结束军政时期,进入训政时期以后,葛召棠坚信法治是这个时代的潮流:"现在世界的潮流,是开始争自由争平等而达到法治时期了。"③ 后文提到他在大学期间努力精通法学课程,并研究以法治为核心思想的法家学说,便是他作为法律学生实践法治理想的方式之一。

1929 年,葛召棠考进了上海法政学院,学制三年。④ 上海法政学院的前身是女子法政学堂,由民国著名法学家徐谦及其妻子沈仪彬创办。后在张知本的资助下,"在亚尔培路附近租一小屋,举行招生,各科试题皆由余出,与试学生数千人,原有房子不敷,乃分成一、二、三、四等院,录取学生八百余人",⑤ 由此开启了上海法政学院的成长历程。葛召棠就读的三年间,诸多名师如郑毓秀、高一涵、周新民、赵琛、丁元普等齐聚该校。

通过法律教育培养法律人共同体是实现法治的重要途径,而一些法律学生对于只是身为"被培养"的对象并不满足,他们渴望在校期间便能切实成为法治建设的直接参与者。葛召棠便是这些法律学生中的一员,课业和学术是他法治理想的载体。

(二) 课业与学术并重

在课业上,葛召棠态度积极,非常好学,而且在历次考试中都有非常优秀的表现。他曾在临近学期结束时,作为发起人之一向教务处建议每星期酌情加课,望能在学期结束前学完民法课程,因为当时民法总则遗留的内容如"法律行为""期间及期日""时数"等三章未学完,它们都是民法

---

① 2016 年 8 月,笔者对葛召棠之子葛文德先生的采访。
② 参见李贵连、李启成《近代中国法治思潮批判》,《清华法治论衡》2006 年第 2 期。
③ 葛召棠:《从党治到法治》,《法政周刊》第 1 卷第 3 期,1930 年。
④ 1929 年南京国民政府颁布《大学组织法》之后,上海法政大学校名改为私立上海法政学院,下文统称"上海法政学院"。
⑤ 沈云龙访问,谢文孙、胡耀恒纪录《张知本先生访问纪录》,台北,中研院近代史研究所,1996,第 52 页。

中最重要的部分。这些内容，"今之不学，则日后当感用难"。① 他成绩优秀，曾连续入围1919年度第一学期和第二学期全校"成绩优良者"68人大名单，在校报《法政周刊》上被点名表扬并被授予奖状与奖品。② 这个名单的评比是以全校各年级的学生总数为范围的，并不只是一个年级或一个班。而当时在校的学生共有732人③，能从这么多人当中突围出来，位列榜单，实属不易。也正是这样的好学，为他构建起了完善的法律学科知识体系，成为他在校期间撰写学术作品乃至今后胜任司法工作的重要基础。一名法律学生，若想在今后的法治建设中有所作为，大学时代对法律知识的汲取特别重要，而比法律知识的汲取更加重要的是法治思维的形成，时空不同，道理同一。葛召棠不仅在课业上有优异的表现，他还能凝神静气，于法家思想的学术研究上用力颇深，一来践行了自己的法治理想，二来锻炼了自己的法治思维。

关于他在法家思想方面的研究著述，需从《法政周刊》上发布的两则消息说起。第一则是：

> 本院学生葛召棠，平日勤勉好学，孜孜不倦，除将研究心得，撰成论文，按期披露本刊外，更从事于法律方面之新著作，近闻新著《法家法律思想之解剖》一书行将问世，洋洋十万言，以西洋法律为对照，包罗各家法律源流，可谓详尽无遗。④

第二则是：

> 本院专门部法律科学生葛召棠，平日勤勉学业，孜孜不倦，并工于著述，在本刊论坛上，已屡见不鲜，兹闻新著《中国古代法家思想》一书，业已脱稿，内容充实，考稽正确，并经于右任先生题名，高一涵许世英两先生题字，朱文黼赵韵逸江镇三三先生做序，又经陈人鹤

---

① 《本院员生为校务之改进、有关课程的改革及为毕业谋介职业等批评建议文件》（1930年9月12日），上海市档案馆，档案号：Q248-1-178。
② 《院长布告》，《法政周刊》第2卷7期，1931年；《发给大批奖品》，《法政周刊》第3卷第8期，1931年。
③ 姜增：《上海法政学院毕业生就业问题研究（1927—1937）》，硕士学位论文，华东政法大学法律史系，2016，"附录"。
④ 《葛召棠将有新著作问世》，《法政周刊》第2卷第9期，1931年。

赵韵逸两先生校正，闻该书已交华通书局印刷不久即将问世矣。①

以上两则消息表达的都是这样的内容：葛召棠就要出书了，书的内容与法家有关。但由于消息中的两本书在当下未被发现，② 所以就产生了如下诸多疑问：二书到底存不存在？如果存在其内容又是什么？等等。笔者虽然没有找到这两本书，也不敢肯定消息中提及的两本书已经出版，但笔者确信当时葛召棠手头肯定有关于法家思想的书稿，且已经成型，达到了出版的标准。有如下证据可以佐证。

第一，两则消息介绍将出版之书的详细程度。上述两则信息对葛召棠将要出版的书都有详细的介绍，第一则消息当中有关于书名，书的字数，"以西洋法律为对照"的研究方法，"包罗各家法律源流"的内容；第二则消息则介绍得更为具体，这已经完全是一本出版著作的形式，而且题名、题字、作序和校正的名流当中，除题字的于右任之外，其余都是当时任教于本院的法学名家，负责出版的书局也已确定。《法政周刊》是上海法政学院的校报，"完全取一种公开态度，材料是有由全校师生通力合作共同供给的"，③ 全校师生也都能定期看到。如果周刊的编辑不是亲眼见过葛召棠的书稿，那么就不会有如此详细的描述，更何况有那么多本院的教授题字、作序和校正，这说明他们肯定都是看过书稿的，不然怎么去题字、作序和校正？

第二，葛召棠的为人。葛召棠出生儒医世家，8岁启蒙入私塾，接受以四书五经为代表的中国传统文化的教育，平日里结交的都是像吴北江、鲍幼文这些注重修身养性的传统知识分子。还有，据其家人回忆，1953年葛召棠调入安徽省博物馆后，除担任字画鉴定和文字编审工作之外，还负责物资管理。对于单位某些人采购物资经常缺斤少两的做法深恶痛绝，明察秋毫，一如其当法官时的刚正不阿，因此得罪了一些人，这也是他后来在政治运动中有不幸遭遇的重要原因之一。④ 以其为人来看，他也不会是无中生有之人，倘若手中没有书稿，他也不会允许将消息刊载在校报上。

---

① 《葛召棠将有新著作问世》，《法政周刊》第3卷第8期，1931年。
② 笔者在查阅了民国时期总书目等已经出版的书目和一些数据库，走访了上海图书馆近代史阅览室、上海档案馆等实体机构以及向葛召棠家人求证之后，并没有发现消息中提及的书。
③ 江海帆：《发刊词》，《法政周刊》第1卷第1期，1930年。
④ 2016年8月，笔者对葛召棠之子葛文德先生的采访。

第三，最有力的证据是葛召棠于 1930 年和 1931 年在《法政周刊》上发表的一系列关于法家思想文章，以及除法家思想之外的其他文章。上述两则消息都提到葛召棠工于著述，平日将研究心得撰成论文，并陆续发表于本刊。的确如此，在现存的 33 期《法政周刊》中，有 16 期都刊登有葛召棠的文章，其中有 6 期都是关于法家思想的。① 剩余的其他文章当中，有 3 期则是关于中国法制史的其他内容，② 法家思想研究属于中国法律史的研究范畴。其余的文章也基本都与当时的法治热点问题相关。③ 这些都说明葛召棠是有这样的写作能力和写作积累的。

综上，笔者认为，不管有无出版，葛召棠确已写就至少十万言的解说法家思想的书稿。④ 一个作者将自己若干篇曾经发表的文章集结成文，是一本著作形成的重要途径之一。当时确已写就的书稿中，肯定有些内容已经在校报上发表过。虽然洋洋大作至今未得寻见，但是通过这些文章，我们或许能对著作的内容和特色"窥一斑而知全豹"。

撰写法家思想著述，全方位廓清先秦法家思想的核心理论——法治——以知往鉴今，这是葛召棠以自己所长实践法治理想的方式之一。就所见来看，这些文章都以解剖管子与韩非子的法家思想为主，之所以要研究管子与韩非子，是因为葛召棠精辟地认识到了二者在法家历史上的地位：

> 饮水思源，当纪念法家之鼻祖，法治之先导，之管子也……故当今凡研究泰西之法律，莫不自罗马始，研究中国之法律，莫不自管子

---

① 这 6 期文章分别是：《管子法律思想之解剖》，《法政周刊》第 1 卷第 5 期，1930 年；《管子法律思想之解剖》（续），《法政周刊》第 1 卷第 7 期，1930 年；《管子法律思想之解剖》（续），《法政周刊》第 1 卷第 8 期，1930 年；《管子法律思想之解剖》（续），《法政周刊》第 1 卷第 9 期，1930 年；《韩非法律思想之源泉》，《法政周刊》第 2 卷第 5 期，1931 年；《韩非法律思想之进化论》，《法政周刊》第 2 卷第 6 期，1931 年。
② 这 3 期文章分别是：《"讼师"与"律师"》，《法政周刊》第 3 卷第 7 期，1931 年；《对于周礼上"五听"、"八议"、"三刺"、"三宥"、"三赦"之法的研究》，《法政周刊》第 3 卷第 9 期，1931 年；《对于周礼上"五听"、"八议"、"三刺"、"三宥"、"三赦"之法的研究》（续上期），《法政周刊》第 3 卷第 10 期，1931 年。
③ 其余的文章有：《从党治说到法治》，《法政周刊》第 1 卷第 3 期，1930 年；《国民会议与约法》，《法政周刊》第 2 卷第 3 期，1931 年；等等。
④ 前后两则消息都是在同一年刊载，只是月份不同，第一则是 1931 年 4 月 20 日，第二则是 1931 年 11 月 2 日。作为一名在校学生，需要专注学业，九一八事变后葛召棠又投入反日运动，一年之内写出两本书，且其中一本有十万言，这应该是难度极大的事。因此，最有可能的是，看似两本不同的书实际上是同一本书，只是书名不同。《法家法律思想之解剖》是最初的书名，到后来出版时又改为《中国古代法家思想》。

起，管子之于法，犹孔子之于儒，老聃之于道，释加牟尼之于佛教，孙总理之于民国也。①

而韩非的思想，"实诸法家之汇海，诸法家之法律思想，亦韩非之源泉也"。② 可见，葛召棠认为，管子是法家思想之开山者，而韩非则是集大成者，能将二者的思想研究清楚，便能掌握法家思想（法治学说）的核心。基于这样的认识，他的研究"始于管子，终于韩非，首末皆见"便也说得通了。③

这些关于法家思想文章的具体内容与观点在当时以及现在看来并没有那么石破天惊，其使用的研究范式也是近代学者常用的范式，即以西方理论分析中国传统知识，并无特别之处。但是，如果我们考虑到这些至少十万言的论著出自一个只有20岁出头的在校大学生之手，且他在文章中体现的是其对所处时代的法治现实的关怀，以及对中国传统典籍以及对西方学者经典著作的熟稔程度，那么这着实让人敬服。④

四 反日运动：法律学生的爱国实践

葛召棠虽然在学习方面用力很深，但他并没有成为两耳不闻窗外事的书呆子。他在努力学习的同时也兼顾社会活动，努力践行他担任秘书的上海法政学院附属中学学生会的宣言：

> 最后我们更要郑重声明，我们不是书呆子，我们更不是只革命而抛弃读书的浮薄青年，"革命不忘读书，读书不忘革命"，这是我们愿意全力督促同学们向前进的目标！⑤

这里的革命是指以三民主义为指导的革命，当时军阀虽然已被打倒，但"帝国主义还是横行于中国乃至世界"，"应该团结起来，一致向这无人

---

① 葛召棠：《管子法律思想之解剖》，《法政周刊》第1卷第5期，1930年。
② 葛召棠：《韩非法律思想之源泉》，《法政周刊》第2卷第5期，1931年。
③ 葛召棠：《韩非法律思想之源泉》，《法政周刊》第2卷第5期，1931年。
④ 这些文章中涉及诸多传统典籍，如《论语》《孟子》《荀子》《易经》等，还有西方经典作家的观点，如霍布斯的国家起源学说、达尔文的进化论、孟德斯鸠的自然法思想等。
⑤ 《本校学生会成立宣言》，《平凡》1929年特载。

道、无理性的帝国主义作一个血肉相搏的生死战"。①

1931年九一八事变爆发，正值葛召棠在学校的最后一个学年。在随后一系列反日活动中，葛召棠展现了一名中国青年的爱国本能，这种本能又在反日活动中得到熏陶与升华，更重要的是得到了理性的实践。九一八事变发生后的几天内，"日军势如破竹的占据我国东三省——沈阳，营口，长春……一带的领土，残杀十几万的同胞，开了驱逐舰四艘到厦门上海各埠"。② 在这国难当头的时刻，上海法政学院的学生迅疾组建了上海法政学院抗日救国会，以"唤起国人积极抗日并示以治本治标之抵抗方法"③ 为己任。目前没有资料证明葛召棠加入过抗日救国会，但他与抗日救国会在反日活动上有着紧密联系。1931年抗日救国会准备出一期抗日特刊，聘请葛召棠为总编辑，并且以葛召棠的宿舍作为抗日特刊的收稿处。④ 他不仅担负着编辑处理稿件的重要任务，还亲自写发刊词，对日本"违背凯洛非战公约，破坏国际公法"的行为进行了理性与感性交织的分析和控诉。⑤ 他对日本的侵略计划条分缕析，指出"侵吞中国"是其"大陆政策"的重要环节，⑥ 充分展现日本帝国主义侵略中国的野心与必然性，时刻警醒国人要有危难意识。在文末，他更是激昂万分，排比使用一连串典故，以表达他救国的迫切希望：

> 全国的民众如能怀岳飞"精忠报国"之热忱，做勾践"卧薪尝胆"之苦工，负马援"马革裹尸"之勇气，效班超"投笔从戎"之精神，与日本做韩信"背水为战"之奋斗，秦王"破釜沉舟"之杀敌，庶几乎中国有一线的曙光，这是本刊最后的希望！⑦

葛召棠不仅发挥了他文笔上乘的优势，更让人钦佩的是，他还身先士卒，投入切实的反日活动中。在抗日救国会组建的赴京请愿督察政府出兵

---

① 《本校学生会成立宣言》，《平凡》1929年特载。
② 葛召棠：《反日声中联想到越王勾践》，《法政周刊》第3卷第3期，1931年。
③ 葛召棠：《反日声中联想到越王勾践》，《法政周刊》第3卷第3期，1931年。
④ 葛召棠：《反日声中联想到越王勾践》，《法政周刊》第3卷第3期，1931年。
⑤ 葛召棠：《发刊词》，《抗日特刊》，1931年。
⑥ 葛召棠：《发刊词》，《抗日特刊》，1931年。
⑦ 葛召棠：《发刊词》，《抗日特刊》，1931年。

团当中，他主动请缨，担任总纠察。① 在去首都请愿之前，包括葛召棠在内的多名成员都表示了不达目的誓不罢休，甚至愿意付出生命的决心：

> 各位后方同学，我们此举，实下有最大决心的。誓不达目的，决不生还！②

南京请愿期间，包括葛召棠在内的上海法政学院代表曾被怀疑有叛乱嫌疑，如此关头，他们并没有一味地只知谴责和消极对待，而是主动出击，登报澄清事情原委，并派代表与首都卫戍司令部直接交涉，以免"枉受不白之冤"，竭力挽回学校的声誉。

在前往首都南京督促政府出兵之前，葛召棠还出席参加了上海安徽籍学生召开的抗日救国会成立大会，在出席的百余人中，他被选为由21人组成的干事团成员，大会当即决议：（1）通电全国，一致御辱；（2）电促和平统一；（3）发表宣言；（4）向各校征求皖籍同学自由参加，俾扩大抗日工作。③

葛召棠原本质朴的爱国主义在经过了反日运动的洗礼后，显得更加成熟与圆润。这样的爱国主义对其日后审判战犯有重要的意义。面对罪恶昭彰的南京大屠杀战犯，假若让仇日情绪占据了主导，感情压过理性的法庭审判工作，则首先会影响裁决的公正，更重要的是在国际舆论广泛关注的情况下，很容易影响法律思维的展现，给能言善辩的战犯本人及其辩护律师以可乘之机。所以说，葛召棠在学校的反日运动不失为一次爱国主义的成功的理性实践，加上他的法律知识，为其日后在屠戮国人的战犯面前，既能"扬眉雪耻平民愤"，又能"执法严辞审日酋"提供了保障。④

五 结语

1932年6月，葛召棠顺利从上海法政学院毕业。在校期间的优异表现让他引起了著名法学家赵琛的注意，不仅为葛召棠的新著《中国古代法家

---

① 参见龚警钟《国难声中本院督促政府团》，《法政周刊》第 3 卷第 13 期，1931 年。
② 龚警钟：《国难声中本院督促政府团》，《法政周刊》第 3 卷第 13 期，1931 年。
③ 参见《旅沪各同乡团体组织抗日救国会》，《民国日报》1931 年 10 月 12 日。
④ 李幸：《谒葛召棠先生墓》，石英编《胜利之歌》，中国文史出版社，2005，第 1184 页。

思想》一书作序和校正,① 还在筹建首都高等法院时想到了葛召棠,第一时间电召其进京,成为首都地方高等法院的推事。② 葛召棠在毕业到担任首都高等法院推事之间,在安徽从事了数十年的司法实务工作。据其家人回忆,当年葛召棠在安徽担任审判官时,曾多次收到百姓的"万民伞",家中曾还有照片,但由于新中国成立后历次政治运动的冲击,照片已经不见踪影。不止如此,葛召棠的书法作品以及与书画界名流的往来信件等也不知所踪。但好在法律人葛召棠的事迹并没有湮没在历史中,而且他本人也因审判战犯和汉奸而永远为人所铭记。

教育之于一个国家的重要性不言而喻,具体到大学的法律教育,它不仅是一个法律人获得法律基础知识、形构法律思维、萌发法治意识的渊薮,也承担着为我国法治建设提供人才的重要使命,是法治中国的重要推手。正因为认识到法律教育的重要性,而且我国时下的法律教育还存在种种问题,所以政府和法律院校正在积极寻求通过一系列改革来谋求问题的解决,并图进一步的发展。当下的法律学生,若能在法律教育制度存在种种漏洞的情形下,不因制度的缺陷而放纵自己,更不钻制度的空子,而是怀揣法治理想,坚定爱国情怀,精进于学习,关注时政,必要时参与时政当中,努力做到读书、革命两不误。在漫长的法治建设道路上,这或许会是一个法律学生的贡献。

(作者单位:华东政法大学研究生教育院)

---

① 参见《葛召棠将有新著作问世》,《法政周刊》第 3 卷第 8 期,1931 年。
② 参见《派葛召棠署首都高等法院推事此令》,《法令周刊》第 10 卷第 19 期,1947 年。

法科留学生与上海律师制度构建

袁 哲

摘 要 上海开埠后,西方律师制度开始在上海租界内施行,一部分归国法科留学生,也因此开始在上海租界执业。民国建立后,归国法科留学生充当了上海律师制度的主要创建者。法科留学生主导着上海律师公会,他们加强行业管理,努力塑造律师良好的职业形象。法科留学生借助上海律师公会这一平台,参与民主政治运动,拓展律师公会的社会职能,尝试启蒙上海民众的近代法律意识。在归国法科留学生的多方努力下,近代上海的律师业迅速发展。虽然律师作为一个新兴职业,得到了上海社会民众的认可,但近代法律观念并没有被民众广泛而深刻地接纳。这一现象的产生,除传统法观念的抵制外,也与民国政府的政策限制有关。

关键词 法科留学生 律师制度 上海

学界对法科留学生及上海律师公会的研究,在深度和广度上都有丰富的积累。以往对法科留学生的专题研究,重在论述法科留学生对法制近代化和法律学科近代化转型的作用。[①] 对上海律师公会的研究,大体上从两个视角展开。一是从法律制度近代转型的角度研究,这类成果通常把上海律师公会看作法制近代化转型的产物。[②] 二是从社会变迁和职业化的角度研

---

① 较具代表性的成果有:郝铁川《中国近代法学留学生与法制近代化》,《法学研究》1997年第6期;何勤华《法科留学与中国近代法学》,《法学论坛》2004年总第19卷第6期;裴艳《留学生与中国法学》,南开大学出版社,2009。
② 较具代表性的成果有:王申《中国近代律师制度与律师》,上海社会科学院出版社,1994;徐小群《民国时期的国家与社会——自由职业团体在上海的兴起(1912—1937)》,新星出版社,2007。徐小群一书最早出版的是英文版,名为 Chinese Professionals and the Republican State: The Rise of Professional Associations in Shanghai, 1912 - 1937,于2000年由英国剑桥大学出版社出版。

究，这类成果更突出了律师群体对社会近代转型的贡献。①

以往对法科留学生、上海律师公会的研究，基本上是在将二者割裂的状态下进行。实际上，在近代上海律师公会中，法科留学生人数多且具有影响力。他们对近代律师制度的构建、律师公会的成立发展、社会民众法律意识的启蒙发挥了关键作用。本文在充分借鉴前人成果的基础上，论述在沪归国法科留学生如何组建及发展上海律师公会，又如何拓展上海律师公会的职能并扩大其影响，进而探讨法科留学生对近代法律意识的输入及社会的应对。

一 上海律师公会的创建与改组

（一）留日法科生与上海律师公会的创建

上海开埠后，英国人和上海道台签订《上海租地章程》，租得外滩附近830亩土地，这块区域成为近代外国人在上海相对独立的生存空间。之后，英国人为确保领事裁判权的行使，再签《洋泾浜设官会审章程》，以此为依据设立会审公廨。西方律师制度随着一系列不平等条约被直接引入近代上海租界，一些外籍律师开始在上海租界开设律师事务所执业，成为上海最早的近代意义上的律师。

1905年前后，在欧美学习法学的法科留学生陆续回国，一些法科留学生开始在上海租界内外籍律师开设的事务所谋生。② 这些在租界内律师事务所工作的法科留学生中，获得律师资格者约有10人，③ 这10位法科留学生便是近代中国最早的华籍律师。此时中国尚未设立律师制度，华籍律师持有的是英国或者美国的律师资格证书。④ 1906年清政府学部开办留学生考

---

① 较具代表性的成果有：陈同《近代社会变迁中的上海律师》，上海辞书出版社，2008；孙慧敏《制度移植——民初上海的中国律师（1912—1937）》，台北，中研院近代史研究所，2012。
② A. M. Kotenev, "Shanghai: Its Mixed Court and Council," pp. 202 – 204, 上海市档案馆藏，档案号：W1 – OA – 773。
③ A. M. Kotenev, "Shanghai: Its Mixed Court and Council," p. 202, 上海市档案馆藏，档案号：W1 – OA –773；《1946年上海地方法院律师履历表》，上海市档案馆藏民国时期上海地方法院档案，档案号：Q185 – 1 – 208；胡滨：《英国蓝皮书有关辛亥革命资料选译》下册，中华书局，1984，第481页。
④ 不同法系对律师资格的规定不同，只有英国和美国夏威夷允许外国人获得律师执业资格，因此中国最早的华籍律师均为留英或留美的法科留学生。

试，截至 1911 年，得到毕业证的归国法科留学生约有 2576 人，① 其中通过留学生考试并获得实际官位的仅有 414 人。② 无法在政府里谋得差事的法科留学生只能另寻出路，律师业是他们的首选。然而，律师制度并不符合中国的传统法制观念，在传统与现代的冲突中，法科留学生发挥了至关重要的作用。

由于律师制度不同，留学欧美的法科生可以获得外国律师资格，得以在租界内的律师事务所或教会学校谋职。留学日本的法科生因无法获得日本律师资格，在上海租界从事律师业较困难。他们中一部分人开始倡导移植律师制度，而移植律师制度的第一步，便是筹划组建律师团体。留日法科生也自然成为近代上海筹建律师团体的主导力量。

1912 年 1 月，留日法科生蔡寅等在上海发起筹建律师团体，定名"中华民国律师总会"。蔡寅等一边致电沪军都督陈其美，希望得到上海政府的支持；一边呈请司法部立案，希望得到民国中央政府的认可。③ 据台湾学者孙慧敏考证，中华民国律师总会的 13 位发起人中，至少有 3 位在沪军都督府任职。④ 得益于此，该会很快得到沪军都督府的认可。1912 年 1 月 11 日和 14 日，蔡寅等在报纸上刊布《律师公会章程》，宣告"中华民国律师总

---

① 受资料限制，笔者目前无法精确统计 1911 年之前法科留学生总数，此数据只是粗略估计，是依据以下资料整理而得。中国第二历史档案馆编《中华民国史档案资料汇编》第 5 辑第 1 编 "教育"（1），江苏人民出版社，1994，第 380 页；中国第二历史档案馆编《中华民国史档案资料汇编》第 5 辑第 3 编 "教育"（1），江苏人民出版社，1994，第 635—637 页；中国第二历史档案馆编《中华民国史档案资料汇编》第 3 辑 "教育"，江苏人民出版社，1994，第 609 页；陈学恂、田正平《中国近代教育史资料汇编·留学教育》，上海教育出版社，1991，第 686—689 页；刘真主编《留学教育——中国留学教育史料》第 1 册，台北，"国立编译馆"，1980，第 481—564 页；北平故宫博物院编印《清光绪朝中日交涉史料》卷 69，1932，第 23 页；中国史学会编《洋务运动》（五），上海书店出版社，1962，第 251、254 页；舒新城：《中国近代留学史》（影印本），上海文化出版社，2011，第 8、14—16、20 页；刘晓琴：《中国近代留英教育史》，南开大学出版社，2005，第 78—79 页；周一川：《中国人女性の日本留学史研究》，东京，国书刊行会，2000，第 44 页；李喜所：《近代中国的留学生》，人民出版社，1986，第 126—127 页；李喜所：《清末民初的留美学生》，《史学月刊》1982 年第 4 期。
② 参阅程燎原《清末法政人的世界》，法律出版社，2003，第 142—156 页。
③ 《辩护士公会发现》，《民立报》1912 年 1 月 7 日，第 6 版。
④ 蔡寅时任沪军都督府军务部执法科科长，与陈其美私交甚密；陈祖澄是沪军都督府二等科员；何飞是 "沪军都督委员"。详可参阅孙慧敏《制度移植——民初上海的中国律师（1912—1937）》，第 132 页。有关何飞的任职情况，又见《沪军都督府各部职员表》，上海社会科学院历史研究所编《辛亥革命在上海史料选辑》，上海人民出版社，1981，第 209 页。

会"成立，宣称中华民国律师总会的成员可以在全国各级审判厅和会审公廨执业。① 显然，留日法科学生欲组建一个全国性的律师团体，并希望掌握律师资格认定权。

当蔡寅领衔的在沪留日法科生试图组建一个全国性的律师团体时，另一批法科留学生则在酝酿设立民国的律师制度。1912 年 3 月，时任南京临时政府内务部警务长的留日法科生孙润宇，将其编制的《律师法草案》呈送临时大总统孙中山。5 月，留美法科生王宠惠出任司法总长。为推进该草案的实施，王宠惠在给参议院的报告中提出："且以中国现状而论，国体已变为共和，从事法律之人当日益众。若尽使之为法官，势必有所不能。故亟宜励行此制，庶人权利有所保障，而法政人才有所展布。此关于辩护制度之所以亟宜创设者也。"② 9 月 16 日，司法部以行政命令形式正式颁布《律师暂行章程》，这标志着中国律师制度建立。

律师制度的设立，直接关乎上海律师团体的组建进程。1912 年 12 月 8 日，上海律师公会依《律师暂行章程》设立，采用会长负责制。会长是陈则民，狄梁孙为副会长，评议员有江镇三、秦联奎、丁榕等 7 人。会长陈则民和评议员江镇三是留日法科生，丁榕是留英法科生。③ 1912 年 12 月 19 日，中华民国律师总会宣布重组。④ 虽然上海律师团体名号有所变更，但其主导力量仍然是留日法科生，只是领衔者由蔡寅变为陈则民，此外留英法科生也开始加入其中。

从民国律师制度设立至 1913 年 2 月，上海共有 105 人获得律师资格。⑤ 民国司法部正式确认律师资格后，上海律师公会会长再次易人，由陈则民换成了在租界执业多年的留英法科生丁榕。1913 年 2 月 26 日，丁榕在上海各大报纸上特别声明，公会正在呈送司法部备案，并开始强调上海律师公会的唯一性，宣布："自经本会成立，外间所设律师各会当然无效。"⑥ 不久之后，上海律师公会成为唯一得到民国司法部认可的上海律师团体。

1913 年 3 月 2 日，上海律师公会召集第一次会员大会。此后，上海律

---

① 《律师公会章程》，《民立报》1912 年 1 月 11 日、14 日，第 6 版。
② 《政府公报》（1912 年 5 月），台北，文海出版社，1971，"附录"，第 449 页。
③ 《上海律师公会通告》，《申报》1912 年 12 月 9 日，第 1 版。
④ 《停止不合格律师之职务》，《时报》1912 年 12 月 19 日，第 5 版。
⑤ 《合格律师发给证书》、《又得合格律师四十人》，《时报》1913 年 2 月 10 日、21 日，第 5 版。
⑥ 《上海律师公会布告》，《时报》1913 年 2 月 26 日，第 2 版。

师公会共召开过八次会员大会，八届领导团体中，留日法科生一直是主要领导成员。1912年12月，陈则民（日本大学）担任会长；1913年2月，丁榕（英国孟启斯大学）担任会长，陈则民（日本大学）担任副会长；1914年，黄镇磐（日本早稻田大学）担任副会长。1919年至1922年，蔡倪培（日本法政大学）任会长；1922年至1925年，张一鹏（日本法政大学）任会长。①

在法科留学生的努力下，民国律师制度确立起来，在留日法科生的努力下，上海律师公会也成为上海唯一合法的律师组织。但是上海律师公会只是在形式上实现了上海执业律师的统一，实际上并未形成足够的凝聚力。鉴于这种松散的管理状况，上海律师公会中的留日法科生开始议决改组上海律师公会，以加强其权威性。

（二）留日法科生与上海律师公会的改组

1926年北伐战争发生后，上海的留日法科生敏锐地意识到政治力量的转向，于是决定借助国民党的力量，强化上海律师公会对上海律师界的控制。1927年3月22日，北伐军第一师进驻龙华、南市等地，8天后上海律师公会就宣布将召集会员大会。4月中旬，蒋介石完全控制上海，4月下旬上海律师公会即在上海市党部、政治分会的支持下着手改组。

1927年4月24日，上海律师公会会员大会决议改组公会。1927年4月29日下午5点，改组委员会正式成立。上海特别市党部决定由改组委员会接管上海律师公会，并直接圈定改组委员会的15位成员。② 改组委员中法科留学生占1/3，其中黄镇磐、李祖虞、谭毅公、李时蕊曾留学日本，陈霆锐曾留学美国。

1927年9月18日下午，上海律师公会在上海特别市党部办公楼三楼召开会员大会。会上宣布放弃会长制，采用委员制，选出15名执行委员和3名监察委员。③ 改组后，上海律师公会的领导层中有6位法科留学生，以留

---

① 上海律师公会编《上海律师公会报告书》，上海市图书馆藏缩微胶卷；《上海市地方法院律师履历表》，上海市档案馆藏民国时期上海市地方法院档案，档案号：Q185-1-208。
② 《呈江苏司法厅文》，上海律师公会编《上海律师公会改组报告书》，第85页，上海市图书馆藏缩微胶卷。
③ 上海律师公会改组后第一届执行委员是：秦联奎、李祖虞、汤应嵩、文超、黄焕升、杨春绿、俞钟骆、李时蕊、费廷璜、吴国泰、汪承宽、赵祖慰、姚文寿、谢健、陈瑞麟。第一届监察委员是：黄镇磐、魏道明、谭毅公。

日法科生为主，占 1/3。改组完成后，上海律师公会自筹资金，购买法租界贝勒路 572 号房产作为会所。①

上海律师公会改组后，仍由法科留学生掌控。1927—1933 年，五届上海律师公会的执行委员、监察委员共计 90 人，其中法科留学生 38 人，占 42%。抗战爆发后上海律师公会宣布停会，抗战胜利后复会。复会后法科留学生在上海律师公会中的影响力较战前有所减弱。1946 年和 1947 年，上海律师公会的两届理事、监事共计 53 人，其中法科留学生有 8 人，仅占 15%。② 随着民国法学教育和律师业的发展，法科留学生对上海律师公会的影响，已无法与战前相比。

上海律师公会在留日法科生主导下组建，1912—1926 年，上海律师公会由留日法科生主持运作。1912—1926 年，有留日法科生 8 人，进入公会管理层 14 次；留学欧美法科生 3 人，进入公会管理层 8 次。上海律师公会有 5 届会长由留日法科生担任。其中，1913 年和 1914 年，虽然留日法科生没有得到会长职务，但副会长仍是留日法科生。③

1927 年，留日法科生借助上海市党部的力量改组上海律师公会，改组后上海律师公会对上海的执业律师的监管有所加强，但留日法科生渐渐失去了对上海律师公会的掌控权。因执业空间扩展，留学欧美法科生纷纷加入上海律师公会，又因本土法科教育的发展，越来越多的本土律师也加入上海律师公会。1927—1937 年，上海律师公会的领导层中留日法科生有 23 人，留学欧美法科生共 34 人④。若将候补执行委员、候补监察委员也包括在内，领导层中的留学欧美法科生则达 52 人，而留日法科生仅 36 人。⑤ 上海律师公会改组后，留学欧美法科生逐渐取代留日法科生，主导上海律师公会。

留学欧美法科生取代留日法科生控制上海律师公会，除因入会留欧美法科生人数增加外，还与本土法科生大举入会有关。民国上海律师界，按

---

① 今复兴中路 301 号，为上海市工商银行复兴中路支行。
② 《上海市地方法院律师履历表》，上海市档案馆藏民国时期上海市地方法院档案，档案号：Q185-1-208、Q185-1-198、Q185-1-249、Q185-1-237。
③ 改组前进入上海律师公会管理层的留日法科生是：陈则民、江镇三、黄镇磐、蔡倪培、巢坤、张一鹏、李祖虞、王开疆；留欧法科生是：留英法学生丁榕，留比利时法学生沙训义和姚文寿。
④ 其中留美法科生 23 人，留英法科生 2 人，留法法科生 6 人，留比利时法科生 3 人。
⑤ 《上海市地方法院律师履历表》，上海市档案馆藏民国时期上海市地方法院档案，档案号：Q185-1-208、Q185-1-198、Q185-1-249、Q185-1-237。

毕业学校分成不同派系，实力最大的是"东吴派"。"东吴派"包括东吴法学院、持志法学院、震旦法学院的毕业生，其中东吴法学院和震旦法学院都是教会大学，大多数留欧留美法科生都毕业于这两所法学院。这些留欧留美法科生回沪后，多数已成为名律师，办案时若发现对方代理律师是同一派系的年轻律师，"宁可损害被告的利益也不相争。因为他们已经是上海的名律师了，败诉也无损他们的声誉。相反，一个刚从学校出来的新律师，能对名律师胜诉，无形中抬高了自己的地位"。① 受到"东吴派"名律师照顾的年轻律师，回报给名律师的就是律师公会的选票。这样一来，上海律师公会管理层中留学欧美法科生的力量必然加强。

虽然上海律师公会领导层中留日法科生总体在减少，但其社会活动能力及对公会决策的影响力并未减弱。留日法科生将更多的精力投向扩大上海律师公会的社会影响力，注重突出律师公会作为社会团体的社会职能。而留学欧美法科生更关注公会对律师的行业约束力，更注重发挥律师公会作为职业团体的职能。

二 留日法科生强化上海律师公会的社会职能

近代中国的东洋留学生相比西洋留学生而言，更热衷于民主政治运动。上海律师公会改组后，会内的留日学生致力于把公会引上民主爱国运动的轨道，这种理念集中体现为留日法科生对收回租界法权的努力。

早在1918年12月，留日法科生陈则民就建议"公会专门设立一个委员会，为政府在巴黎和会上收回法权的谈判提供方案"。② 1924年，北洋政府再次就收回会审公廨一事与各国谈判，公使团以"扩展公共租界"作为归还会审公廨的条件，致使谈判陷入僵局。③ 为支持北洋政府谈判，留日法科生李祖虞、王开疆进京请愿。

收回法权谈判重新开始后，中外意见分歧仍然较大。留日法科生巢坤就收回会审公廨提出一个极巧妙的方案，建议将法权问题放在地方层面解

---

① 徐廷扬：《解放前上海的律师》，《20世纪上海文史资料文库》（10），上海书店出版社，1999，第117页。
② 《律师公会开会纪略》，《时报》1918年12月16日，第5版。
③ 国民政府在1913年11月照会英国公使朱尔典，提出收回会审公廨，但最后基本维持原状。

决,"由江苏省政府与上海的领事团谈判。"① 1926 年 4 月 24 日,留日法科生李祖虞、董康,留美法科生陈霆锐等再次赴京请愿,提议由江苏省政府出面谈判。留日法科生江庸被任命为上海律师公会驻京代表,公会授权"凡关于收回会审公堂本会应行主张事宜,均由江代表主持一切"。② 中央政府最终接受将收回法权当作地方事务处理的建议。1926 年 5 月 21 日,淞沪商埠总办、上海交涉员与英、美、日、挪威、荷兰五国总领事在上海开始谈判。8 月 31 日,双方签订《收回上海公共租界会审公廨暂行章程》。章程生效当日,上海律师公会律师董康、陈霆锐、李祖虞、赵晋卿特别在豫园宴请丁文江、许沅、付疆,并有李平书、黄炎培等人作陪,以示庆祝。③

《收回上海公共租界会审公廨暂行章程》的有效期是 3 年,1929 年 12 月 31 日丧失效力。1929 年 11 月 9 日,中外双方先后开会 28 次,再次讨论收回法权一事,但是"意见不一,几濒破裂"。④ 12 月 16 日,留日法科生董康代表上海律师公会前往南京,提出解决办法:"取消观审制度及会审制度;上海临时法院改为上海地方法院分院;上海临时法院及其上诉法院一并宣告撤废,在上海华界内适当地点另行增设高等法院;所属法警应由分院自行选任;监狱、看守所由该分院直接管理。"⑤ 上海律师公会的建议令中方代表豁然开朗,不久签订了《上海公共租界中国法院协定》。协定规定,公共租界临时法院改组为第一特区法院,上诉法院是设在租界内的江苏高等法院第二分院;第一特区法院适用中国法律,取消观审制度,撤销外国书记官;监狱、拘留所移送中国管理,法警由工部局推荐,高等分院院长任命。这标志着公共租界的法权正式收回。

公共租界法权收回后,留日法科生密切关注法租界法权收回问题。1927 年,留日法科生黄镇磐就联合汤应嵩,提议江苏司法厅尽快接收法租界会审公廨,在最短时间正式成立临时法院。而公共租界法权收回后,法租界也早有预案,宣布允许中国法官在法租界会审公廨审判中国人的刑事案件,允许华籍律师出庭。针对法租界的做法,上海律师公会致电外交部、司法

---

① 《律师公会大会未成——谈话会中论及沪廨问题》,《时报》1926 年 4 月 26 日,第 3 版。
② 上海律师公会编《上海律师公会报告书》(14),第 1 页,上海市图书馆藏缩微胶卷。
③ 赵晋卿:《收回会审公廨交涉的经过》,《20 世纪上海文史资料文库》(10),第 72 页。
④ 俞履德:《旧上海第一特区地方法院》,《20 世纪上海文史资料文库》(10),第 87 页。
⑤ 《呈司法行政部、外交部文——为建议改组临时法院收回租界会审公廨办法由》,上海律师公会编《上海律师公会报告书》(26),第 87 页,上海市档案馆藏民国时期上海律师公会档案,档案号:Y4-1-317。

部,指出"法租界的做法表面虽好,实质上是准备长期保持特殊权利。建议立即撤废法租界会审公廨"。① 留美法科生王宠惠以私人名义写信给时任法国外交部顾问的朋友佛罗马诺(Henri Feomageot),请他建议法国政府交还上海法租界会审公廨。②

1931年7月28日,《关于上海法租界内设置中国法院之协定》签署。8月1日,法租界会审公廨改为第二特区法院,上诉法院改为江苏高等法院第三分院,法租界的法权也成功收回。

三 留学欧美法科生强化上海律师公会行业管理

改变中国社会民众固有的"律师即讼师"的印象,是留学欧美法科生最大的期望。为此,他们掌握上海律师公会的管理工作后,从规范入会程序和整饬执业风纪入手,努力塑造律师良好的职业形象。

(一)严格审查外国学历

在近代上海律师界,有海外留学的背景往往会成为一种职业广告。在利益刺激下,常有本土律师冒充归国留学生。有些所谓留洋律师,实际上只是外国人的雇员,甚至是佣人、学徒。他们未出国门一步,只是购买国外法律学校的文凭,通过律师甄拔得到律师资格。

1928年,南京国民政府司法部宣布:"凡在十六年七月二十三日,律师章程公布施行以前领有律师证书,而拟在国民政府统治各省执行律师职务,无论已未登录者,均应将原领证书及其他关系文件,两个月内呈报复验,换给律师证书。"③ 留学欧美法科生借此契机,主持清查上海律师公会内律师的学历,尤其是持外国的大学毕业证书者。清查中发现,有13位律师持美国汉密尔顿法律专门学校的毕业证书,通过甄拔获得律师资格,其中7人加入了上海律师公会。留学欧美法科生随即展开调查,发现"美国芝加哥汉

---

① 上海律师公会编《上海律师公会报告书》(27),第51—53页,上海市档案馆藏民国时期上海律师公会档案,档案号:Y4-1-318。
② 萧金芳:《收回上海公共租界和法租界会审公廨的经过》,《上海文史资料存稿汇编·社会法制》第11辑,上海古籍出版社,2001,第385页。
③ 上海律师公会常委会:《上海律师公会关于唐行建等会员被告发伪造文凭、领律师证书等交验证件以凭核办》,上海市档案馆藏民国时期上海律师公会档案,档案号:Q190-1-13574。

密尔顿（亦译作汉密尔登）法律专门学校"只是在上海设立机关，专门发售该校的函授文凭，只要出钱就可以购得。上海律师公会立刻函请司法部注销这13人的律师资格，并取消已入会的7位律师的会员资格。①

此后有人举报，上海律师公会中有19位会员伪造日本毕业文凭。上海律师公会高度重视，组织"审查会员资格委员会"调查此事。审查会员资格委员会要求被检举的会员一周内提交毕业证书原件，并通过司法部向日本各法校调取历届毕业生名录。经调查，被控伪造文凭的19位留日法科生中，有6人文件完备，是正规的毕业证并交于法院检验；2人已自行退会；6人未提交毕业文凭；5人退出律师行业。②

为维护留洋律师声誉，上海律师公会请求司法部、教育部"另订文凭鉴别方法"。③不久，司法部就鉴别法科留学生的文凭做出规定："国外留学生在私立学校领有毕业文凭，均应由留学生监督处或驻在国公使馆加给证明书。此后凡有前项毕业文凭，请求取得律师资格者，须有前项证明书方准注册。"④

上海律师公会也进一步完善入会审查制度，规定凡申请入会，须提交学校文凭、律师证书原件、两名本会会员的书面介绍；持外国私立学校毕业文凭者，须同时提交驻该国公使馆或留学生监督处证明书。为保证入会会员留学文凭的真实性，特别强调追究连带责任，规定"各会员介绍入会须保证资格确实。入会后查有实情不符，应共同负责"。⑤

（二）规范执业风纪

留日法科生主导上海律师公会时，在会则中规定了律师的执业规范。⑥

---

① 上海律师公会常委会：《有关于汉密尔顿毕业律师如何办法的请示函》，上海市档案馆藏民国时期上海律师公会档案，档案号：Q190-1-13550。
② 上海律师公会常委会：《上海律师公会关于唐行建等会员被告发伪造文凭、领律师证书等交验证件以凭核办》，上海市档案馆藏民国时期上海律师公会档案，档案号：Q190-1-13574。
③ 上海律师公会编《上海律师公会报告书》（24），第103页，上海市档案馆藏民国时期上海律师公会档案，档案号：Y4-1-315。
④ 上海律师公会编《上海律师公会报告书》（24），第105页，上海市档案馆藏民国时期上海律师公会档案，档案号：Y4-1-315。
⑤ 上海律师公会常委会：《上海律师公会关于各诉讼问题致会员函》，上海市档案馆藏民国时期上海律师公会档案，档案号：Q190-1-13587。
⑥ 上海律师公会常委会：《上海律师公会暂行会则》（1928），上海市档案馆藏民国时期上海律师公会档案，档案号：Q181-1-287。

之后又特别制定，律师执业必须遵守的九条执业纪律。① 留学欧美法科生主导上海律师公会的管理后，除加强原有纪律外，因受英美法观念的影响，严格禁止律师非法招揽业务的行为，② 会内律师也积极支持此理念。1928年5月，留美法科生陈霆锐等揭发魏文翰的律师事务所设立揽商部，专门负责招揽业务。上海律师公会随即将魏文翰提付惩戒。③ 又有会员检举律师沈孝祥广寄拜诘，在拜诘反面标明其执业区域、代理案件的类别，并写有："如蒙不弃，既请函电通知，约期接见或协商一切。"上海律师公会认为，这样的做法也有招揽业务之嫌，责令停止。④

欧美法科留学生对律师事务所招揽业务的行为也坚决杜绝。1930年，上海律师公会要求会内律师须取消同一区域内的分所、通讯处，但执行效果并不明显。1934年，上海律师公会再次声明："除事务所及住宅外，不得设立分事务所及通讯处。有合组法律事务所者，即以此合组事务所为其事务所，不得另设事务所。"⑤ 为确保规定得以落实，上海律师公会直接取缔了违反规定的4处律师事务所分所。⑥

留学欧美法科生为维护律师良好的社会形象频繁惩戒律师。留法法科生吴凯声认为，对律师惩戒过多恐有损律师形象，提议："律师与律师间，律师与当事人间，如不幸发生交涉情事，应由双方先试行和解或报告公会调处，不得径向法院起诉。"⑦ 吴凯声的建议得到上海律师公会内留学欧美法科生的认同。上海律师公会决议，对于律师的不当行为，应先在会内调解，调解不成再提付惩戒。由此公会特别规定，执行委员会收到律师纠纷案件后，要先函告纠纷双方到公会会所调解。若双方或其中一方拒绝调解，派专员负责劝解；调解不成则建议诉至法院，尽量避免由律师公会出面提

---

① 郭卫：《律师办事手续程式汇述》，上海法学编译社，1937，第95页，上海图书馆藏。
② 英国律师执业章程规定，禁止律师从事或允许他人从事任何可被认为是招揽生意的行为。
③ 上海律师公会编《上海律师公会报告书》(24)，第131页，上海市档案馆藏民国时期上海律师公会档案，档案号：Y4-1-315。
④ 上海律师公会常委会：《上海律师公会关于控诉律师欺诈勒索等违法问题的函》，上海市档案馆藏民国时期上海律师公会档案，档案号：Q190-1-13668。
⑤ 上海律师公会常委会：《上海律师公会关于取缔法律事务所问题的函》，上海市档案馆藏民国时期上海律师公会档案，档案号：Q190-1-13670。
⑥ 上海律师公会常委会：《上海律师公会关于取缔法律事务所问题的函》，上海市档案馆藏民国时期上海律师公会档案，档案号：Q190-1-13670。
⑦ 上海律师公会常委会：《上海律师公会关于调解会员纠纷问题的函》，上海市档案馆藏民国时期上海律师公会档案，档案号：Q190-1-13685。

付惩戒。

四 输入西方法律观念

近代上海的法科留学生有一个共同的理想,就是把近代法律观念注入上海社会。上海律师公会恰好提供了一个平台,法科留学生借助这个平台,启蒙上海社会民众的权利意识和人权观念。

(一) 启蒙维权意识

法科留学生通过法律援助,启蒙民众的维权意识。法律援助制度源于西方国家,北洋政府将这一制度移植入中国,建立指定辩护制度。① 基于这项制度,法科留学生主导在上海律师公会内设立法律救助机关,指定专门律师提供法律援助。上海律师公会对外宣告:"凡无钱聘请律师的劳动团体及其所属成员,如遇到民、刑诉讼或订定契约等各种法律事务,都可以申请上海律师公会的法律援助机关派律师代理之。"② 1931年,纱厂工人宋绍吉等被日本人殴打致残,因不服特区法院判决,提起上诉。宋绍吉通过抗日救国会向上海律师公会请求援助,留美法科生伍守恭免费为该案提供辩护。③

在启蒙近代社会民众的维权意识上,西洋、东洋法科留学生的做法各不相同。留学欧美法科生注重通过具体法律援助个案,让社会民众实实在在体会到权益得到维护的好处。留日法科生则注重社会宣传和推动立法,主张建立国家赔偿制度,希望通过有效的国家赔偿,让社会民众认识到法律的真谛是保护合法权利,而不仅仅是惩罚。为此,留日法科生在上海发起了"冤狱赔偿运动"。

冤狱赔偿是指国家对被误判、违法判决、无辜羁押的人给予赔偿,是欧美国家普遍采用的国家赔偿制度。中国传统法律观念中,没有直接涉及

---

① 1914年2月26日,北京政府司法部发布《核准指定辩护人办法令》。法令规定:"可能被判处死刑和无期徒刑的重罪犯及无完全行为能力的人,未选任辩护人时,法院指定律师为其辩护。"
② 上海律师公会编《上海律师公会报告书》(24),第77页,上海市档案馆藏民国时期上海律师公会档案,档案号:Y4-1-315。
③ 上海律师公会常委会:《上海律师公会关于会员执行执务应行各点致会员函》,上海市档案馆藏民国时期上海律师公会档案,档案号:Q190-1-13604。

冤狱赔偿的观念。1934年11月12日，中华民国律师协会组成冤狱赔偿运动委员会，留日法科生唐宝颚、江庸、沈钧儒、张耀曾等41人担任委员。12月，委员会在上海召开会议，制定了具体的行动方案。次年1月议定筹款办法，并决定每年6月举行冤狱赔偿运动，旨在引起当局重视。①

1935年6月5日，上海的冤狱赔偿运动大会在天后宫上海市商会召开。留日法科生沈钧儒担任会议主席。会议邀请了上海市党政军各机关代表、农工商学界代表、妇女、宗教人士以及自由职业团体参加。会上向各代表赠送《冤狱赔偿运动宣言》《冤狱赔偿法草案》《冤狱赔偿调查表》等文件。会后，留美法科生陈霆锐、陆鼎揆等赴电台普及冤狱赔偿知识。另派人到各电影院分送宣传冤狱赔偿的小册子。②

1936年5月25日，上海律师公会成立冤狱赔偿运动委员会。6月7日下午，仍然在上海市商会举行第二届冤狱赔偿运动大会。淞沪警备司令部、江苏高等法院第二分院、上海地方法院、上海第一和第二特区法院、上海市财政局、上海市农会、会计师公会、法租界纳税人华人会议、中华法学会、国货工厂联合会、上海医师公会等都派人参加。留日法科生沈钧儒发言，表示希望政府完成冤狱赔偿立法。③ 会后仍向与会人员赠送宣传冤狱赔偿知识的资料，派员到电台宣传。除此之外，第二届上海冤狱赔偿运动新增了宣传项目，开会当天，上海所有电影院在放映电影前先要播放冤狱赔偿运动的宣传片。④ 此外，留日法科生陆鼎揆、马寿华和孙祖基负责撰写文章，不间断地在报纸杂志上宣传冤狱赔偿知识。

在冤狱赔偿运动中，留日法科生是核心力量。虽然最终没有达成立法目的，但声势浩大的宣传让民众接触到国家赔偿的概念，认识到法律不仅是维护利益的武器，而且是对抗政府不合理行为的武器。这不仅是对封建法律传统的巨大冲击，也推动了近代法律观念的传播。

（二）启蒙人权观念

人权观念是法科留学生努力向上海城市社会输入的又一近代法律观念，

---

① 上海律师公会编《上海律师公会报告书》（33），第259—261页，上海市档案馆藏民国时期上海律师公会档案，档案号：Y4-1-322。
② 《冤狱赔偿运动大会》，《申报》1935年6月6日，第10版。
③ 《上海律师公会今日举行冤狱赔偿运动周大会》，《申报》1936年6月7日，第11版。
④ 《律师公会昨日举行二届冤狱赔偿运动周》，《申报》1936年6月8日，第9版。

也是法科留学生们挑战封建传统思想的又一义举。法科留学生主要提倡保护的是监狱在押人员的基本人权。

1927年，法科留学生在给司法部的提案中，首次提出构建人权保护制度。具体内容有五项："一、警察官署或其他行政官署发见刑事犯罪应于二十小时内实行解送法庭审问，倘拘押过二十四小时以上者，该管长官应负违背法令及滥用职权之责任。二、各级法院须依政府所定方式，制就出庭状置于收发处。凡人被拘押过二十四小时未解法庭审问者，被拘押人或其家属得亲身或托代理人辩护人前赴法庭填具出庭状，请求该管法院即时提审。三、警察官署或其他行政官署接受法庭提审文件时，须将被拘押人立即交付。倘拒绝交付时，法院长官得及时报告于该官署之本管长官加以惩处。四、刑事被告在警署拘押中，得由其本人或家属所委托之律师随时接见，并得查阅案卷。五、受拘押之刑事被告如最后确定判决宣告无罪时，受之损失应由告诉人告发人或国库负责赔偿责任，并该管法院登报恢复其名誉。"① 该提案的五项建议，都旨在杜绝超期羁押和保障会见权。法科留学生希望社会民众意识到，犯罪之人在接受法律制裁期间也有基本的人权，借此输入近代人权观念。

除提倡立法外，法科留学生也通过实际行动保障服刑人员的基本人权。1930年，江苏高等法院看守所在押人员致函上海律师公会，反映看守所经常对在押人员滥用私刑。上海律师公会获悉后，请求江苏高等法院和司法部调查此事。② 1933年，上海漕河泾监狱关押的政治犯因监狱虐待囚犯请求上海律师公会援助。收到求援信后，上海律师公会的部分法科留学生集体前往漕河泾监狱调查。结果发现，"只可容纳犯八百余人，现已容至男女犯共计一千三百二十六人"。③ 法科留学生以上海律师公会名义，请求江苏高等法院、国民政府司法部改善漕河泾监狱的管理。④

抗战时期，上海律师公会虽已停会，但法科留学生向在押犯人提供的援助并未中断。抗战期间，秦联奎、袁汉云以及同仁律师事务所先后向江

---

① 上海律师公会编《上海律师公会改组报告书》，第102页，上海市图书馆藏缩微胶卷。
② 上海律师公会常委会：《致江苏高等法院、司法行政部、吴县地方法院为呈转吴县分监监犯宣言》，上海市档案馆藏民国时期上海律师公会档案，档案号：Q190-1-13583。
③ 《上海律师公会会员参观漕河泾监狱》《法科月报》1934年11月，第99页，上海市图书馆藏。
④ 上海律师公会编《上海律师公会报告书》（32），第79—82页，上海市档案馆藏民国时期上海律师公会档案，档案号：Y4-1-321。

苏高等法院看守所、江苏第二监狱、江苏上海第二特区监狱和淞沪警备司令部捐助棉衣450套。[1]

五 余 论

　　法科留学生对近代上海律师制度的构建，发挥了基础性、建设性的作用。上海最早的华籍律师是法科留学生，最早的律师团体由法科留学生筹建。律师制度确立后，法科留学生通过改组，巧妙地借助国家及政党的力量，强化了律师公会对律师的职业管理，扩展了上海律师公会的社会职能，塑造了律师良好的职业形象。

　　法科留学生通过严格规范律师的执业行为，积极参与民主爱国运动等，在一定程度上改变了社会民众固有的"律师"即"讼棍"的偏见。《语丝》杂志曾把律师解释为与医生同类的职业，称"律师和医生一样很赚钱。人病了非找医生吃药不可，打起官司来也非找律师不可。找个律师，常年顾问，依法维护，则平安矣"。[2] 当时上海较显赫的家族、工厂、企业，都聘请律师担任法律顾问。

　　法科留学生对近代上海城市社会法律意识的转变，发挥了传播与引进作用。他们借助上海律师公会这个平台，为贫民提供法律援助，向社会宣传近代法律观念，力求廓清蒙昧，启蒙法律智识。

　　然而，民众对律师的认知，以及对现代法律观念的感知仅限于城市，在广大县城、乡村，人们仍不知律师为何物。南京国民政府时期，律师被禁止参与各类县一级的司法活动，[3] 甚至不可以在县一级地方担任法律顾问。[4] 1936年，南京国民政府名义上制定了建立县司法处的法令，但同时又规定只有县长以检察官身份出庭，案件由审判员审理时，律师才可以出庭。[5] 这样一来，实际上律师根本无法在县级审判庭出庭，其他法律事务更

---

[1] 上海律师公会常委会：《上海律师公会关于劝输一日所得捐及劝募囚衣问题函》，上海市档案馆藏民国时期上海律师公会档案，档案号：Q190-1-13734。
[2] 《律师生意》，《语丝》第4卷第37期，1928年8月，第43页，上海市档案馆藏，档案号：D2-0-1815-491。
[3] 刘震：《律师道德论》，商务印书馆，1935，第34页，上海市图书馆藏。
[4] 《上海律师公会会员应行事项》，《法令周刊》第87期，1932年3月23日，上海市图书馆藏。
[5] 《律师公会会员应行事项》，《法令周刊》第314期，1936年7月8日，上海市图书馆藏。

无从谈起。

　　法科留学生试图启蒙近代中国社会民众的法律意识，但遗憾的是，制度可以通过移植实现迅速转型，社会观念的转变却无法一蹴而就。新观念的形成，需要一个从抵制、冲突到认识、接受，再到融合的缓慢渐进的过程。在近代中国社会，传统法律观念根深蒂固，现代法律观念的影响极其有限。虽然民国政府一经建立，就照搬西方司法制度，但在制度逐渐本土化的过程中却出现了西方模式与国民党意识形态的勉强组合。在这种奇怪的结合下，律师制度的运作、近代法律观念的启蒙仅限于城市社会。而在观念意识没有发生根本转变的情况下，新制度也必然无法有效运作。

（作者单位：东华大学历史研究所）

图书在版编目(CIP)数据

近代法律人的世界 / 中国社会科学院近代史研究所法律史研究群，华中科技大学近代法研究所，华东政法大学法律文明史研究院编. -- 北京：社会科学文献出版社，2017.9
（近代法律史研究）
ISBN 978-7-5201-1087-7

Ⅰ.①近… Ⅱ.①中…②华…③华… Ⅲ.①法制史-研究-中国-近代 Ⅳ.①D929.5

中国版本图书馆CIP数据核字（2017）第165289号

近代法律史研究　第2辑
近代法律人的世界

| 编　　者 / 中国社会科学院近代史研究所法律史研究群
|　　　　　华中科技大学近代法研究所
|　　　　　华东政法大学法律文明史研究院
| 执行主编 / 饶传平

| 出 版 人 / 谢寿光
| 项目统筹 / 宋荣欣
| 责任编辑 / 邵璐璐　肖世伟
| 出　　版 / 社会科学文献出版社·近代史编辑室（010）59367256
|　　　　　地址：北京市北三环中路甲29号院华龙大厦　邮编：100029
|　　　　　网址：www.ssap.com.cn
| 发　　行 / 市场营销中心（010）59367081　59367018
| 印　　装 / 北京季蜂印刷有限公司
| 规　　格 / 开　本：787mm×1092mm　1/16
|　　　　　印　张：19.5　字　数：330千字
| 版　　次 / 2017年9月第1版　2017年9月第1次印刷
| 书　　号 / ISBN 978-7-5201-1087-7
| 定　　价 / 85.00元

本书如有印装质量问题，请与读者服务中心（010-59367028）联系

▲ 版权所有 翻印必究